The Chinese Origin of
Halliday's Academic Thoughts
and Its Return

韩礼德学术思想的
中国渊源和回归

胡壮麟 著

外语教学与研究出版社
FOREIGN LANGUAGE TEACHING AND RESEARCH PRESS
北京 BEIJING

图书在版编目（CIP）数据

韩礼德学术思想的中国渊源和回归：中文、英文 / 胡壮麟著. -- 北京：外语教学
与研究出版社，2018.1（2022.9 重印）
（外研社高等英语教育学术文库）
ISBN 978-7-5135-9838-5

Ⅰ. ①韩… Ⅱ. ①胡… Ⅲ. ①韩礼德 - 语言学 - 研究 - 汉、英 Ⅳ. ①H0-06

中国版本图书馆 CIP 数据核字（2018）第 022114 号

出 版 人　王　芳
责任编辑　毕　争
责任校对　李海萍
封面设计　彩奇风
出版发行　外语教学与研究出版社
社　　址　北京市西三环北路 19 号（100089）
网　　址　http://www.fltrp.com
印　　刷　北京虎彩文化传播有限公司
开　　本　650×980　1/16
印　　张　28
版　　次　2018 年 1 月第 1 版 2022 年 9 月第 5 次印刷
书　　号　ISBN 978-7-5135-9838-5
定　　价　99.90 元

购书咨询：（010）88819926　电子邮箱：club@fltrp.com
外研书店：https://waiyants.tmall.com
凡印刷、装订质量问题，请联系我社印制部
联系电话：（010）61207896　电子邮箱：zhijian@fltrp.com
凡侵权、盗版书籍线索，请联系我社法律事务部
举报电话：（010）88817519　电子邮箱：banquan@fltrp.com
物料号：298380001

目　录

第四部分　汉语研究

序 [1]

本文选取名《韩礼德学术思想的中国渊源和回归》基于一篇同名文章（1.4），在这篇文章中概述了我对我的导师——系统功能语言学倡导者韩礼德（M. A. K. Halliday）学术思想渊源的逐步认识。

虽然我知道韩礼德早期在中国北京和广州两地留学，但是由于种种原因在很长时间内仍把他看作主要是英国伦敦学派创始人弗斯（Firth）的学生，是弗斯功能主义学说的传承者。根据近年来多方收集的材料以及韩礼德本人的态度逐步公开和明朗，我改变了原有的看法，开始认为他的学术思想最早或更多地来源于王力、罗常培、高名凯等中国学者，这才是他学术思想的主要来源。因此，本文选第一部分的 4 篇文章反映了我对韩礼德学术思想中国渊源在不同时期的认识过程。由于《王力与韩礼德》（1.2）一文提供较多具体语料，虽曾于 1993 年和 2000 年被两个文集转载过，现又再次出现，望能见谅。

本文选的其余部分都围绕另一个主题——"回归"。所谓"回归"，正如我在自己的同名文章（1.4）中所言，这首先表现在改革开放后韩礼德本人不时地来中国讲学和参加学术会议，自 1979 年以来他对中国学生的培养，以及他培养的英国、加拿大、澳大利亚等国的学者近三十年关心和支持中国的语言学教学。遗憾的是，由于时间和篇幅所限，我未能就韩礼德具体的学术思想和科研工作

---

[1] 出版说明：本书文章均为作者在各大刊物或论文集、编著中已发表过的论文，内容基本保持了原貌以尊重原文事实，体例格式也基本保持了发表时的体例格式。文章均注明了发表的时间和发表刊物名称（或论文集名、编著名）、刊号、所在页码范围及其他出版信息。

是如何"回归"中国的内容作深入介绍。随着自己也已进入耄耋之年，无力完成此壮举，但我相信国内的中青年学者一定会有人钻研这个问题。这里，我只能从自己写过的文章中选上几篇，作为汇报。本文选的第二部分"理论探讨"主要谈我学习了韩礼德理论后的体会和进一步探讨，其内容除总论（2.1）外，主要涉及语式（2.2）、隐喻（2.3, 2.6）、语言象似性（2.4）、语法化（2.5）、主位（2.7）、超学科性（2.8）和认知（2.9）。总的来说，这一部分突出的是"系统"和"功能"这两个理论概念。第三部分的主题为"语篇分析"，即系统功能语言学与传统语法——句子语法的最大不同，是韩礼德更为强调对"话语"或"语篇"的研究，句子只是语篇在下一层次的体现（3.3, 3.4, 3.6），其余内容涉及语音系统（3.1）和多模态性（3.5）。更能说明"回归"这个主题的是第四部分"汉语研究"，涉及具体内容的有语序和词序（4.1）、小句与复句（4.2）、修辞功能（4.3）和关系（4.4），其余各篇都是有关汉语的总体研究（4.5, 4.6, 4.7, 4.8）。

有必要说明三点。第一点是上述三个部分所选论文只是部分地反映我对韩礼德语言理论的研究。鉴于我对系统功能语言学的研究和所写的论文较多地被收入其他论文集，除特殊情况外，不再重复。我自己写的论文集有《语言系统与功能》（北京大学出版社，1990）、《当代语言理论与应用》（北京大学出版社，1995）、《功能主义纵横谈》（外语教学与研究出版社，2000）、《语言·符号·教育》（商务印书馆，2015），读者可以从中找到不少有关文章。第二点要说明的是本文选只是源自中国的韩礼德的学术思想通过"我"的回归。国内有不少学长踏踏实实地做了不少工作，他们才是"回归"的主力，恕我不在此一一提名。最后，我不得不承认，韩礼德本人认为我在汉语方面的研究着力不够，有过多次当面批评。当然，我有我的苦衷，一则我是学英语的，汉语研究非我所长；二则学校领导曾经让我主管过英语系的领导工作，从教学到科研，我没法用汉语搪塞。因此，我希望本文选的出版，多少能让韩礼德宽心，毕竟第四部分的内容是汉语研究。我不敢说这些文章有多大学术价值，但有一点可以肯定，汉语界的一些学术权威还是重视的，把我在汉语界会议上宣读的论文选入他们所编辑的汉语语言学研究论文集中。本文选的《现代汉语类型及其修辞功能》(4.3)，《关系》(4.4)和《发展中国特色的语言理论研究》(4.7)都是汉语界专门组稿的。

鉴于本书属于论文汇编形式，因此对曾经在期刊上发表过的选文均未提供论文摘要和关键词，以保持版面清晰。

最后，感谢外语教学与研究出版社领导的支持，尤其是高等英语教育出版分社段长城副社长的大力协助，使本文选顺利出版。

胡壮麟
于北京大学蓝旗营
2017 年 8 月 1 日

第一部分

中国渊源

韩礼德[1][2]

英国当代语言学家韩礼德 (M. A. K. Halliday)，1925 年出生于英格兰约克郡里兹。青年时期在伦敦大学主修中国语言文学。1947—1949 年在我国北京大学深造，导师为罗常培；1949—1951 年转入岭南大学，导师为王力。回英后又在剑桥大学的弗斯 (Firth) 等著名语言学家的指导下攻读博士学位。1955 年完成了用我国 14 世纪北方官话译述的《元朝秘史》一书的语言学分析，获得剑桥大学哲学博士的学位。

之后十年，韩礼德先在剑桥大学和爱丁堡大学任教，后在伦敦大学任交际研究中心主任。1965—1970 年任伦敦大学语言学教授。接着，韩礼德在世界各地进行讲学活动，如曾担任过美国耶鲁大学和布朗大学、肯尼亚的内罗毕大学的客座教授，美国加利福尼亚州斯坦福行为科学高级研究中心研究员 (1972—1973)，美国伊利诺斯州立大学语言学教授 (1973—1975)。从这以后，韩礼德移居澳大利亚筹建悉尼大学语言学系，并担任系主任。

韩礼德是一位多产的语言学家，不到 30 年，总共发表了近一百种专著和论文。他对语言学的主要贡献是在继承以弗斯为首的伦敦学派的理论基础上，建立和发展了当代的系统功能语法 (systemic-functional grammar) 学派。在他的思想形成过程中，除上述导师外，还受过马利诺夫斯基 (Malinowsky)、叶姆斯列夫 (Hjelmslev) 和沃尔夫 (Whorf) 的影响。布拉格学派的理论和方法对他也有很大启迪。韩礼德的特点是，他既能注意从前人的研究成果中汲取营养，却又不因循守旧；在方法上，他不惜长年累月地刻苦钻研，有步骤地一个问题

---

[1] 本文原载于《国外语言学》1983 (2)：60-62。收入胡壮麟，1995，《当代语言理论与应用》。北京：北京大学出版社。43-50 页。

[2] Halliday 在我国语言学刊物中一般译为"哈立迪"或"哈利迪"，但 Halliday 本人希望使用他的汉名"韩礼德"。

又一个问题地加以解决，终于使自己的理论逐步趋于成熟。

从 20 世纪 50 年代初开始至 60 年代中期，韩礼德花了大约 15 年的时间，探索并发展了有关语言作为系统 (system) 的理论。这段时期又可分为两个阶段：阶和范畴语法 (scale and category grammar) 阶段与系统语法 (systemic grammar) 阶段。

在韩礼德的博士论文《〈元朝秘史〉汉译本的语言》(The Language of the Chinese "Secret History of the Mongols", 1959) 和《现代汉语的语法范畴》(Grammatical Categories in Modern Chinese, 1956) 的两种著述中，他运用结构主义的描写方法以及弗斯关于系统和搭配 (collocation) 等观点分别对我国 14 世纪北方官话和现代汉语进行了分析。这些研究的结果促成他进一步写成《语法理论的范畴》(Categories of the Theory of Grammar) 一文。他认为语言有 4 个范畴，即单位 (unit)——体现一定模式的语段；词类 (class)——具有在一定结构位置上出现的共同特征的词项；结构 (structure)——各成分按一定顺序的排列；系统——对若干语言形式中应该出现某一项目而不是另一项目的选择。这 4 个范畴又和级阶 (rank)、精密阶 (delicacy) 和说明阶 (exponence) 3 个阶发生联系。级阶表示各范畴自上而下的不同层次的关系；精密阶表示是语言描写的深入细分的程度；说明阶表示范畴与资料的关系。

从阶和范畴语法过渡到系统语法的重大突破是韩礼德对弗斯理论的修正。弗斯认为系统或选择是在语言的结构内部进行的，因而结构是第一性的。韩礼德在写《语言中词类与链和选择轴的关系》(Class in relation to the axis of chain and choice, 1963) 一文时，还承袭了弗斯的观点；3 年后在《'深层'语法札记》(Some notes on "deep" grammar, 1966) 一文中，他提出了新的看法。他认为就结构和系统的关系来说，系统是第一性的，因为结构既是各个系统体现的结果，其本身又属于一个可供选择的系统。例如，在环境 X 中，可从 A、B、C 3 项中选择一项。一旦出现进入环境 X 的入列条件，便得进行选择。但是环境 X 实际上又属于一个更高一级的选择系统，这就是说，人们要从 X 和 Y 系统中选定 X 后，才能进一步从 A、B 或 C 中选择一项。因此，系统的概念适用于级的自上而下的各个层次。在语言深层中存在的是系统而不是结构。系统语法正是在 20 世纪 60 年代转换生成语法学派及其深层结构的概念处于鼎盛的时期，异军突起，独树一帜。

在 20 世纪 60 年代，韩礼德有步骤地着手建立他的功能语法的理论，即要从语言的社会语境和用途来探讨语义学、音系学和句法学的实质。

韩礼德认为语义的主要部分是表示说话人对主客观世界的认识。对此，他围绕英语的及物性（transitivity）进行研究（*Notes on Transitivity and Theme in English*，1967—1968）。他指出，及物性应包括主客观世界的变化过程以及与过程有关的参与者（participants）和环境（circumstances）。这些范畴又可按精密阶一一细分，如过程可包括物质的（material）、思维的（mental）、关系的（relational）和报道的（reporting）；参与者可细分为动作者（actor）、目标（goal）、范围（range）、受益者（beneficiary）等；环境可分为时间、地点和方式等。韩礼德这一研究内容与菲尔摩（Fillmore）的格语法理论和切夫（Chafe）的理论几乎是在同一时期进行的，但三者的根本差别在于：首先，后二者是把格语法放在转换语法的深层结构理论框架内研究的，而韩礼德不承认深层结构，认为语言的及物性从表层即可描写；其次，菲尔摩等认为句子由上述语义成分转换而成，韩礼德则坚持及物性仅是语义成分的一个组成部分，即概念部分（ideational），涉及句子语义的还有人际部分（interpersonal）和话语部分（textual）；最后，菲尔摩等强调格语法的普遍性，而韩礼德表示他对及物性的描写仅针对英语而言，其他语言该如何描写不一定强求一致。

在此阶段，韩礼德在英语音系学方面有较多著作，如《英语的声调》（*The Tones of English*，1963）、《英语语法中的语调》（*Intonation in English Grammar*，1963）、《英国英语的语调和语法》（*Intonation and Grammar in British English*，1967）、《英语口语教程》（*A Course in Spoken English*，1970）等。在这些著述中，韩礼德从功能语法的角度对英语的语音、语调作了解释。他认为，对不同语调的选择，实际上是说话人在一定话语环境中对角色（role）的选择，而中心（focus）的选择是由信息理论决定的。在正常情况下，人们说话总是从已知信息着手，然后进入新信息，中心便是声调群中新信息出现的位置。语调的功能属交际部分，信息理论的功能属话语部分。

韩礼德的人际部分还包括情态（modality）和语气（mood）。情态表示说话人的判断和预见，语气跟语调一样，表示说话人为自己和听话人在交际过程中所扮演的角色的选择。所不同者，语气体现于句法层，语调则体现于音系层。应该指出的是，韩礼德的情态范畴并不包括传统语法中所有的情态动词形式，像 He can swim（他会游泳），You can go now（你现在可以走了）等句子中的情态动词在韩礼德的体系内是情态意义（modulation）范畴，属于概念部分。反之，有些副词或表达方式，如 perhaps（也许），probably（大概），it is possible（有可能）则属于其他的情态范畴。韩礼德有关英语中语气的体现比传统语法更为具体，即英语任何句子中真正表示语气的只是主语和动词词组的限定成分。后者既包括后来在夸克等人所著语法（Quirk *et al.* 1972）中提到的操作成分（operator），也包括动词的现在时语素和过去时语素。

韩礼德的话语部分除信息理论外，还提取了布拉格学派的位组成的理论。他在《英语小句主位组成的某些方面》（Some aspects of the thematic organization of the English clause, 1967）一文中把句子分为主位（theme）和述位（rheme）。主位是句子中首先出现的成分，是句子所要叙述内容（述位）的出发点。此外，韩礼德受弗斯的搭配概念的启示，在话语部分包括了接应（cohesion）的范畴。有关接应的最初萌芽可见于《文学研究中的描写语言学》（Descriptive linguistics in literary studies, 1962）和《文学语篇的语言学研究》（The linguistic study of literary texts, 1964）两篇文章。这一工作间隔了十多年后由他和妻子哈桑（R. Hasan）合作，写成《英语的接应》（*Cohesion in English*, 1976）一书。两人对语篇（text）和语篇结构（texture）做了明确的解释，即要把它们看成是语义学的概念。英语中的接应关系可分成所指（reference）、替代（substitution）、省略（ellipsis）、连接（conjunction）和词汇接应（lexical cohesion）五大类。可见接应理论在深度和广度上已大大超越了弗斯的搭配概念，在话语分析中已被证明是切实可行的。

我们知道，当代的语言学家、社会语言学家和应用语言学家都承认语言的概念功能和人际功能，但不少人在研究语言与思维和社会关系的过程中，往往忽略了对语言本身规律的探索。韩礼德把主位结构、信息理论和接应理论列入话语功能，正好弥补了这一缺陷。

这样，韩礼德大致花了 5 年时间建立了他的全面又具体的功能语法体系，即英语的语义由 3 个功能部分组成：1）概念部分，包括及物性、语态、情态意义；2) 人际部分，包括语气、情态、语调；3) 话语部分，包括主位结构、信息理论、接应。对此，韩礼德在《语言结构和语言功能》(Language structure and language function, 1970) 一文中做了全面总结。按照韩礼德的观点，所有这些范畴在其深层都有一个系统，即可供选择的网络。从此以后，系统—功能语法的称谓替代了早期的阶和范畴语法，也多少有别于新弗斯学派 (New Firthians) 的笼统的称呼。这一新体系的出现立即推动了语言学家们对韩礼德所提出的语域 (register) 的进一步研究。

韩礼德在 20 世纪 70 年代前 5 年的活动转向对儿童语言发展或个人语言发展的探索。这方面的成果见于《语言功能的探索》(*Explorations in the Functions of Language*, 1973) 和《学习如何表示意义：语言发展的探索》(*Learning How to Mean：Explorations in the Development of Language*, 1974) 两本书中。韩礼德的观点和方法是社会学的而不是心理学的，是联想主义的而不是本能论的。他认为儿童语言的发展除了须具备必要的生物基础外，主要是用语言来表示社会环境中的某种意义，因而儿童语言的发展是如何逐步掌握儿童语言所要履行的 7 种功能的过程。这 7 种功能是工具的 (instrumental)、控制的 (regulatory)、交往的 (interactional)、个人的 (personal)、启发的 (heuristic)、想象的 (imaginative) 和信息的 (informative)。幼儿在学话时期，每一种功能都只能用一个形式来表示。在儿童语言向成人语言过渡时，出现了一种形式要对付多种功能的复杂情况，因而演变为成人语言的概念部分、人际部分和话语部分。这样，韩礼德不仅探索了儿童语言和成人语言的相互关系，而且阐明了语言作为用途与语言作为联系之间的内在关系。

继儿童语言的研究之后，韩礼德把重点转向探讨语言与社会学和符号学的关系。这在 20 世纪 70 年代中后期更为突出。这方面的论著有《语言与社会人》(*Language and Social Man*, 1974)、《作为社会符号的语言：通向全面的社会语言学理论》(Language as social semiotic：Towards a general sociolinguistic theory, 1975)、《语义变化的社会学面面现》(Sociological aspects of semantic change, 1975)、《语篇作为社会语境中的语义选择》(Text as semantic choice in social contexts, 1977)、《语篇与语境》(*Text and Context*, 与哈桑合著, 1980)。在这些著述中，韩礼德强调语言学家不仅要从语义学来说明句法学，而且要从更高的层次来说明语义学。要做到这一点，光凭许多语义学家所描写的概念结构 (conceptual structure) 不能完全说明问题。这个更高的层次应当是社会符号学。为此，他进一步阐明语义的概念部分、人际部分和话语部分，分别受社会语境中的场 (field)、意旨 (tenor) 和方式 (mode) 3 种因素的制约。场指话语范围，决定题材；意旨指话语的正式程度；方式指传递中介。

韩礼德既然强调要以用途或功能来考察语言，必然注意到语言理论的研究要为语言教学服务。这方面的论著有《语言科学与语言教学》(The Linguistic Sciences and Language Teaching, 与 A. McIntosh 和 P. Strevens 合著，1964)，《语言学与英语教学》(Linguistics and the Teaching of English，1967)，《语言学与语言学习者》(Linguistics and the language learner，1969) 等。当前流行的功能教学大纲有不少得益于他的功能语法理论，但韩礼德也曾对某些按功能教学大纲编写的教材摇头，可能是这些教材片面强调了概念功能或人际功能，而忽视了语篇功能，而三者本应该是三位一体、相辅相成的。

从韩礼德今后研究的动向来看，除继续从社会符号学的立场研究有关语言的各种问题外，正在利用先进的计算机技术验证如何用他的系统—功能语法的理论，从有关的资料中生成可接受的话语。根据句子生成中出现的问题，找出种种制约因素，从而进一步校正和完善有关理论的细节。在韩礼德的影响下，在英语国家中现已初步形成了一支运用系统—功能语法的理论语言学研究的队伍，其中有澳大利亚的 Ruqaiya Hasan, J. R. Martin, L. M. O'Toole 等；英国的 Margaret Berry, Christopher Butler, Robin Fawcett, Gepffrey Turner 等；加拿大的 Michael Gregory, James D. Benson, William S. Greaves 等；美国的 William C. Mann, Christian Matthiessen 等。国际性的系统理论讨论会已举行过 8 次，第九届年会 1982 年在加拿大多伦多召开。专门报道和交流系统理论研究成果的学术刊物名为《网络》(Network)。

王力与韩礼德 [1]

当代系统功能语法的先驱者韩礼德（M. A. K. Halliday）于 1948—1950 年期间曾经在中国留学，师承罗常培先生和王力先生。尽管韩礼德日后主要从伦敦学派、布拉格学派和哥本哈根学派发展了他的系统功能语法，人们仍然认为罗、王两位先生对韩礼德在学术上会产生一定影响。早在十年前当我读到王力先生的某些著作时脑海里便闪现过这样一个念头：这里孕育着韩礼德某些理论的萌芽。由于种种原因，对这一触动的深入探讨始终未能提上日程。现在趁纪念王力先生九十周年诞辰之际，汇报一下王力与韩礼德两位学者在学术上的联系。

韩礼德在谈到自己的成长过程时，曾写过这样一段意义深远的话："在中国，罗常培赋予我对一个印欧语系以外的语系的历史观和见识。王力传授我许多东西，包括方言学的研究、语法的语义基础和中国的语言学史。"（Halliday 1983：4）但更具体的内容鲜为人知。王力先生生前曾向笔者说过他与韩礼德在 50 年代仍有书信来往，从当时的形势看，这些函件不会详细讨论学术问题。因此我在这里主要根据王力先生的《中国语法理论》（1944，1945）和《中国现代语法》（1943）两部书（下文中简称《理论》和《语法》）与韩礼德的著作进行比较，因为这两部书在王、韩接触之前早已出版，并为韩礼德收藏，也在他的博士论文《〈元朝秘史〉汉译本的语言》（1959）中引用过。这表明韩礼德至少在求学期间读过这些著作。

还要说明一点，我所作的比较只限于王力和韩礼德的与普通语言学有关的学术观点，而且是见识相同点，并不排斥韩礼德受其他语言学大师的影响。这

---

[1] 本文原载于《北京大学学报（英语语言文学专刊）》1991（1）：49-57。收入张谷、王辑国编，1993，《龙虫并雕，一代宗师——中外学者论王力》。南宁：广西教育出版社。200-216；胡壮麟，2000，《功能主义纵横谈》。北京：外语教学与研究出版社。40-55。

里也不想深入研究王力先生本人的思想渊源，如他曾是赵元任、房特里耶斯、贝尔诺、福歇的门下（《王力文集》第一卷，序），以免铺陈太杂。

1. 语言观

1.1 语言的社会性

自索绪尔以来，语言学研究摆脱了语文学的桎梏，与当时的一些新兴学科建立了横向联系，如社会学、心理学、人类学等。在语言主要是一个社会过程还是心理过程上，韩礼德一直倾向于前者。他在回答 Parret 的提问时曾表示"语言是社会系统的一部分，没有必要提出一个心理学层次来解释"（Halliday 1974）。以后他高度概括地指出："语言是社会过程的产品。"（Halliday 1978：序）这正是王力先生早已发表过的观点："语言是社会的产品，所以每一个社会自有它的特殊语言。民族和民族之间，语言的歧异更大，咱们往往以语言的不同去证明民族的不同。"（《语法上》：1）

1.2 语法的合法性

王力先生认为"在语法上，无所谓对不对，只有所谓合不合。它是约定俗成的东西，没有绝对的是非可言"（《语法上》：8）；"语法只是习惯，并没有一定形式"（《语法下》：323）。韩礼德是怎么表达类似的观点呢？他说："我们不是简单地把自己的母语'认识'为声音符号的抽象系统，或似乎某些配上词典的语法书。我们是在懂得如何与他人交际、如何选择最合适所处情景类型的语言形式，等等。所有这些可表述为语言是一种知识型式；我们懂得如何用语言做出反应。"（Halliday 1978：13）就以上论述稍做比较，便可发现韩、王两人共同表示了如下的观点：1) 语法是"约定俗成"的，言语社团的成员具有这种默契才能"懂得如何与他人交际"；2) 语法"并没有一定的形式"，因而不能简单地把它认识为"声音符号的抽象系统"；3) 韩氏的"选择最合适所处情景类型"就是王氏的"合不合"的说法，因为"合不合"蕴含着对语境的肯定；4) 韩礼德所说的"如何用语言做出反应"与王氏"语法只是习惯"的观点别无二致。

1.3 语法的普遍性和特殊性

正因为语法是约定俗成的，王力先生指出"每一个族语自有它的个别的语法，和别的族语的语法决不能相同"（《语法上》：4），因而"研究汉语语法要注意汉语的特点，不要生搬硬套西洋的语法"（《文集》I：序）。

同样，韩礼德在《现代汉语语法范畴》（Grammatical Categories in Modern Chinese）一文中说他的工作是研究"汉语的汉语性""汉语运用自如，那么描写语言学家的任务就是表明它是如何运用自如的"（Halliday 1956：216）。

不论是王力，还是韩礼德，都不完全排斥某些语言特征可能具有普遍性的一面。王力先生在强调汉语的特殊性后指出："反过来说，除非不做中国语法，否则无论是谁，总也不免有几分模仿，因为中西语法总不免有几分相似之点。"（《文集》I：4）韩礼德则指出要防止两种极端，即声称某些描写特征对该语言不存在"普遍性"或不存在"例外性"（Halliday 1956：216）。

1.4 语法与语义

王力先生认为要说明语法作用，有时非借助意义不可。"语句的意义固然不能离开语句的结构——就是语法作用——而独立，但语法作用也不能全然离开意义而独立。"（《语法上》：18）尽管王力先生的这番话给人以语法和语义互为依存的感觉，韩礼德则认为王力先生的侧重点为语义是语法的基础（Halliday 1983：4）。在此基础上，韩礼德进一步发展了他的"体现"（realisation）理论："语义学和语法之间的关系是一种体现关系。措词（即词汇语法）'体现'语义或将语义编码，然后措词由语音或文字'体现'。"（Halliday 1985：xx）

语法和语义的关系不尽于此。在朱自清先生为《语法》所作的序中转引了陈望道的一段话："国内学者还多徘徊于形态中心说与意义中心说之间。两说都有不能自圆其说之处。鄙见颇思以功能中心说救其偏缺。"对这段引文可做以下3点分析：1）这段话，白纸黑字，出自陈望道先生，但既然由朱氏在王书的序中引用，说明王、朱必然认同陈氏的观点；2）正如朱氏评论"（陈望道）那短文只描出一些轮廓，无从详细讨论"，但这个轮廓毕竟是一个划时代的杰作，即他们三位在20世纪40年代已预见在语法和语义之外存在一个更重要的起决定作用的因素——功能；3）把这个功能学说具体化、系统化的是韩礼德。他说："意

义不是与语言形式分离或对立的，而是整个语篇的功能。"(Halliday 1959：9)
在随后的著作中，他又进一步区分三大元功能（即概念功能、人际功能和语
篇功能）和具体的语义功能范畴，如及物性、语气、主位系统与信息系统等
(Halliday 1970)。

2. 研究方法

2.1 把语篇作为研究对象

　　语言学研究的对象是语言，但在运用语言材料时，不同理论运用不同的方
法。结构主义者往往采用单句举例的方法，或"非语篇"的方法。生成转换学
派不以采集真实语言材料为本，而是以规则来衍生"合乎语法"的句子。韩礼德
则采用伦敦学派所倡导的方法，即"语篇"的方法。例如，韩礼德的博士论文
自始至终分析《元朝秘史》的语言，又如他和哈桑合著《英语的衔接》(1976)
一书是以英国作家路易斯·卡罗尔的童话小说《艾丽丝漫游奇境记》作为语料
的。我在这里要指出两点：1) 持有这种观点的不仅仅是伦敦学派。王力先生早
在 1937 年就悟识到"语法的规律必须是从客观的语言归纳出来的，而且随时
随地的观察还不够。必须以一定范围的资料为分析的根据，再随时随地加以补
充，然后能观其全"(《语法》上，自序)。这里，"客观的语言"加"一定的范
围的资料"就是"语篇"；2) 在实践中，伦敦学派的马林诺夫斯基在 1923 年只
对土著语言的小段语篇做过分析 (Malinowski 1923)；弗斯虽然提出过"语篇"
和"有限制的语言"(restricted language) 的观点 (Firth 1959)，但他本人对语
篇从未做过认真的分析。在这方面真正迈出第一步的应数中国的王力先生。他
的《中国现代语法》系统地分析了《红楼梦》和《儿女英雄传》等书的语言，用
朱自清先生的话来说，其优点为"时代确定""地域确定""材料确定"(《语法
上》：朱自清"序")。韩礼德在谈到他为什么选用《元朝秘史》作为分析对象时
也做过类似的说明，即《元朝秘史》既提供了"历时语境的框架"，本身又代表
一种"语言状态"(Halliday 1959：18)。

2.2 口语和书面语的结合

　　王力和韩礼德都认为语篇有口语和书面语之分，也认识到单纯把二者之一作为一般语法的研究对象均有一定缺陷。书面语终究是经过语言使用者加工的第二手语料，不如口语实在，因为"人类最普通的语言是用口说的"（《语法上》：1），"通过言语，语言系统的潜力发展得更丰富，表现得更完美"（Halliday 1985：xxiv）。但真正要对"口头的说的语言"进行分析殊非易事，变化太多，"就得另立'话法'一科，这就未免失之琐碎"，因此王力先生选用了《红楼梦》和《儿女英雄传》，两书既是"写的语言"，也是"说的语言"，圆满统一了这个矛盾（《语法上》：朱自清序）。韩礼德一再强调"口语的结构高度复杂，其复杂程度为书面语所罕见"（Halliday 1985：xxiv）。因此，韩礼德选用了《元朝秘史》就是为了兼顾口语和书面语两者，它代表了一种"口语化的汉语"（Halliday 1959：17）。对于"说的语言"，韩礼德另写了一本《英语口语教程》以示其"话法"（Halliday 1970b）。

2.3 主要语法单位

　　语篇是一个语义概念，其语言形式均需体现为句、小句、词组、词、语素等呈现级关系的大小单位。韩礼德认为分析程序应当"自大而小"（Halliday 1959：11）。最初，他认为语法陈述的最大单位是"句子"，然后依次描写小句、词组等（Halliday 1956：182）。他在五六十年代发表的论著均反映了这个思想。在《功能语法导论》（1985）一书中，他确定小句为基本语法单位。在他眼里，"句"只是一个书写单位，就语法形式来说，大于小句的语法单位应是"小句复合体"（clause complex）（Halliday 1985：192ff）。因此，整本著作都是围绕小句展开的，仅以第六章讨论词组和短语，未专门讨论词法。这种处理方法与欧洲"先词法，后句法"的传统截然相反。

　　值得注意的是王力先生在研究汉语语法时，早就是这条道路的先驱者。该书从"造句法"讲起，只有一节谈词类，因为"词、语等都在句子里才有作用，所以从造句法开始"（《语法上》：朱自清"序"）。王力先生的"句"以简单句（相当于韩氏的"小句"）为主，辅之以复合句（相当于韩氏的"小句复合体"），王力先生的"句子形式"相当于韩氏的从句、包孕句和非定谓句。

2.4 语言是一个多层次系统

韩礼德一贯坚持"语言是一个多重编码系统"（Halliday 1974：86）。他在描写人际功能的语气系统时既通过句法上的"主语 + 定谓成分"的排列变化和省略关系来描写，也通过音系层的"基调"（key）来描写。他的语篇功能既包括句法层的主位结构，也包括音系层的信息结构。一句话，语言的各个层次都表述语义。

尽管王力先生没有做过如此明确的理论表述，在实践中他肯定了语言是多重编码系统的观点。例如，他认为"语音的停顿"可以"辨认句子的终点"（《语法上》：126），汉语语气词之可被省略在于语气也可由"表疑问的语调"表示（《语法上》：345）；"逗调"能担任"联合的语法成分"（《理论》：89），等等。

在讨论包孕句时，两人的观点完全吻合。韩礼德指出包孕句"不构成分开的调群"（Halliday 1985：221），王力先生则说："咱们不能在那被包孕的句子形式的起点或终点作语音的停顿"，如"二人来至袭人堆东西的房门"不能念成"二人来至，袭人堆东西，的房门"（《理论》：87）。

2.5 盖然率的思想

盖然率是韩礼德的理论核心之一。他认为对语义的选择及体现形式不能做绝对的一成不变的描写，因为自然语言虽然有其逻辑性的一面，终究是"约定俗成"的，并受复杂的语境因素牵制。他在描写语义为语言形式体现时，区别了 4 个程度的盖然率：两可、很可能、几乎肯定和肯定，分别以 1/2，1/2 +，1- 和 1 标志，对相反情况则以 1/2 -、0 + 和 0 标志（Halliday 1955: 78）。后来，他在论证范畴之间的关系以及范畴和说明之间的关系又指出：这"与其说这是一个'非此即彼'的关系，不如说这是一个逐步增强的'多与少'的关系"（Halliday 1961：259）。

20 世纪 40 年代的王力先生有什么观点呢？我们不妨分析一下他在《语法上》一书中所使用的语言。

像下面的一些例子，普通口语里是非常罕见的。(152)
有时候，处置式并非真地表示一种处置，它所表示此事受另一事影响而生的结果。这种事往往是不好的事 (例 A 至 D)，或不由自主的事 (例 E)。

"无"字常用于次品，"不"字常用于末品。(251)

在大多数情况下，"没有"和"没"是通用的。(253)

名词后附号用"儿"用"子"，全凭习惯而定。"帽子""鞋子"为什么不能说成"帽儿""鞋儿"？这是没有理由可说的。所可说者，乃是现代北京话里，"儿"字渐占优势。(303)

用于次品的"什么"可以是指人而言，也可以是指事物而言。(《语法下》：161)

以上引文中的表程度词语都表明王力先生遵循的是盖然率的描写方法。"非常罕见的"相当于韩氏的"0 +"，"有时候"相当于"1/2-"，"可以是……也可以是"相当于"1/2"，"常""往往"相当于"1/2+"，"在大多数情形之下"相当于"1-"。

3. 衔接理论

系统功能语言学家一般认为衔接理论先由韩礼德提出。早期的理论区分结构性衔接和词汇性衔接 (Halliday 1962)。1976 年他与哈桑的合著中这个理论臻于完善，从理论上阐述了语义在语篇中如何经由语法和词汇的衔接来体现，并类分了照应、省略、替代、连结和词汇搭配五大类。在 1985 年的《功能语法概论》中则把省略和替代合成一类，基本框架未动。

对韩礼德体系中的五大类，王力先生在两部著作中均有这样或那样的涉及和举例。兹分述如下。

3.1 照应

王力先生曾指出"在语法上，人称代词前面的名词，同时又是它所替代的叫作先词……"《语法下》：2)。王力先生所谓的"先词"，就是韩氏所谓的"presupposed"。如果说这个"先词"出现于同一小句或句子内，那么，王、韩都只是重复了当代任何 (句子) 语法所肯定的内容，了无新意。就语篇衔接来说，这个"先词"应出现在代词所在的句子之外，如王力先生指出下例中的"咱们"回指引号外的紫鹃和黛玉。

紫鹃也看出八九，便劝（黛玉）道："……别人不知道宝玉的脾气，难道咱们也不知道？"

对此，韩礼德曾经认为在实际说话过程中，第一人称和第二人称代词不一定表现语篇衔接，因为先词存在于情景之中，而不是语篇之中 (Halliday & Hasan 1976：48)，那么，王力先生还枚举了其他许多实例，如：

岫烟笑道："我找妙玉说话。"宝玉听了诧异，说道："他为人孤僻，不合时宜。"

上例中，"他"承说先词"妙玉"。

3.2 省略

王力先生在《语法》一书中专有一节讨论省略法（《语法下》：266）。姑且不谈"习惯的省略"，语篇范围的"承说的省略"至少提到 5 种。

1）主语的省略

因就回道："管家奶奶们才散了。"小丫头道："既散了，你们家里传他去。"（这里省略了"管家奶奶们"）

2）目的位的省略

宝玉道："今天老太太喜喜欢欢的给了这件褂子。谁知不防后襟上烧了一块……"麝月道："这怎么好呢？明儿不穿也罢了。"（即宾语省略，省略了"这件褂子"）

3）关系位的省略

黛玉道："你上头去过了没有？"宝玉道："都去过了。"（即状语省略，"上头"二字从略）

4) 表位的省略

探春笑着问道："可是山涛?"李纨道："是。"(表语"山涛"被省略)

5) 谓词省略

宝玉又让他到怡红院里去吃茶。香菱道："此刻竟不能。"(谓语"到怡红院里去吃茶"部分被省略)

以上例句，如用韩礼德的术语，则可表示为名词省略、动词省略等。

3.3 替代

韩礼德认为英语中有少量语言形式，其功能只是替代上文中的某一词语，但不存在认同的一致关系，如"one"可替代可数名词，"do"替代动词，"so"替代小句等。汉语是否具有类似的替代性很强的形式词语可以争论，但王力先生至少报道过如下替代形式。

1) 名词替代

香菱晴雯宝钗三人皆与他同庚，黛玉与他同辰，只无同姓者。("者"替代"人"。)

2) 谓语替代

黛玉……便说道："你既这么说，为什么我去了你不叫丫头开门呢?"宝玉诧异道："这话从那里说起？我要是这么着，立刻就死了。"("这么着"替代"不叫丫头开门"。)

3) 形容词替代

"我这么看戏，还不算安静吗?"("这么"替代"安静"。)

4）小句替代

"你们应该运动，不然，身体就不容易强健了。"（按：王力先生本人把
"然"列入动词替代。但从"甲：他学习很用功。乙：我不以为然。"的对答中，
"然"明显地替代"他学习很用功"整个小句。）

3.4 连接

王力先生在《语法》中专列一节描写汉语的联结词（《语法上》：378—
413）。他给的定义比传统的句子语法要广："词和词可以联结，句和句也可以联
结，有些虚词居于词和词的中间，或句和句的中间，担任联结的任务。这种虚
词，我们叫做联结词。"他还论证道："法语的 donc 和 car 可以用于句首，其所
判断或申说者乃是前一个句子，甚至前一段话；可见连词和句的界限没有必然的
关系了。"（《理论》：97）这里仅举下例中的"又"说明以上论述。

饶这么着，老太太还怕他劳累着了。大夫又说好生静养才好。

在该节中，王力先生还提出了"准联结词"的概念，这是指当解释的部
分分为两三层时，可以采用"一则""二则"等词语，这相当于韩礼德所枚举的
"Firstly""Secondly"等（Halliday 1985：305）。

此外，王力先生认为像"这样""那么""这么着""那么着"等词语具有承
上起下的联结作用，"近似于联结词"（《语法下》：45）。

由此可见，王力先生不是从词类而是从语篇语义来定义联结词的。为了与
传统的联结词相区别，他有时采用了"联结成分"的称谓（《语法下》：352）。
同样，韩礼德除了沿用传统语法的"conjunction"这个词语外，有时在有关
词语前加上形容词"conjunctive"，如"conjunctive adjunct（联结性附加语）"
（Halliday 1985：303）。

3.5 词汇搭配

王力先生提供的例句如下（《语法下》：252）。

贾芸道："……欲要孝敬婶娘，不怕婶娘多心。如今重阳时候，略备了一点儿东西……"凤姐道："你把东西带了去吧。"（上例中"东西"指贾芸的礼物。但重要的是王力先生指出下一个"东西"是承上一个"东西"而言，在语义上衔接。）

薛蟠宽慰了几句，即便又出去打听，隔了半日，仍旧进来，说："事情不好……"。（指薛蟠所要打听的事情。若没有上文，"事情"二字就没有意义。）

王力先生在以上二例中的"东西""事情"所讨论的承上意义就是韩礼德在词汇搭配中所介绍的"重复"（repetition）和"泛指名词"（general noun）的词汇衔接关系（Halliday 1976：274ff）。

4. 语法范畴

王力和韩礼德对语法范畴的观点常给人以英雄所见略同之感。现举以下几个方面为例。

4.1 情态与意态

我们先看王力先生在讨论能愿式时所说的一段话（《语法上》：130）：能愿式可分为两种：第一种是可能式，就是话里掺杂着咱们的意见的，用"能""可""必""该"一类的字表示；第二种是意志式，就是话里掺杂着主事者的意志的，用"要""欲""肯""敢"一类的字表示。

把这一段话与韩礼德的观点（Halliday 1970c）比较，我们不难发现：1）王力先生辨识区分人际功能（"掺杂着咱们的意见"）和概念功能（"掺杂着主事者的意志"）；2）属于第一种的可能式就是韩礼德的"modality（情态）"，属于第二种的"意志式"就是韩礼德的"modulation"（意态）；3）韩礼德在新著中把 modality 升格，统括可能式和意志式，原来狭义的 modality 改称 modalisation（Halliday 1985：335）。这样，韩礼德的模式与王力先生的划分更为吻合。试比较：

王力	韩礼德
能愿式	modality（情态：广义）
可能式	modalisation（情态：狭义）
意志式	modulation（意态）

4）所不同者，王力先生的能愿式局限于"能、可、必、该"和"欲、肯、敢"等情态词，韩礼德发展了其体现形式，凡名词（如 likelihood, probability 等）、副词（如 perhaps, often 等）、动词词组（如 to be required to, to be supposed to 等）、句式结构（如 it is possible/probable/certain 等）均可表示情态语义。

4.2 被动语态

西方结构主义者往往从"be...ed"形式来定义被动语态，这是"被动转换"的理论基础。中国的语言学家则相应地采用"被字句"一说。在这个问题上，王力先生提醒人们要重视叶斯泊森的观点：对结构上的范畴和观点上的范畴宜做区别。他特别指出"中国语就是用观念上的被动的"，如"国人皆曰可杀""斗筲之人，何足算也"。为什么要强调观念上的被动呢？王力认为，没有"被"字的被动式，在形式上看不出它和主动式的分别，只能在意义上看得出来，如"五儿吓得哭哭啼啼""两人都该罚"。其次，被动语态是由用途决定的，即：1）主事者是不可知，或不容易指出的；2）由上下文的讨论，主事者不言而喻。（《语法上》：172）。

韩礼德与王力的观点完全一致，并把观念上的范畴和结构（形式）上的范畴做了比较（Halliday 1970a：152）。

表 1

语态（句）	角色	语态（动词）	举例
中动态	动作者	主动	the gazebo has collapsed
"主动"	动作者, 目标	主动	the Council are selling the gazebo
非中动态："主动"	动作者,（目标）	主动	the Council won't sell
非中动态："被动"	目标	主动	the gazebo won't sell

续表

语态（句）	角色	语态（动词）	举例
非中动态："被动"	目标，动作者	被动	the gazebo has been sold by the Council
非中动态："被动"	目标，（动作者）	被动	the gazebo has been sold

表 1 中的句子语态就是王力先生的"观念上的范畴"，它能区别从动词形式无法辨认的不同语态，如 "the Council won't sell" 和 "the gazebo won't sell" 在形式上一样，实际上其语义一为主动，一为被动。

在语态问题上，韩礼德的突破表现在：1) 在概念功能中对语态系统选择影响到不同功能成分在小句结构中的分布；2) 选择的动因受制于语篇功能。这与王力先生"由上下文的衬托"隐约呼应。

4.3 词类划分

王力先生反对套用西方语法术语来确定汉语的词类，如他反对把"用、拿、同、在、朝、比、如"等词叫作"介词"或"前置词"（《理论》：59），其理由是"西方介词没有可以作谓语用的，而在汉语中这类词可以加上'着'或'了'等动词的记号，可见它们原是动词"。第二，表达一个概念可使用不同词类，如"粥"是单词，"稀饭"是仂语，"恰好"是仂语，"口岩"（ngam）却是单词（《理论》：5）。

韩礼德通过自己的研究表达了不同于传统的西方语法而接近于王力先生的观点。他指出英语的"介词不是副词的一个次类，功能上它们与动词有关"（Halliday 1985：88）。其理由是英语中有不少介词是从动词衍生而成的，如 regarding，considering，including 等。有的介词具有动词的语义，如表 2：

表 2

介词	动词
across the lake	crossing the lake
near the house	adjoining the house
with a hat	wearing a hat

韩礼德还创造"语法隐喻"（grammatical metaphor）的概念说明词性和用途的相应转换关系。试比较：

a. The guests' supper of icecream was followed by a gentle swim.

b. In the evening the guests ate icecream and then swam gently.

两句语义基本相同，但变化表现为：1) a 句中的 The guests，是名词词组所有格，作修饰语，在 b 句中则体现为名词词组，作主语；2) a 句中的 supper 是名词，作主语，其语义在 b 句中分解为介词短语 In the evening 和动词 ate，分别为状语和谓语；3) of icecream 在 a 句中是介词短语，作后修饰语，在 b 句中为名词，作宾语；4) a 句中的谓词 was followed 的语义在 b 句中成了副词 then；5) a 句中的 swim 是名词，作介词宾语，在 b 句中成为动词，作谓语用；6) 最后，a 句中的形容词修饰语 gentle 成为 b 句中的副词状语 gently。

以上对比说明，语义和形式呈体现关系，一个语义可以由不同形式体现。对不同形式的选择要以用途为根据。诚如王力先生所言："咱们须知，语言之表达思想，并不限于一种方式，外物之反映于观念，更没有一种定型"（《理论》：4）。这段论述无疑是"语法隐喻"思想的萌芽。

4.4 动词的及物性

西方词典一般把动词分为及物与不及物，多数及物动词可具有被动语态形式。对此，王力先生一再认为这种区别是不重要的。"在逻辑上，它们并没有明显的分野。往往同一意义的动词，在甲族里是及物的，在乙族里却是不及物的。"如英语 to wait（for）是不及物动词，译成法语是 attendre，是及物动词。即使同一族语里，因历史的变迁，不及物与及物可相互发生变化（《理论》4：65，66）。

韩礼德的观点与王力先生有息息相通之处。他在讲课中不时提到当代词典编辑中出现了动词不再区分及物与不及物的倾向，而是从及物性系统说明一个过程及其与参与者和环境的关系。从语义上弄清一个过程要求一个还是两个参与者（Halliday 1970：15 2）。要求一个参与者是中动语态，因而是不及物的，如

the gazebo has collapsed，但像 Mary is washing 则在语义上是及物的，washing 的目标是 "the clothes"，只是未见之于文字而已，不能因为字面上不出现而把它看作不及物动词。

最后，就以上的讨论总结以下几点：1）王力先生和韩礼德在语言学研究上确实具有许多共识；2）王力先生的许多观点在二三四十年代已经定型，而韩礼德的观点则在五六十年代脱颖而出；3）我不敢妄自推断就以上观点，韩礼德是否都是自觉地接受了王力先生的影响，但有一点不能忽视，即韩礼德自己肯定在 "在语法语义基础" 这个重大理论原则上，他得益于王力先生的教授；4）应该承认，在中西方文化熏陶下，韩礼德更全面、更系统地发展了王力先生的许多观点。我想这是任何前辈所盼望的。当王力先生晚年与韩礼德在北大重逢时，我从王力先生的眼神里看到一种欣慰喜悦之情。

参考文献

Firth, J. R. 1959. Linguistic analysis as a study of meaning. In F. R. Palmer (ed.). *Selected Papers of J. R. Firth.* Bloomington: Indiana University Press.

Firth, J. R. 1959. The treatment of language in general linguistics. In F. R. Palmer (ed.). *Selected Papers of J. R. Firth.* Bloomington: Indiana University Press.

Halliday, M. A. K. 1956-1957. Grammatical categories in modern Chinese. *Transactions of the Philological Society* 55(1): 177-224.

Halliday, M. A. K. 1959. *The Language of the Chinese "Secret History of the Mongols".* London: Oxford University Press.

Halliady, M. A. K. 1961. Categories of the theory of grammar. *Word* 17: 241-292.

Halliday, M. A. K. 1962. Descriptive linguistics in literary stylistics. In G. I. Duthie (ed.). *English Studies Today.* Edinburgh: Edinburgh University Press.

Halliday, M. A. K. 1970a. Language structure and language function. In John Lyons (ed.). *New Horizons in Linguistics.* Harmondsworth: Penguin Books.

Halliday, M. A. K. 1970b. *A Course in Spoken English.* London: Oxford University Press.

Halliday, M. A. K. 1970c. Functional diversity in language, as seen from a consideration of modality and mood in English. *Foundations of Language*

6(3): 327-351.

Halliday, M. A. K. 1973. *Explorations in the Function of Language.* London: Edward Arnold.

Halliday, M. A. K. 1974. Discussing language with herman parret. In Herman Parret (ed.). *Discussing Language.* The Hague: Mouton.

Halliday, M. A. K. 1978. *Language as Social Semiotic.* London: Edward Arnold.

Halliday, M. A. K. 1983. Systemic background. In James D. Benson & William S. Greaves (eds.). *Systemic Perspectives on Discourse.* Vol. 1. Norwood, New Jersey: Ablex.

Halliday, M. A. K. 1985. *An Introduction to Functional Grammar.* London: Edward Atnold.

Halliday, M. A. K. & Ruqaiya Hasan. 1976. *Cohesion in English.* London: Longman.

Malinowski, B. 1923. The problem of meaning in primitive languages. Supplement to C. K. Ogden & I. A. Richards. *The Meaning of Meaning: A Study of the Influence of Language upon Thought and the Science of Symbolism.* London: Routledge & Kegan Paul.

王力, 1944-1945/1954,《中国语法理论》（上, 下）。北京: 商务印书馆; 中华书局。

王力, 1943/1954,《中国现代语法》（上, 下）。北京: 商务印书馆; 中华书局。

王力, 1984,《王力文集》（第一卷）。济南: 山东教育出版社。

韩礼德的中国梦 [1]

1. 中国梦的提出

2015 年 4 月 23—26 日北京师范大学召开"韩礼德 — 韩茹凯语言学国际基金"成立仪式专题报告会暨第 14 届功能语言学学术研讨会，我在大会上宣读了论文 "The Standardization of Chinese characters—An eco-linguistic perspective"（《汉字的规范化——生态语言学视角》）（胡壮麟 2015）。在宣读论文之前，我做了一个即兴发言，主要是说给坐在台下第一排的韩礼德先生听的，内容大致有关时下中国流行一个具有正能量的词语——"中国梦"。不同阶层的中国人各有自己的中国梦来激励自己。接着我说，我认为韩礼德也有中国梦，他期待中国语言学研究的进一步发展。他曾经严厉批评过我，认为我没有带头深入研究汉语。因此，我准备宣读的论文是一个为他圆梦之举。会后静下心来，发现我把问题复杂化了，外国人能做中国梦吗？凭什么要韩礼德做中国梦？他如果有中国梦，它表现在哪些方面？这成了我心中纠结的问题。现在看来，这些问题不难回答，或者说，韩礼德自己早就回答了。情况是这样的。

2013 年国际性出版社 Bloombury 公司出版了一本新书，书名为 *Interviews with M. A. K. Halliday—Language Turned Back on Himself*（《韩礼德访谈录汇编——韩礼德畅谈自我》）。编者 J. R. Martin 汇集了自 1972 年至 2011 年各国学者与韩礼德访谈后整理发表的访谈记录，共有 14 篇，仅最后一篇 Martin 和 Thibault 一起与韩礼德的访谈直接收入汇编。值得注意的是，就韩礼德与中国的关系而言，我们过去只模糊地知道他是罗常培和王力的学生，他在中国的北京和广州被"解放"过两次，他的博士论文写的是《元朝秘史》等。再往深一

---

[1] 本文载于《中国外语》2015，12 (6)：15-19。

步，就卡壳了，他本人不谈，我们做学生的也不好问。在 Martin 主编的这部汇编中，我们会很快发现，自 1998 年起，不论是外国学者，还是中国学者都追问他早期的经历，如韩礼德学习和研究汉语的起因，他在中国的经历，他对中国语言学研究的观点，他对罗常培和王力以及中国语言学传统的评价，以至他和英国共产党的关系，等等。同时，我们也会发现，时代变了，国际形势变了，韩礼德本人也退休了，他对每个问题基本上都能回答，毫无掩饰之感。究竟如何，请看下文。当然，篇幅有限，本文只整理汇编中有关他与中国梦的主要内容。

2. 与中国结缘的初始

如上所述，我们一般认为，韩礼德与中国结缘始自新中国成立前后他在北京和广州学习的那段经历。其实不然。1986 年，当 Hasan、Kress 和 Martin 三人与他访谈时 (Martin [ed.] 2013：95)，Martin 问韩礼德为什么会去中国学习，韩礼德爆出冷门，说他 4 岁就想去中国。在 4 岁时他写过一个小男孩去中国玩的小故事。其真实性由当时在场的他夫人 Hasan 佐证，Hasan 说韩礼德的妈妈曾经给她看过儿子幼年时亲笔写的那个小故事，很生动 (96 [1])。这里需要补充说明的是，韩礼德的语言天赋得益于家庭氛围。他父亲是中学德语和拉丁语教师，精通语法；他母亲是法语教师，能讲一口流利的法语 (183，204，255)。

第二个情况是，1942 年二次世界大战战火正浓，英国军方与伦敦东方和非洲学院 (The School of Oriental and African Studies in London，SOAS) 合作举办外语短训班，培养汉语、日语、土耳其语和波斯语的学生，以满足战事发展的需要。那时，韩礼德正好 17 岁从高中毕业，便前往伦敦应试。测试的内容有两个方面：一个是测试一般的语言天赋能力，考察应试者能否破解一些人造的语言；二个是测试考生能否记住并背诵不同声调的单音节。韩礼德的应试目的很明确，想学汉语，实现他幼时的心愿。由于他能很好地辨别一些体现汉语升降特征的单音节，以优异成绩通过该考试。那些对升降特征辨别不清的应试者，便被分配去学波斯语或其他语言 (205，252)。在伦敦东方和非洲学院培训

---

[1] 即 Martin (ed.) 2013：96。本文所述内容凡引自该文献者，均省略 Martin (ed.) 2013。读者也可从页码从参考文献中行找到相应的访谈录。

了 18 个月后，韩礼德便由部队分配到印度加尔各答，从事反谍报工作，从那个据点了解中国的战事。具体任务是检查来往中国的信件和物品，并盘问出入境人员。他们也通过在重庆的英国武官获得情报，核查情报是否正确，核实后向英国总部汇报。他与一位王姓中国情报官合作，大部分时间用汉语和中国人打交道，看中文，讲汉语 (149，204，253)。

1945 年，英国军方满以为与日本的战争还要打上若干年，需要为陆海空三军继续培养更多懂外语的军人，便抽调一些学习好的尖子回英国当培训班教员。第一批 4 人除韩礼德外，有 Johnny Chinnery (后任爱丁堡大学中文系主任) Cyril Birch (曾在美国伯克利大学任教) 和 Henry Simon (后在墨尔本大学任教)。在部队教汉语的两年中，他多次听到过 Firth 的名字，并得知当年的考试题就是他草拟的，但与 Firth 无直接接触。这时，他虽然不太了解语言学这门学科，通过教学，开始意识到某些与语言学有关的问题，例如，在上课时思考如何把一些问题讲清楚，如何了解汉语的语法和结构，甚至自己也曾想研究这些问题 (97)。

与此同时，伦敦大学中文系教授 Eve Edwards 和高级讲师 Walter Simon 为了培养日后可以从事语言教学与研究的人才，让韩礼德等人上午给培训班的军队学员教课，下午学习伦敦大学中文系的课程，并特地把给正规学生开设的课程都安排在下午。听课者可以专攻古汉语，也可以专攻现代汉语。根据自己的兴趣，韩礼德听了很多现代汉语文学课，一些课程往往使用汉语对话 (98)。

3. 在南京获得英国本土的学士学位

巴基斯坦学者 Rasheed 在 2010 年访谈中，请韩礼德说明他是如何在中国获得伦敦大学的学位，韩做了如下的回答。

1947 年韩礼德离开英国部队后，决定继续学习汉语，也意识到最明智的安排是直接去中国学习。但是他没有学位，因为部队是不授予学位的。碰巧上面提到的高级讲师 Walter Simon 认识当时的北京大学校长 [1]，便给他写信，希望能接受韩礼德去北大学习，并解决他部分生活费用。校长把韩录取为中文系学

---

[1]　1946 年 9 月—1948 年 12 月的北京大学校长为胡适。(百度)

生，并让韩去英语系教书。韩礼德便在英国申请 FETS (Further Education and Training Scheme) 奖学金，解决飞往中国的机票费用，终于到了北京大学 (99)。

韩礼德在北大中文系主要学习文学和古文。但他当时主要准备申请伦敦大学的校外学位，该大学可以让英国公民在世界各地申请。因此，在北大学习一年后，1948 年韩便飞往南京，在英国总领事馆应考。考卷内容包括语言和文学，以及从公元前 1500 年至今的中国文学史。有一道考题，需要应试者自己选择介绍一位当代中国作家。正好韩礼德与一位上海的中国作家有过来往，回答切题，顺利地在中国获得由英国本土颁发的现代汉语学位 (206)。

即使在这个时刻，韩礼德尚未考虑自己今后的发展，具体说，那时他还没有考虑是否要继续念研究生。他在上海的一家国际性的中国工业合作社 (Chinese Industrial Cooperative) 找到一份工作，任务是去西北农村出差。其背景是，二次大战时期中国许多城市被日本侵略军占领，西方国家便帮助中国在农村建立工业基地。抗战胜利后，继续存在的基地还有 350 个。韩礼德与一位中国会计前往这些基地——调查核实，用英语写成报告，以便合作社总部向英国、澳大利亚、新西兰等国收取费用。韩礼德在中国西北一个小村庄工作时，突然收到一份在路上走了 3 个月的国内来信，告诉他已经为他申请到攻读研究生的奖学金。韩礼德本人事先没有申请，但伦敦大学中文系的 Eve Edwards 教授看到韩礼德在南京的境外考试成绩后非常满意，考虑到该校非常需要这方面的人才，便代韩礼德申请了这个政府奖学金。看到信上说"立即回京"，于是他花了 5 天时间从农村一路搭车到兰州，再从兰州飞到北京，那时解放军尚未占领机场，北京还在国民党统治之下。

4. 北京大学和岭南大学的研究生

由于英国政府提供了奖学金，韩礼德在 1948 年 11 月中向北京大学再次申请入学。此时，他在语言和文学之间做了最后选择，决定学习汉语和语言学。他找到曾经给他上过课的北京大学语言学教授罗常培先生。罗同意接受他为研究生，并让他听历史语言学和汉藏语系的课程。韩礼德除听课外，跟罗常培一起写论文，参加学术研讨会。这是他接触语言学的开始。

在北京大学学了 6 个月后，韩礼德决心研究现代汉语，具体是研究汉语的方言。对此，罗常培先生建议他学习共时语言学，并介绍他向王力先生学。韩礼德原以为当时王力也在北京大学工作，事后了解到他远在广州。这时北京已经解放，广州没有也不知何时解放，中原地区战事频频，难以从北京直达广州。于是韩礼德先坐船至韩国，换船至香港，再从香港进入国民党统治的广州，终于见到了时任岭南大学文学院院长的王力。

作为岭南大学研究生的韩礼德主要随王力在珠江地区进行方言调查，即粤语的不同种类。韩礼德把这项工作看作王力对他进行音系学方言田野调查的培训，如让他写方言调查提纲。王力还让他分析不同声调，并认为他是小组中分辨能力最强者。此外，韩礼德也有自己的语法调查大纲，收集了大量标准粤语的句子。韩礼德在岭南大学学习 9 个月并收集到大量语料，作为他回国攻读博士学位研究课题的语料。他第二年 5 月回国 (103，206)。

5. 韩礼德学术思想的来源

在进入本主题之前，有必要先交代两个背景。第一个背景是韩礼德本人在 20 世纪的早期著作中，很少谈到中国的语言学和他的导师罗常培和王力。国外语言学界普遍认为韩礼德语言学思想来源于以马林诺夫斯基 (Malinowski) 和弗斯 (Firth) 为代表的伦敦学派、以瓦斯切克 (Vaschek) 为代表的布拉格学派和以叶姆斯列夫为代表的哥本哈根学派，其中以伦敦学派居首。我本人也接受过这个看法 (胡壮麟等 1989：12)。第二个背景是尽管我本人受了上述观点的影响，但内心里还在琢磨韩礼德是否真的没有受到中国语言学的影响。为此，我把王力的论著和韩礼德的论著进行了对比，结果发现两人在语言观 (语言的社会性和合法性、语法的普遍性和特殊性、语法与语义)，研究方法 (把语篇作为研究对象、口语和书面语的结合、主要语法单位、语言是一个多层次系统、盖然的思想)，衔接理论 (照应、省略、替代、连接、词汇搭配)，语法范畴 (情态与意态、被动语态、词类划分、动词的及物性) 等诸多方面基本上是一致的或相似的 (胡壮麟 1991)。由于韩礼德本人没有说明他的思想来源，我也不便问他，只能从举例上告示读者王力的思想发表在先。作为王力的学生，韩礼德有很大可能看到过有关材料。

如今在《汇编》后面的几个访谈中，我注意到韩礼德对上述疑点的表述已日趋明朗，即他不再回避中国语言学传统对他的影响。

1985 年，在回答 Paul Thibault 的提问时，韩礼德就谈到中国音韵学传统把语言从韵律特征进行解释，有不少值得学习之处。他认为弗斯的观点与王力很接近，在其他层次也是如此，即两者都不是按最小成分进行分析，因为中国学者是有非常高度的理论思想家，能够创建一个抽象的音韵学模式，这是非常特殊的技术的语言层次 (91，92)。

1986 年，在回答 Martin 的提问时，韩礼德认为他参加王力主持的方言调查把他真正引向语言学。他非常感谢王力，让他研究语音学和音系学。韩礼德进一步指出社会语言学也是王力教他的。这使他了解有关社会和文化语境的完整的语言概念。这时，韩礼德谈到他是在王力那里第一次看到弗斯的"Personality and language in society" 这篇文章 (Firth 1950)，这说明中国语言学家对国外情况非常了解。作为方言学家，王力对地区方言特感兴趣，但他也关心方言的范式变化及其社会背景、中国标准语言的传播以及不同方言之间的接触范围 (101，102)。

这时，Kress 对中国语言学的水平仍有一定怀疑，提出能否把中国语言学看作源自欧洲语言学的传统。韩礼德在回答中首先指出中国语言学家，特别是王力对中国传统最了解。例如，当时韩礼德自己最感兴趣的是王力写的《中国音韵史》，非常精彩，从 1 世纪写到 10 世纪，既有本土的发展，也有七世纪印度学术的影响。弗斯是后来才继续这方面研究的。至于有关欧洲的历史语言学知识他是从罗常培那边学到的，其次他自己也学习过苏联的 Marr 语言学。Marr 认为语言史的传统观点是从一个共同祖先分化出来的，王力并不同意而更多倾向于趋同 (103)。

1998 年，在英国 Cardiff 大学召开第 25 届系统功能语言学大会上，Manuel Hernandez 在访谈中仍然流露出韩礼德的语言学思想源自弗斯的情绪。韩礼德立刻说："我最早是在中国由两位杰出的学者教我语言学的，特别是其中的一位帮我打下了现代语言学和音系学的基础，那是王力。"王力教了他许多东西，包括中国的语言学传统。这是他语言学知识的第一个输入资源。"当他回到英国后，才跟弗斯学，因此弗斯是第二个输入资源。"在这个情况下，Hernandez 才要求韩礼德深入介绍中国语言学传统如何影响他的学术思想。韩礼德说这包括两个方面。第一个直接来自中国语言学史，有两千多年的传统。早期的中国学者主要是音韵学家，一千年后才与印度的音系学家有接触，但背景不同，印度的音系学基于语音学，而中国的音韵学是非常抽象的系统，因为没有语音学。第二个方面来自他的导师王力。王既是语法学家，也是音系学家和语音学家，还是方言学家。王力教了他非常有价值的方言调查方法，也教了他底层的理论（149，150）。

到了 2008 年，韩礼德还是这个看法。他一方面承认他与弗斯有很相通之处，有人把他叫作弗斯主义者或弗斯学家，但他的基础不仅仅是弗斯，他受中国的一位教授影响很大，那就是王力（208）。

汇编的主编 Martin 在 2011 年让韩礼德解释他对汉语为什么在口语或书面语上都很敏感，甚至调查时有时不用记录。韩礼德解释说王力的音韵学发挥了作用，王力让他做过声调分析（255，256）。

我本人于 2009 年在北京由清华大学承办的第 36 届系统功能语言学上，曾提问韩礼德有关他最初研究汉语后来改为英语的情况。他如果继续研究汉语，是否会影响系统功能语言学的发展。他回答说，他研究语言学最初是得到中国老师的帮助，因而能独立研究语言。他认为所有语言都要求具有语言学理论。至于研究汉语还是研究英语，这是一个体制的问题，不是语言系统的问题。他的研究之所以从汉语改为英语，那是他所在的单位不能给他提供汉语研究的资源，而且在英国搞汉语研究的语言学家为数很少（197）。类似的思想在 1986 也谈到过，他当时与王力一起搞方言调查时，收集了大量语料，带回英国。打算把这些语料作为博士论文选题，但这个研究计划未被通过，使他内心受到很大创伤（103）。

6. 英共马克思主义语言学小组

韩礼德曾经是英国共产党马克思主义语言学小组的成员。乍看起来，这是韩礼德自己进步思想的表现，与本题的中国梦无联系。在深入讨论这个命题之前，我先讲述一个我曾经听到过的传闻，尽管我现在已记不清我是从何人何时何处听到的。当韩礼德从香港来到广州后，没有多久广州也解放了。有人说，当广州人在街上欢迎解放军入城时，有人看到韩礼德也拿着小红旗欢迎解放军。

据说人们对此有不同评论。有的认为他同情中国革命；有的认为他是英国人，不可能赞同中国革命，因此是伪装革命。究竟如何? 这么多年，我没敢问过韩礼德。

倒是巴基斯坦学者 Rasheed 在 2010 年首先问："中国发生内战，你的学习受到影响吗?" 韩礼德回答说："大家都会受到影响，但没有因此而影响学习。" Rasheed 接着问他回到伦敦后，是否遇到共产党的问题。这时，韩礼德侃侃而谈了。"首先，当然要澄清的是，我参加了，我认为中国发生的事对中国的发展是非常需要的，因而我想到中国的革命是否也适合于英国。我在英国共产党内活跃多年。问题是我发现既要积极参加政治活动又要做学者是有矛盾的。两者不能兼顾，因此我认为与做一个政治家相比，自己做一个语言学家会做得更好，会有更大的贡献。" 此后，Rasheed 问他这段经历对他的学术有何影响。韩礼德认为有。那个时期是麦肯锡时期，美国的一位参议员在美国鼓吹的冷战思维波及欧洲。韩礼德本来可以在伦敦大学攻读博士学位，由于他拒绝表态不参加英国共产党，未被录取，最后在思想比较自由的剑桥大学入学，但剑桥大学没有语言学导师，又同意他请伦敦的弗斯做他的非正式导师 (206)。由于同样的迫害，他不能在伦敦东方和非洲学院找到工作 (104，105)。

尽管如此，在英国共产党马克思主义语言学小组的经历有助于他语言学思想的发展，具体表现在"语域"(register) 思想的建立。作为一个政党，要分析后殖民主义社会、去殖民化、民族语言的发展等问题，这就涉及语域。再进一步说，语言的功能变异和新的民族语言所引起的问题都需要发展技术性的语域，如法律语言、政府语言等 (184)。

7. 在圆梦的道路上

以上各节从不同方面介绍了韩礼德的中国梦，具体表现在韩礼德的中国经历既是韩礼德学术思想的一个主要来源，也勾画了他政治思想的形成过程。本节主要说明中国帮助韩礼德构建了这样那样的梦想，也试图说明韩礼德正处于圆梦过程中，有些梦想已经变为现实，有的已成为韩礼德对中国语言学界的回报。

首先，韩礼德不仅肯定了中国语言学的优秀传统，也肯定了当代中国语言学的成就。2006 年，在接受 Anne Burns 的访谈时，他说到系统功能语言学的类型学提供了一个镜片，人们可以借此研究其他语言。由于他和中国的特殊接触，他知道中国语言学研究者已做了大量的应用语言学的研究。他早期的中国同事都是英语专家，但他们从 20 世纪 80 年代开始研究汉语，做了大量研究 (188)。

2013 年的访谈更是有趣和令人鼓舞。先是访谈者 Martin 提出如下的观点，今天在中国研究系统功能语言学的人数比世界其他地区的总和还要多。具有博士学位的第一代系统功能语言学家已经自己培养出博士生。因此 Martin 要韩礼德谈对中国语言学未来发展的看法。韩礼德就 Martin 的观察补充说，"不光是第一代，而且是下一代，他们的学生也走上来了，还有学生的学生，这是很了不起的。"[1] 第二，在某些学校，特别是那些能直接传授系统功能语言学的学校，学生都有很好的基础。韩礼德特别提到，2010 年 11 月他去广州中山大学参加一次学术会议，见到新一代的学生和年轻的常晨光院长。他感觉中国学生的视野打开了，不是说"我们被告知怎么做"，他们会自己选择研究课题，有他们自己的观点。他和这些学生讨论得很深入，认为他们有更多的创见。研究工作就是要探究问题。他相信这个趋势会继续下去。第三，韩礼德认为从适用语言学的视角，中国语言学要研究的问题很多，应用也需要理论的支持，因此 Martin 和其他国外学者在中国投入时间和精力是重要的。韩礼德在这里实际上是鼓励他们继续圆他的中国梦。最后，韩礼德提出，中国使用汉字。汉字不仅影响中国人的思维，也关系到他们有关语言的经验。因此，语言学家必须考虑汉语的历史、中国人对语言的看法以及中国人对语言的经验，因为各有各的语境 (246，247)。看来韩礼德所盼望的圆梦者后继有人！

谨以此文缅怀已故的罗常培先生和王力先生！

参考文献

Firth, J. R. 1957. Personality and language in society. *Sociological Review* 42: 37-52 (Reprinted in Firth 1957: 177-189).

Halliday, M. A. K. 1986/2013. With Ruqaiya Hasan, Gunther Kress, and J. R.

---

[1] 原中国功能语言学会会长、中山大学外国语学院黄国文教授已选为国际系统功能语言学会会长。

Martin. In Martin (ed.). *Interviews with M. A. K. Halliday-Language Turned Back on Himself.* London/New York: Bloombury. 95-134.

Martin, J. R. 2013. *Interviews with M. A. K. Halliday-Language Turned Back on Himself.* London/NewYork: Bloombury.

胡壮麟，1991，王力与韩礼德，《北京大学学报（英语语言文学专刊）》（1）：49-57，分别收入：1991，《纪念王力先生九十诞辰论文集》。济南：山东教育出版社；1993，《〈中外学者论王力〉龙虫并雕，一代宗师》（张谷、王辑国编）。南宁：广西教育出版社；2000，《功能主义纵横谈》。北京：外语教学与研究出版社。

胡壮麟，2015, The standardization of Chinese characters—An eco-linguistic perspective. *Chinese Semiotic Studies* 11 (2)：123-133.

胡壮麟，朱永生，张德禄，1989，《系统功能语法概论》。长沙：湖南教育出版社。

韩礼德学术思想的中国渊源和回归 [1]

1978 年初我有幸参加当时的高等教育部主持的选拔全国中青年英语教师出国进修的统考，录取后被通知去澳大利亚悉尼大学进修。中国社科院语言所赵世开先生获悉后，建议我去该校语言学系进修，其理由是英国伦敦学派的哈力迪 [2] 在悉尼大学语言学系任系主任，而国内语言学界对伦敦学派的理论和活动了解不多，从此开始了我师从韩礼德的过程，也开始了我回国后从事语言学教育和研究的后半生。在本文中我主要汇报本人对韩礼德学术思想的渊源和回归的认识。

1. 王力与罗常培

众所周知，韩礼德早年在中国留学，导师为罗常培和王力。但我本人最初对两位大师在韩礼德学术思想的形成和发展过程中的具体影响了解不多，因此经历了如下不断修正的过程。

1.1 伦敦学派的传承人

早在 1983 年北京外国语大学胡文仲教授向我组稿，要我向国人介绍一下韩礼德。由于赵世开先生的那番话，我一直把他从伦敦学派主要传承人的视角考虑他的学术思想，因此在该文中，虽然我在第一段谈到他的导师先后有罗常培、王力和弗斯（Firth），但在语言学知识上主要强调"以弗斯为主的伦敦学

---

[1] 本文原载于《外语研究》2016 (5)：9-13。

[2] 20 世纪 70 年代末，时任澳大利亚悉尼大学语言学系主任的英国学者 M. A. K. Halliday 在国内曾被译为"哈力迪"，他本人向我提出他在 1950 年前后在中国早已采用"韩礼德"的名称（胡壮麟 1983）。

派"，"还受过马林诺夫斯基（Malinowsky）、叶尔姆斯列夫（Hjelmslev）和沃尔夫（Whorf）的影响。布拉格学派的理论和方法对他也有很大启迪"（胡壮麟1983：60）。不难看出，我强调的是他受欧美语言学理论的影响。上述文章初稿完成后，我曾征求过韩礼德的意见，他对文章内容无大意见。

这里，顺便谈一下韩礼德与乔姆斯基的转换生成语法的关系。我进入悉尼大学语言学系后，向作为系主任的韩礼德提出，希望能听听有关乔姆斯基的转换生成语法的课程，韩礼德一口拒绝，说他不了解转换生成语法，悉尼大学的语言学也不开设这方面的课程。这个想法就此消除。后来我从韩礼德的著作文献中发现他在 1966 年曾写过"深层语法"一文，我产生过这样的想法，韩礼德曾经对乔姆斯基的表层结构和深层结构感兴趣，试图把它和欧洲的语法传统结合起来，但后来放弃了这个想法。直到最近从中山大学戴凡教授处获悉，韩礼德曾跟她谈过，他在美国时曾试图与乔姆斯基建立联系，共同讨论语言学问题，但未能成功。

综合上述情况，我在这个时期接受了国外语言学界普遍认同的观点，那就是："韩礼德语言学思想来源于以马林诺夫斯基和弗斯为代表的伦敦学派、以瓦斯切克（Vaschek）为代表的布拉格学派和以叶尔姆斯列夫为代表的哥本哈根学派，其中以伦敦学派居首。"（胡壮麟等 1989：10）

1.2 王力与韩礼德学术思想的一致性

1991 年，北京大学中文系语言学教研室召开纪念已故王力先生九十周年诞辰学术论坛。为参加该会，我静心阅读了王力先生的主要著作，如《中国现代语法》（1943）和《中国语法理论》（1944—1945）。顿时我感到特别亲切，手不释卷，因为我发现韩礼德有许多观点在王力先生的著作中也有论及，例如，"语言观（语言的社会性和合法性、语法的普遍性和特殊性、语法与语义），研究方法（把语篇作为研究对象、口语和书面语的结合、主要语法单位、语言是一个多层次系统、盖然的思想），衔接理论（照应、省略、替代、连接、词汇搭配），语法范畴（情态与意态、被动语态、词类划分、动词的及物性）等诸多方面基本上是一致的或相似的。"为避免重复，详见我《王力与韩礼德》一文（胡壮麟 1991）。考虑到韩礼德本人在这些具体观点上没有说过他的思想来源，我只是客观地罗列两人的观点相似之处。这篇论文宣读后受到与会者的好评，会后被收入 1993 年张谷、王辑国所编的《龙虫并雕，一代宗师——中外学者论王力》一书中。

就韩礼德学术思想的渊源来说，我只是自己内心明白，除欧美语言学思想影响外，王力先生也应该有一定影响。

1.3 对王力和罗常培思想影响的重新定位

韩礼德自 1977 年至 2011 年接受各国学者访谈多次，其中公开发表的 14 次于 2011 年由他的学生、悉尼大学语言学教授 James Martin 编辑出版，书名 *Interviews with M. A. K. Halliday—Language Turned Back on Himself*（《韩礼德访谈录汇编——韩礼德畅谈自我》）。值得注意的是韩礼德在早期访谈中对过去回避或低调回答的一些问题在退休后的多次访谈中能侃侃而谈了。例如，1998 年 Manuel Hernandez 在访谈中流露出韩礼德的语言学思想源自弗斯的看法，韩礼德立刻指出："我最早是在中国由两位杰出的学者教我语言学的，特别是其中的一位帮我打下了现代语言学和音系学的基础，那是王力。"可见，王力是韩礼德语言学知识的第一个输入资源。当他回到英国后，才跟弗斯学，"弗斯是第二个输入资源"。韩礼德进一步说明，王力既是语法学家，也是音系学家和语音学家，还是方言学家。王力教了他非常有价值的方言调查方法，也教了他底层的理论（Martin 2011：149，150）。在另一次访谈中，Martin 在 2011 年曾让韩礼德解释他对汉语为什么在口语或书面语上都很敏感，甚至调查时有时不用记录。韩礼德解释说王力的音韵学发挥了作用，王力让他做过声调分析（Martin 2011：255，256）。[1]

除王力外，韩礼德与 Hernandez 也谈到罗常培先生，1947 年在北京大学听过罗常培的课。1948 年 11 月作为研究生再次入学后，罗常培同意接受他为研究生，让他听历史语言学和汉藏语系的课程。韩礼德除听课外，跟罗常培一起写论文，参加学术研讨会。最后罗常培向王力推荐韩礼德转学至岭南大学，随

---

[1] 最近中山大学外国语学院戴凡教授找到在 1951 年《岭南学报》第 10 卷第 1 期有王力先生的论文《东莞方音》，其中王力先生写道"声调的分析，则大部分是本校研究生韩礼德君（Mr. Halliday）所完成""事实上，这篇文章是王、钱、韩三人合作的……"。

王力先生学习现代汉语（Martin 2011：100，101，205）。

基于这些情况，我在 2015 年的《韩礼德的中国梦》一文中突出了王力先生是韩礼德学术思想的早期渊源，并认识到王力和罗常培在韩礼德学术思想的形成过程中并不是一个配角，而是起到了决定性的影响。

2. 高名凯和其他学者对韩礼德的影响

为探讨韩礼德学术思想的渊源，我想起 1979 年初在韩礼德先生办公室的一次谈话。他从书架上拿起高名凯先生的书跟我说："高名凯先生的著作你也要看。"为此，我重读了自己在 2011 年写的《发展中国特色的语言理论——纪念高名凯先生诞生 100 周年》一文。这时，我才理解了韩礼德当年谈话的用意，即他有许多思想与高名凯有相通之处。就我目前的初步认识，至少有以下几个方面值得考虑。

2.1 语言的社会性

韩礼德一贯强调"语言是社会系统的一部分"，"语言是社会过程的产品"（Halliday 1974，1978），因此他被公认为是社会语言学的重要倡导者之一。现在看来，高名凯在 1963 年便提出社会发展应该是语言演变的各种外因中的"直接的外因""最基本的外因""外因的核心"（高名凯 1963：366-367）。他指出，语言融合要看语言之间相互影响发生的结果（高名凯 1963：472-473；523-525）。在高名凯先生讲社团方言的分类时，他区分使用者的社会地位和社团方言的公开性或秘密性两者，这样便理清了"行业语""阶级方言""同行语"（"隐语"）等几个容易纠缠的概念（高名凯 1963：403）。显然，高名凯先生所讨论的正是社会语言学的内容。

2.2 聚合与组合

韩礼德的系统功能语言学的主体思想，是人们要表达的思想从语义功能出发，在语言实例聚合的基础上形成系统，最后由语言结构体现。这就是说，意义先于形式，聚合先于组合。对此，高名凯先生 1957 年在《汉语语法论》一书中谈到，语法成分音义的结合，"音"是语法成分的形式，"义"是语法成分的内容，这是语法形式学和语法意义学的基础（徐通锵 2000）。我们知道，在 20 世纪国际上以线性结构为基础的结构语言学在语言学界占主导地位，在此背景下，高先生能提出非线性结构的语义学，并对词类、主语、谓语等属于语法意义的范畴进行讨论，可以说是我国倡导功能语言学的先驱者之一，并且为韩礼德所认同。

2.3 小句的元功能分析

在 60 年代后期发展起来的系统功能语法中，韩礼德对小句的划分既可以根据概念意义也可以根据人际意义和语篇意义进行分析。这就是说，同样一个小句可以根据不同功能有不同的切分方法。对此，高名凯（1957：429）先生早就指出，"一向研究汉语语法的人都只注意到理性的语法、平面的结构。他们并没有注意到同样语言材料的不同的说法。遇到陈述、否定、命令、询问、传疑、反诘、感叹等例时，他们并没有了解这些是整个句子的另一种型式，而只把这些放在词类的范畴中来叙述。在他们看来，否定的是副词，询问的是副词或是代词，命令的是动词的一格……等等。"可见，高名凯早就指出对同一个句子可以按完成不同功能所要体现的型式进行分析。

这里，有必要指明，在语法和语义关系上，不仅王力和高名凯具有功能主义的看法，也有朱自清和陈望道的看法。在朱自清先生为《语法》所作的序中转引了陈望道的一段话："国内学者还多徘徊于形态中心说与意义中心说之间。两说都有不能自圆其说之处。鄙见颇思以功能中心说救其偏缺。"对这段引文我们可以做以下分析：1) 这段话白纸黑字，出自陈望道先生，但既然由朱氏在王书的序中引用，说明王、朱必然认同陈氏的观点；2) 正如朱氏评论"（陈望道）那短文只描出一些轮廓，无从详细讨论"，但这个轮廓毕竟是一个划时代的杰作，即他们三位在 20 世纪 40 年代已预见在语法和语义之外存在一个更重要的起决定作用的因素——功能。

2.4 主位与述位

高名凯明确主张：汉语语法研究应该根据普通语言学的原理来建立自己的

体系，反对抄袭印欧系语言的语法格局。例如汉语句法不必像西方语法那样坚持每一个句子必须有主语的语法定律，而是认为汉语着重主题（话题）（高名凯1957；徐通锵2000）。这就不难理解韩礼德在20世纪60年代发展的系统功能语法的主位（Theme）和述位（Rheme）理论。不同于结构主义的唯主谓宾结构是问，韩礼德认为小句可以按概念功能、人际功能和语篇功能做不同分析，其中语篇功能又可以按主位结构或信息结构进行分析。看来韩礼德的主位结构的理论接触高名凯的观点在先，受到布拉格学派的影响在后。

2.5 语法隐喻

韩礼德在《功能语法入门》1985年和1994年两个版本中都提到概念隐喻和人际隐喻两种形式。在概念隐喻中他显示一个过程可以隐喻为另一个过程，随着过程的转换，各小句中的功能成分（如参与者、过程、环境因子等）可互相隐喻化，被转换的功能成分在词汇语法层体现时又可以从一个形式（如短语和词类等）隐喻为另一个形式。在人际隐喻中，则区分情态隐喻和语气隐喻，前者表现为情态的体现形式可以有多种，如情态动词、形容词、副词、名词等，而语气可以有多种言语行为互相转换。

这方面的内容高名凯先生（1957/1986）早就有过报道：他以"给"字为例，说明最初认为是动词，现在作介词用，是语言通过隐喻的变化发展所至（杨鹏亮2001：24，52）。如果我们结合考虑高名凯的语言意义学的思想，范畴的选择和转换取决于所要表达的语言意义，说话人可以选择常用的句式体现，那就是韩礼德后来所谓的一致式；当这个意义用其他过程的句式体现，那就是韩礼德所谓的隐喻式。不难发现，高名凯先生是一个先行者。

综合本节所论证的内容，我有了更新的认识，那就是韩礼德的学术思想渊源不仅仅来自王力先生，也来自罗常培、高名凯、陈望道、朱自清等中国学者，这就是说，韩礼德学术思想的渊源来自中国，更为妥当。

3. 如何看待韩礼德的学术思想

上述两节论证了韩礼德学术思想的中国渊源。这就引起一个值得探讨的问题：既然韩礼德学术思想源自中国，那应该肯定的是中国以罗常培、王力、高名凯、朱自清、陈望道等为代表的语言学传统和理论，我们何必把韩礼德和他倡导的系统功能语言学抬得那么高呢? 回答这个问题，需要探讨韩礼德日后所做的研究和所取得的成就，那就是搞清他在哪些方面继承和发展了他的前辈和导师的观点，或者说，他如何把中国的学术传统和西方的语言学理论相结合，将语言学理论研究和实践推向一个新的平台。我认为至少有以下几个方面值得考虑。

3.1 体现和示例化

在语义和语法的关系上，韩礼德提出了他的"体现"（realisation）理论和"示例化"（instantiation）理论。他认为"语义学和语法之间的关系是一种体现关系。措词（即词汇语法）'体现'语义或将语义编码，然后措词由语音或文字'体现'"（Halliday 1985 : xx）。为此，韩礼德一再认为不能把语言学仅仅看作是句法学，特别是形式语言学。语言学应当包含不同层次和它们各自的体现关系，语义学体现于词汇句法学，词汇句法学体现于语音学和音系学。

与此同时，韩礼德用"潜势"（potential）和"实例"（instance）的关系说明"示例化"的概念。如同文化和情境的关系、作为系统的语言和作为语篇的语言的关系那样，系统不是某种完全独立的事物，而是依附在不同实例中的潜势。同样，任何实例都可以通过系统描写和阐明（Halliday 1991/2007 : 275-276）。

3.2 对功能概念进行系统化的阐述

尽管中国学者在 20 世纪四五十年代便意识到语言形式和意义的正确关系，应该承认当时还处于起步阶段。韩礼德的贡献在于他不仅能正确地理解和阐明中国学者的思想，指出"意义不是与语言形式分离或对立的，而是整个语篇的功能"（Halliday 1959 : 9），而且在随后的研究中，他又进一步区分三大元功能（概念功能、人际功能和语篇功能）和具体的语义功能范畴，如及物性、语气、主位系统、信息系统等，并对这些范畴进行系统地描写（Halliday 1970）。这说明他发展了先辈的理论。

3.3 从汉语研究到英语研究

在我国语言学界，一般都是将西方理论应用于汉语研究，如结构主义语言学和生成语言学。韩礼德走的是相反的道路。我们知道，韩礼德的成名应当在20世纪70年代前后。我曾向他提出过一个看法，那就是他在英国工作后的研究目标从汉语转向英语，如果他继续研究汉语，他不会取得像现在这样的巨大成功。他不同意我的看法，他说他之所以从汉语转向英语，是因为体制的关系，即这是英国语言学界和一些大学领导根据工作需要对他提出的要求。那时他虽然不搞汉语研究了，但他内心懂得如何将他在研究汉语过程中形成的一些理论构想或基本概念，应用于对英语的研究。在这个意义上，他把在中国学习和汉语研究中的一些主要理论设想延伸到英语研究中了，而事实证明他成功了。这是中国学者原来所未能想到和做到的。

3.4 适用语言学——理论研究的指导思想

韩礼德在他中国导师指导或启发下发展了系统功能语言学，但他没有停留自己的脚步，从21世纪开始，正式提出适用语言学（appliable linguistics）的理论，其内容的基本原则为：语言学的理论应与实践结合，并在实践中检验其正确性和价值；在语言研究中对意义的研究应该是第一性的、最重要的，因为交际必然涉及意义的表达和沟通；意义虽然是能指与所指的结合，但这种结合不是停滞的、一成不变的，而是动态的、变化的；为了精准地掌握在特定语境下的意义，还有赖于社会理据、交际者所奉行共同的规约和价值观；在人际交往中，语言虽然是相互表达意义的重要模态，但意义的表达可以是多模态的，在科学技术高度发展的今天，人们赖以交际的模式日益增多；最后，任何理论都是在解决实际生活的问题中不断修正和发展的。如果人们认为某个理论已经登上顶峰，是不可评论和修正的，那就意味着这个理论已经走向终端，不再能解决新的问题了。

因此，适用语言学的观点值得国内语言学界不同理论学派学习，不能固守一个理论或观点，而是在解决各种实际问题中相互观摩和借鉴，完善和发展各自的理论。

3.5 马克思主义的唯物辩证法

从韩礼德的一些理论、观察问题和分析问题的方法，如理论与实践、语法与词汇、系统与语篇、形式与意义、体现与示例化、口语和书面语，等等，我们会很快发现韩礼德能看到事物的两个方面以及两者之间的关系，这完全符合马克思主义的唯物辩证法。这与韩礼德回国后参加英国共产党语言学小组所接受的马克思主义思想有关。往远处说，我们也应该看到这是因为他在中国所接受了革命思想所致。2010 年他在回答巴基斯坦学者 Rasheed 所提问的是否参加过英国共产党时回答说："首先，当然要澄清的是，我参加了，我认为中国发生的事对中国的发展是非常需要的，因而我想到中国的革命是否也适合于英国。"（胡壮麟 2015）

同时，我更需要强调的是韩礼德对马克思主义思想的理解和掌握已经超越了我国某些马克思主义理论家，这表现在他能把握"一分为二"和"合二为一"的辩证关系，但在我国改革开放前，很长时期内只承认"一分为二"，避而不谈"合二为一"，甚至对杨献珍先生的"合二为一"论狠批一通。

4. 学术思想的回归

本文的第一节和第二节主要讨论韩礼德学术思想的中国渊源，第三节谈的是他在语言学理论上的某些发展。对其深远意义有待我们在本节中进一步谈论和提高认识。

我从 20 多年前的一次经历说起。韩礼德有一次在中国参加学术会议，一位搞生成语言学研究的中国教授曾在会后向他提出一个问题：为什么他的系统功能语言学在中国受到欢迎，特别是外语教师，而乔姆斯基的生成语言学受到冷落，乔姆斯基的学说是否理论性太强，而韩礼德的学说偏重于实际，特别是外语教育？在我印象中，韩礼德本人当时没有及时反应过来，因而未弄清楚提问者的意图，未做针对性的回答。经过这 20 多年的观察，特别是最近几年的思考，我觉得以下两点可以更清楚地回答这个问题。首先，前面提到的适用语言学提示我们，一个完美的理论必须与发现和解决社会生活中的实际问题结合，才能体现其价值，受到理论消费者的重视。这是系统功能语言学在中国受到欢迎的一个原因。其次，正如本文所讨论的，我认为韩礼德的学术思想首先来自中国，在他的脑海中我们不时看到王力、罗常培、高名凯、陈望道、朱自清的身影。正是这个原因，韩礼德的学说必然易于为中国青年学者和教师所理解和接受。这是一次他源自中国的学术思想的回归。

中国改革开放、走向世界和国际形势的缓和为这种回归创造了条件。我们知道，由于种种原因，韩礼德在 1951 年离开中国后，与中国学术界接触不多。但 1979 年中华人民共和国第一批中青年教师去悉尼大学语言学系进修后，韩礼德每年都为培养中国学者和留学生做贡献，这些人员回国后在中国高等院校纷纷开设有关课程，这是他通过中国学者和学生实现的学术回归。

最后，韩礼德本人自 20 世纪 80 年代至 2016 年多次访问中国，进行讲学活动和参加学术会议，使更多的学子接触系统功能语言学。中国的学术界对韩礼德也热情接待，如王力、吕叔湘、许国璋等都曾在北京热情接待韩礼德。又如，北京大学 1996 年授予韩礼德"兼职教授"称号，香港科技大学于 2006 年成立"韩礼德适用语言学智能研究中心"，北京师范大学 2011 年授予"名誉博士"称号并于 2015 年 4 月成立"韩礼德—韩茹凯语言学国际基金"，中山大学于 2013 年成立"韩礼德语言学文献中心"并授予"客座教授"称号。不仅如此，韩礼德的学生 Fawcett 和 Martin 与我国语言学界也保持密切的学术往来，如上海交通大学于 2014 年 4 月成立"马丁适用语言学研究中心"。这是中国高等教育界和学术界对回归的肯定。

在韩礼德指导和关怀下，北京大学胡壮麟、清华大学方琰、复旦大学朱永生、中山大学黄国文在不同时期被选为国际系统功能语言学委员会委员或常务委员，其中黄国文教授在 2011—2014 年当选该协会会长。最近当选该组织国际委员的为北京师范大学彭宣维。这是国际上对韩礼德学术思想回归中国的肯定。

参考文献

Halliday, M. A. K. 1959. *The Language of the Chinese "Secret History of the Mongols"*. Oxford: Basil Blackwell.

Halliday, M. A. K. 1966. Some notes on "deep grammar". *Journal of Linguistics* (3)1: 37-81.

Halliday, M. A. K. 1974. Discussing Language with Herman Parret. In Herman Parret (ed.). *Discussing Language.* The Hague: Mouton.

Halliday, M. A. K. 1978. *Language as Social Semiotic.* London: Edward Arnold.

Halliday, M. A. K. 1991. The notion of "context" in language education. In T. Lê & M. McCausland (eds.). *Language Education: Interaction and Development: Proceedings of the International Conference*, Vietnam 30 March – 1 April 1991. Launceston: University of Tasmania.

Martin, J. R. 2013. *Interviews with M. A. K. Halliday—Language Turned Back on Himself.* London/New York: Bloombury.

高名凯，1957/1986，《汉语语法论 (修订本)》。北京：科学出版社。

高名凯，1957，《普通语言学 (增订本)》。上海：新知识出版社。

胡壮麟，1983，韩礼德，《国外语言学》(2)：60-62。收入胡壮麟，《当代语言理论与应用》1995 (1)：43-50。

胡壮麟、朱永生、张德禄，1989，《系统功能语法概论》。长沙：湖南教育出版社。

胡壮麟，1991，王力与韩礼德，《北京大学学报 (英语语言文学专刊)》(1)：49-57。

胡壮麟，2011，发展中国特色的语言理论研究——纪念高名凯先生诞生 100 周年，《当代外语研究》(3)：1-9。

胡壮麟，2015，韩礼德的中国梦，《中国外语》(6)：15-19。

王力，1943/1954，《中国现代语法》(上，下)。北京：商务印书馆/中华书局。

王力，1944—1945/1954，《中国语法理论》(上，下)。北京：商务印书馆/中华书局。

王力，1984，《王力文集》第一卷。济南：山东教育出版社。

徐通锵，2000，高名凯和他的语言研究理论，《燕京学报》(8)。

杨鹏亮，2001，七十年代以前现代汉语语法纵、横向比较法研究简述，《安康师专学报》(13)：23-25。

第二部分

理论探讨

韩礼德的语言观[1]

当人们谈到系统语法、功能语法，以至早期的伦敦学派、阶和范畴语法、新弗斯学派，总会提到当代语言学家韩礼德（M. A. K. Halliday）的名字。关于韩礼德的生平和主要学术活动最近已有过介绍。[2] 本文主要就他多年来形成的学术观点做进一步的评述。

1. 关于语言学和语言的一般评论

1.1 语言学

韩礼德一贯认为，当代有关语言学的种种分歧是有其历史根源的。在西方语言学史上早就形成了两种对立的观点，一种以普罗塔哥拉和柏拉图为代表，一种以亚里士多德为代表。对这两种观点可做如下对比：

普罗塔哥拉和柏拉图	亚里士多德
语言学是人类学的一部分	语言学是哲学的一部分
语法是文化的一部分	语法是逻辑学的一部分
语言是向他人谈事情的手段	语言是肯定与否定的手段
语言是一种活动方式	语言是一种判断方式
注意不规则现象	注意规则现象
语言学是描写的	语言学是规范的
关心语义与修辞功能的关系	关心语义与真实的关系
语言是选择系统	语言是规则系统
把可接受性或用途作为理想化标准	把合乎与发行作为理想化标准

[1]　本文载于《外语教学与研究》1984（1）：23-29。

[2]　见《国外语言学》1983（2）：60-63。

这两种观点在历史的长河中时而接近，时而偏离，但以亚里士多德为代表的观点在大部分时间中居于主流。例如，为中世纪形式句法学奠定基础的摩迪斯泰（Modistae）学派和法国保—罗瓦雅尔（Port-Royal）的理性主义学派都与亚里士多德的观点有渊源关系。

具有人类学倾向的观点在 18 世纪崭露头角，在 19 世纪方居主导地位。这是因为当时的语言学家重视研究欧洲的俗语以及美、亚、非三洲和太平洋岛屿的诸语言。这种优势在 20 世纪上半叶达到了顶峰。欧洲的语符学派、布拉格学派和伦敦学派，美国布亚斯（Boas）、萨丕尔（Sapir）等人的理论如雨后春笋，破土而出。

随着美国结构主义语言学的发展，特别是转换—生成语法的问世，以哲学为本的语言学再次获得肯定，并把分歧推向前所未有的极端，以致两种观点之间一度很难对话，取长补短。在新形势下两派的分歧可见表 1：

表 1

以人类学为本的语言学	以哲学为本的语言学
包括语符学派、布拉格学派、伦敦学派、层次语法、法位学	包括结构主义学派、转换生成学派[1]、生成语义学派[2]
语言是三个层次的多重代码系统	语言系统有语法和音系学两个层次
采用体现的观点说明各层次的关系	采用结合或复合的观点
人类学的——社会的	哲学的——逻辑学的——心理学的

韩礼德认为上述两大流派都关心语言系统、都要解释语言的基本特性，不同点在于如何看待系统和行为的关系。乔姆斯基的逻辑句法学为了达到高度的形式化和理想化所花的代价太大，以致自然语言成了人造句法学，被简约得面目全非。这种理论的心理真实性一旦消失，转换理论便将黯然无光。

一些学科，如心理学、社会学，与语言学的研究有关。但这些学科只是把语言学作为进行本学科研究的工具，而不是对象；正如语言学把心理学、社会

---

[1] 韩礼德认为转换生成学派的理论基本上没有超出结构主义的窠臼。乔姆斯基引入深层结构的理论知识为了填补结构主义在语义学上的空白。

[2] 生成语义学派实际上是在向具有人类学传统的语言学靠拢。

学作为工具而不是对象一样，看问题的角度各不相同。从心理学解释语言学，对探讨语言本质有一定帮助。但那不是决定性的，因而韩礼德不同意把语言学看作是心理学的一部分。如果非得从心理学和社会学这两者中做出选择的话，他宁可把语言学说成是社会学的一部分，因为语言是社会系统的一部分。

韩礼德指出，一种观点着眼于机体之间（即社会学的），一种观点着眼于机体内部（即心理学的），两者应当互为补充，这才有利于语言学的健康发展。然而，由于乔姆斯基的影响，后一观点目前仍主宰着语言学界。韩礼德对这种偏向甚为不满。

能否避开这种互相对立的倾向呢？在一定程度上是可以的。试以叶尔姆斯列夫 (Hjelmslev) 的理论为例，他的音系学系统和词汇语法学系统基本上是中立的。问题在于一旦深入到语义学层次，语言学家便必须为他的理想化标准做出抉择——是运用心理学的理论，还是社会学的理论，还是美学理论？

1.2 语言

韩礼德多次强调要用符号学的观点解释语言。最早提出语言是符号的斯多葛学派把语言看作是客体。他们改变了语言只是一种工具的看法，开创了用类似于符号学的观点来解释语言的道路。但今天人们对符号学的认识又有了深化，已发展到把符号看作是一种思维方式，不仅表现在语言上，而且关系到文化的各个方面。文化是由许多符号系统构成的意义潜势 (meaningful potential)，如建筑、美术、舞蹈、音乐、文学、民俗、礼仪、商品交换方式等都可看作符号系统。在这个意义上，语言只是体现社会符号学的许多方式中的一种。另一方面，语言又是一种极为特殊的符号系统，它在体现其他符号系统中也起了作用，因而是人们赖以缔造世界的主要手段，是通向高级符号学的工具。此外，人类语言的多样化表明不能把语言看作是某一理想逻辑或西方文化的衍生物。每一种语言都有独自的逻辑、独自的修辞方式和独自的美学价值。

关于语言的普遍性和变异性，韩礼德认为这方面的争论实际上是历史上"规则现象"和"不规则现象"争论的翻版。争论双方都能列举一些实证。因此当前要讨论的不是孰有孰无的问题，而是如何正确理解和强调两者中的哪一方面的问题。

乔姆斯基曾确认形式普遍现象和实体普遍现象两种。弗斯只承认"一般范畴"（相当于乔姆斯基的形式普遍现象），不承认"普遍范畴"。韩礼德解释说，形式和实体是相当任意的，没有理由说具有某一特定内容的系统必须具有某一特定形式。因此系统功能语法学派是从生物学，即从人脑结构来解释形式普遍现象的。

在普遍性的具体内容方面，韩礼德指出对语言进行功能的区分具有普遍意义；逻辑部分的循环性结构也可考虑为普遍现象。但韩礼德更感兴趣的是人类文化的普遍现象。

与此同时，韩礼德特别推崇拉波夫（Labov）从城市方言学发展起来的变异理论，认为这是 20 世纪的一大成就。变异理论的精髓在于阐明语言本来就是一个变异系统。即使对个人来说，变异也是常态，不是例外。

韩礼德把语言变异分为两类，一是方言，一是语域（register）。因出生地不同而造成的差异是方言的差异；它还包括说话人的阶级地位、年龄、性别等因素。语域是语言使用的特性，不是使用者的特性。语域的使用，如书面的或口语的、正式的或非正式的、技术的或非技术的，等等，取决于说话人当时所从事的工作。简而言之，方言是用不同方法说同样的事情，语域是用不同方法说不同的事情。

韩礼德对行为有自己的理解。他注意到索绪尔和乔姆斯基都区别知识和行为，并把前者作为研究的主要内容。其实，行为本身也是一种潜势，是一种系统。人们观察到的行为只是它的实际表现而已。试见下表 2：

表 2

系　　统	实际表现
交往（行为）行为潜势（"能做什么"）	实现了的行为（"做" = "语言行为"）
自省（知识）知识潜势（"理解的" = "语言能力"）	实现了的知识（"意识到的"）

近年来理论语言学的研究有排除人们相互交往的偏向，其结果或者对环境未加认真考虑，或者考虑了环境，却又把它们的作用看作是静态的、被动的。因此韩礼德同意拉波夫的观点：当人类行为被看作是变项时，这些变项就被赋予了社会价值，语言也不例外。

在许多情况下，赋予变项的价值就是赋予要认定的社会集团的价值。语义的抉择，特别是属于人们相互关系者，如称呼、礼仪、情态等等，所标记的不仅是个人，而且是社会集团。例如在英语中有人好用希腊——罗曼语源的词汇，往往与他的博学有关，但其外延则是矫揉造作，舞文弄墨。

2. 系统功能语法的六个核心思想

从韩礼德对语言和语言学的一些基本观点，我们可以进一步探索贯穿于他的系统功能语法的理论核心，最主要的有 6 点。

2.1 纯理功能的（metafunctional）思想

纯理功能是指有关语言的抽象功能，要按照意义的主要方式解释语言。具体说来，在语言用途中所固有的意义潜势的领域至少包括 3 个方面：1）语言作为对主客观世界的事物和过程的反映，具有概念（ideational）意义；2）语言是做事的手段，是动作，它与说话人在一定的会话场合下所接受的角色和所持态度有关，因而具有交际（interpersonal）意义；3）说话人既是一个思考者，又是一个动作者，但围绕反应和动作这两个中心，还需要一个能使有关系统生成话语的纯理功能，即语篇（textual）功能。语言正是凭借这种功能与一定的情景和上下文联系。这三种功能用通俗的话可表达为观察者的功能、闯入者的功能（指向他人灌输自己的思想）和相关功能。这三项功能有无主次之分？韩礼德说心理语言学可能会强调概念功能；社会语言学则强调交际功能，但他本人坚持这三者是三位一体的，不存在主次问题。

功能主义并非韩礼德首创，但韩礼德在两点上发展了前人的观点：1）韩礼德以前的功能主义者，如比勒（Bühler）只提到与概念功能和交际功能相似的两种功能，未认识到语言还有它本身的功能，方能生成话语；2）韩礼德的概念功能可进一步分为经验的（experiential）功能和逻辑的（logical）功能。逻辑功能指语言结构都具有可循环性，使人们从理论上能生成无限长的句子和话语，早期功能主义者的著作对此点很少谈及。

2.2 系统的思想

系统的思想指把语言系统解释成一种可供选择的网络。当有关系统的每个步骤的选择——实现后，便可生成结构。

系统的基本原理是在入列条件为 a 的 X / Y 系统中，一旦 a 的条件满足后，便得从 X 或 Y 中选其一，如：

$$a \longrightarrow \begin{cases} X \\ Y \end{cases}$$

当 X 的入列条件满足后，又可以从 m 或 n 的系统中选其一，如：

$$a \longrightarrow \begin{cases} X \longrightarrow \begin{cases} m \\ n \end{cases} \\ Y \end{cases}$$

在 X / Y 和 m/n 两个系统同时存在的情况下，当 a 的入列条件满足后，便得同时从 X / Y 和 m / n 中各选其一，如：

$$a \begin{cases} \longrightarrow \begin{cases} X \\ Y \end{cases} \\ \longrightarrow \begin{cases} m \\ n \end{cases} \end{cases}$$

入列条件又是需要从 a 和 b 两项同时满足，才能从 X 和 Y 中进行选择，如：

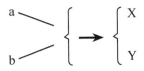

系统存在于所有语言层，如语义层、语法层和音系层，都有各自的系统表示本层次的语义潜势。

韩礼德指出，索绪尔把语言区分为横组合关系和纵聚合关系，在这种理论的影响下，弗斯和叶尔姆斯列夫都曾对语言作为系统和语言作为过程有过论述。弗斯感兴趣的不是潜势而是典型的实际言语，因而他认为横组合具有更为抽象的关系；反之，叶尔姆斯列夫则把纵聚合关系看作是底层关系。在这一点上，韩礼德偏离了他的老师弗斯，接受了叶氏的观点。从此，新弗斯学派发展成了系统学派。

2.3 层次的思想

韩礼德关于层次的思想包括以下 4 个观点：1) 语言是有层次的，主要为语义层、语法层和音系层；2) 各个层次之间存在着体现（realization）的关系，即对意义的选择（语义层）体现于对语法的选择（语法层），后者又体现于对语音的选择（音系层）。体现的观点不同于结构主义的组合观点，即语言是由小单位依次组成的大单位；3) 根据体现的观点，语言可以看作一个系统代码代入另一个系统然后又代入另一个系统的整体；4) 层次的概念可以扩展到语言的外部，譬如说，语义层是对行为层或社会符号层的体现。

上述思想基本借鉴于叶尔姆斯列夫。所不同者，叶氏认为每一层次是对下一层次的体现，而韩礼德认为每一层次是对上一层次的体现，因为传统上总把语义层放在上层。

理论上，体现过程有自由变异，如一个意义在语法层可以体现为若干种形式，一个形式则可以体现若干种意义。事实上，语法层出现的分化反映了语义层存在极精密的区别。

2.4 功能的思想

　　功能是形式化的意义潜势的离散部分。它与纯理功能的思想有关。如果说纯理功能思想表述的是抽象的语义关系，那么这里所谈的功能思想则强调语言结构是能标记语义功能的功能成分的表达格式。下例中的"Balbus built a wall"同时体现了一系列结构，而每个结构格式则是为了表达一定的语义功能。

表3

	Balbus	built	a wall
及物性结构	动作者	过程	目标
语气结构	语气 (did)		剩余成分
主位结构	主位	述位	
信息结构	已知信息		新信息

　　在表3中，及物性结构通过"动作者""过程"和"目标"等语义功能标记来表达说话人所经历的内容；语气结构所表达的功能是一定情景下会话参与者之间的关系，在这里说话人的"语气"是向听话人提供一则消息；主位结构中的"主位"、"述位"和信息结构中的"已知信息"、"新信息"等语义功能标记都是表示某一具体功能语整个交际过程中的关系。由此可见，整个语言结构是围绕一定数量的功能成分组织起来的。语言系统不等同于功能。要懂得语言系统就得理解语言系统是建立在一系列基本功能的基础上的。韩礼德的这种观点是可取的。

2.5 语境的思想

　　韩礼德有关语境的思想承袭马林诺夫斯基和弗斯的观点。韩礼德本人曾用迂回的办法进行阐述。他指出，如果人们集中注意的是语言系统的形式问题，如语法和词汇，那么，这方面的相互关系完全可在语言内部解决，但若把语言系统当作整体考虑，那就必须从外部来确定对语义系统进行区别的标准，即属于同一语义类型的语言材料是否具有同一意义标记。对此，有的以文字系统作为理想化标堆，却忽视了语调的差异；有的以概念系统作为标准，即根据两个概念的异同进行区别，但无法说明概念系统或语义系统本身的异同又是怎样区分的。可是，语义是语言和语言之外的某种东西的交叉。这后者便是社会语境或情景。情景分析法和情景意义与其他层次的分析法和意义的区别在于：1）前者涉及有关世界的非语言特征；2）说话者和听话者都要把握有关文化的非语言部分。

最后，韩礼德认为像"社会语境""环境""相互交往"等概念与"知识"和"思维"在理论上是同类型的。相互交往之能解释知识，不亚于知识之能解释相互交往。

2.6 近似的或盖然的思想

近似的（approximative）或盖然的（probabilistic）思想指分类的原则。对一个项目分类时，应该按精密度（delicacy）的阶，由一般逐步趋向特殊，对每一个选择点上的可选项给以近似值。

精密度解决对某一范畴所要了解的精细深度。譬如，对一个句子可区分为陈述句和祈使句；如属陈述句，又可进一步细分为肯定句和疑问句；如果是疑问句，可再进一步分为是非疑问句和特殊疑问句。精密度的概念也适用于语义层和音系层，如在及物性系统中，过程可细分为物质过程、思维过程、关系过程和言语过程，而思维过程又可进一步区分为感觉过程、反应过程和认知过程。在音系层中，双唇爆破音和软腭爆破音，在分类上比单称爆破音、双唇辅音和软腭辅音要精密得多。

韩礼德还注意到，在每一个选择点上可选项尽管入列条件相等，还要解决一个根据什么原则进行选择的问题。这就要参考近似值或盖然率。例如，英语的语态系统一般取决于动词的主动形式与被动形式，也可以根据主语与谓语动词的语义关系。近似值表明，语态更多的是通过后者，而不是前者表达。这样，近似值高的是未标记的，在系统网络中标示为"a*——x*"来说明 x 与 a 的关系，即如果前项为 a，则后项总是选择 x。

3. 对语言学有关学科和理论的评论

3.1 应用语言学

当西方一些语言学家对应用语言学的作用表示怀疑时，韩礼德的态度始终是积极的。他指出应用语言学来自于对语言理解的理论和实践；这些理论和实践转而有助于对语言的理解。因此，人们所要寻找的语言模式应当是能缩小理论与应用之间的分歧的模式，但当前语言学界存在着过分专业化和应用性不足的不良倾向。

应用语言学应当抓哪些问题呢? 韩礼德建议首先是人们已感兴趣的那些语言方面的问题，其次是为理解语言的各种问题而必先理解的问题。在这两方面，语言学家往忽视第一方面，非语言学家往往忽视第二方面。

韩礼德特别重视语言学与教学的关系，尽管语言学所做的贡献是间接的、综合的。另一方面，他认为有些教师过分期待语言学会提供立竿见影的效果，结果对有些语言学观点的应用十分肤浅，其中有些观点本身就很肤浅。为了提高语言教学的水平，韩礼德改变了他自己原来认为语法教学大可不必的观点，进而提出编写一部比传统语法更为有用的语法是可行的。

传统语法是形式的、严格的，往往以规则为基础，以句法为中心，以句子为方向；而一部更有用的语法则应当是功能的、灵活的，以可供选择的变通办法为基础，以语义为中心，以话语为方向。

3.2 社会语言学

韩礼德回忆在他作为弗斯学生的时期，大家都认识到语言学要在社会中研究语言。这就理所当然地接受语言学要考虑社会因素的观点，因而没有必要另起炉灶。随着把语言看作知识或要研究机体内部的观点盛行以后，才给着眼于人们互相间进行谈话的观点的语言学加了"社会"两字，或"社会语义学"，或"社会语法"。韩礼德与海姆斯（Hymes）和拉波夫一样，认为大可不要"社会"两字。把语言作为知识和把语言作为相互交往（或行为）应当是相辅相成的，而不应是矛盾的。

然后，韩礼德与海姆斯有一定分歧。海姆斯在他的研究中是用机体内的观点来研究基本上是机体之间的问题。韩礼德则认为要从机体外部着手。这涉及对社会语言学的任务的理解。海姆斯在社会语境中研究语言是要确立交际能力的观点，即说话人使用与情景相适当的语言的能力；韩礼德则强调研究语言和社会的关系。前者不愿意以更深入的社会现实为前提；后者则提出更为主要的任务，要探讨语言对社会结构能否提出新的解释，社会语义学如何成为社会价值的形式，以至于社会系统如何作用于整个语言系统。

韩礼德认为没有必要区分语言能力和语言运用，更没有必要把种种不利于理想化的因素统统归到语言运用中去，真正的语言学理论应当包括一切因素。

3.3 话语语法

韩礼德认为鉴于语言系统的每个层次都是由有等级体系的单位组成的，如音系层有音节、语法层有句子，在语义层上也应该有它的基本单位。但像"事件""记叙文""交换"等"话语单位"似乎只是特定的风格或情景类型的特殊称谓，作为语义层的抽象单位不够合适。故目前只能以话语为宜。它是在抽象的平面上说的，不是根据它的规模。话语实际上是人们在现实情景中真正在做什么、指什么、说什么。为了弄清说话者具体说些什么，必须参照他"能够做什么"这一背景。因此，话语是意义潜势的现实化。

正是由于上述原因，语言学家的方法不应满足于解释话语，而应确定存在于话语底层的系统。索绪尔曾经论述人们观察到的过程是系统（意义潜势）的外部显现，但 20 世纪的语言学家倾向于把两者割裂，即抛弃过程来研究系统，以至于人们很难看清系统究竟如何生成具体的话语，也不能从话语中抽象出底层的系统。对此，韩礼德提出了一个与乔姆斯基截然相反的观点，即语言是能够生成有限类别话语的无限系统。

3.4 言语行为理论

韩礼德肯定奥斯汀（Austin）、舍尔（Searle）和格莱思（Grice）等人的言语行为理论对语言学有很大影响。当语言学研究中有人把社会语境抽象掉的时候，言语行为理论提供了恢复社会语境的手段。它使语言学家重新发现人们不光说话，而且是在彼此之间说话。

但韩礼德也指出，言语行为理论的出发点是把说话者作为完成一系列行为的孤立者；对言外行为，以询问、肯定、预示、应诺等规则表示；言语行为的意义局限于哲学性的探讨。

对此，韩礼德提出语言不是一个语言行为系统，而是一个意义系统，这个系统规定语言行为的潜势，对语言行为的选择要受语境制约，所选项目的意义也取决于语境。例如，对下面一段对话的分析：

—Are you going to put these away when you've finished with them?
—Yes.
—Promise?
—Yes.

舍尔认为这是一种允诺，它决定于三个条件，即准备条件、真实条件和必要条件。韩礼德则认为作为一个事件的意义取决于社会语境，即家庭中相互交往的方式，家长进行控制的社会可接受的形式以及马林诺夫斯基所说的"文化语境"。为了描写赋予话语意义的潜势，可规定以下几点。

次文化：具有专业知识的中产阶级
社会性机构：家庭
角色关系：母亲—孩子
情景类型：控制的
方向：针对物体

总之，这是一个孩子对付母亲要进行管制的方法中的动作：这种有关交际意义的正在进行的交换是言语行为理论未加考虑的。

韩礼德进一步指出当人们在解释语义层的概念部分时把社会过程抽象掉是可以的，但当人们在解释语义层的交际部分时也这样做就不合适了。

3.5 儿童语言发育

韩礼德把语言发育分成三种：学习语言；通过语言学习其他知识；学习有关语言的知识，即语言学。儿童语言发育指的是第一种，因为没有第一种便谈不上第二种，而且儿童不需要任何语言学的知识。

关于儿童语言发育，韩礼德提出两个问题：1）什么是语言系统的个体发生？是否指儿童学会母语以前的初始阶段？2）儿童学习和掌握母语通过什么方法？

韩礼德对乔姆斯基和皮亚杰的观点持有异议。他们把儿童学习语言看作是在与周围环境绝缘的情况下进行的，而不是通过与环境产生相互交往来建立一种社会现实。这样，在乔姆斯基、皮亚杰等人的心目中，现实成了心理的；意义完全存在于机体之中，社会事实只不过是显现而已；理想化就是心理化。

韩礼德本人不能有把握地肯定个体发生反映系统发生，但他坚持当人们观察儿童如何从功能的角度学习语言系统时，便有助于弄清人类语言是如何发展演变的。根据他的实验观察，儿童最初从自己所发生的声音中建立起一种意义潜势。意义和一定的功能（如控制的，让人们给他做事）有联系，估计这种情况出现于所有的文化之中。但在一定阶段，儿童放弃了自己创造语言的过程，开始向耳濡目染的成人语言系统靠拢。这就是说，孩子一方面扩大了原先的语言用途，一方面把用途结合到语言系统中去。儿童语言和成人语言的根本区别在于前者一个话语只能表示一个功能，后者则呈现功能的多重性，一个话语可同时表达多种功能。发生这一变化的原因是环境影响和生物基础，其中后者包括生物学条件和一定的成熟程度。

韩礼德与弗斯一样对行为主义观点持保留态度，因为行为主义不能说明语言的相互交往和语言发育。同时，他反对把文化环境在语言发育中所起的重要作用看作是行为主义而加以批判。韩礼德不赞同那种认为儿童接触的资料有限因而不能说明语言发育的观点。相反地，他与拉波夫一样，认为在儿童周围的语言资料丰富无比、结构完整。

最后，韩礼德认为，把儿童语言发展的认知模型和语义模型（即意义与语法、语音和文字的联系）结合起来，才能对学习语言的实质以及学习与环境的关系有比较全面的认识。

参考文献

Halliday, M. A. K. 1974. M. A. K. Halliday (with Herman Parret, 9 Oct. 1972). In Harman Parret. *Discussing Language*. The Hague/Paris: Mouton. 81-120.

Halliday, M. A. K. 1977. Aims and perspectives in linguistics. *Occasional Papers* No.1. Applied Linguistics Association of Australia.

Halliday, M. A. K. 1978. A note on variation in language. *In Talking Shop, Australia*. 39.

Halliday, M. A. K. 1981. The language issue. In *The English Magazine*. 8-11.

Kress, G.(ed.) 1976. *Halliday: System and Function in Language*. London: Oxford University Press.

Robins, R. H. 1971. *General Linguistics: An Introductory Survey*. London: Longman.

语式的变异 [1]

1. 引言

从 Joos（1968 [1959]）报告根据英语使用的正式程度可以区分 5 个等级后，有关英语使用的变体所进行的研究有多方面的发展。今天有的语言学家按照语场（field，社会活动类型）、语式（mode，符号组成）和语旨（tenor，角色关系）讨论语言的变体或语域（register）（Halliday 1977）。最后一项语旨又有学者把它进一步细分为个人语旨（personal tenor）和功能语旨（functional tenor）（Gregory 1967）。由于人们对范畴区分标准的观点不同，对于不同范畴使用何种术语，人们具有不同意见是在所难免的（Gregory 1967；Halliday 1967，1970，1977；Halliday & Hasan 1976；Halliday，McIntosh & Strevens 1964；Martin 1983b，1984）。

鉴于上述原因，语言学家，甚至普通读者，如果具有不同观点，对两个语篇中所发现的语言变异是不一致的。但会不会发现有一两个范畴是共同确认的? 更确切地说，当两个语篇在语场和语旨上一样，但在语式上有不同；或者说，由于语式的不同，语场和语旨在语义和语言体现上会产生变异吗?

为了澄清这个问题，本文选用了 8 个语篇，其中 4 个段落选自 F. S. Fitzgerald（1969 [1926]）的小说 *The Great Gatsby*，分别标志为 N1、N2、N3 和 N4，合称为 N 组；另 4 个取自同名电影有关片段的录像材料，标志为 F1、F2、F3 和 F4，合称为 F 组。

显然，原著选段和电影选段在语式上是不同的，前者来自书面符号，后者来自电影录像和录音材料。可以初步假设，与语场和语旨相当的语篇内容和参与者是等同的。

---

[1]　本文的英文稿 "Differences in Mode" 发表于 *Journal of Pragmatics* 1984 (8): 595-606. North-Holland.

表 1

	段落内容	事件参与者
N1 / F1	Gatsby 炫耀他的奢侈衣着	Gatsby, Daisy, Nick
N2 / F2	为了和他妻子离去，Wilson 谋求经济援助	Wilson, Tom, Nick
N3 / F3	Gatsby 和 Tom 之间的摊牌（1）	Gatsby, Tom, Daisy, John
N4 / F4	Gatsby 和 Tom 之间的摊牌（2）	Gatsby, Tom, Daisy, John, Nick

尽管如此，本文作者分析结果表明，各语篇的语义成分（概念成分、人际成分、语篇成分）还是有一定差异的。

2. 语式

如前所述，这两组语篇在语式上并不一致，我们便从此出发，观察一下所要研究的指代衔接和主位。

2.1 指代

所有选文的外指（exophoric references）和内指（endophoric references）（Halliday and Hasan 1976）表明这两组的差异是显著的。在 F 组中第一人称和第二人称明显地采用外指方式，而在 N 组中采用内指方式。例如：

G：*I* don't care about luxury things, just for *myself.* (F1)

上述例句中的"I"和"myself"不能通过语篇识解。我们只能看银幕上谁正在说话才能确定这两个代词的所指对象。当同一个指代涉及两个不同的对象时更是如此，如下例所示：

T：There's one more question I'd like to ask *your* Mr Gatsby. What kind of trouble are *you* trying to cause in my home, anyhow? (F4)

这里，"your"和"you"不是同一个所指。我们不能从语言本身去辨别。对其确切意义的区别需要从说话时各个参与者的站位和说话人的眼神变化来决定。在上面的话语中，Tom Buchanan 首先跟他的妻子 Daisy 说话，然后转向她的情人 Gatsby。因此，属有代词指的是"Daisy"，而人称代词指的是"Gatsby"。反之，在 N 组中大多数的第一人称和第二人称代词都是内指的。

"I just got wised up to something funny the last two days", remarked *Wilson*. (N2)

在上面语境下的"I"指报告小句中的"Wilson"。下面再举一例。

"Your wife doesn't love *you"*, said *Gatsby*. "She's never loved *you*. She loves *me*..." *"You* must be crazy!" exclaimed *Tom* automatically. (N4)

上文中有 Gatsby 和 Tom 两人轮流说话。除了"me"指"Gatsby"和"she"指前句中的"your wife"外，读者对语句中斜体的人称代词"your"和"you"的所指意义，只要认定 Gatsby 和 Tom 在特定言语事件中的角色，也不会有困难。因此，在解读第一人称和第二人称的所指意义时，N 组取决于语言中的情景语境，F 组取决于语用的情景语境。

第二，在 F 组中第一人称和第二人称的内指用途往往在话语中伴同使用称呼词，如：

W：I can't give *you* very much security, *Mr Buchanan*; *you* see, this place. (F2)
D：*Tom*, if *you* are going to make personal remarks... (F2)

上引两个语句中的"you"可以通过说话时提到的"Mr Buchanan"和"Tom"来识别所指对象，前者下指，后者回指。在 N 组中，一般要在句子的转述小句中出现。如下例：

"Now see here, *Tom*", said Daisy, turning around from the mirror, "if *you*'re going to make personal remarks, I won't stay here for a minute..." (N3)

第三，像"we"和"me"的外指第一人称代词也出现在下面的 N 组例句中：

While *we* admired he brought more... (N1)

Her eyes fell on Jordan and *me* with a sort of appeal... (N4)

在转述小句外出现第一人称小句的原因在于 N 组语篇选自小说，而该小说是以第一人称自叙形式写作的，叙述者同时扮演言语参加者的角色。第一人称便指叙述者，因而在语篇中不再出现所指对象。

第四，N 组对第三人称代词的使用显然比 F 组广泛得多。这是由于叙述的作用。叙述者经常扮演一个中间人的角色，关注其周围的人与物。相比之下，第三人称代词在 F 组中出现较少，其出现受限于对角色的选择，如有关语篇经常通过两个言语参与者的对话体现，特别是在面对面的情况下进行。甚至出现若干外指第三人称代词的情况，其所指对象要通过语用情境推定。

最后，F 组出现更多的指示代词。举例如下：

G: And *this* is my room. (F1)

G: *Here* are more shirts.

D: So many!

G: Oh! *Here's* some more. (F1)

如果不注意屏幕上对话人所在位置和活动，我们很难确定"this"和"Here"的确切意义。由于人们不能通过此前的语言信息来解读这些代词，情况更为困难，如 F1 中的两个"Here"。实际情况表明它们各有所指。

2.2 主位

本文研究了所有言语篇章中的主位类型。非标记主位 (Halliday 1967) 姑且不谈，N 组在使用具有描写特性的副词和介词短语方面令人侧目，例如：

Suddenly, with a strained sound, Daisy bent her head in the shirts. (N1)

叙述者对他周围世界发生的情况进行客观的观察。对比之下，F 组中出现较多地把有关方位的副词作为主位，说明说话人的邻近性。这典型地表现在有关动作的语言。例子有：

Here are my shirts. (F1)

Here, it's all down here on the paper. (F2)

在表经验的主位中，N 组的主句中使用谓语动词非常显著：

"Why not let her alone, old sport?", *remarked* Gatsby. (N3)

"Wait a minute," *snapped* Tom, "I want to ask Mr Gatsby one more question." (N4)

这个情况与已知信息／新信息系统 (Given/New system) 密切有关。由于与 "exclaimed" "demanded" "remarked" "said" "reminded" "called" "ordered" 和 "snapped" 这类动词有关的叙述语句早在前面已知信息部分出现，这些谓语动词自然成为报告小句中的主位，即信息的出发点。同样，这些小句中的新信息告示读者说话人是谁，因而在句末出现，必然将主位留给这些表示报告意义的动词。

并列连词、从属连词和相关连词在 N 组中更为广泛使用，因而起到相关信息的结构主位的作用。

He took out a pile of shirts *and* began throwing them, ... (N1)

Tom glanced around to see *if* we mirrored his unbelief. *But* we were all looking at Gatsby... (N4)

While we admired he brought more... (N1)

上述情况说明在书面方式中，叙述者必须以更合乎逻辑和更为复杂的手段组织种种信息。

F 组在标记主位的选择方面也有它自己的特色。从电影语篇我们可以看到所有那些惊叹词出现在 Daisy 的话语中，如 "How sweet" "Oh" "How nice"。

这不仅仅是 Daisy 易于激动性格的个人特征，也是采用说话时最合适的表现方式。在 N 组的转述小句中，"Oh"只出现一次。

"*Oh*, yes, I understand you went to Oxford"... (N4)

显然，对已知信息和新信息的研究，最好在 F 组的语篇中研究，因为这些语篇记载了真正的口语。在 N 组中，虽然也有些直接的转述言语，但读者只能从通常都能接受的概念自己琢磨，即新信息一般出现在音调组的末尾。他们很难进一步确定新信息位置的细微变化，除非作者用下划线或斜体注明新信息。下面的举例表明从录音材料的一个语段中有 3 个新信息。

||1 I have a man/in England/who sends me a SELECTION ||1 every SEASON,||1 spring and FALL.|| (F1)

对下面分别来自 N 组和 F 组中的两个语段进行比较，可以更清楚地说明这一观点。

"I just got wised up to something funny the last two days", remarked Wilson. (N2)
||1 I just got wised UP,||1 something, FUNNY going on around here.|| (F2)

从 N2 所引语段中没有明确标明新信息的位置。作为由一个小句构成的句子，读者会想当然地认为新信息出现在"day"或"last two days"上。然而录音材料显示 F2 中有两个音调群，因而有两个新信息，第一个出现在"UP"上，是未标记的；第二个出现在"FUNNY"上，是标记的。

3. 语场

尽管话语的语场在小说语篇和电影语篇中应该是一致的，但对原著还是做了一定的调整。正是这个原因，在选取片段时力求在主题上是匹配的，避免明显差异。事实上，就每个语篇的词语衔接和连接的细微变异还是躲不过读者的眼睛。

3.1 词语衔接

在 N 组中最显著的特点是不断使用报告动词、有关动作和眼珠活动的动词，如：

"What do I owe you?" *demanded* Tom harshly. (N2)

Gatsby *walked* and *stood* beside her. (N4)

Tom *glanced* around to see if we *mirrored* his unbelief. (N4)

Her eyes *fell* on Jordan and me... (N4)

这个特色的出现是因为小说的叙述者受制于书面的表达方式，不得不依靠语言手段来复述出现在他周围的动作和事件。这个必要性无须强加于有情节的电影，通过语言外的方法就能表达这些动作和事件，这就是说，让在场的参与者直接完成这些动作和说话。因此 F 组中出现的动作动词的频率很少，甚至没有。

涉及参与者的词语串在 N 组中或是较长，或很特殊，例如前者谈到衣着或钱币的事，后者有关色彩的描述，以至垃圾处理，等等。道理相同，叙述者必须向读者描述他周围所有的事物，而在故事电影里，观众可以直接看银幕即可。换言之，故事电影更依赖语用的情景语境。这说明 F 组语篇中的词语串很简练。

3.2 连接

除词语串外，对两类语篇的连接手段进行研究发现 N 组比 F 组使用更多的连接手段。

如本文前面所述，N 组在结构上更具逻辑更为复杂。由于需要依靠语言的描述，叙述者得花较多的精力于自己周围外部世界的逻辑关系和对他本人和其他参与者的内部世界 (分析方法参见 Martin 1985b)。例子如下：

While we admired (1) he brought more (2) and the soft rich heap mounted higher-shirts with stripes and scrolls and plaids in coral and apple-green and lavender and faint orange, with monograms of indian blue (3) . (N1)

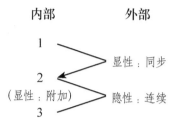

Tom glanced around (1) to see if we mirrored his unbelief (2) . But we were all looking at Gatsby (3) . (N4)

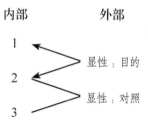

She hesitated (1). Her eyes fell on Jordan and me with a sort of appeal (2), as though she realized at last what she was doing (3) and as though she had never, all along, intended doing anything at all (4). But it was done now (5). It was too late (6). (N4)

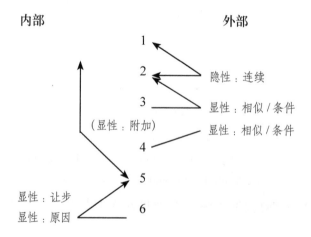

70

  所有这 3 个实例表明，N 组需要描述正在进行的活动和事件，以作为对现场叙述者 / 参与者的观察记录，而 F 组中的言语参与者无须做语言描述，因为这些信息早已被纳入观众的视线中。特别是第 3 个例句将这些参与者外在的脸部表情和内在的思维活动融合成一个完整的语篇。在电影中，将屏幕上的语用情景意义与话语的音响意义整合在一起，这是观众的任务。因此 F 组很少出现语言的连接手段。

  在真实的言语情景中，有关连接的语言特征出现在其他现场参与者对正在说话人进行干扰。说话人有时不能把话说完。试比较以下二例：

... if you're going to make personal remarks, I won't stay here a minute ... (N3) (内部：显性：条件)

D: Tom, if you're going to make personal remarks ...

J: Let's all take a cold shower. (F3)

  第二例选自电影脚本。第一个说话人 Daisy 没有机会把话说完，另一个说话人 Jordan 就打断她了，因此这两个话语中没有出现连接词语。

  F 组的另一个特征表现在连续词语的使用。参与者或是想自己继续往下说，或是接上别人的话。

T: All right, ...*Well*, what is it? I'm in a hurry. (F2)

W: She'll go whether she wants to or not.

T: *Well*.

W: I can't give you very much security, Mr Buchanan; you see, this place.
 Here, it's all down here on the paper.

T: *Well, um,* I'll think about it. How much for the gas? (F2)

  说话人在第 1 例中使用 "*Well*"，在第 2 例中使用 "*um*" 表示自己要继续往下说。当别人说话时，他也两次试图用 "*Well*" 让自己插入说话。第一次未成功，第二次成功了。正是在这个环节上，F 组语篇显露出它是电影对话的录音，而这些对话又是根据为演员们演出时该说的话而写就的。在真实的随便的谈话中，可能会有更多的表示连接的词语。

4. 语旨

根据 Martin（1981）的系统，可以发现 F 组使用更多的惊叹词。

D: How beautiful! (F1)

D: How sweet! It is the plainest of all. (F7)

由此可见，惊叹词的使用是 F 组表示个人意旨的重要特征，这与选用口语方式有关。

不完全小句和称呼语在 F 组中也很显著。举例如下：

T: Yeah. (F2)

T: Well. (F2)

D: Yes. Jay! (F1)

D: Tom! (F4)

随同惊叹词语的情感效应，不完全小句和称呼语的使用表明在会话话语中人们频繁地奉行经济原则。

顺便提一下，称呼语的选择反映了参与者之间的相互关系，也反映了参与者和叙述者之间的关系。Tom 和 Daisy 是夫妻关系。因此，Daisy 对她的丈夫直呼其名，表示两者的家庭婚姻关系。当车库主人 Wilson 称呼 Daisy 的丈夫 Tom 并准备向他借钱时，两者之间的角色关系便出现了上下之分，因此 Wilson 称呼 Tom 的姓氏以示尊敬。

D: Tom, if you are going to make personal remarks ... (F3)

W: Mr Buchanan, can I talk to you private for a minute? (F2)

Buchanans 和 Gatsby 两人之间的关系又是一种情况。Daisy 把 Gatsby 当作情人，而 Tom 把后者看作情敌。其结果我们找到如下的表达方式。

D: Oh, *Jay,* they're such beautiful shirts. (F1)

T: There's one more question I'd like to ask your *Mr Gatsby.* (F4)

这些参与者之间的亲疏关系清楚地反映在口述话语的个人语旨上。尽管在 N 组的直接引语中也可找到这种区别，我们会注意到叙述者一般使用 "*Gatsby*" 而不是 "*Jay*"，以表示他的中间立场。

5. 讨论

我在文中讨论的语域范畴表明由于语式的不同，在语场和个人语旨之间存在一定程度的连锁反应，其程度取决于语式在不同语篇中的差异有多大。通过都属于系统功能语言学的两种稍有差异的方法可以获得解释，第一种方法来自韩礼德的模式 (Halliday 1977)。语义系统的功能成分（概念、人际、语篇）可从不同视角观察。首先，在同一层面上考虑第 65 页举例的 *Here, Here* 成分，即语义系统的组成，概念成分随着对环境的反映方式而演变。第二，当我们从上往下看时，即从语义功能往下层看，语篇成分对概念成分和人际成分具有体现功能。第三，当我们从下层的词汇语法层的体现观察时，逻辑功能比经验、人际和语篇成分更为突出。因此，所有的功能成分都以这样那样的方式交叉联系，因为语篇功能的任何可能变化会最终导致其他功能成分的变化。

再者，虽然语义系统的每一个成分都由相应的情景因素活化，这就是说，语场、语旨和语式，我们对一个语篇"情景语境"的构建必须同时考虑三方面的因素。因此，三种情景特征不可能互不相关。从总体意义潜势进行合适的和突出的选择和组合，导致互相依赖的制约。

与韩礼德的语场、语旨和语式三分法略有不同，Gregory (1967) 提出语旨可进一步区分为个人语旨和功能语旨，后者针对语篇本身的意图。根据这个模式，Martin (1984) 进一步提出，这 4 个成分不属于同一层面，语场、个人语旨和语式受到更高层次语义上的制约，即功能语旨（现称为语类）。因此，语场、个人语旨和语式的不同应根据功能语旨的细微差异而体现各自的表述。考虑到N组的功能语旨是供读者阅读，作者通过文字符号起到愉悦读者的叙述者/参与者的作用，而F组通过在银幕上直接演示各种动作和物体，男女演员通过各种活动和声音扮演各种言语参与者，其结果必然是在语场中的"身份"是扮演的，不是真实的。就主题而言，N1宜改写为"叙述者描述Gatsby如何在Daisy前炫耀他的奢侈衣着"。同一原则也可应用于其他语篇。就各种事件参与者的情况而言，N组中Nick列举他们的名字模糊了他的双重身份——既是叙述者又是参与者。如果这个观点得以成立，就可以确定语场和语旨的细微变化起因于功能性语旨的变化而不仅仅是语式的变化。

参考文献

Fitzgerald, F. S. 1969 [1926]. *The Great Gatsby*. Harmondsworth: Penguin.

Gregory, M. 1967. Aspects of varieties differentiation. *Journal of Linguistics* 3: 177-198.

Halliday, M. A. K. 1967. *Some Aspects of the Thematic Organization of the English Clause*. Santa Monica, CA: The Rand Corporation. (Memorandum RM 5224 P-R).

Halliday, M. A. K. 1970. Language structure and language function. In John Lyons(ed.). *New Horizons in Linguistics*. Harmondsworth: Penguin. 140-165.

Halliday, M. A. K. 1977. Text as semantic choice in social contexts. In Teun A. van Dijk & Janos S. Petoti (eds.). *Grammar and Description.* Berlin: Walter de Gruyter. 17-225.

Halliday, M. A. K. & R. Hasan. 1976. *Cohesion in English*. London: Longman.

Halliday, M. A. K., A. McIntosh & P. Strevens. 1964. *The linguistic sciences and language teaching.* London: Longman.

Joos, M. 1968 [1959]. The isolation of styles. In J. A. Fishman (ed.). *Readings in the Sociology of Language*. The Hague: Mouton. 185-191.

Martin, J. R. 1981. How many speeches act? University of East Anglia Papers in *Linguistics:* 14-15; 52-77.

Martin, J. R. 1983a. The development of register. In R. O. Freedle & J. Fine (eds.)

Developmental Issues in Discourse. Norwood, NJ: Ablex. 1-40.

Martin, J. R. 1983b. Conjunction: The logic of English text. In Janos S. Petofi (ed.). *Micro and Macro Connexity of Text.* Hamburg: Buske. 1-72.

Martin, J. R. 1984. Text and process: Two aspects of human semiosis. In J. D. Benson & W. S. Greaves (eds.). *Systemic Perspectives on Discourse: Selected Theoretical Papers from the 9th International Systemic Workshop.* Norwood, NJ: Ablex.

Rochester, S R. & J. R. Martin. 1979. *Crazy talk: A Study of the Discourse of Schizophrenic Patients.* New York: Plenum.

评语法隐喻的韩礼德模式 [1]

我在《语法隐喻》一文中曾谈到由于人们对"语法"和"隐喻"这两个词有不同理解，从而产生了至少五种类型的语法隐喻 (胡壮麟 1996)。在这五个类型中，第一种是某些语法术语来自对现实世界的隐喻，第二种是转用语法术语来隐喻中世纪的社会生活，其功能主要是修辞作用，另三种可认为具有真正的语言学意义，即结构主义的方法、系统功能语言学的方法和美国功能主义的方法。这一点在新加坡召开的第 26 届国际系统功能语言学大会上韩礼德曾表示同意。要进一步指出的是我曾听到这样的评说，语言学界对语法隐喻理论并不重视。我对这个问题的看法是，用结构主义方法研究语法隐喻在 80 年代曾红火一阵，现已式微，这可能是乔姆斯基转入第三第四代的生成主义模式后已把"转换"打入冷宫。但美国的 Givón、Heine、Hopper 等学者一直在研究语法化、形义一致和象似性等课题，只是没有采用语法隐喻这个名称而已。[2] 这样，给人的印象似乎是在 20 世纪 90 年代只剩下韩礼德和他的战友们天马行空，独来独往。其实，语法隐喻内涵丰富，有不少内容值得深入探索。在系统功能语法内部已出现不同意见的深入讨论，这是繁荣学术的好现象 [3]。我在本文中主要介绍韩礼德近年来在语法隐喻研究中所提出的一些新的解释、新的提法和新的观点 [4]，有时夹杂一些自己的不成熟的意见，以引起讨论。

---

[1] 本文原载于《外语教学与研究》2000，32 (2)：95-102；收入黄国文主编、杨炳均副主编，2002，《语篇·语言功能·语言教学》。广州：中山大学出版社。95-102。

[2] 在新加坡会议上，Ruqaiya Hasan 曾让我给她提供一份 Givón 等人论著的书单，说明她对美国同行所研究的内容感兴趣。

[3] 见拙文《科学理论的新发现与语言学新思维》，《外语教学与研究》1999 (4)：1-6。

[4] 包括他的学生 James Martin，但两人的表述不尽相同。

1. 元功能和层次

韩礼德《功能语法入门》1985 年和 1994 年两个版本中主要提出概念隐喻和人际隐喻两种形式（下称 1985/1994 模式）。在概念隐喻中他显示一个过程可以隐喻为另一个过程，随着过程的转换，各小句中的功能成分（如参与者、过程、环境因子等）可互相隐喻化，被转换的功能成分在词汇语法层体现时又可以从一个形式（如短语和词类等）隐喻为另一个形式。在人际隐喻中，则区分情态隐喻和语气隐喻，前者表现为情态的体现形式可以有多种，如情态动词、形容词、副词、名词等，而语气可以有多种言语行为互相转换。这个模式如图 1 所示。

图 1　韩礼德有关语法隐喻的 1985/1994 模式

韩礼德在 1996 年的论著中虽然也提到概念隐喻和人际隐喻，以及词汇语法的转换，但在框架上呈现不同，即他认为语法隐喻包含"元功能"和"层次"两个方面（下称新模式），如图 2 所示。

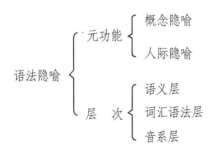

图 2　韩礼德有关语法隐喻的新模式

韩礼德对这一框架的重新整理是有其原因的。首先，语法隐喻的韩礼德模式实际上就是系统功能语言学的模式，它突出的是功能的思想，即语法隐喻主要表现在及物性的过程和功能成分的相互隐喻化，最后才见之于词汇语法层的体现转换，前者是主要的，起决定作用的。但在1985/1994模式中，一到人际隐喻这个阐述便不那么理直气壮了，人们看到的只有词汇语法层的转换，那是结构主义者早就做过的工作。第二，韩礼德和马丁（James Martin）对科技英语语篇研究后，曾多次报道所谓语法隐喻主要是名词化（nominalization），这在原模式中并没有被突出。但在新模式中，所谓的名词化主要与词汇语法层有关，这样词汇语法层的隐喻与概念隐喻和人际隐喻取得起并起并坐的地位。第三，层次的概念既然包括语义层、词汇语法层和音系层三个层面，这就摆脱了给人以与乔姆斯基的"转换"概念雷同的印象。正如他的"转换"是语法和语义之间的"交叉叠合"（cross coupling），不同于乔姆斯基语法的单纯的、形式的句法运作。最后，引入层次的概念可以使语法隐喻的研究和人类语言的发展结合起来，以说明词汇语法层的出现是儿童语言向成人语言过渡的必经之路。

应该说，新模式与1985/1994模式相比是个突破，不仅在框架上更完整、更成熟，在理论上能自圆其说，对语言的系统发展、个体发展和语篇发展的阐述在理论上是一个很大的贡献。

2. 元功能中的语篇隐喻

韩礼德的元功能是三分的，即概念（元）功能、人际（元）功能和语篇（元）功能。既然韩礼德确认在概念功能和人际功能中存在概念隐喻和人际隐喻，人们不禁要问在语篇功能中为什么不出现语篇隐喻？语篇隐喻与语篇功能能否挂上钩？我们知道，在分析语篇功能的主位结构时，韩礼德曾确认在复合主位中，本来属语篇功能的不同主位又可按三个元功能进一步区分主位结构中的概念主位、人际主位和语篇主位（Halliday 1994：52-56）。

马丁对这个疑问做了肯定的回答。他最早提出语言中的时间关系可以经语法隐喻建构成不同形式（Martin 1992：168），如例（1）中的斜体部分。

(1) We walk the ring with our dogs. *Afterwards* we just wait.

We walk the ring with our dogs *and then* we just wait.

After we walk the ring with our dogs we just wait.

Subsequent to walking the ring with our dogs we just wait.

马丁（1992：483）还提出语篇可以通过元陈述（meta-proposals）和元命题（meta-propositions）加以组织，这也可以解释为语篇隐喻的一种。

比较全面的论述则见之于他和韩礼德的合著（Halliday & Martin 1993）中，马丁在他负责撰写的第 11 章中除了表明"时间和结果的逻辑关系可以通过各种关联手段作隐喻的体现"外，专门提到"语法隐喻通过展开一个语篇的主位结构和信息结构，成为组篇的工具"。为此，他采用了隐喻性主位（Metaphorical Themes）和隐喻性新信息（Metaphorical News）两种语篇隐喻的论点（Martin 1993：241-243）。

隐喻性主位可见例（2）[1]，其中黑体表示非标记主位，"黑体＋斜体"表示标记主位，斜体表示新信息。

(2) (f) **The Second World War** further encouraged *the restructuring of the Australian economy towards a manufacturing basis.*

(g) ***Between 1937 and 1945*** the value of industrial production *almost doubled.*

(h) **This increase** was faster than otherwise *would have occurred.*

(i) **The momentum** was maintained *in the post-war years.*

(j) and ***by 1954-5*** the value of manufacturing output was *three times that of 1944-5.*

(k) **The enlargement of Australia's steel-making capacity and of chemicals, rubber, metal goods and motor vehicles** all owed something *to the demands of war.*

(l) **The war** had acted as *something of a hot-house for technological progress and economic change.*

---

[1] 本例中的 f……l 编号顺序为 Martin 原稿顺序。

从例 (2) 中可以看到，语法隐喻与主位关系密切。在 g, h, j 小句中的新信息经过名词化分别转换成为下句中的主位，如 h 中的 increase，i 中的 momentum，k 中的 enlargement。

例 (3) 则说明语法隐喻和新信息的关系。当隐喻作为新信息时，它不是原文照搬前句中的述位，而是将多种语义压缩成新信息。

(3) (m) **The war** had also revealed *inadequacies in Australia's scientific and research capabilities.*

(n) **After the war** strenuous efforts were made *to improve <u>these</u>.*

(o) **The Australian National University** was established with an *emphasis on research.*

(p) **The government** gave its support *to the* advancement of science *in many areas, including agricultural production.*

(q) **Though it is difficult to disentangle the effects of war** from other *influences,* ...

(r) It is clear that future generations not only enjoyed *the security and peace won by their forefathers* but also *the benefits of war-time economic expansion.*

在上例中，m 句中的新信息 *inadequaicies in Australia's scientific and research capabilities* 的一致式原先为一个投射小句，有它自己的新信息和已知信息的结构，如例 (4) 中的 β 句：

(4) α The war had also revealed

β that Australia's scientific and research capabilities were inadequate.

马丁通过例 (4) 说明作为语篇隐喻之一的隐喻性新信息的生成过程。按常理说，韩礼德与马丁的合著表明，两人有关语篇隐喻的理论应该是互相通气、互相接受的。令人惊奇的是在《功能语法入门》1994 年修订版中，韩礼德居然保留 1985 年的模式，仍未提到语篇隐喻。这使人不得不推论，韩礼德当时没有对马丁这个亮点眨眼。他只是在 1993 年合著的第 60 页谈到著名科学家牛顿行文时将一个复杂现象压缩成小句结构中的一个成分，起到重要的语篇效应和修辞功能。

直到 1995 年，韩礼德在对例（5）做分析时，才谈到 "Movement of the solvent across the membrane" 这个表达是对前面所述的归纳，作为下一句的出发点，即主位。这就是马丁的隐喻主位，但韩礼德避而不用语篇隐喻这个术语。

(5) When a solution of any substance is separated from a solute-free solvent by a membrane that is freely permeable to solvent molecules, but not to molecules of the solute, the solvent tends to be drawn through the membrane into the solution, thus diluting it. Movement of the solvent across the membrane can be prevented by applying a certain hydrostatic pressure to the solution.

韩礼德 1999 年的文章基本上保留了这个立场，承认这种将前文浓缩的语法转换是为了体现主位成分，并使用了"语篇上的浓缩"（textual condensation）这个说法，但仍没有正式使用语篇隐喻，因此我认为韩礼德对语篇隐喻一直持某种程度的保留。

3. 一致性

一致性（Congruence）是韩礼德语法隐喻的一个重要理论支柱。一个隐喻形式必然要与一个非隐喻形式对照，这个非隐喻形式，在韩礼德理论中就是"一致性"，其表现形式为"一致式"（the congruent form）。于是人们必然追问：一致性是什么？一致式是什么？

我们从韩礼德和马丁的论著中可找到以下一些回答。

1）以年龄为标准

这是韩礼德最早提出的标准。他说："通常见到的没有隐喻的语篇的唯一例子是年幼儿童的言语。"（Halliday 1985：321）之后，他又在与马丁的合著中说过"儿童要在八九岁后才操作语法隐喻","青春期前的儿童的口语可作为讨论隐喻语篇的出发点"(Halliday & Martin 1993)。他在 1999 年的文章中又说儿童上小学时开始学习书面语法,进中学时开始学习语法隐喻。

这些回答的最大问题是标准不好掌握,前后相差五六年。儿童上小学时的年龄应为五六岁,而进中学的年龄为十一二岁。至于"青春期前"和"八九岁"不是同义词,不是等值的。

2) 以难易度为标准

韩礼德在 1994 年说,措词中隐喻用得最少的情况意味着措词达到最大限度的简单化,这种"平白的、简单的英语"意味着那就是通常所谓的一致式的那种语言。

何谓"最大限度的简单化"? 韩礼德给我们引入了"词汇密度"(lexical density) 的概念可供参考。按韩礼德的定义词汇密度指一个语篇中的实词项与小句之比。隐喻式往往在一个小句中装入大量压缩的词项,密度比一致式大。这就是说,密度越大,难度越大;密度越小,难度越小。后者是一致式。但这里密度成了一个相对的观念,由于基数的不确定,这又是一个难以掌握的标准。

3) 以合乎自然为标准

韩礼德和马丁 (1993:218) 认为在"平白体"英语中,语义和形式、语义学和语法之间存在"自然"的关系,如动作体现为动词,描述体现为形容词,逻辑关系体现为连词等。韩礼德在 1995 年又说,动词意味着事情的发生,名词意味着实体、事物,两者典型地与感知世界相关。这种表示意义的方式是语法的一致式。

由于传统语法对这种对应关系早已肯定,这方面的争论不大。

4) 以历时为标准

韩礼德和马丁 (1993:18) 在比较"aerogels subsequently developed"和"the subsequent development of aerogels"两种表达方式时,认为前者的出现在时间上先于后者,因此提出如儿童从母亲处学习语言那样,人类的语言最先出现的形式是小句,以后才有名词化形式。这样小句式是一致式。这个观点韩礼德曾以不同方式多次重复:"建构的一致式是人类语言最初形成的形式;因而它决定对我们所生活的世界的集体范畴化"(Halliday 1996);"我所谓的'一致式'简单地说是它们 (语法范畴) 赖以演变的形式, 在这个形式中的任何交叉叠合就定义来说都是隐喻式"(Halliday 1999)。

这个标准的难点是人类语言的书面语形式已延续数千年, 口语形式当出现更早。鉴于文化的沉淀, 人们对某些形式已难以确定孰早孰晚, 这又成了一个不易确定的标准。

5) 以方式为标准

1999 年韩礼德还提到"我们的常识世界是用口语构建的, 正是在这里奠定了一致式, 建立语义和语法之间的对应。这种对应一旦出现, 便会被挑战和解构。口语总是优先的, 意义由此创立, 范畴和经验关系得以定义。书面语通过脱离这种一致性, 经由我所提到的语法隐喻而创建新义"(Halliday 1999)。

人类语言始自口语, 这是没有疑问的。但与上面的其他标准有矛盾。譬如说, 按韩礼德的年龄标准, 孩子在二岁学母语, 五六岁入小学学书面语, 学语法; 进中学后学语法隐喻。如果把口语这一方式作为标准, 那么儿童在进小学学习书面语时应已掌握口语的一致式了。那么, 界于口语和语法隐喻之间的书面语该如何定位有待进一步讨论。

以上情况说明, 韩礼德这几年来一直试图给一致性以更明确的阐述, 但解决得还不是很理想。马丁也承认, 就语法隐喻而言, 由于对解释的基线, 即一致性不熟悉, 基线似乎是一个不甚清楚的问题 (Halliday & Martin 1993: 237)。

我在 1999 年新加坡第 26 届国际系统功能语言学大会的发言中认为, 语言中的隐喻首先要在概念中形成隐喻 (参见 Lakoff & Johnson 1980)[1]。之所以说人们在概念中也有一个隐喻化过程, 因为任何概念都是对现实世界的隐喻。我曾以下面的图 3 表示:

---

[1] 这里的"概念隐喻"不同于韩礼德的表示概念元功能 (ideational metafunction) 的概念隐喻 (ideational metaphor)。

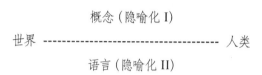

图 3　概念隐喻化和语言隐喻化

应该说，我这个图式暂时回避了一致式的问题，企图把语言中的各种形式彼此之间的关系都看作是隐喻化，从而把一致式的问题放到认知领域去解决。这次重读韩礼德和马丁的合著（1993：18）过程中发现，他们也发表过类似这个图式的看法，他们说，"如果我们从发展概况看，我们所能说的每一种形式对另一种形式来说都是隐喻的。"不过，韩礼德在 1996 年对自己的研究做了限定，认为他所说的隐喻是经典意义的隐喻，即一旦概念成为语言符号后，符号内部的隐喻转换仍有一个先后关系。他在 1999 年广州中山大学召开的第六届全国语篇分析研讨会上解释道，由于语言发展过程中的历史沉淀作用，今天有时难以恢复其原来的面目。

4. 雅式和土式

韩礼德最早在 1993 年分析科技语篇时，从一本电视杂志借用了雅式（Attic，阿蒂卡式）和土式（Doric，多利安式）的概念（Halliday & Martin 1993：116）[1]。自 1995 年起，他基本上以"雅式"和"土式"的区别替代隐喻式和一致式的区别（Halliday 1999）。要而言之，雅式指一个小句中含有较多的语义长而复杂的词组和短语，而同样的语义在土式中可分解为较多的简明的小句，如下例所示。

(6) 雅式：Prolonged exposure will result in rapid deterioration of the item.

　　 土式：If the item is exposed for long it will rapidly deteriorate.

---

[1]　我采用雅式和土式的译名，一是语义上接近原意，一是出于谐音。

雅式比土式更具分量，它不仅陈述一个事实，而是一件已经证明了的严肃的事实，具有权威性和智慧，科学性更强。如上例中的动词 deteriorate 隐喻化为名词 deterioration，副词 rapidly 隐喻化为形容词 rapid。这样，雅式就是隐喻式，土式就是一致式。采用雅式和土式的优点是可以回避一致式定义的不确定性。

韩礼德认为雅式和土式的区别在于语法。这便要先分明词汇隐喻和语法隐喻的区别。

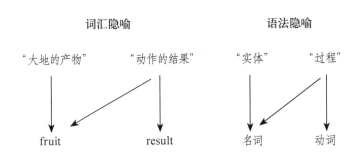

图 4   词汇隐喻和语法隐喻的区别

韩礼德曾从不同视角加以解释。首先，传统的隐喻概念指发生在词汇层面的隐喻化过程，而语法隐喻则发生于语法层面的隐喻化过程。语法隐喻的词语意义没有发生变化，变化的是语法性状，如动词或形容词化为名词，连词化为动词。其次，所谓隐喻是在两个语言变体之间建立关系，如果按习惯"从下"看问题，着眼于形式，一个词有两个意义，一个是本义的，一个是隐喻的，因此英语词 fruit 既可以是本义的"大地的产物"，也可以是隐喻的"动作的结果"，如果"从上"看，"动作的结果"这个意义可体现为 result 和 fruit。如把 fruit 看作是隐喻的，因为在它之前出现过另一个词。在语法隐喻中，变体体现的不是词义而是范畴意义。韩礼德又用能指和所指的关系加以解释，词汇隐喻是同样的能指，不同的所指（如图 4 左图，fruit 一词除表示"果实"外，也表示"结果"）；而语法隐喻处理的是不同的能指和同样的所指（如图 4 右图的所指"过程"的能指为"动词"和"名词"）。因此，语法隐喻是在不同层次之间的重新排列，是将语义重新映叠于词汇语法上。

通过对科技语篇的分析，韩礼德确认 3 种隐喻化过程：1) 原先为名词仍以名词形式变换，并作为中心词，如 small, unnoticed surface cracks 这一词组中的 cracks；2) 隐喻成分虽在名词词组之中，但不具事物的功能，如上述词组中的作为修饰语的 small, unnoticed 和 surface；3) 隐喻化词语不是名词，也不是名词词组中的功能成分，如同词组中 can span 中的 span。

为此，韩礼德采用了"级的一致性"(congruence in rank) 和"性状的一致性"(congruence in status) 的概念。在级的一致性方面，韩礼德引入了一些新的术语，如把语义分成三级，分别为"言辞列"(sequence)、"言辞"(figure) 和"成分"(element)。言辞为对一件发生的事的语义表达，因为人类经验主要由发生的事构成，语法通过小句的构建把这些发生的事转换为语义。若干表示事件的言辞构成言辞列，由小句的连接体 (clause nexus) 体现。小句由动词词组、名词词组、副词词组或介词短语构筑，它们分别体现表述每一事件的言辞的成分。这构成了性状的一致性，表 1 表示两者关系：

表 1　级和性状的语义语法对应关系

级的一致性		性状的一致性	
语义	语法	语义	语法
言辞列	小句联合	实体	名词 / 名词词组
言辞	小句	性质	形容词 (形容词词组)
成分	词组 / 短语	过程	动词 / 动词词组

表 2 进一步表示例 (6) 中的某些词项在雅式和土式方面的性状差异。

表 2　语篇词项的性状差异

词项	雅　式		土　式	
	类别	功能	类别	功能
long time	动词	饰语 [名词词组]	介词短语	程度 [小句]
expose	名词	事物	动词词组	过程
rapid	形容词	修饰语	副词词组	方式
deteriorate	名词	事物	动词词组	过程

续表

	雅　式		土　式	
item	名词	性质语	名词词组	手段
cause	动词词组	过程 [小句]	连接词	关系词 [小句]

韩礼德把突出名词化的语篇称为雅式，把大量使用简单小句的语篇称为土式。

用以表明雅式和土式之别的例 (6) 还给我们提供了这样的启示。在 1985/1994 模式中韩举例时往往由一致式而及隐喻式 (例 (7))。

(7) a. They arrived at the summit on the fifth day. (物质过程，一致式)

b. The fifth day saw their arrival at the summit. (思维过程，隐喻式)

但在新模式中，他往往先举例雅式，然后还原到土式。这个变化说明，在 1985/1994 模式时期，韩礼德强调不同过程可以互相隐喻化，并揭示人们是如何构建隐喻化句子的；而在这以后，韩礼德从真实语篇中撷取语料，而他又认为科技语篇为了表达更复杂的经验和更高度的认知，它的句型基本上是雅式的，这就是说，科技语篇已完成了从简单的小句被"打包"(pack) 成词组的过程，或从两三个小句"打包"成一个小句的过程。这样，当我们理解科技语篇时，有时可以直接理解，有时要经历一个"拆开"(unpack) 的过程。因此，雅式的一些名词词组可还原成小句，它的动词词组可还原成表示两个小句之间的逻辑语义关系的连词，等等。在举例上，更多的是从雅式而"拆开"成土式。图 5 表示这个拆开过程。

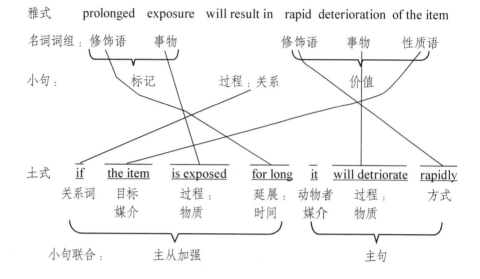

图 5　对雅式句的拆卸

5. 概念隐喻和名词化

通过对科技语篇的分析，韩礼德总结了概念隐喻的 13 种类型（Halliday 1996，1999）。可简单表示如下：

表 3　13 种概念隐喻类型

	语　义			语　法		
1	性 质	→	实 体	形容词	→	名词
2	过 程	→	实 体	动词	→	名词
3	环 境	→	实 体	介词	→	名词
4	关 系	→	实 体	连词	→	名词
5	过 程	→	性 质	动词	→	形容词
6	环 境	→	性 质	副词 / 介词短语	→	形容词
7	关 系	→	性 质	连词	→	形容词
8	环 境	→	过 程	be/go + 介词	→	动词
9	关 系	→	过 程	连词	→	动词
10	关 系	→	环 境	连词	→	介词 / 介词词组

	语　义			语　法		
11	[零]	→	实体			the phenomenon of
12	[零]	→	过程			= ...occurs/ensues
13	实体	→	[扩展]	名词	→	[多种]

　　总的来说，这个分类应当说是清楚的、可操作的。语义和语法形式的对应可澄清人们对韩礼德模式的批评：即他的工作似乎重复了转换生成语法学派曾经做过的工作（严士清、朱永生 1999）。现在，韩礼德将词汇语法的转换和语义的转换结合起来，这是转换生成语法所欠缺的。

　　韩礼德认为，科技语篇语法隐喻化的趋势在语义上是"事物化"（thingization），在语法上是"名词化"（nominalization）。马丁在 1992 年表述过同样的观点。他说"高层次的名词化是抽象的书面英语的特征，特别是在科技、人文和政府部门的语篇中"（Martin 1992：138）。我本人对商业英语中的语篇进行过分析，名词化的词语确实不少（例（8））。

(8) "A partnership is an extended form of the proprietorship. It is organized by the contractual **agreement** between individuals to share resources and **operations** in a jointly run business. Rather than one **owner**, a partnership has two or more **co-owners**. These partners — who are team members — share **financing** of capital **investments** and, in return, the firm's residual **claims** to profits..." (Li Ping *et al.* 1999)

　　既然在各种语篇中都有大量的名词化，名词化不再是区别科技语篇与其他语篇的特征，而是英语书面语篇的共同的非标记形式。韩礼德正是经此找到他的突破点，论证人类语言由口语向书面语的演化过程，由表述简单经验向表述复杂经验的过程，以及人类用语言重构自己经验和知识的过程。这种向"实物"转化的原因是为了对各种现象可以测算，可以概括，可以分类（Halliday 1995）。

　　但是韩礼德的这个观点也给自己带来矛盾。他在 1995 年说，语法类别不是不变的，语法总是能将一个词类变成另一个词类，不一定在形式上有变化，重要的是句法功能的变化。甚至到 1999 年，他还说任何语法词类可从任何其他词类衍生，并且没有词形标记。令人困惑的是在他的 13 种语法隐喻类型中，未见到"实体转换为过程"的报道。这不是韩礼德的疏忽，也不是受所分析语料的限制，而是他的观点。在广州中山大学会议上，他认为实体不能转换为过程。我个人认为他的这一论断还不能解释实际语言现象。实际语料表明实体可以隐喻化为过程。我们不妨对以下例句进行分析。

(9) a. Our office is *carpeted.*

b. We work in a room which is covered with carpet.

在例 (9) 中，a 句为一个雅式小句，可"拆开"为 b 句中的两个土式小句，其中 b 句中的 carpet 是指实体的名词，而 a 句中的 carpeted 由 covered with carpet "打包"而成。

(10) a. Information appliances, handled or may be implanted, *disgorge* knowledge in multimedia profusion.

b. When information appliances are handled or implanted, they will pour out knowledge from their chips (gorges) and do it profusely by means of multimedia.

在例 (10) 中，gorge 原为表示实体的名词，其意义为"鹰的嗉囊"(*Shorter Oxford*)，由此而词汇隐喻化为妖怪或人的"狼吞虎咽的能力"，但在上句中它在功能层次上表示"吐"的"过程"，在词汇语法层次上体现为"动词"，这完全符合韩礼德的标准。何况我们可以把这句"拆开"为 b 句。拆开后的 chips (gorges) 是一个由名词体现的实体。

(11) a. The same obsession with authenticity drives Hasidic Jews in Israel or the Diaspora to *champion* Yiddish while also learning Hebrew and English. (Fishman 1998)

例 (11a) 中的不定式动词 champion 可认为是被拆句 (11b) 句中的 the top choice 隐喻化而来。

(11) b. The Hasidic Jews in Israel or the Diaspora were obsessed with authenticity in the same way and treated Yiddish as the top choice when they were also learning Hebrew and English.

有时，雅式和土式之间不是一对一的关系。雅式中的一个成分涵盖了或综合了土式中的两个以上成分，韩礼德把这种现象叫作"特征群"(syndrome)。试比较例 (12) 中的 a 句和 b 句，a 句对语法隐喻化作了分析，并表明特征群。

(12) a. The slow growth of cracks corresponds to the sequential rupturing of
      [6   2   13]   9   [6   2   13

    interatomic bonds at rates as low as one bond rupture per hour.
    6]   1   [13 2]

    b. Cracks grow slowly - as slowly as when the bonds between the atoms rupture one after another only once an hour.

例 (12a) 句中的数字是韩礼德 13 种隐喻变式的编号 (参见表 3)，方括弧 [ ] 表示特征群。

韩礼德认为特征群可以鉴别某语篇类型的价值和权威 (Halliday 1996)。在他看来，科技语篇以至书面语篇是受过教育者才能理解的，因而既有价值，又有权威性。

例 (13) 是我在美国亚特兰大市看到的一则汽车修理行的广告，非常醒目。

(13) a. We baby your car.

    b. Our task is to repair your car with care.

(13b) 句中的实体 task，动词 repair 和介词短语 with care 构成"特征群"，建构成 a 句中的过程——动词 baby。但我还想用它说明几个看法：1) 此例是语法隐喻，不是词汇隐喻，因为词性发生了变化；2) 实体是可以隐喻化为过程的，名词是可以隐喻化为动词的；3) 雅式的句子不一定非得有延伸的名词词组；4) 价值和权威性的内涵包括情感交流。

6. 语法隐喻与科学理论的关系

韩礼德和马丁意识到他们关于语法隐喻中的实体化和名词化倾向与当代科学理论的新发现并不一致。他们说：

> 符号系统的原型……是自然语言，这使我们进入这样的悖论。在将自然语言结合构筑实验科学时，科学语篇的创作者发展了有力的词语新形式，这些构成了一种特定的现实——这种现实是固定的、决定性的，其中物体居主导地位，过程只是起到对这些物体定义和分类的作用。而 20 世纪物理学的方向正好相反，从物体到过程，从决定性的到概率的，从恒定到流动。(Halliday & Martin 1993)

当代将科学理论应用于语言分析的是物理学家 Bohm，他认为语言应当是不可分割的整体，而不是被构筑成离散的碎块，如"主谓宾"和"以名词为基础"的格局；他提出我们需要的形式是主要概念"可用事件和过程"表达(Bohm 1980；124)。

韩礼德对此不以为然，他认为 Bohm 着眼于形态学，想把语言形式构建为让任何动词成为词根形式，也着眼于词语的"本义"。关于这方面的讨论正在展开中，不妨拭目以待。我个人认为语言学理论有时可借鉴科学理论，有时则不，因为语言涉及人的作用和认知水平，语言的常规不等同于自然规律。

参考文献

Halliday, M. A. K. 1985/1994/2004. *An Introduction to Functional Grammar*. London: Edward Arnold.

Halliday, M. A. K. 1985. *Spoken and Written Language*. Oxford, UK: Oxford University Press.

Halliday, M. A. K. 1989. Some grammatical problems in scientific English. *Australian*

Review of Applied Linguistics, supplement 6: 13-37.

Halliday, M. A. K. 1992. Some lexicogrammatical features of the zero population growth text. In W. C. Mann & S. A. Thompson (eds). *Discourse Description: Diverse Linguistic Analyses of a Fund-raising Text*. Amsterdam, The Netherlands: John Benjamins. 327-358.

Halliday, M. A. K. 1995. Language and the reshaping of human experience. In Bessie Dendrinos (ed.). *Proceedings of the Fourth International Symposium on Historical Discourse Analysis*. Athens: University of Athens Press.

Halliday, M. A. K. 1996. Things and relations regrammaticalizing experience as technical knowledge. In J. R. Martin & R. Veel (eds.). *Reading Science: Critical and Functional Perspectives on Discourses of Science*. London: Routledge.

Halliday, M. A. K. & J. R. Martin. 1993. *Writing Science: Literacy and Discursive Power*. London & Washington, D. C.: Palmer.

Lakoff, G. & M. Johnson. 1980. *Metaphors We Live By*. Chicago: The University of Chicago Press.

Martin, J. R. 1992. *English Text: System and Structure*. Philadelphia/Amsterdam: John Benjamins.

Martin, J. R. 1993. Life as a noun: Arresting the universe in science and humanities. In M. A. K. Halliday & J. R. Martin (eds). *Writing Science*: *Literary and Discourse Power*. London: Falmer Press.

Martin, J. R. 1995. Interpersonal meaning, persuasion and public discourse: Packing semiotic punch. *Australian Journal of Linguistics* 15: 33-67.

Martin, J. R., C. Matthiessen & C. Painter. 1997. *Working with Functional Grammar*. London: Arnold.

Painter, C. 1993. Learning through language: A case study in the development of language as a resource for learning from 2 1/2 to 5 years. Ph.D. thesis. University of Sydney.

Painter, C. 1994. *Into the Mother Tongue: A Case Study in Early Language Development*. London and Dover, N.H.: Frances Pinter.

胡壮麟, 1996, 语法隐喻,《外语教学与研究》(4)：1-6。

朱永生, 严世清, 1999, 语法隐喻理论的根据及其贡献。全国第六届功能语法研讨会, 复旦大学。

对语言象似性和任意性之争的反思 [1] [2]

近二三十年来，国内就符号和语言的象似性和任意性问题在会议上和刊物上时有争论，偶尔脸红脖子粗。参加讨论的两方不少是我治学道上的老相识，非师即友，前者如已故的许国璋先生，后者恕不一一指名。我在随后的文章中，统称为任意论者或象似论者（当然也有折中论者），有时干脆称为任意论和象似论，对事不对人。在这场争论中，我置身局外，很少公开发表意见，因为从我接触语言学起，完全接受过索绪尔任意性的观点。后来，我认为语言中既有任意性，也有象似性。不料情况发生了变化，国际符号学会原会长 Bouissac 教授邀请我参加在加拿大多伦多大学召开的符号学会议，会议的主题为象似性。我给他报了几个选题，他最后选定要我谈汉语中的象似性问题。这样，在阅读有关材料的过程中，我发现事情远为复杂，许多想法有了变化，对我来说，不是先忙着站队划线，而是把一些问题好好清理一下。由于不少学者已先我一步深入研究，作为后学，这里只能谈谈我的困惑，也谈谈我对一些问题的思考。

1. 对符号的认识和界定

就符号而言，我发现任意论者所谈的符号与象似论者所谈的符号在内涵上大相径庭。先从索绪尔（Saussure，1857—1913）谈起。索绪尔认为符号包括"音响形象"和"概念"，这两者是互不分离的，但两者构成符号关系是任意的。这说明，索绪尔所谈的是语言符号。由此产生的对应的"所指"和"能指"的区别从逻辑上说也只能是用来说明语言符号（Saussure 2001：66）。从《普通语言学教程》来看，索绪尔没有举例具体说明"音响形象"以外的"能指"。索绪尔还指出，"语言符号连接的不是事物和名称"（Saussure 2001：98），因而"音响

---

[1] 本文原载于《北京大学学报（哲学社会科学版）》2009，46（3）：93-102。
[2] 谨以此文缅怀已故的许国璋先生。

形象"和"概念"是一个心理学概念。其实,"事物"和"概念"是一个不同视角的问题,当我们谈某事物时,在心理上必然有该事物的概念的反映;当我们在心理上出现某个"概念"时,必然联系到客观世界的某事物。这两者应是共存的。不管怎样,"概念"这个提法仍是可取的,因为"概念"不仅包括具体事物,也包括世界上不存在的事物,如"神""上帝""真主""天堂""地狱",以及中国的"龙""麒麟"等。概念也可以包括某些抽象的或难以观察的情况,如"关系""价值""光阴""先进"等。不过,索绪尔有时自己说漏了嘴,如他谈到过符号的任意性意味着"理论上可自由确定声音和思想之间的联系(Saussure 2001:110)"。这时,他用了"声音"二字。按他自己的界定,作为心理上的"音响形象"(sound image)或"声音范式"(sound pattern)同作为实体的"声音"(sound)不是同一个概念。尽管如此,我们仍可把"音响形象"和"概念"的任意关系作为索绪尔的真实思想。

相比之下,象似论者所谈符号的内涵要宽得多。与索绪尔同一时期的美国的皮尔斯(Peirce,1839—1914)关心的不是如何区分"词"和"符号",而是考虑意义是如何表达的。他把符号分为3个成分:事物、概念和词(Peirce 1960)。皮尔斯的高明之处是他观察到在人们用一个事物代表某一事物时,这种自然联系的紧密性是有不同程度的,如第一性、第二性、第三性。这样,人们在具体应用中,相应地区分"图象符号"(icon, iconic sign)、"标示符号"(index, indexical sign)和"象征符号"(symbol, symbolic sign)。图象符号完全以自然的相似性为基础,如图1中的正冒烟的烟卷和中间的斜线表示"禁止吸烟"的意义,标示符号以"邻近性"为基础,意义需要在有关成分中做一定的延伸或逻辑推理;如图2中有一男一女的图象,你要利用你的经验去捉摸原来这是供人们方便之处,它有时还可精确地也传达这样一个信息:男卫生间在左,女卫生间在右。象征符号则在两个不同的意义域之间建立联系。如图3是象征符号,将买卖中使用的磅秤用来首先表示买卖要公平,最后进一步表示司法公平的概念。这样,对皮尔斯三分法的符号概念,人们根据象似程度又分别称之为象似符号(iconic sign)、拟象符号(diagrammatic sign)和隐喻符号(metaphoric sign)。索绪尔虽也谈到图3的内容,但这不是他所要讨论的语言符号。

图1　　　　　　　图2　　　　　　　图3

以上讨论表明，象似论的符号具有"元符号"（meta-sign）性质，它概括所有的符号，可包括语言符号，更包括其他符号。鉴于象似论的符号不是索绪尔的研究对象，我们没有必要让索绪尔来回答有关符号的所有问题，因为索绪尔早就通过二分法中的"音响形象"来表明他研究的是语言符号，不完全是人类生活中所有的交际符号。这样，我们在讨论中应当容许人们有自由在"走独木桥"和"走阳关道"之间进行选择，不必强求一致。这里，我要说明的是尽管索绪尔不研究符号学，他还是预见到建立这么一个学科的重要性。索绪尔强调要建立一门新的学科——符号学（semiology）是可能的，这门新的学科研究社会生活中的符号。它要研究符号的本质，制约符号的法则。这样一门学科可以存在，有权利存在（Saussure 2001：33）。索绪尔也许内心中想把语言符号的模式扩展成为适用于所有符号的模式，如他在第100—101页曾谈及如果符号学科真的建成后，各种系统仍将依据符号的任意性原则，在他看来完全是任意的符号是最理想的符号化过程。这里，我们可以不谈这个问题。

由此可见，学界对常被称为符号学的"二元说"和"三元说"只是从一个视角进行比较。从对符号的内涵看，两种学说分指不同的对象，一个是语言符号，一个是元符号，很难比较。因此，象似论者在和任意论者讨论时，应当紧紧围绕语言问题，而任意论者在讨论时应当避免跨越语言这个界限，不然很容易使自己处于被"群起而攻之"的境地。

2. 对语言的认识和界定

鉴于象似论和任意论在符号内涵上有不同的认识，能否把象似论和任意论所讨论的范围限定在同一个对象上，譬如说"语言"呢？我曾经尝试这么想过、做过。

在讨论"语言"时，我们要抛开诸如聋哑人语言、舞蹈语言、音乐语言、数学语言、计算机语言等概念，具体明确要讨论的是本义的语言，人类用嘴说出来或用笔写下来的语言。不然，讨论又没法进行。对此，我认为象似论和任意论都会接受这个要求。另一个需要建立的共识是我们讨论的语言应当不仅仅是英语、法语、德语或汉语，因为这是一个普通语言学的命题。按理说，接受此点也是没有问题的。遗憾的是，在真正讨论语言符号时，我们仍然面临一个"语言"的内涵问题。

首先，从人类本义语言的界定来说，它在不同文明时期的所指不全一样。例如，今天较多的人类学家把人类文明区分为三个时期，即口述（orality）时期、读写（literacy）时期和超文本（hypertext）时期。这三个时期实际上是按人类使用语言的样式区分的。口述时期的语言就是指口述语言，那时人类文明是通过口口相传一代一代传递的。读写时期的语言起自文字的产生。这时的语言既包括口述语言，也包括书面语言。由于书面语的产生，原来储存在大脑中的知识可以外化，储存于龟甲、羊皮、竹简、绢、纸等实物中。自 1989 年互联网正式使用后，不少学者认为这标志着第三时期的开始，即超文本时期，人们不一定非得通过口述语言或书面语言交际，还可通过其他交际方式进行。例如，打开电脑，在屏幕上首先出现的是一二十个图标。总之，人们对语言的定义在不同文明时期是不一样的（Whitehead 1996；胡壮麟 2004）。

为了便于讨论，我们不妨从近而远，逐次审查。超文本的第三时期可先行排除，因为索绪尔和皮尔斯在上世纪初已经谢世，他们没能生活到电子化、数字化的今天，一个象似性和理据性必然得到强调的时代。

第二个读写时期在文明史上占时约 6000 年。那么，我们要讨论的语言该是 6000 年中的哪一段？从逻辑上说，索绪尔所指的语言应当是他所处时代的语言，因为他是讲究共时语言学的，只有在共时的条件下，才能讨论各个符号彼此对立和互动的符号系统；也只有在共时条件下，我们才能接受语言具有三个层次的观点，即语义层、词汇句法层、语音／文字层。在这个认识基础上，不难发现索绪尔把符号界定为"音响形象"和"概念"之间联系的说法有些单薄，因为除"音响形象"外，"文字形象"和"概念"的联系也可表达意义，特别是索绪尔自己也谈到"文字中使用的符号是任意的"（Saussure 2001：165），但他没有做更具体的论述。就这句话来说，他的有关文字的论断未免有些绝对。至少汉字的发展不是任意的，这在下面还要谈到。尽管索绪尔也谈到语法和词语，"语法"和"词语"作为"约定俗成"的产物，已经不是任意论所能解释的了。

考虑到索绪尔的符号能指是"音响形象"，在讨论时任意论最理想的是拿这个理论来说明第一时期，即史前时期的口述语言，因为在通常情况下，任何语言都是先有口述语言，后有书面语言。相形之下，象似论尽管可以举许多句法象似性、数量象似性、序列象似性等等研究成果，却不能回避要对史前时期的口述语言究竟是象似的，还是任意的问题做出回答，并提出更多的例证。

麻烦的是当我们把分析对象限定于人类的"初始语言"时，我们对这个持续约 3—5 万年的人类文明时期的语言的了解基本上是一片空白。不论是象似论或任意论所做的工作都只能是"假设"，拿当今世界上的的语言去假设和构拟人类祖先的语言，其困难程度可想而知。

索绪尔对任意性立论的基础是比较英语中的"sister"和法语的"s-ö-r"，英语的"ox"和法语的"b-ö-f"，从而得出"没有人会争议语言符号是任意的（Saussure 2001：100）"这个论断。恰恰在这个问题上它引起不少争议，因为用索绪尔所处时代的两种语言的不同来推论口述时代语言的任意性只能是一个假设。其次，历史比较语言学早就证明英语和法语以及许多欧洲语言有不少共同之处，最后追溯到原始印欧语系的构拟。这就是说，索绪尔可以用这两个例子或其他例子去探索原始印欧语系在时间的长河中是如何因音变及其他原因而分化成英语、法语、德语的，效果将会更好。尽管索绪尔受到严格的历史比较语言学的训练，但把当代共时的语言跳到史前时期的口述语言，时代跨度未免太大。如果他把印欧语系的一种语言和汉藏语系的一种语言作为任意性的理据也许会更具说服力。即使这样，他还得面对人类起源的问题，这关系到人类最初是讲一种语言，还是多种语言同期产生。

象似论在讨论中也涉及史前时期的口述语言。他们通过现存的语言发现各语言中存在着"拟声语"（onomatopoeia）的现象。索绪尔本人对此也有察觉，并且承认语言中存在拟声语和惊叹语（exclamations）的提法，并对上面自己有关任意性的提法做了修正，他说："不是所有的符号是绝对任意的。"（Saussure

2001：81）虽然这仍是假设，但这个假设是象似论和任意论都能接受的。

象似论除索绪尔所接受的拟声语和惊叹语外，在发现联觉（phonaestheme）词语具有象似性方面的工作是应该肯定的。至于对读写时期各种语言的数量象似性、时间象似性、空间象似性、句法象似性、距离象似性、标记象似性、隐喻象似性、语篇象似性等等的工作更应该肯定，但在与任意论讨论时，一定要弄清楚与任意论讨论的是哪一时期的语言，这又与下面的讨论有关。

3. 象似性和理据性

象似性（临摹性、拟象性、相似性）和理据性，严格地说，是两个不同的概念。前者是能指与所指之间存在着自然相似的关系，尽管索绪尔把能指具体为"音响形象"更多一些；后者旨在说明能指与所指之所以构成符号关系、能指表示意义是有理可据的，是可以论证的。

象似论认为人类对符号，包括语言符号的构建，都具有一定动因，拟声词的出现和存在便是有理据的。这样，象似论必然接受理据性。与此同时，象似性的任何发现，又可成为理据性的最好依据。久而久之，两者几乎给人以同义词之感，而任意论被看作是无理据的。在讨论中，有的任意论者一不经意把自己与无理据说对上了号。其实情况远为复杂。

索绪尔力图对任意性做出解释，符号是任意的，而"信号"（signal）或"象征"（symbol）是有理据的，按照他的观点，就意义来说，能指（音响形象）和所指（概念）在现实中没有自然的联系（Saussure 2001 :101）。但索绪尔在不同场合也说了如下一些话，难免使人把握不住：

> 任意性要加上一个注解。它不应该使人想起能指完全取决于说话者的自由选择……我们的意思是说，它是没有理据的，即对现实中跟它没有任何自然联系的所指表示是任意的（Saussure 2001：101）。
>
> 符号在某种程度上是可以有理据的（Saussure 2001：181）。
>
> 但是如果句法分析更为直接，其成分单位的意义更为明显，理据也更为突出（Saussure 2001：181）。
>
> 不存在完全没有理据的语言（Saussure 2001：183）。

　　　　语言总是表示两种特征：本质上是任意的，相对来说是有理据的——但
　　其比例差别很大（Saussure 2001：183）。

　　按照索绪尔的上述各种补充，他似乎想说明任意性不完全等于理据性，或
者说，任意性可以容忍一定的理据性。希望任意论者在讨论时对这些问题有清
楚的阐述。

　　另一个复杂情况是在索绪尔谈到符号时突出两个原则，符号的任意性特
征和符号的线性特征（Saussure 2001：101-103）。对后者的立论他提出以下的认
识：符号占有一定的时间空间；这个时间空间可以通过一条线来测算它的一个
维度。索绪尔试图用这个理论来说明语言符号在结构上不同于其他符号，如视
觉符号（船上的旗帜）。语言符号的元素是一个一个呈现的，是线性的；视觉
符号是多维的，可以是非线性的。这个陈述表明索绪尔承认其他符号的存在，
但他重点研究的是语言符号。

　　我在这里试图大胆提出一个看法：索绪尔的线性原则本质上是象似性的，
因为人们说话的确是把音一个一个说出来的，听话时也是把语音一个一个听进
去的，写字时是把字一个一个写出来的。这里，线性原则不是模拟了自然条件
下使用语言的实际情况吗？不但是象似性，而且是有理据的。人类在表述世界
和实际生活时，必然要求复杂符号的使用，便要对多于一个的符号进行排序，
同时，解剖学表明，人类发音器官进化后，便可以发出连续的音了，这也是理
据。线性特征不单是有理据的，而且是可以论证的或验证的，即我们在说话，
自己说，别人说，一看就清楚。如果用现代的语音分析仪器，在图片上都可以
显示音波的移动。这样，如果我这一解读能够被接受的话，那么，索绪尔符
号观中两个特征，一个特征是任意的（指能指与所指关系），一个特征是象似的
（指符号的呈现），是有理据的，是可以论证的。

　　在这个问题上，象似论不能高兴得过早。因为象似论研究的是符号学的符
号，不仅仅是语言符号。如果是符号学的符号，我认为它既具有线性的特征，
也有非线性的特征。在人类的口述时期，人类的祖先会用口述语言传达信息，
但在利用身势、舞蹈、神情等方面也是得心应手的。但从读写时期开始，线性
语言养成了人类线性思维的习惯。现在有人认为电子时代使人类既保持线性的

信息传递方式，也增加了非线性的信息传递方式，最终丰富了人类的思维方式，这将进一步加速创新思维，加速人类文明的发展。这方面的研究需要我们密切注意（胡壮麟 2004）。

4. 这场论争展开的时机

在第二节中我们可以看到索绪尔的任意说在 20 世纪初已经形成了。倡导三元说的皮尔斯与索绪尔活动在同一时期，但两人并未出现激烈争论，保持和平共处的局面。而且，长时间内索绪尔的符号理论处于统治地位，无人持有异议。那么，为什么过了七八十年，竟然有人敢于冒天下之大不韪质疑和挑战任意论呢？这也是我思考的问题。我目前想到这么几个原因。

1)《教程》问世后，它有关符号系统和线性理论为多数学者接受，从而推动了各个语言理论和流派的出现，如日内瓦学派、布拉格学派、哥本哈根学派、伦敦学派、俄苏的形式主义学派，以至美国的结构主义学派。即使乔姆斯基在"革命"后还得沿用从线性原则发展起来的"系统"和"结构"的概念。这就是说，索绪尔开创的现代语言学理论完全处于"如日中天"的兴旺时期，那时的确没有多少人对任意论产生怀疑。

2) 问题出在美国的乔姆斯基起来闹语言学的"革命"，他颇有一些搞"极左"思潮那样，把索绪尔的以语言结构为基础的"语言系统"的思想推向了极端，认为语言的"表层结构"都是从"深层结构"转换而来的，这个"深层结构"又是人类生而有之的"普遍语法"，而这个普遍语法又与所谓的"语言习得机制"（language acquiring device, LAD）有关。这就导致了 George Lakoff 等人从形式主义学派内部，Brown, Berlin, Kay, Slobin, Rosch, Mervis, Barsalou, Devalois, McNeil 等人从外部的反对。这些后生的共同思想认为对词语和概念不宜采用形式逻辑的方法，而应该基本上是体验的，与人类经验有联系的"概念是由感觉肌动系统、神经结构和身体经验形成的"，"语言由概念结构和音系结构之间的直接联系构成，这些结构又是通过感觉肌动系统，情感系统等体验的"（Lakoff 2001）。这些理论和相应的实验结果必然导致与乔姆斯基似有理据但尚未能验证的假设决裂，最后导致对索绪尔任意说的质疑（Kemmer 2007）。

3) 与此同时，美国的功能主义者，如 Joan Bybee, Bernard Comrie, John

Haiman，Paul Hopper，Sandra Thompson，Tom Givon 等也起来发难。他们认为，语言是一个交际系统，对思维结构有直接影响。此外，历史语言学家 Elizabeth Traugott 和 Bernd Heine 对"语法化"的研究，也不支持任意说。所有这些理论都持有语言不能离开认知的、体验的和社会的语境的观点（Kemmer 2007）。

4）具有讽刺意义的是，认知语言学的研究最早是由乔姆斯基自己倡导的。乔姆斯基的一些假设，如语言先天性和语言习得机制，都需要认知科学和认知语言学的研究验证。在有关乔姆斯基的介绍中，他的一个头衔便是"认知学家"，因为乔姆斯基在当时挑战了行为主义，并对心理学中的认知革命做了贡献（Wikipedia 2009）。也正是乔姆斯基 1977 年安排 Lakoff 从事"认知语法"的研究（Peeters 2001）。

事与愿违，这些血气方刚的第二代认知语言学家认为人类对世界的认知往往从自己身体周围的事物出发，向上下、左右、前后的空间扩展。在这种体验主义的新哲学观的影响下，象似性研究在符号学和语言学研究的平台上大显身手。人们在研究符号、初始的符号（如结绳记事、呼喊、舞蹈等）和初始的语言（拟声语和惊叹语等），都力图探索这些符号与客观世界和内心世界的联系。在这个背景下，提出了语言符号象似性的观点，一场任意论和象似论之间的大讨论终于在 20 世纪末展开了，这是第二代认知语言学家对第一代认知语言学家的挑战！

2000 年，作为第一代认知语言学家据点的麻省理工学院出版社在所出版的《认知科学百科全书》只字不提 Lakoff 等人的研究。这又成为第一代认知语言学家对第二代认知语言学家的反击。为此，Lakoff 撰文列举未被提到的近 140 篇的研究文章，公开质疑"百科全书"的权威性、全面性（Lakoff 2001）。

令人费解的是我国的象似论和任意论在讨论时都习惯于把象似说与认知科学和认知语言学挂上钩。这比较笼统，精确地说应该说是第二代认知语言学。与此同时，任意论在讨论中很少从认知科学和认知语言学的视角分析问题，所持立场比较模糊。话又得说回来，任意论有理由把讨论限制在语言符号之内。

5. 从汉语的发展看象似论和任意论

正当人们为象似论和任意论之争闹得不可开交之时，重读许国璋先生 1988 年的文章颇有启示。许先生说："中国传统的语言文字之学，其中心思想即是找出能指和所指之间的理性联系。"我在多伦多国际符号学会议上宣读论文内容便是介绍中国历代和当代有关象似性的研究 (胡壮麟 2009)。近的不说，单是先秦时期的《易经》就有如下的记载："古之包牺氏之王天下，仰则观象于天，俯则观法于地，观鸟兽之文与地之宜，近取诸身，远取诸物，于是始作八卦，以通神明之德，以类万物之情。"(李学勤 1999) 这就是说，我们的祖先在先秦时期已经谈到了今天第二代认知语言学有关体验主义的论述。之后，在东汉时期注疏的"六书"中，象形和谐声完全立足于纯象似性，而会意、转注、处事和假借都是说明程度不一的拟象符号 (百度百科 2009)。即使任意论经常引用的荀子的"约定俗成"说，经过近人的考证和许国璋先生的解释，他们没有完全理解荀子的原话。荀子一再强调"俗成"的"适宜性"。又如，刘勰在《文心雕龙》中说："仰观吐曜，俯察含章，高卑定位，故两仪既矣。惟人参之，性灵所锺，是谓三才。"这个立论也是以象似性为基础的。

从逻辑上说，符号不应是自由决定的。符号只有在使用者之间达成默契才具有符号的价值，也就是说，没有"约定"，不成其为符号，"约定"必然要求理性的选择。即使"俗成"，也不是各说各的，而要根据每人通过五官和思考对世界的认识。由于民族和文化的不同，国民的认知和认知的结果也会不同，但都会有一定的理据，只是不全面而已。我这里举"盲人摸象"这个寓言为例，人们习惯于对这个寓言作负面的解读，四个盲人各自摸大象，对大象做出至少四种片面的解释，因而我们应当学会全面考虑问题。但是，我认为这个寓言也有一定的可贵之处，除了教导人们全面观察问题外，还在于它肯定了人们在认识上的一个真理，即四个盲人都是根据自己摸到的那一部位下结论的，是有一定的哪怕是片面的"理据"的。他们不是不想提出更好的理据，而是因为生理缺陷，不得已而为之。这个寓言对回答语言符号的不同也有启示，当我们问：既然是象似性，为什么不同族群说的话很不相同呢？这就受制于人们的认知水平，有不同认识，便做出不同解释，就每个族群来说，他们都是有自己的"理据"的。

从汉语汉字的发展情况来看，索绪尔的任意性帮不了忙。除他有关"声音形象"的任意性的总体论述已在上面讨论过外，他曾对汉语有过专门评论。他先论述语言系统有两种相反的趋向，一种是使用词汇方法的倾向，它好用没有理据的符号；一种是使用语法方法的倾向，它好用有规则的结构。接着，他说英语比德语在非理据性方面更为明显。汉语是词汇方法的极端，而原始印欧语和梵语最强调语法（Saussure 2001：184）。显然，索绪尔一方面肯定语法在语言中的理据性，一方面否认词汇发展的理据性。我对前者可以接受，但对后一观点则认为明显与汉语的事实不合。我国以"六书"和"说文解字"为代表的训诂学传统是无法接受索绪尔这一论述的。当然索绪尔可以辩称：世界上有这么多语言，我不能让汉语或日语改变任意性的结论。那么，我们不禁要问：索绪尔首先要对普通语言学另下定义，普通语言学可以不包括汉语和日语吗？我们还要问，世界上有数千种语言，索绪尔又究竟调查了多少语言呢？总之，这一方面反映索绪尔对汉语和其他民族的语言了解不多，另一方面反映他立论多少具有"欧洲中心主义"的倾向。

由此引发我一个新的问题：既然以训诂学为代表的象似论在我国有数千年的传统，为什么任意论竟然在我国语言学界统治了近一百年？这有待汉语界、语言学界和符号学界一起来回答。我初步的看法是我国汉语界是有人坚持象似论这个传统的。典型的例子是王力先生1999年的《同源词典》。如果王力先生从内心信奉任意论，他编不出这部词典。但我也否认我们这一代接触较多的是国外语言学的理论，何况索绪尔被公认是"现代语言学之父"？再一个原因是汉语界和外语界两张皮的老问题，前者不了解外面的情况，后者不熟悉国内的情况。

再进一步说，我认为不光是任意论，象似论也有人认为是进口的，是第二代认知语言学的产物。这好像"八卦"本来是中国的思想产物，却成了邻国的国旗，成了人家的"精神文明遗产"；其实，中国人搞象似论至少有两三千年的历史，却让国外兴起的第二代认知语言学抢拔头筹。这令人唏嘘不已。

6. 正确对待传统与创新

在本文即将结束之前，顺势再说上几句。

第一个问题是本文中多次提到索绪尔，而对皮尔斯谈得不多。这是自然的，因为索绪尔是"现代语言学之父"，皮尔斯没有这个殊荣。索绪尔所产生的巨大影响和所做的贡献是世人公认的。我们从20世纪当代语言学研究的结构主义、形式主义和功能主义的重大发展中都能找到索绪尔的影子。这个历史是不能改变的。当代语言学科的任何进展必然涉及对索绪尔理论的重新解读和讨论。从中连带的问题却是我想费些笔墨的，那就是一个非常好的理论、一个划时代的理论，人们对它的认识在一定情况下也会发生分化或改变。在宗教上，这表现为原教旨主义和新教之争；在政治上，这表现为某一革命理论和"修正主义"之争；在学术上，这表现为老一代学派和新生代之争。受乔姆斯基影响的麻省理工大学出版社对 Lakoff 等人的封杀便是一例；在中国则有"唯师命是从"的传统，不然要被逐出门庭。现在时代变了，我认为立论者要容忍不同声音，要鼓励年轻人超越自己，对"离经叛道"之声要有分析是否有理。牛顿的某些理论被爱因斯坦的相对论超越了，不必大惊小怪，也不必担心牛顿的历史地位会因此滑落。谁都清楚，没有牛顿，就没有爱因斯坦。同时，也没有必要让爱因斯坦倒退两三百年。牛顿如能活到今天，也许会比爱因斯坦做得更好。同理，索绪尔如能听到更多的声音，接触更多的语言，也许会以另一个面目出现在语言学平台上。谈到此处，我曾多次提出乔姆斯基有可敬之处，他敢于否定别人，也敢于不断否定自己，一次又一次地修正自己的模式，从经典理论到扩展理论，从管辖论到最简方案，力图使自己的理论更为"完美"。从当今我国中生代、新生代的学者来说，对前人的工作应当肯定，但又要力求把本学科向新的高度发展，这样才有创新，才能臻于完美。像"姜是老的辣"和"后生可畏"这些话语都不是凭空说出来的，是人类社会发展经验的总结。在这方面，中生代、新生代的学者们不妨向奥运健儿们学习，一项纪录多年没被打破，终究不是好事。同理，毕竟这一百年中我们对语言的认识有了这样那样的变化，许多现象不能强求一百年前的理论都能做出完美的回答。

再一个问题是我们应该倡导跨学科的研究。一个学科中出现的问题往往与其他学科互有联系，受到启示，互相搭界。上面提到的认知科学和认知语言学便是一例。此外，在弄清楚人类的初始语言时，人类学家告诉我们，原始人类要学会直立行走，才能从肺部通过喉管发出多种声音。中国有句古话"站着说话不腰疼"，间接传递了一个类似的但不乏科学性的人类体验。又如，基因学家会告诉我们与语言能力相关的基因是 FOXP2。鉴于最近从尼安德特人化石中发现这个基因，因此原始人类尼安德特人已经具备说话的条件了（《科技日报》2007）。不论是尼安德特人，还是现代人，还是智人，他们说话是象似的还是任意的？他们说话是一开始只能发出咿咿呀呀的单音节，还是立即进入索绪尔所设想的完整的符号系统? 还是有一个过渡时期? 这些学科的任何进展都将为我们的研究讨论提供理据。在这个意义上，任意论和象似论的朋友们，让我们继续苦思吧!

让我们追求超越，追求创新，追求完美!

参考文献

Kemmer, S. 2007. *About Cognitive Linguistics*: *Historical Background*. http://www.cognitivelinguistics.org/cl.shtml. Updated 28 July, 2007.

Lakoff, G. 2001. As advertised: A review of the MIT encyclopedia of the cognitive sciences. *Artificial Intelligence*. 195-209.

Org, W. 1982. *Orality and Literacy: The Technologizing of the Word*. London: Methuen.

Peeters, B. 2001. Does cognitive linguistics live up to its name? In R. Dirven, B. Hawkins & E. Sandikcioglu (eds.). *Language and Ideology*. Volume 1: *Theoretical Cognitive Approaches*. Philadelphia: John Benjamins Publishing.

Peirce, C. S. 1960. *Collected Papers of Charles Sanders Peirce*. Volumes I and II. Cambridge: Harvard University Press.

Saussure, P. de 2001. *Course in General Linguistics*. Beijing: Foreign Language Teaching and Research Press; Gerald Duckworth & Co. Ltd.

Whitehead, J. 1996. *Orality and Hypertext: An Interview with the Hypertext Culture* (Online).

Wikipedia. 2009. Noam Chomsky. Wikipedia, the Free Encyclopedia. Last modified on 22 February, 2009.

百度百科, 2009, 《六书》。http://baike.baidu.com/view633.htm.

胡壮麟, 2004, 口述·读写·超文本——谈语言与感知方式关系的演变, 《外语电化教学》(6)：2-8。收入熊学亮、柴基刚主编, 2005, 《语言截面》。上海：复旦大学出版社。

胡壮麟, Iconicity in the Chinese Language, 多伦多大学国际符号学会议发言稿, 2009 年 6 月 9—14 日。

原始人类尼安德特人可能也会说话, 《科技日报》, 2007 年 10 月 26 日。

李学勤, 1999, 《周易正义》。北京：北京大学出版社。

刘勰，《文心雕龙》，http://baike.baidu.com/view40343.htm。

王力，1999，《同源词典》。北京：商务印书馆。

许国璋，1988，语言符号的任意性问题——语言哲学探索之一，《外语教学与研究》

    （3）：2-10，79。

语法化研究的若干问题 [1]

近 20 年来，国内外有关语法化的研究和报道日益增多，但对一些问题有不同的表述或分歧。本文对一些热门话题进行了整理，以供参考。

1. 语法化研究的目的和定义

语法化（grammaticalization）一般被定义为一个词语或若干个词语成为语法语素的过程，在此过程中这些词语的配置和功能被改变了。试见较早的定义，"语法化存在于词汇语素进而为语法语素，或从较低的语法地位进而为具有较高的语法地位，即从派生构形成分进而为曲折构形成分，其范围有所增加"（Kurylowicz 1965：69）。

人们之所以接受这样的定义，主要受到最先使用"语法化"一词的 Meillet（1912）的影响，他对语法化的过程主要理解为一个词语成为附着语素，一个附着语素成为词缀，以至于一个词缀成为另一个不能进一步细分的语素。显然，这类定义失之过窄，它忽视了有些成分对结构的影响。如在许多语言中，双小句并列结构可以合成一个从属结构（Harris & Campbell 1995：172-191）。下面是两位作者的举例。

(1) I saw that. He came. → I saw that he came.

因此，现在人们更多地开始接受语法化应当包括创立新结构的观点。如 going to 在 I'm going to the store（我要去商店）中不应看作是语法化，而要动词跟在 to 之后才算，如在 I'm going to help you 这样的句子中，going to 应看作是

---

[1]　本文原载于《现代外语》2003，26（1）：85-92。

语法化。这就涉及对语法化定位的问题。

在这个问题上，我认为 Bybee (2002) 谈得比较清楚，他指出，所有的语言学理论都是为了阐明人类语言的语法的实质。但在回答"什么是语法的实质"这个问题时，便有必要了解"语言是如何获得语法的？"正是对这一问题的关心导致了开展和深入语法化理论的研究，即探讨语法得以建立的过程。语法不是静态的、封闭的或自立的系统。一种语言的语法总是受到语言使用的影响，不时引起变化。可见，只有广义的语法化才能从根本上回答"语言是如何获得语法"的这一问题。

2. 语法化的常见模式

语法化理论认为所有语言学表述都可以按开放类词语表述以至封闭类语法标记的级度排列。根据这个观点，所有语法项都是从词汇词衍生的 (Hopper & Traugott 1993)。以英语为例，在 800—1100 年期间的古英语是没有冠词形式的，后来的定冠词 the 衍生于指示词 that，不定冠词 a/an 衍生于数词 one (Bybee 2002)。

同样，今天表示时态范畴的将来时 will 来自动词 willan，其意义为 "to want"（要），表示可能性的情态词 can 来自动词 cunnan，其意义为 "to be acquainted with or to know how to"（熟悉或知道如何做）；情态词 may 来自动词 magan，其意义为 "to be able to" "to have the power"（能，有力量），而 could 和 might 分别派生自 cunnan 和 magan 的过去式。

词缀也衍生自词语。例如，英语的后缀 -ly 来自古英语中的名词 liç，意为 body（身体）。合成词 mann-liç 原先的意义为 "having the body or appearance of a man"（具有人的躯体或外貌），以后法则化为 "having the characteristics of a man"（具有人的特性），最后发展成当代的 manly 的意义。

学者们从英语中发现的语法化现象，在与英语非同源的语言或无地理接触的语言中，找到类似的实例，如欧洲许多语言的不定冠词衍生自数词 one，如德语的 ein、法语的 un/une、西班牙语的 un/una 和现代希腊语 ena。

如果说所有这些语言都源自印欧语系，研究者们从 Burkina Faso 的 Moré 语 (Heine *et al.* 1991)，口语希伯来语（闪语），达罗毗荼语都发现数词 one 作不定冠词的实例。用指示词作定冠词的实例也很多，如拉丁语的 ille, illa (=that) 演变成法语的定冠词 le, la 和西班牙语的 el, la。

在情态词方面，保加利亚语、罗马尼亚语、塞尔维亚—克罗地亚语，以及非洲的班图语和斯瓦希里语都有意义为"要"的动词成为将来标记 (Bybee & Pagliuca 1987；Heine *et al.* 1991)。与英语 can 源自"知道"一样，伊朗诸语系的俾路支语、日耳曼语系的丹麦语、大洋洲巴布亚的 Motu 语、班图语中的 Mwera 语和藏缅语系的 Nung 语也使用类似的意义为"知道"的动词表述"能力" (Bybee, Perkins & Pagliuca 1994)，新几内亚的一种克里奥尔语 Tok Pisin 借自英语 can 而成的 kæn 表示能力，它的表示能力的 savi 来自葡萄牙语的 save (他知道)。拉丁语的 potere 或 possum (能够) 成了法语的 pouvoir 和西班牙语的 poder，两者都可作为助动词 can 和名词 power。这些词与英语的 may (及其过去式 might)，较早的意义为"有做某事的体力"。至于表示向某目标移动的动词或短语在世界各语言中经常演变成为将来时间标记，如法语和西班牙语、非洲、美洲、亚洲和太平洋诸岛屿的语言 (Bybee & Pagliuca 1987；Bybee *et al.* 1994)。

同理，我认为汉语中的一些助词也是词汇词语法化的结果，如：

(2) a. 我要走。/ 他要明天到北京。/ 他要去南京。

　　b. 我会来的。/ 我会告诉他。/ 她会喜欢的。

　　c. 我能行。/ 我能坚持下去。

　　d. 我去跟她说 / 我来跟她说。/ 我去看看 / 我来试试。/ 我来唱支歌。

当然，语法化不一定都非得走英语的道路，也可有其他的发展过程。如班图语中表示结束或完成的标记 (意义为 "have [just] done") 衍生自意义为 finish 的动词。在赤道附近的 Cocama 语和 Tucano 语、蒙高棉的 Koho 语、马来波里尼西亚的 Buli 语、尼日耳—刚果的 Tem 语和 Engenni 语、老挝语、藏缅语系的客家话和拉祜语、广东话和 Tok Pisin 语里都存在 (Bybee *et al.* 1994；Heine & Reh 1984)。

3. 单向性与脱语法化

单向过程 (unidirectional process) 主要指语法化反映了语言的发展经历了"词→附着语素→后缀"的过程，而不是"后缀→附着语素→词"的过程，因而是单向的。

Harns (1997) 对此提出保留意见，认为此话不能说得太绝对，因为人们已记录到不少脱语法化的实例。单以英语为例，古英语的所有格演变成附着语素，如"the king of England's hat"；后缀 -ism 已脱语法化为一个独立存在的词，其意义为"主义，学说，制度，理论"；又如 -etic 和 -emic，原来是 phonetics (语音学) 和 phonemics (音位学) 的后缀，现在都成了词汇词，其意义分别为"非位学"和"位学 / 素学"。为此，学者们把这种现象称为"词汇化" (lexicalisation)、"脱语法化" (degrammaticalisation)[1]、"再语法化" (regrammaticalisation) 和"功能变异" (exaptation) (Lindstrom 2002)。最强烈的脱语法化例子涉及情态动词：英语的 dare (Beths 1999)；美国宾州德语的 wotte (Burridge 1998)；瑞典语的 må。

其实，单向性不是语法化固有的理论，早期的语言学家强调循环性或螺旋性的变化，因此，反例不一定与单向性有矛盾，如 Meillet (1912) 并没有说过只有一种方向的可能，但他也没有说任何反方向的变化。本文最初引用的 Kurylowicz 的定义常被认为是单向性的观点，但在同一论文中，Kurylowicz (1965/1975) 讨论了逆反过程，他称之为"词汇化"。

学者们提出种种维护单向性的原则。如 Lindström (2002) 指出，研究者必须探讨处于词汇语义学和语法语义学之间的这类词语，从而证明：

1) 变化成为不可逆转，在词义阶上，最紧密的词项移向语法成分，反之成为词汇词；

2) 反例在情态词中出现最多，因为它处于"词义图"的中区；

3) 最优理论容许以标记性使这些变异自然地模型化，而不必放弃单向性假设。

Börjars 等 (2002) 认识到如果脱语法化的确存在的话，将影响语法化单向

---

[1] 相当于我国的"实词虚化"(沈家煊 1994)。

性的特征。因而坚持目前脱语法化只是个别例子，未呈现总的趋向。当务之急是审查已有例子，考虑是否可把它们作为个案加以排除，如：

1）有构词力的构词法衍生的类型 (iffy)，如转化 (down a beer，up the ante) 和临时形式 (but me no buts)；

2）词汇化的例子 (isms 和 teens)，可视为接近于转化的形式；

3）词尾消失 (deflexion) 的例子，如瑞典语的所有格，因词缀和附着语素太多，给分析带来不便而消失了。

Traugott (2002) 干脆把有些反例排除在脱语法化之外，但她也不得不承认有的反例是可以接受的，问题是脱语法化的程度是否动摇了语法化的单向性的原则。她认为语法化是语义、词汇句法，有时涉及语音的变化，在时间过程中互相影响而形成的反复出现的变化；而语法化的单向性指一种强有力的假设，即词项和结构在有些语言语境中具有语法功能或从原语法项中发展了新的语法功能。至于"功能变异"(Exapt) 的共同特点都涉及"一个特征的起源与其后来的用途没有关系或仅有很少关系，仅仅是机遇而已"(Lass 1990：80)，也可叫做"分离的语义变化"(Greenberg 1991：301)。脱语法化的概念的主要表现为：

1）使语法化材料从较强的语法功能成为边缘功能，如在语法化中是主要范畴（名词，动词，形容词）的结构获得"次要范畴"的语法功能；

2）语义和功能的脱节，如语法化的词项早期的和后期的意义是不同的，但有明显的联系，至少是语用学的；

3）不脱范畴化，如语法化中的脱范畴化是原型的（参见第 4 节）；

4）不规则化，如跨语言的复制，在早期语法化中至今未见到证据。

为此，Traugott (2002) 认为脱语法化的例子不影响单向性的假设，因为脱语法化的例子为数很少，且不规则。

4. 范畴化与脱范畴化

法则化的一个重要特征是结构所出现的语境可以扩展，如 ne (动词) pas 或 be going to 结构总是含有一个可变化的空位，不然它只是一个固定短语而已。就是这个可变化的空位总是限定于一定的范畴。这些范畴一般可以在语义上限定，如"人类""意愿""状态变化"，等等。有些范畴要求非常严格，如短语 to wend one's way 只许可移动的动词，或描写移动的动词，或有关拾路而走的一些习语 (swiggled his way, made our way, cut their way) 时，动词后的位置需要一个与主语参照相同的代词。可见，结构中不同的位置要求范畴化，这取决于经验 (Lakoff 1987；Rosch 1978)。语言学的范畴或基于形式，或基于意义，都有一个原型结构。它不用必要和充分条件定义，而是根据中央成员或更边缘化成员定义。为范畴增加新的边缘成员的可能性导致可产性和变化。如果新词项可同现有成员一样使用，便可在该结构中使用。经过一定的积累，会导致中央成分和边缘成分的变化。

上述情况也表明，对语法化的研究不必限制于语法语素，而应包括使这些语素得以起作用的大结构，如 Lord (1976) 发现西非一些语言中出现了补语化成分 (complementizer) 和补语从句。

英语的补语化成分 that 的出现也绝非偶然，Hopper & Traugott (1993：185-189) 从古英语举例说明，补语化成分 that 仍具有代词特性，其所在结构也较松散。

(3) Thæt gefremede Diulius hiora consul, thæt thæt angin wearth tidlice thurhtogen. [DEM arranged Diulius their consul, COMP DEM beginning was in-time achieved]

今天，人们使用如下从属结构 (Bybee 2002)：

(4) Their consul Diulius arranged (it) that it was started on time.

英语的另一种补语结构为 to 不定式。介词 to 和不定式 to 非常相似也有其历史来由。Haspelmath (1989) 以中古英语证明，当时将意义为 "to, towards" 的介词发展为不定式标记，但在动词 begin、cease 或 teach 之后有一个后缀来表示目的，不然是不能与动词并用的。

(5) thanne wolde he maken hem to drynken
    [then he wanted to make them drink]

在使用过程中，to 用在不定式之前的现象扩展到更多语境，直到不定式的后缀脱落。这样，在这种语境下的 to 失去其介词意义，而成为动词使用的一个新形式。

英语的有些结构使用不带 to 的不定式，特别是助动词（will，shall，may，can，would，could 等），但像 "want to go" 中却是带 to 的。出现这种差别的原因在于语法化的时期。在古英语中，现代的情态助动词都已与不定式一起用，只是当时是用后缀标记的。至中古英语时期这种结构的使用频率增加了、定型了，而新不定式标记 to 在同一时期也得到扩充，但未影响到助动词不带 to 的结构；与之相比，[want + 不定式] 的发展晚得多，因而使用了当时流行的不定式标记。

与范畴化相对的脱范畴化（decategorization）是从另一个视角谈语法化。它指一个名词或动词，在成为一个语法化的过程中失去其原来的词汇句法特性 (Hopper 1991)，不再是原来的范畴了。在有些情况下，词汇项在语言中被保持下来，如在 "be going to" 中 go 被语法化了，go 这个词仍保留它的词汇用途。在有的情况下，词汇项（如意义为"知道"的 cunnan）消失了。在这两种情况下，语法化成分不再具有通常的名词或动词的习性。在古英语，主要动词 cunnan 可以带名词短语的宾语，今天 can 只能和动词补语连用，像 *I can that 和 *I can her 是不合语法的。

又如，连词 while 原为名词，指一段时间，今天作名词很受限制。当处于小句首位作连词时，不具有名词特性，它不能带有冠词或修饰语。

(6) *I was there the same while you were.

在其他语境中，while 只能出现在固定短语中，如 "all the while" "a long while"，它不能随便作名词，以下用法都是不能接受的。

(7) a. *I've been there many whiles.

　　b. *I waited a boring while.

　　c. *The while was very long.

语法化也包括成分结构的消失，如英语中"主句＋补语从句"的结构正处于语法化过程，其结果是"I think"的主句地位正在消失。

(8) I think that we're definitely moving towards being more technological.

从例 (8) 可以发现，该句中真正的陈述是在补语从句中，而引导的主句只是说话人对陈述有多大可信度的评估。正是在这两个真真假假的主要动词的语境下，that 的省略最为频繁。或者原来的主句降格为插入语，如例 (9) 和例 (10) 所示：

(9) I think exercise is really beneficial to anybody.
(10) It's just your point of view, you know, what you like to do in your spare time, I think.

5. 自动化

自动化 (automatization) 的最新研究，是强调在语言成分组成的常规序列中，语法化是一个自动化过程。

Boyland (1996) 曾报道语法化过程中出现的形式变化，与非语言技能中出现的变化非常相似。由于不断重复，原先分别独立的成分成为一个单位或词组团块。这造成两个后果：首先，对本来独立成分的识别消失了；其次，整个词团开始在形式上简化。这在汉语方言中也可得到验证，如北京话的"不用"成为"甭"，出现在动词前，如"甭提了"，上海方言中"勿"与"要"的连读。这种自动化原则适用于所有的肌肉活动，如玩乐器、运动、炒菜等。由此可见，所有类型的语法结构都是自动化的肌肉常规活动，集中在一起以产生流利的言语。正如 Kimura (1979, 1993) 的神经心理学研究所示，语法和肌动技能有联系。当然，语法不等同于肌肉活动，而是在特定语境下相称的有意义的肌肉活动。这就有必要进一步研究肌肉活动和意义如何联系以产生语法。

Haiman (1994, 1998) 认为语法化过程中的团块化和简约特征，与非语言的祭祀行为相似。有两种情况：一种情况是反复活动导致"惯常性"

(habituation)，即一个机体会停止对重复刺激产生反应，于是一个反复的词或短语会失去语义力；另一种情况是，反复活动可改变词和短语的功能，通过"解脱"（emancipation）过程，原来的工具功能具有了从语境中可以推导的符号功能。这两点对理解语法化非常重要。

Hopper & Traugott（1993）从莎士比亚作品中引了一个对话：

> (11) Duke: Sir Valentine, whither away so fast?
>
> 　　 Val.: Please it your grace, there is a messenger
>
> 　　 That stays in to bear my letters to my friends,
>
> 　　 And *I am going to deliver them.*
>
> 　　 (Shakespeare, *Two Gentlemen of Verona* III.i.51)

虽然公爵问的是活动"Where are you going so fast?"（去哪里这么快?），他真正想问的是 Valentine 的意图或目的；同样，虽然 Valentine 回答的是活动，他也是根据公爵的意图提供恰当的信息。由于 be going to 总是和人物意图的语境联系，逐渐从早期有关空间活动的意义解脱出来。表示目标或意图的新功能逐渐演变为该结构的新功能。

6．历时研究与共时研究

语法化研究有两个视角：历时的和共时的。

较多的人倾向于语法化是语言内部的历时变化，例如功能词、词缀等是从早期的词汇演变的。既然是历时的，必然是渐进的，而不是离散的。它是一个级阶，一个语法化链，一个连续体（Harris 1997）。一种语言沿着连续体对一组范畴有各种称呼，但没有改变它们相应的位置。

但 Lightfoot（1979，1991）持有不同立场，他认为变化不是渐进的。人们产生渐进性的影响，来自通过许多小变化形成了语法复杂性，此后出现一次大的变动，重新构建语法。Lightfoot（1991）建议通过建立两套语法进行对话的方法，来处理这个问题。Harris & Campbell（1995）则提出渐进性部分是由于说话人在活动中对一个结构有多种分析的结果。

以上不同意见便引向另一个视角，即共时的类型学方法。语言使用者采用不同方法，达到完成相似的言语处理过程。形式主义者对类型学方法做的工作不多。Bouchard（2002）认为它恰恰对语言的词汇句法有很大影响，而且可以解决形式主义者在描写时所遇到的问题。Chomsky（2000）曾经承认，使用无法解释的特征导致这样一个事实：生成语法提供的是"工程学的解决方法"，它只描写事实，但不做解释。例如，说某些形容词在法语中可以跟在名词之后，因为法语的名词具有这样的特征，但同样的形容词在英语中在名词之前，因为英语名词不具有法语的特征，这只是换个说法而言，无助于我们的理解。Chomsky 采用外部动机来逃避正确的描写。他后来试探性地争论道，也许移位（dislocation）起到区分两种语义学——"深层"和"表层"解释原则的功能。这仍然是空的，因为不清楚这种区分是否是真实的。其次，它也不能说明语言间变异的中心问题。但是，Bouchard（2002）认为寻找外部的逻辑为先的观点的方向是正确的，这比做一些空洞乏味的陈述前进了一步，但变异也可以在思维系统内部引起。一个集合可以根据所有成员共享的特性加以规定。因此语言完全可以使这个或那个概念语法化。由此做出的选择可以影响名词表达的功能。例如，有的区分物质/可数名词，有的区分单数/复数。因此 tomato 的所指不一定区分"一个西红柿"（a tomato），"这个西红柿"（the tomato），"一些西红柿"（some tomatoes），"这些西红柿"（these tomatoes），或作为物质名词的"西红柿"（tomato）。汉语和朝鲜语就是这样。而在法语和英语做详细区分的语言中，数字起很大作用，因为它是细分一个集合的最小的方法。数字表示这个集合是有基数的，它有若干个成分。在这个基础上，数字的语法化带来更多的选择。数字可以表现为名词，在形态学中以 N 直接标记，在法语中可以编码为限定成分 Det；数字在 Walloon 语中可以是纯粹的短语。总之，跨语言的类型学变异取决于物体特性和人类的认知特性。语法化便是对这些逻辑为先的特性的适应。

Taeymans（2002）的研究表明，在共时研究方面，还可发挥语料库的作用。如 dare 和 need 具有双重特性：当作为情态词时，没有第三人称单数，没有简单现在时的变化，没有祈使形式，没有不定式，没有分词形式，可直接用 not 否定；在问句中可作为操作词，可带光杆不定式补语。

这种共时变异可反映历时变化。人们曾普遍认为，need 越来越成为情态助动词，因而语法化了，而 dare 似乎相反，脱语法化了。这就要比较其频率。从英国英语的语料库材料看，Taeymans (2002) 发现实际数字否定了 Quirk *et al.* (1985：138-139) 的说法；对 dare 和 need 来说，作为主要动词结构几乎总是可用的，事实上更为普通。在口语中 dare 作为情态词达 58.5 % 之多，24 % 用于混合或杂合结构，只有 17.5% 是全动词结构。在书面语中，情态词和全动词变异几乎相等 (分别为 36.5% 和 34%)，29.5% 是混合结构。反之，need 的语料表明，其用作主要动词形式更多、更普通，书面语中达 95%，口语中达 98%；混合结构非常少。

否定形式和疑问形式的使用也很明显。在问句和否定句中，dare 作助动词用比作词汇词要多，而 need 在问句中一般另加 do。在口语的否定形式中也是如此，但在书面语中，助动词结构用得更多。Taeymans 还注意到，这两个动词的情态形式主要出现在非肯定语境中，即主要为疑问结构和否定结构。这与语法化理论相符，更具有语法功能的形式局限于非肯定语境，而语法功能不强的形式总是常用的。

7. 导致语法化的认知过程

Bybee (2002) 认为有许多基本机制导致语法化过程，主要是认知过程，而不取决于语言问题。一些语法化过程的特征如下。

首先，发生语法化的词语和短语在发音上弱化了，如简约、同化和省略，产生使肌肉发力减少的序列 (Browman & Goldstein 1992；Mowrey & Pagliuca 1995)。例如，going to 弱化为 gonna，甚至在有些语境下，进一步减弱为 I'm (g) onna。显然，这是人们做事时的省力原则在起作用。

其次，进入语法化过程的特定的、具体的意义经过一段时间后法则化了，变得更为抽象，这样可以适合更多语境，如以下 3 个例句；第一句的本义是莎士比亚英语的唯一可能的解释，而另两个例句在今天更为普通。

(12) a. 移动：We are going to Windsor to see the King.

b. 意图 : We are going to get married in June.

c. 将来 : These trees are going to lose their leaves.

本文作者注意到，将原为空间意义的词语语法化的情况，在汉语里也有。

(13) a. 移动 : 他们去街道委员会办结婚证了。

b. 意图 : 他们去办结婚证了。

c. 将来 : 登记后他俩去旅游结婚。

第三，在没有渊源关系的诸语言中，我们可以注意到跨语言的相似性，往往是这些语言中同样的或非常相似的词汇意义能发生语法化。而且在总共几万字的一种语言中，只有少量的词可以参与语法化。这里，有没有法则化的东西呢? 有。Heine *et al.* (1991) 注意到这些词往往是表述人类与环境关系的具体的基本方面，重点是空间环境，包括人体部分。因而在将来结构中有 come 和 go 的词语，在进行结构中有 sit, stand 和 lie 等词语。物体与物体之间的空间关系往往以人类身体各部分表述。这样，从 head 这个名词演变成介词 on top of, top 或 on（比较 : 汉语的"头几天""头上""头几排"等表达式）。

由此可见，语法的来源是从人类经验最具体、最基本的方面提取的。

参考文献

Beths, F. 1999. The history of dare and the status of unidirectionality. *Linguistics* 37: 1069-1110.

Börjars, K., T. Eythórsson & N. Vincent. 2002. *On Defining Degrammaticalisation*. University of Manchester. Online.

Bouchard, D. 2002. *Grammaticalization as a Strong Source of Explanation*. Université du Québec à Montréal. Online.

Boyland, J. T. 1996. Morphosyntactic change in progress: A psycholinguistic treatment. Dissertation. Department of Psychology, University of California, Berkeley.

Browman, C. P. & L. M. Goldstein. 1992. Articulatory phonology: An overview. *Phonetica* 49: 155-180.

Burridge, K. 1998. From modal auxiliary to lexical verb. In R. Hogg & L. van Bergen (eds.). 1995. *Historical Linguistics.* Vol II: *Germanic Linguistics.* Amsterdam: John Benjamins. 19-33.

Bybee, J. 2002. *Cognitive Processes in Grammaticalization.* University of New Mexico. Online.

Bybee, J. L. & W. Pagliuca. 1987. The evolution of future meaning. In A. G. Ramat, O. Carruba & G. Bernini (eds.). *Papers from the VIIth International Conference on Historical Linguistics.* Amsterdam: John Benjamins. 109-122.

Bybee, J., R. Perkins & W. Pagliuca. 1994. *The Evolution of Grammar: Tense, Aspect and Modality in the Languages of the World.* Chicago: University of Chicago Press.

Chomsky, N. 2000. Minimalist inquiries: The framework. In R. Martin, D. Michaels & J. Uriagereka (eds.). *Step by Step: Essays on Minimalist Syntax in Honor of Howard Lasnik.* Cambridge: MIT Press. 89-155.

Greenberg, H. J.. 1991. The last stages of grammatical elements: Contrastive and expansive desemanticization. In E. C. Traugott & B. Heine(eds.). *Approaches to Grammaticalization.* Amsterdam: John Benjamins.

Haiman, J. 1994. Ritualization and the development of language. In Wm. Pagliuca (ed.). *Perspectives on Grammaticalization.* Amsterdam: John Benjamins. 3-28.

Haiman, J. 1998. *Talk is Cheap: Sarcasm, Alienation, and the Evolution of Language.* New York: Oxford University Press.

Harns, A. C. 1997. Remarks on grammaticalization. In M. Butt and Tracy.

Harris, A. C. & Lyle Campbell. 1995. *Historical Syntax in Cross-linguistic Perspective.* Cambridge: Cambridge University Press.

Haspelmath, M. 1989. From purposive to infinitive: A universal path of grammaticization. *Folia Linguistica Historica* 10.1-2: 287-310.

Heine, B. & Reh. Mechtild. 1984. *Grammaticalization and Reanalysis in African Languages.* Hamburg: Helmut Buske.

Heine, B., U. Claudi & F. Huennemeyer. 1991. *Grammaticalization: A conceptual Framework.* Chicago: University of Chicago Press.

Hopper, P. J. 1991. On some principles of grammaticization. In E. Traugott & B. Heine (eds). *Approaches to Grammaticalization* 1: 17-35 Amsterdam: John Benjamins.

Hopper, P. J. & E. Traugott. 1993. *Grammaticalization.* Cambridge: CUP.

Kimura, D. 1979/1993. *Neuromotor Mechanisms in Human Communication.* Oxford.

Kurylowicz, J. 1965/1975. The evolution of grammatical categories. *Esquisses Linguistiques* II: 38-54. Munich: Wilhelm Fink Verlag.

Lakoff, G. 1987. *Women, Fire and Dangerous Things.* Cambridge / Mass.: MIT Press.

Lass, R. 1990. How to do things with junk: Exaptation in language evolution. *Journal of Linguistics* 26: 79-102.

Lightfoot, D. W. 1979. *Principles of Diachronic Syntax.* Cambridge: Cambridge University Press.

Lightfoot, D. W. 1991. *How to Set Parameters: Arguments from Language Change.* Cambridge: MIT Press.

Lindström, T. 2002. *Unidirectionality-myth, Truth or Tautology?* Online.

Lord, C. 1976. Evidence for syntactic reanalysis: From verb to complementizer in Kwa. *CLS* 12: *Parasession on Diachronic Syntax.* 179-191.

Meillet, A. 1912. L' evolution des formes grammaticales, reprinted in Meillet. 1958. *Linguistique Historique et Linguistique Generale.*

Mowrey, R. & W. Pagliuca. 1995. The reductive character of articulatory evolution. *Journal of Italian Linguistics/Rivista di inguistica.*

Quirk, R., S. Greenbaum, G. Leech & J. Svartvik. 1985. *A Comprehensive Grammar of the English Language.* London: Longman.

Rosch, E. 1978. *Principles of Categorization.* In E. Rosch & B. B. Lloyd (eds.). *Cognition and Categorization.* Hillsdale, N. J.: Laurence Erlbaum. 27-48

Taeymans, M. 2002. *An Investigation into the Marginal Modals DARE and NEED in Present-day British English: A Corpus-based Approach.* Online.

Traugott, E. C. 2002. *Counter-example to Unidirectionality in Grammaticalization.* Online.

Traugott, E. C. & B. Heine (eds.).1991. *Approaches to Grammaticalization.* Amsterdam: John Benjamins.

沈家煊, 1994, "语法化"研究纵观, 《外语教学与研究》(4)：17-24。

诗性隐喻[1]

莱可夫 (George Lakoff) 与特纳 (Mark Turner) 1989 年出版了《超过冷静理性：诗性隐喻分析指南》(*More Than Cold Reasons*: *A Field Guide to Poetic Metaphor*) 一书。两位作者把诗性隐喻置于 "基本隐喻" (basic metaphor) 的框架之中，强调的是 "同"，但没有阐明诗性隐喻和基本隐喻的 "不同"，因为非常规性是诗性隐喻的必要条件，如果我们只看见 "同"，诗性隐喻将失去它亮丽的光彩。因此，莱可夫和特纳除非对自己心目中的 "诗性隐喻" 另作界定，不然无法自圆其说。这是我在本文中将要探讨的问题，重点放在诗性隐喻究竟具有哪些典型特征。

1. 原创性

巴非尔德早在《诗性语词》(*Poetic Diction*)（Barfield 1927/1973 : 87-88）一书中便区分了两种隐喻，一是形成语言的原始的隐喻，一是经由有意识的思维产生的隐喻。前者指茫茫宇宙中世界万物是统一的，是客观存在的，是相互联系的。后者指一旦这种 "现实世界统一的原则" 产生了隐喻，这时该由个体的诗人的意识去发现和构建这些隐喻。在意识演变的后期，我们发现 "现实世界统一的原则" 在个体诗人中发生了作用，使诗人能直觉到这些关系，而他的同伙却无视这种关系，于是诗人必须作隐喻表述。原先现实曾经是自显的，不是概念上经验的，现在只能通过个体思维的努力才能达到。这是一则真正的诗性隐喻的内涵；每一则隐喻只有包含这样一个现实，或意指这样一个现实，才是 "真实的"。我们从上面的介绍中，可以看出巴非尔德思想的发展轨迹。首先，世界万物具有自然的辩证的联系，这是隐喻得以存在的理据语言，在某种

---

[1] 本文原载于《山东外语教学》2003 (1) : 3-8。

意义上，就是对客观世界的反映和表述。其次，有些现实的隐喻联系不是很容易被发现的，它需要个体思维的努力，才能发现其"真实"，而诗人最能直觉这种内在的隐喻过程。我想这是"诗性"在这里作为修饰语的原型意义。原创性必然与新颖性相结合。有一些隐喻初期具有一定的原创性，但用多了，用久了，失去其新意。如河流喻指生命（比较"逝者如斯夫"），生命喻指梦，鲜花喻指妇女等。人们对这些比喻一般不再看作诗性隐喻。我们关心的应当是如果要使隐喻起作用，便要考虑到现实世界有无穷的变化方式。譬如说，像"A rose-red city, half as old as time"（一座玫瑰红的城市，有时间一半老），最精彩之处是"有时间一半老"的表述说得如此精确。这是吉普林（Kipling）从伯恭（Dean Burgon）1845 年的诗中摘录的，而那首诗又是与罗吉斯（Samuel Rogers）1828 年描写意大利的一首诗呼应的。因此，可以说诗性隐喻有千千万万种。尽管我们可以把它们归纳成为数较少的类型，但总有一些是原创的，不能归属任何一个现有的类型（Balderstone 2001）。

2. 在不可能性掩盖下的真实性

吉奈斯提和斯卡特—洛姆（Gineste & Scart-Lhomme，1998）在"诗性隐喻的表达阐述和特征的涌现"一文中首先引用了亚里士多德的观点"谜语的精华在于它在不可能结合的情况下能表达真正的事实"（*The Poetics*：XII）。两位作者认为正是这些"不可能的结合"的构建为读者打开并阐述了一个创造性世界，从而使他们能理解这些不可能的结合。两人特别感兴趣的是要了解读者在理解诗性隐喻时随着阐述的发生，他们是如何构建其语义表达的。在方法上他们借用了互动理论有关隐喻属性的 6 个特征：

1) 在隐喻中，建立了新的意义和新的相似点；
2) 隐喻不能简约至仅仅是比较或类推；
3) 隐喻不能作本义的直译而不失去其部分意义；
4) 隐喻的成分（本体和喻体）互相影响，其结果是各自的意义有所变化；
5) 隐喻同时使用了存在于各自成分中的相似点和不同点；
6) 隐喻意味着本体和喻体之间的张力。

如何看待不可能性底层的真实性？如果有人说一则诗歌中的隐喻是"真"

的，这个隐喻不会受到太多褒扬，因为它的不足在于使用了正是常人都知道的词语。因此，对隐喻的表扬词人们一般使用"insightful"（有洞察力的）、"perceptive"（敏锐的）或"suggestive"（有联想的）等，这些词语具有成事力。人们的注意力一般聚焦于指事行为和成事行为的关系。这种关系是建构型的。这里涉及有关意义的辩证法：真理从粗糙的本义转移到发现隐喻的真理，以至精密的隐喻意义。因此，有关隐喻真理的理论与提取意义的理论有关（Marcus 1986）。

3. 义域的不一致性

吉奈斯提和斯卡特—洛姆虽然谈到了诗性隐喻乍看起来的"不可能性"，并提供了 6 个特性。但这 6 个特性均未触及"不可能性"的真正原因。这就是本节要提到的义域的不一致性。当一个合适的喻体概念与本体概念并置时，某隐喻使用了通常与喻体联系的一组特征来描写本体，而这些特征常规上对本体是不能用的。于是隐喻唤起了一个次隐喻的组合，处于这个隐喻解释底层的特征在两个义域中具有不同的意义。就是这种义域的不一致性渗透于诗性隐喻之中，有助于构建有层次的主题结构。试举帕拉摩尔（Edward Paramore Jr.）的诗歌 "The Ballad of Yukon Jake"（育空·吉克民谣）为例，"Oh, tough as a steak was Yukon Jake, hard-boiled as a picnic-egg"（哦，育空·吉克硬得像牛排，又像煮熟的野餐用鸡蛋）。

将本体域（Yukon Jake：人类）与喻体域（steak 和 picnic-egg：食物）联系起来的桥梁不能采用（如亚里士多德的观点）两者共享的上义词，因为隐喻规定的喻基（tough 和 hard-boiled）不能按其本义应用于本体或喻体。义域的不一致性表明在隐喻底层的共基本身具有隐喻意义。对 hard-boiled 和 tough 的解释清楚地表明它们在家庭食物义域之外使用时意义是不一样的，因为在该隐喻中它们被用来描写人，描绘一个愤世嫉俗的、粗鲁的、但又有些胆怯的人物。可见义域的不一致性能最好地体现不可能性，以及有关新的相似性、差异性、张力等特征。

这样，我们在不一致性中发现真实的存在。诗性想象的基质是隐喻真实。一个好的隐喻不仅仅是诗人视线中的机智的修饰，更应当是这个视线的精确的体现，也就是说，它不是诗人毫无边际的胡思乱想，它要符合事物发展的必然。这种隐喻也不是有待破解的猜谜，或在意义发现之前有待跃过的语义障碍。它本身就是一个解答、一次跳跃、一层意义、一种发现 (Haley 1995)。

4. 跨域性

不一致性还不能完全阐述诗性隐喻的不可能性的内在特征，因为一则生动的隐喻，必然涉及两个不同的义域。这就需要有关的两个义域，从人们的经验上一般认为是很难搭界的，如上一节中的人与食物的比喻。正如布里格斯和摩那科 (Briggs & Monaco 1990) 所说，诗性隐喻是将不相像的事物结合在一起（图片与观点、观点与感觉、感觉与物体、物体与图片……），以至于思想上发现了原先未预料的关系，体现了深邃的观察力。使隐喻起作用的是所比较的两件事物之间不相像的因素。这样，隐喻的动力该如下那样操作：my love（我的爱，X）+ a red, red rose（一朵红红的玫瑰，Y）= 一组尚未专门指明的新的意义，有待读者去发现的关系。我们知道，长期以来，人们对隐喻的认识往往突出其可比较的相似点，例如把青少年比喻为"早上八九点钟的太阳"，是对他们一生的年龄段和地球自转一天的时间段进行比较；把一个不爱搭理人的女孩形容为"冷若冰霜"，是将她对人态度的冷漠和自然物体的属性的比较。但是，要从 my love 和 a red, red rose 找出相似点是很困难的，因为这是两个"不相像的事物"，一个是感觉，一个是物体，它涉及人们主观世界对两个不同事物的认识。两者居然能结合在一起使用，这是"诗性"的奥妙所在。

有人认为，所有隐喻在感官上应当是清晰的，如事物与事物、感觉与感觉、观点与观点、图画与图画，都不能相互混淆。这一看法是认识上的误区。它妨碍了人们去发现、理解和鉴赏最伟大的诗性隐喻。反之，在诗歌中，人们可以见到隐喻大师如何形成语言、思想和感情。诗性隐喻，以一种可眼见、可触摸、可听到、可品味、可嗅到的方式，给读者带来思想和情感 (Steinbergh 1999)。

与巴非尔德同时期的默里 (Murry 1931) 曾说过诗性隐喻就是"类推，人类思维借此探索宇宙的性质和描绘不可测定的世界"。同样是类推，默里的话颇有启示意义，即诗性隐喻所刻意的类推不是浅显的，它具有发现的深度，是为了探索宇宙万物的奥秘，探索人类了解自己所生活的但又不可捉摸的世界。在这个意义上，对诗性隐喻的理解是一个认知过程，是为了区别各种类型的隐喻而需要加以说明和解释的不同的过程 (Brouwer 1997)。

Indurkhy (1992) 提出一个属于具有相似点创造力的隐喻的框架，即通过将喻源结构投射至在感官和肌动性质不一样的目标义域来创立两者之间的相似点。这种投射关系被认为与两个词语在比例性类推之间的相似。这个框架可用来部分说明跨域性。

隐喻在认知方面的真正成就在于它能发现跨范畴的相似性，属于不同范畴事物的相似性。Haley (1995) 举毕加索的一幅画"公牛的头"为例，画面上实际是自行车的车把和坐垫。就像公牛的威力表现在它带角的头部一样，自行车的车把和坐垫不单具有外形的相似性，也象征杠杆、控制或力量。海勒又举莎士比亚十四行诗第 73 首解读诗性隐喻。该诗的第 1 节描写秋景，象征人进入老年；第 2 节着墨暮色，象征人的暮年；第 3 节转入行将熄灭之火，示意人临终前的时刻。这样，一个人老年时的境遇通过秋景、暮色和残烬三种不同的义域的大幅度跨域得到极为生动但又合乎自然的诗性描写。正如萨匹尔所说"（隐喻的）词语彼此隔得越远……达到一种非任意的联系的可能性越大"（Sapir 1977：31）。

5. 美学性

但印德迦对上述框架举例时，既有诗性隐喻，也有启发式隐喻。布洛瓦 (Brouwer 1997) 指出两者不能按同一原则处理。为了更好地理解诗性隐喻的特殊性质，有两点要考虑，这关系到理解时的美学特性，即隐喻的诗性。

第一点是任何语篇，如在美学语境中所展示的，总是需要某种隐喻式的表述。一般的指称常规对诗性语境是不合适的。在美学语境中，话语的表达力会超越其一般的语言学意义，容许接受者做高度的主观解释。这样，在诗性隐喻中，事先对隐喻中的目标域没有清楚的认识。在这个义域中的选择基本上是对一首诗歌做解释所要求的，而在解决问题的任务中，目标域是给定的，寻求的是新的构建，即喻源网络。

美学解释的第二点表现为这是一个开放式的过程。解释不需要在达到对语篇的某种理解之外有固定的目标：为解释而解释。因此，对成功地完成解释无需标准，如同在类推推理中解决问题的那种情况。对诗性隐喻的解释因而不限于对目标域作成功的或功能的重组，但容许连续的再现过程，在此过程中，喻源和目标两者的性质重新确定两者之间的投射关系。

可见，诗性隐喻和启发式类推之间的差异不止是修辞学的。作为解释的认知方法的投射原理都支持对启发式隐喻和诗性隐喻的解释，但两者的任务很不相同。一个是开放式特性，另一个是对指称常规的延缓，这在两个方面改变了投射的认知力。第一个关系到对决断过程和对参与投射的两个义域的性质，第二个关系到所导致的解释的性质。

6. 趣味性与互动性

Hamilton（2001）认为，文学作品的成功与否有赖于读者对作品的互动。诗性隐喻的运用可给作品带来风趣。同时，隐喻的抽象性可增强我们大脑的创造性思维方式。有人会问，"为什么我们不写得直接一些呢？"这是因为如果没有隐喻，语篇的娱乐性便会消失。诗人恰恰是非常依赖隐喻的，这不是新的发现。自由表达自己的艺术思想是点燃作者的燃料。诗性隐喻可让作者的创造力奔腾，使他的作品具有个人的烙印和独特的风格。诗人的一个目标是使他的作品具有生命。这可以通过意象将思想转换为视觉语言，从而使读者成为诗人能在诗中进行交流的角色。对抽象的一个极端的例子是对隐喻的超现实主义的使用。超现实主义者的目的是将隐藏正确意义的感情投射于日常的隐喻之后。他们也在无意识的思维和有意识的思维之间戏弄，容许非逻辑的无意识的思想，进入逻辑的良知之中。我们不妨看看汉密尔顿是如何一一举例说明他的观点的。

诗歌是一种唤起乐趣的特殊语言。乐趣是享受、喜悦和满足的形式。因此，人们可以把诗歌和音乐比较，是两种满足不同听众的不同语言。如斯潘德（Stephen Spender）的一行诗句"the word bites like a fish"描写了使用一个刻薄词的效果，这是本义。但诗人要表达的新义是这样的词比其他呆板的词语增添了新鲜的活力和情趣。

作者也可耍弄他的隐喻和想象，给他的诗歌赋予生命。如艾特沃德（Margaret Atwood）的诗歌"You Fit Into Me"（《你适合我》），使读者感到激动无比。她在诗中使用了两个对比的意象。第一个意象投射了一个普通衣钩的意象。这种衣钩一般用来钩住妇女衣裙上的纽扣。第二个意象是起床铃。在诗行中，鱼钩犹如张开的眼睛。她把鱼钩与眼睛联系起来。这一视觉景象将一个刺人的意象投射至读者的思维中。

一则有趣味的隐喻可以产生激动和好奇，吸引读者的注意力。超现实主义的隐喻就是将读者的思维转向分析荒诞的事物。在效果上，荒诞的诗行可在较长的时间内吸引听众的注意力。作者做到这一点是创建具有不可能特性的意象。格勒克（Louise Gluck）有一首诗的第一行为 "Fish bones walked on the waves off Hatteras"（鱼骨在哈特拉斯外的波浪上行走）。她将名词 Fish bones（鱼骨）用到 walk on waves（在波浪上行走）这个动作上，这种联系是非常荒诞的。要懂得其底层意义，读者必须看它周围的语境。

分析和重新阅读以懂得超现实主义的过程是存在的。这对有些人可能烦琐，但对另一些则为之心动。在弗兰西斯（Robert Francis）的诗 "The Pitcher"（《投手》）中，诗人使用了 eccentricity（异常性）这个词，将我们诱入诗歌中。eccentricity 被用来描写投手技术的怪异风格。该词也与诗人将一首诗奉献给读者有关联。

7. 符号的完整性

海勒（Haley 1995）采用皮尔斯的符号学理论解释诗性隐喻。他是这么论证的，任何非常完整的语符都含有一个标志，任何一个非常完整的标志都含有一个图标。诗性隐喻是最完整的（语言）符号。它的核心是一个可触摸的图标，它的中间层是一个强有力的互动式标志。标志通过"延伸"隐喻的图标核心参与语言和思维的"图标——语符"的发展。标志对隐喻图标化延伸有 3 个方法：1）标志从原来的隐喻图标"指向"物体投射于整个义场；义场通过其不相似性，往往成为互相之间的整体的图标；2）一个诗篇内相关的各个隐喻图标的序列创造了一个在时空方面的标志的迭合，它本身构成该诗的总主题的图标；3）一首诗歌的隐喻性图标所致的事物的"修辞性的替换"，在语义空间产生一系列标志性的"矢量"或"标题"，从而描绘出该诗世界观的图标"图"。海勒通过分析豪尔、莎士比亚、济慈、埃利奥特等诗人的作品，说明一个隐喻可同时在不同的图标层面解释，从最抽象的认知方面到最具体的感官认知，将时空的维度组织成"认知域"。

在诗性隐喻中，图标和空间标志的互动更为显著，事实上两者可以是回复的。不仅物理空间的总的标志空间可用做认知空间各种相关的图标，而隐喻在认知空间建立的新的图标联系常常可以投射物理空间的更为细微的标志。这是为什么诗性隐喻的威力能将一个简单的图标延伸至更为"广袤的"认知语符。

按照皮尔斯的理论，所有思维是语符的，但不全是任意的。思维的根本结构和发展受到底层的"物理学"和"化学"滋养，分别是认知语符的标志和图标功能 [Peirce 1935 (2)：222]。

最后，标志不仅仅是图标的串列，在诗性隐喻中，是一种肯定，它肯定隐喻的整体，犹如风向标上的箭头。

8. 扩展性

在本节中，我们重新回到莱可夫和特纳的观点，他们强调诗性隐喻没有人们想象的那么神秘，它只是基本隐喻诸类型下的一种形式。这个观点值得商榷。按照他们的解释，（诗性）隐喻只能在基本隐喻的框架下运作，这意味着，隐喻是无法创新和发展的。实际情况正好相反，诗性隐喻充分发挥了人的想象力、创新力和认知力。人类社会的发展最好地说明，人的认知能力是不断提高的，不是原地踏步的，不是静止不变的。如何提高？诗性隐喻起到催化作用。正是诗性隐喻的这种独特优势，各个学科的重大发展和飞跃往往运用了诗性隐喻的创造性思维方法。凡是在本学科中出现一个不落俗套的，从其他学科或义域引入的，具有创新意义的表述，都视为诗性隐喻。试见以下举例。

宗教。诗歌语言与神学语言或宗教语言密切相关，因为它们都注重诗性隐喻。按布朗（Brown 1983）的解释，这是因为诗学隐喻表达意义的变形，使其最接近最具代表性的宗教语言。这并不是说，诗歌语言和宗教语言必须是一样的。争论的关键是，信仰是对话性的，在作者的隐喻思维和概念思维之间移动，使用概念来解释隐喻，并且更重要的是，使用隐喻来解释概念。例如，下面一段引文把上帝称为国王是一则诗性隐喻。"正如赞美诗中称上帝为国王一样：在古代一个国王是最高贵、最有权力的人，因此通过诗性隐喻，上帝被称为国王了，尽管许多人并不认为上帝会征集税收，住在巨大的城堡内，与其他国家打仗，以及从事其他各种活动……"文中，上帝是基督教教义中的全能之神，他存在于教徒们的信仰之中，而国王是人类社会中的最有权力的人，分属于两个不同的义域。这里，基督教把两个不同义域的概念套置在一起，是创造性的，因而是诗性隐喻 (Dryfoos 2001)。

电影艺术。维尔拉 (Villella 2002) 在一份澳大利亚电影杂志的编者按中写道，丹奈 (Serge Daney) 曾编造了一个美丽的语词，直译成英语为 "clothes pegs cinema"（衣钩电影）。丹奈是这么解释的："……当我们理解一部电影时，我们要在眼睛深处把握它，但没有'衣钩'是做不到的，是挂不上的，这些衣钩使我们得以欣赏我们称之为电影的美丽东西。"维尔拉认为这个表述非常恰当，是诗性隐喻，其原因在于我们真实地感受到眼前的电影并理解它。毫无疑问，我们是完全沉浸于跳跃式的众多意象和声音之中、以前没有看到过的或知道的感觉和意义之中，其他任何反映都是虚假的。又如，帕拉加奴夫 (Paradjanov) 对塔科夫斯基 (Tarkovsky) 的导演艺术非常钦佩。他说："塔科夫斯基，比我年幼 12 岁，却是我的老师和导师。他第一个在'伊凡的童年'这部电影中使用了梦幻和回忆的意象表现了寓言和隐喻。塔科夫斯基帮助人们解读诗性隐喻……" (G. & M. Pearce 1998)。这里，帕拉加奴夫把塔科夫斯基在电影表现手法中使用日常生活中的梦幻和回忆的意象这种新颖的表现方法称为诗性隐喻。

科学技术。在科学技术领域中，人们也广泛使用诗性隐喻的概念。因为要了解科学技术中的创新过程，我们必须考虑到具有创造力的生产者和有关理论背景和文化环境的社会因素。过去许多有关创造力的分析过分着眼于某一科学家的传记。其实，这种相关性应当由更大社团的互动来肯定。创造性思维不能简单化为个体大脑中的心理过程。当新的发现被重新构建时，人们常常忽视了科学的集体性和客观性。而当科学家呼唤艺术创造性时，他们通常依赖艺术作品的非理性的、主观的概念，似乎新产品是想象的产物，不受到智能的积累或标准型知识的约束或影响。这样的隐喻观念通过科学发现和诗性隐喻取得一致，可阐明科学创造性的本质。在酝酿一个新观点时，在科学中，思维接受一种创造性感觉的形式，与诗性隐喻相似。不过，在科学中，有必要更细致地、更本义地发展隐喻的意义，而在诗歌中隐喻可保持相对的内隐性 (Schuster 2002)。

诗性隐喻在计算机科学中被广泛地使用。人们把人脑与计算机上程序的运转进行比较，并看作诗性隐喻。这个观点受到极大多数的人类意识哲学家和人工智能研究者的支持。如果我们本义地去接受这个观点，那么如同我们可以发问一台微型电脑的随机存储器有多少兆字节，我们应当发问人脑的记忆有多少兆字节或千兆字节。根据"硬件"的考虑，在文献中已出现若干个有关这个数字的近似值，当然在人脑的情况下，采用"湿件"（wetware）的术语似乎更妥当。早期的研究告诉我们，一个人脑一生中进行的神经脉冲估计为 1 020 比特（Von Neumann 在《计算机和人脑》*The Computer and the Brain* 一书中提供的数字）。另一个方法是估计神经键的全部数字，然后估算一个神经键可有多少比特。对神经键的估计一般在 1 013 至 1 015 之间，然后测算相应的记忆容量（Merkle 1988）。同样，熟悉诗性隐喻对电脑编程人员在审阅彼此之间的代码和试图表达意见或批评时是有用的（Welsh 2002）。

政治。在正式演讲中，使用诗性隐喻阐明政策是演讲者惯用的方法。这在《联合国的机智》（*Wit and Wisdom of the United Nations*）一书中有较多的报道（Judge 2002）。

所有这些报道表明，所谓诗性隐喻，不一定局限于诗歌或文学创作，它被广泛地扩展到电影艺术、宗教、科学、政治，以及其他种种生活领域。再深入一步的话，有关电影艺术的诗性隐喻涉及意象的运用；有关宗教的诗性隐喻把虚拟的上帝比喻为尘世的国王，但这个上帝不一定具备作为国王的所有的特征；有关电脑编程的诗性隐喻似乎是沟通各种代码之间的桥梁。看来诗性隐喻不是建立于一种等值的替代或比较基础上的隐喻。诗性隐喻在上述领域的应用还告诉我们诗性隐喻具有评价意义，而且是赞誉性的。

综上所述，尽管诗歌中大量运用隐喻，但诗性隐喻的核心成分是创造性，以及随之而来的突然性、新颖性、美学性等。如果我们单用基本隐喻的概念去涵盖诗性隐喻，恰恰抛弃了诗性隐喻的精粹，抛弃了对世界的刻意探索和崭新理解。

参考文献

Balderston, D. 2001. Review: Borges, Jorge Luis. 2000. *This Craft of Verse*. Ed. Calin-Mihailescu. Cambridge: Harvard University Press. *Journal of*

Philosophy, Semiotics and Literatrue (11).

Barfield, O. 1927/1973. *Poetic Diction: A Study in Meaning.* Wesleyan University Press.

Briggs, J. & R. Monaco. 1990. *Metaphor: The Logic of Poetry.* New York.

Brouwer, E. 1997. Poetic metaphor versus heuristic metaphor. In Harvey Quamen (ed.). *SLS.* 4 September.

Brown, F. B. 1983. *Transfiguration: Poetic Metaphor and the Languages of Religious Belief.* Chapel Hill Univ. North Carolina Press.

Dryfoos, Gary L. 2001. Reply to Who I Am. Letter of the Month, July.dryfoo @ mit.edu.

Gineste, Marie-Dominique & V. Scart-Lhomme. 1998. Elaboration of representation and emergence of features in poetic metaphor. *LIMSICNRS,* Human Cognition Group, 91403 Orsay Cedex. France.

Haley, M. C. 1995. Iconic functions of the index in poetic metaphor. *Journal of Pragmatics* (24): 6-5-625.

Hamilton, S. 2001. *Poetic Use of Metaphor.* Online.

Indurkhya, B. 1992. *Metaphor and Cognitions.* London: Kluwer Academic Publishers.

Judge, A. 1993. *Poetry-making and Policy-making.* UIA.

Lakoff, G. & M. Turner. 1989. *More than Cool Reason: A Field Guide to Poetic Metaphor.* The University of Chicago Press.

Marcus, H. 1986. Poetic Metaphor, Experience and Truth. *Communication and Cognition:* 3-4, 323-336.

Merkle, R. C. How Many Bytes in Human Memory? *Foresight Update,* October, 1988.

Murry, J. M. 1931. *Countries of the Mind.* Netherlands: Ayer Co. Pub.

Pearce, G. & M. Pearce. 1998. *Paradjanov.* Online.

Peirce, C. S. 1935-1958. *Collected Papers of Charles Sanders Peirce.* Cambridge, M.A.: Harvard University Press,

Sapir, J. D. 1977. The anatomy of metaphor. In J. D. Sapir & J. C. Crocker (eds.). *The Social Use of Metaphor.* Philadelphia, PA: University of Pennsylvania

Press. 3-32.

Schuster, F. G. 2002. *International Congress on Discovery and Creativity.* University of Buenos Aires. Online.

Steinbergh, J. W. 1999. Mastering metaphor through poetry. *Language Arts* (76)4: 324-331.

Villella, F. A. 2002. *Senses of Cinema.* Issue 13.

Welsh, N. 2002. Animism: An essential concept in programming? *Lambada the Ultimate—The Programming Languages Weblog* 73.

有关系统语言学主位分析的论争 [1]

主位—述位理论，源自布拉格学派的交际动力学理论，经过韩礼德的重新界定，已成为系统功能语言学的一个重要理论支柱，是语篇分析的一个常用的手段。一些学者在实际操作过程中，遇到这样那样的问题，有不少是通过网络，在系统功能语言学服务器（sysflingQlists. ed. ac. uk）[2] 上提出并讨论的。本文对这些共同关心的问题做追踪报道。

1. 主位的定义

许多年轻学者对主位的定义在理解时总是出现困惑。他们认为韩礼德把主位定义为"信息的出发点"和"小句将涉及的内容"在分析时有矛盾。他们认为，"小句将涉及的内容"应当是由名词体现的可指认物，或及物性系统中的参与者成分，舍此无他。这些看法，我认为是这些学者对韩礼德主位思想形成和发展的过程在理解上脱节所致。韩礼德在《功能语法导论》初版（1985：39）时确实说过这样的话："主位是一种特定的结构形态的一个成分，作为整体把小句组织成信息；这个形态为主位 + 述位。""在这个形态中，主位是信息的出发点，这是小句将涉及的内容。"最后一句话，通常被称为"关涉性"（aboutness），是引起诸多争论的关键。由于关涉性主要是通过信息结构来体现的，并且常常与主题——述题的概念混淆在一起，日后影响了人们对主位的正确理解，把信息而不是语篇发展方法作为主位定义的一个标准。为此，韩礼德（1985：39）不得不多次解释"主位—述位"与"主题—述题"的不同，如"……但是主题—

---

[1]　本文曾于 2001 年 7 月 16—18 日在长春东北师范大学召开的第 7 届全国功能语言学研讨会上宣读。后被收入向明友、徐玲编，2002，《大学英语言教学与研究》。上海：上海外语教育出版社。

[2]　本网址是十七八年前的，现网址为：sysfling@cf.ac.uk。

述题的术语具有非常不同的内涵。'主题'的说法只是指一种特殊种类的主位；而且它一般被用来包括功能上有区别的两个概念的术语，一个是主位，另一个是已知信息"。其次，在《功能语法导论》第二版（1994：38）中，韩礼德在措辞上特地做了一些变动，即"……在这个形态中，主位是信息的出发点；它是小句启动的基础"。鉴于主位作为话语出发点或展开方法，往往占领小句中的第一位置，因此又有人把主位误解为形式，而非功能，这纯属无稽之谈，一方面持此观点者还不能掌握系统语法中"说明阶"（scale of exponence）的概念，不清楚区分功能与体现的关系；另一方面，也没有留意韩礼德（1985：39）专门说过"小句中的第一位置不是对主位的定义；它是英语语法中体现主位功能的方法"。

在讨论中，John Bateman（1999.12.2）正确地指出，要把主位看做是语篇发展方法的体现，这是谈论什么是主位或不是主位的最实际的方法。要注意的是主位与信息结构只有微弱的联系，也就是说，就主位而言，信息结构只起支持的作用，不能看作是对主位的直接定义。Bateman 的意见有两点值得注意：首先，要讨论主位，应把它看作是语篇发展方法的体现；第二，主位与"关涉性"有一定联系（如英语的主位往往与主语重合），但关涉性主要属于信息结构。

J. R. Martin（1999.12.6）赞同 Bateman 的观点。他本人专门就此问题写过"不止是信息有关的内容：英语主位"一文（1995），在该文中，Martin 不仅指出信息不是主位的主要功能，而是动员人们对真实语篇进行分析，并与其他语言对比。语法家要走出小句，才能取得进展。

Ahmed Sedik（1999.12.7）在回答 Maha El Biadi（1999.12.6）有关韩礼德早期的定义时，坚持从他对现代标准阿拉伯语的叙述语篇做主位分析时，并不感到韩礼德的主位观存在矛盾，特别是从信息展示的视角看，韩的叙述非常清楚。起始位置和主位性的关系是普遍性的，因为它有心理学的基础：交际中的起始点与认知的起始点是吻合的，你想先说的就是你认知的起始点。它规定了信息的框架。

非标记主位决定于语气，但因语言而不同。在英语中主语是非标记主位；在阿拉伯语中，没有任何一个成分可看做是非标记主位。这是因为阿拉伯语中有不同的非标记句法结构。举例如下：

1) 无动词句

例 1. sadi:qi: mudarrisun

      friend-my   teacher

      (My friend is a teacher.)

这类小句的主位结构与英语很相似。第一个成分为主位，第二个成分为述位。

2) 动词句

动词先于主语。因此，非标记主位是动词（如 a）。如果主语或其他成分在前，它们是标记主位（如 b）。

例 2. a. ishtara: adi:qi: manzilan

      bought- (he) friend-my a-house

      (My friend bought a house.)

      b. sadi:qi: ishtara: manzilan

      friend-my   bought- (he) a-house

      (My friend bought a house.)

2. 谓语词能否作（主题）主位

在网上讨论时有人不断提出以下问题或观点：有些句子前后没有主语，有的主语在动词后被省略了，这样，把动词作为主位是否"合法"（Theyna 2000. 2. 28）？

除省略外，一个小句是否可有主位，但无述位？像"Leave！"那样的不及物动词祈使句中的 leave，是否可看做是非标记的主位？这里是把述位省略了还是这类动词本身就是"主位 + 述位"（Garber 2000. 8. 17）？

主语才能作主题主位，主语出现在动词前或后均可（Maha 1999. 12. 6）。

有的语言可以有一个以上的经验主位（即主题主位）（Hasselgard 1999.

12. 1)。

对这些思想极为活跃却又极为混乱的问题，专家们是如何应答的呢？

David Rose (1999. 12. 1) 认为，尽管关键的主位功能是对核心参与者或及物性角色的指认 (如英语的主语/中介)，语篇发展的缺省方法表明，过程仍可担负主位功能，在过程周围尚有语气、时态和体。在有些语言中，参与者指认和及物性功能都与过程有关。正是这个原因，许多语言倾向于让过程或其部分作主位，如挪威语把附属于过程的语法功能主位化，作为信息的"局部语境"。但他认为，在分析中排除小句中第一个参与者是错误的。因此，分析中应当容许若干个主题主位的可能性。看来，他同意 Halliday 的观点。他的理据是挪威语、丹麦语和德语都有 VSI 结构。

Bateman (1999. 12. 3；12. 7) 在回答时，首先引用 Christian Matthiessen 的观点：如果人们关心的是分析中对术语的描写 (如"信息是关于什么的""小句启动的基础"等)，而不是这些术语在语篇中出现的多少，如果这样，那是在讨论语言学术语的词汇语义学，而不是分析语言现象，实际的语言现象才是讨论分析的对象。这里，Bateman 实际上不同意 Rose 关于主题主位该有一个还是两个的讨论。为此，他强调要收集大量的语篇语料，并设定主位是语篇发展方法的体现，这是讨论什么是主位的唯一方法。他要大家注意，主位与信息结构联系不很密切，我们只能将信息结构作为辅助证据。

Martin (1999. 12. 6) 指出，把英语祈使句中的过程看作主题主位早已有过讨论。像叙述体中以过程起始的结构的语言来说，我们可以把正在展开的活动序列作为语篇发展方法。目前的问题是人们对发展方法的看法过分局限于只把参与者或环境作主位。语篇发展方法毕竟是角度问题，如果我们的视角是事件的进行，为什么主位不可以是与名词化词或短语词相对的动词呢？重要的是从话语加以说明。因此，我们不仅要避免主位是"信息关涉的内容"这个概念错误，更要在话语中和在语境的上下文中明其事理。

后来，Martin 再次肯定，从话语看，动作序列就是语篇发展方法，因此小句中起始的过程应当是主位。这个观点已为韩礼德在 1994 年所修订《功能语法导论》时接受。

Rose (1999. 12. 8) 部分接受了 Martin 的观点，但也做了一些保留。他提出如果人们感兴趣的是语篇发展的方法，祈使句中的过程是否穷尽了主题主位，或者说，是否可以将隐含的主语也算作主位？这里，他念念不忘的是只有主语出现了才算穷尽了主位意义。

3. 多重主位

在分析一则新闻语篇时，Giulia Filardi (2001. 4. 12) 提供了以下例句和她本人的分析方法。

> 例 3. "The upshot of it all is that it appears that the outcome of the Florida race—and likely the presidential race itself—will depend on a mandatory recount of the 6 million votes cast in the state on Tuesday and an accounting of thousands of absentee ballots." [1]

Filardi 认为此句共有 3 个主位，即 "the upshot of it all" "it" 和 "that + the outcome of the Florida race—and likely the presidential race itself—"，她特别注明 that 小句中的 that 为语篇主位，其余为主题主位。但使她困惑的是 "that it appears" 的功能是 "事实"（FACT），等于 "the upshot of it all is the fact that..."），包孕于已被包孕的参与者。

Geoff Thompson (2001. 4. 12) 指出如果不分析包孕句，那么这句话中只有一个主位，即 "The upshot of it all"，因为句子在 "is" 之后的其余部分，即 "that the outcome... ballots" 本身就是包孕的。可能这是 Filardi 把所有的包孕句看作名词词组的后修饰语所致。原作者这样写没有问题，因为他选择的主位很好地起到把那些由包孕句构成的述位 "框住" 的功能，说明作者在表达一个结论 "upshot"，后跟先前说过的话 "It all"。但如果真要逐句分析，包括分析包孕句，难对付的是那个 "it" 结构。韩礼德认为像这样的结构，"it" 是主位，可以和定谓主位（Predicated Theme）比较，如在 "it was his teacher who persuaded him to continue" 的句子中，"it was his teacher" 是主位。Thompson 本人总是把它们处

---

[1] 本段中的 "upshot" 据 Lise Fontaine (2001. 4.17) 的解释，似源自射箭运动，指比赛时的最后一箭，从而有 "最终结果"，有时有为 "中心思想" 之意。

理为"主位化评论"（thematised comment），这样可以把"[that] it appears"作为主位。就作者的评价而言，它框住句子的其余部分。我们也可按情态隐喻进一步处理，这时包孕句的主位为"that it appears... presidential race itself"。

Di Kilpert（2001. 4. 13）引用了 Mactin Davies 1993 年和韩礼德讨论时的一段录音对话。韩礼德说，"一个成分离开独立的定谓句越远，作为小句主位对话语的作用越小。我有时跟学生说：首先从主句的主位开始，然后看定谓从句的主位，然后看非定谓从句的主位，再往后，您高兴的话，看某些语篇中的包孕句的主位，如诗人在诗歌中利用的主位，在语法上埋得很深，更为隐蔽，而大部分语篇中，这类主位没有这么大的作用。"可见，新闻语篇为了便于人们快速浏览，被"埋藏"小句的信息值很小。

在 *Writing Science*（1993）一书中，韩礼德再次指出包孕句的主位负重不大，因为它们不是并列或主从连接的主位，也因为它们的功能仅作用于名词词组，它们在主位或信息类型上没有多大选择余地。

White（2001. 4. 12）同意在小句复合体的最高层只有一个主位（"The upshot of it all"）的观点，因为"that it appears...absentee ballots"都包孕于补语位置。当然人们可继续往下分析，但这些包孕小句的信息地位将大为逊色。

4. 语法隐喻的主位分析

White（2001. 4. 12）在讨论前节中"The upshot of it all..."这个例句时，还提出了可对该句做语法隐喻化主位的分析，即"it appears"可看做是人际隐喻，其意义相当于"perhaps"或"apparently"。采用这种方法，可把它作为独立的小句，标明为"人际主位"，而"the outcome...race itself"为主题主位。在这种情况下，也没有必要对包孕成分中的成分进行分析。

随后，Rose（2001. 4. 14；4. 17）同意 White 关于分析可包括隐喻层在内的两个层面——语篇的或者是人际的和概念的层面。但他指出"the upshot of it all"也可按语法隐喻处理，即它的语义相当于表结果的"so"，因而是隐喻性的语篇主位。话语功能将"so"和"apparently"的语义概念化，因为词汇语法特征总是具有话语功能。

上面提到的 Geoff Thompson（2001. 4. 15）再次指出，像"The upshot (of

X）is + 包孕句"和不常见到的"little conscious about the upshot of it all"都提示主位的主要用途可能正好是逻辑功能和语篇功能的经验标记。这支持了 White 的观点，即主位有双聚焦视角：小句的语义和话语的语义。

White 本人后来感到采用隐喻性语篇主位分析方法有它的复杂性，因为它突出了在任何分析时需要考虑词汇语法和话语语义两个方面，问题在于"the upshot of it all"同时既是经验参与者（因而是主题主位），又在意义上接近于"accordingly/thus/so"（因而是语篇主位）。作为"accordingly/thus/so"的意义，所有小句的主位潜势没有穷尽，此点不容忽视。因此需要寻找一种分析方法，在两个方面都能操作。如：词汇语法：（The upshot of it all）主位（is...）述位。

话语语义（同时考虑语篇隐喻和人际隐喻，即 [the upshot of it all= "so/consequently"] ["it appears that" = apparently]；（The upshot of it all is that it appears that the outcome of the Florida race - and likely the presidential race itself）主位（will depend on a mandatory recount of the 6 million vote cast in the state on Tuesday and an accounting of thousands of absentee ballots.）述位。

在此以前，Inger Lassen 曾分析一则有关酸奶的广告如下（Chris Cleirigh 2000. 8. 29）：

例 4. Whole milk yoghurt - with real fruit purée.

他认为"Whole milk yoghurt"这个词语中有一个隐含的主位（this is whole milk yoghurt），整个词组是已知信息，而"real fruit purée"是述位和新信息。这表示同样的名词词组的新闻性有不同的值。

Cleirigh 指出就信息结构而言，不妨把这个广告看作两个信息单位，因为中间有"—"断开。这样两个词组都是新信息。

有趣的是，David Banks（2000. 9. 15）提出把 with 作为语法隐喻的建议，该词可代替"has/contains"。由此所做的分析为"(This) Whole milk yoghurt"是主位和已知信息，而"with (has/contains) real fruit purée"为述位和新信息。

语法隐喻有助于对一些疑难例句的分析，如 Lise（2001. 4. 14）对"it really doesn't matter"句中的"matter"分析时感到把握不住。Astika Kappagoda

(2001. 4. 17) 认为这不是言语过程，应该是某种思维过程，如果将动词 "matter" 的内涵还原为 "to be of concern or interest"，就可出现类似 "x likes y / y please x" 的互补结构。试比较：

例 5. a. I（感觉者）am concerned about（过程：思维）this（现象）.

　　 b. It（现象）matters（过程：思维）to me（感觉者）.

不过，b 句中的"感觉者"是非强制性的。Rose (2001. 4. 19) 补充道，如果采用 Matthiesen 在《词汇语法制图学》(1989) 中的处理方法，"matter" 是一个与过程融合在一起的修饰语，等于 "it is important"。[1]

5. 存在句的主位分析

Filardi (2001. 5. 11) 首先提出问题，根据 Halliday (1994：64) 的解释，there 是主题主位，但她认为，主题主位可延伸至定谓语后的第一个成分。Filardi 把 there 分析为主题主位是对的，但从她后一点意见看，她还是想把 be 动词后的"存在物"(existent) 纳入主位。在此以前，Maha El Biadi (1999. 12. 1) 早已表示过类似的困惑。她说，当考虑到非主语起始的语言时，或英语非名词的其他成分领先时，问题出现了：一个小句如何关涉没有经验意义的 It（引导词）或 There（存在词）？因此，她提出是否需要改变韩礼德关于主位的概念，或把布拉格学派的句子功能观引入到系统理论中？

Matthiessen (2001. 5. 11) 认为，对存在句做主位分析，要根据它与语法、语义和语音等方面的关系解释。从语篇角度看，"存在句"有非常明确的主位功能和信息功能 [口语英语中的已知——新信息功能，书面英语中的"终端" (culmination) 功能]，尽管 there 作为主题主位的特殊性，在于它在小句的经验性及物性结构中没有环境角色或参与者功能，这种结构还是有理据的，如：主位使"存在性"这个特征突出，即预示某东西很可能被第一次谈及（因而不是有定的）。从听者角度看，主位促使听者为存在的东西建立一个新的语义空间。

---

[1]　原句为 "it isn't important"，与 "it doesn't matter" 对应。

值得注意的是，有些语言把存在动词作为主位，如汉语的"有"表示"存在"。所不同者，英语放在主语 there 上，不是谓语词上。

在存在主位之后，小句移向新信息，或书面语中的终端成分，最可能的是存在物，因为它在语篇上是无定的、不能认同的。主位的作用是发出信号，听者接到信号后便在语义网络中建立存在物体的新空间，这个新信息把存在物作为信息的新焦点。这样，这个非标记的"存在"小句是有充分理据的"主位＋新信息"。Martin（1992）用自然语言中的例句分析能更清楚地支持这一点。

如果把第一个定谓词后的成分作为主位的一部分，会使"存在"句语篇意义模糊。这样会导致人们把存在物这个功能分析为主位，而它恰恰不是主位。为什么许多语言都有存在句，就是为了使介绍新的所指得以实现，但它不是主位，而是非标记的新信息。

Matthiessen 在这里讲的是非隐喻化的一致性（congruent）存在句。[1] 隐喻化存在句有很多表达方式，如"there is no doubt"＝人际主位。这样，如用情态表达方式，对存在句要做双重分析。

Susanna Shore（2001. 5. 12）向 Matthiessen 提问："there"作为主题主位，但没有经验功能，岂非矛盾？Matthiessen 指出，关键不在主题主位，而是要从语篇推进的方法看，这时把 there 作为语篇主位是有道理的。因为各个学派的主位分析有两个方向：1）小句如何组织；2）语篇中发生的情况，即如何把语篇中的主题"展开"（布拉格学派的方法）。后者使 Shore 又陷入把主位定义为"关涉性"的泥潭。

Rose（2001. 5. 13）对 Shore 和 Mattheissen 的观点有的同意，有的不同意。就 Matthiessen 的观点而言，Rose 认为存在句是一种独特的句型，其中 there 是主语，但不是参与者，因此 there 是人际主位。另一方面，Rose 同意 Shore 和 Kristin[2] 等人的观点，经验功能是由整个小句体现的，不是 there，因为 there 没有可分离的经验功能，不必把它分析为主题主位。在及物性功能中起作用的参

---

[1]　参见拙文《论语法隐喻的韩礼德模式》，《外语教学与研究》2000，32（2）95-102。

[2]　Kristin Davidse（1997）曾讨论存在句的经验功能。按照 Davidse，存在句允许对事物量化。这是整个小句的特征。她把表存在的 there 看做是"指称词"（reference item），与古英语的副词"thereof"和"there after"有关。不妨把表存在的"there"看做是语篇主位，而小句没有主题主位。

与者是存在物。他们认为，把存在物作为主位，用以说明参与者指认和语篇发展方法最为有用。如果将存在物从主位分析中排除会把它们在语篇发展方法中模糊。Rose 进一步说，存在句是一种独特的语法句型，因为它们是在独特的话语功能的语境下演化的，把一个主要参与者作为新信息表示。这种语篇功能是由整个小句体现的。因此，不同意把 there 看作语篇主位。它像副词 "thereof"和 "thereafter"，但不是 "指称词"（reference item）。于是他以下面的故事为例说明 there 是如何演化的。

　　例 6. (1) There was a Frog swimming in a pond.

　　　　　(2) He saw a brilliant rainbow stretching across the sky.

　　　　　(3) The Frog swam to the edge of the pond as fast as he could go.

　　　　　(4) There he met another Frog.

　　Rose 说句 (4) 提示，表存在意义的 there 可能是从指称的 there 演化而来，作为标记的主位，但存在的 there 不再是指称的。不如说，它的功能是将主位参与者移至终端的新信息位置。从语篇角度看，句 (1) 的存在句把 "a Frog" 看作是主题主位，后成为非标记的主位。句 (4) 把 "another Frog" 表示为又一个主要的新事物。在存在句中，整个语气成分演化为人际主位的功能，即 there is/is there? 将主题主位移至整个小句的末尾。

　　Matthiessen (2001. 5. 13) 对 Rose 的观点评价不高，因为说了半天，Rose 没有否认存在句的 Theme (there) +New/ Existent 格局。其次，Matthiessen 本人主要说明 there 表示存在性 (existentiality)，因而作为主位是重要的。第三，Matthiessen 不同意 Rose 把在及物性功能中的第一可分离成分说成非得是参与者指认——存在物。在存在句中，第一个经验成分应当是过程，它们与主位组织重合。第四，像英语那样的语言，正好表明存在物不能放在非标记主位的位置。总之，分析存在句时，不要把主位和新信息搅在一起，在系统语言学中两者体现不同功能。第五，在韩礼德和马丁著作中，从来没有把存在句的 there 看作 "指称词"。至于 Rose 引证的故事，把 "a Frog" 分析成新信息是可以接受的，但为什么是主位，Rose 没有说出道理。

Matthissen 的观点受到 Geoff Thompson 的支持（2001. 5. 13），如果坚持主位一定要包括经验成分，那么过程是最有力的候补。换言之，过程是第一个及物性成分，它使人们可以看到，"起始点"是个信号，这个小句随后出现的谓语将是某事物的存在。

6. 主位类型学

Anne McCabe（1999. 12. 2）发现，在讨论中多次谈到许多语言属 VSO 语言，这样做是针对有些人不乐意接受过程为主位。这些人可能受了英语的偏见，他们是按 SVO 语序来决定主位的。因而非要将多种主位延伸至不是第一个主题主位，而是非得等到主语出现为止。

为此，一方面要避免把"信息所关涉的内容"作为主位的特性描写，另一方面要考虑不同语言有不同语篇发展方法。Anne McCabe 在她自己的西班牙历史语篇语料中，将过程作为主位，以体现语篇发展方法是可行的，如：

例 7.　Crecen de prisa los continentes que reciberu poblacion europea...

直译：Grow quickly the continents that receive population European...

　　　　Aurnonta la poblacion de los paises con cambio social...

直译：Increased the population of the countries with change social...

　　　　emigran los habitantes de paises superpoblados

直译：emigrated the inhabitants of the countries over-populated

在此段关于 19 世纪人口增长的内容中，主要观念有 growth, population increase 和 emigration。因此作为主位的过程提供了经验的发展，反映了本段的总体内容。主语究竟是什么？要从述位中找。这与代词省略不同，在代词省略中，主语是在前文中提供的。此外，有许多例句涉及链式过程做主位，如以下例文中，省略的指称为 Malthus。

例 8.　Consideraba que la poblacion aumentaria en progresion geometrica...

直译：considered that the population would increase in progression geometric...

Buscaba la solucion en la limitacion voluntaria de la poblacion...

直译：looked for the solution in the limitation voluntary of the population...

Abogaba tambien por mejoras en la productividad agrarian...

直译：advocated also for improvements in the productivity agrarian...

这些过程所表示的意义，是 Malthus 有关人口控制的活动或思想的过程。这里没有必要提到主语。当然，如果翻译成英语，主语是可以出现的，但要把它看成并列句，如 "Malthus considered that..., looked for the solution in..., and advocated...

这种根据不同语言来讨论主位描写的不同特征也可用于存在句的讨论。Rose (2000. 1. 30) 报道有些语言没有存在句，但采取比较方法引入这些参与者指认。

例 9. 古英语：There came a stranger.

　　　　　　　　动作者

越南语：Ngay xua co mot-ngaoi nong den-ngheo-doi.

　　　　Day old have one-farmer-poor-hungry.

　　　　　　　存在物

(Once upon a time, there was a poor hungry farmer.)

汉语：congqian you yige ren zai tian li zhong di

　　　once have one person at field farm land

　　　　　　存在物

(Once upon a time, there was a man planting in a field.)

汉语：huran pao lai le yizhi tuzi

　　　suddenly run come-perf one hare

　　　　　　　动作者

(Suddenly out ran a hare.)

不难看出，Rose上面采用的"主位/新信息"分析方法，没有说明像"There""Ngay xua co""congqian you""huran pao lai le"等词语在语篇发展中的作用，更没有说明像"a stranger""mot-nguoi nong dan-ngheo-doi""yizhi tuzi"如果算做主位，又如何推动语篇发展呢？

从以上情况看，各种语言有各自体现主位的方法。在英语中描写主位的可行方法，不一定适用于其他语言。同理，在其他语言可行的方法，不一定适用于英语。至少在一种语言中为非标记主位，在另一种语言中可能为标记主位。当人们对不同语言主位的体现方法进行对比和组合时，我们进入了主位的类型学研究。不论有何种类型的主位描写方法，主位的功能首先是语篇展开方法，这一点是系统语言学的基本理论。如果将信息的起始点和信息的内容作为主位的双重标准，那就偷换了所讨论的命题的概念。

7. 边缘性（Peripherality）

Cleirigh（2001. 5. 30；5. 31）提问，更边缘的经验成分是否消耗小句的主位潜势较少，如英语的主位——述位结构的主位性呈梯度下降。Cleirigh 想讨论的是经验小句功能的核心模式，即他认为作格的"过程 + 中介"是核心成分，其次是施动（Agent）、受服务者（Client）、接受者（Recipient）和范围（Range），这些是不太核心或较边缘的成分，而环境是最不核心或最边缘的成分。其理由是韩礼德在《功能语法导论》（1994：51）中写道，小句具有主位潜势量，它不会穷尽，直到小句中第一个经验成分出现为止。Cleirigh 的问题是环境主位与中介／主位相比较，消耗的主位潜势是否要少？如果是这样，那么标记的环境主位后的主语仍可认为具有主位性，当然其主位性比没有环境主位在前的情况下要低。为此，他对边缘性做如下描述：

1) 主位—述位结构的非特殊模式；
2) 作为潜势的主位性,（更多的）由经验意义穷尽；
3) 经验核心是一个标度，预示小句主位潜势被穷尽的程度。

Cleirigh 的意见受到 Jim Martin 的关注并为他所解读（2001. 5. 31）。Martin 认为，就 Cleirigh 的边缘性而言，理论上主位是波状的。一般我们切分到第一个主题主位。如果采用及物性的轨道模式而不是成分模式，那么像环境的周边成分消耗的主位性小于参与者，过程更小。虽然我们可以考虑语气，不仅是因为谓语词在祈使句中为主位，而且是因为主语和定谓语结合在小句中首先获得解决，因此消耗的主位性不会很大。标记的主位附加语不会干扰主语＋定谓词（what chance gave chance took away），但有一个先出现的标记的主位补语或谓语词领先（he said he'd win and win he did）打乱了预设的情况……，因而使用了较多的主位波（thematic wave）。

Martin 感觉非标记主位和标记主位（绝对主位）都具有补充的话语功能。非标记主位表现为连续性，这时参与者指认对更属于书面语的语篇发展方法（从语场的角度）甚为重要；标记主位有非连续性的倾向，表示话语的转折（如 Martin 所示，标记主位可以是从像历史话语的语场角度，通过时间的确定迅速向前移动）、绝对主位（如 Mary, she's my friend）的局部意义更大。Martin 认为标记主位和它后面的主语（即非标记主位）[1] 可作为主位波的部分，完成补充功能。为此，需要对各种语域的语篇发展方法的影响做更多研究。Martin 还指出，现在大家讨论基本上只有参与者指认和标记的环境作主位，但关于评价（evaluation）等谈得很少。在有些语域中，评价是否也可以作为语篇发展的方法呢？

主位与主语不同，主语只是英语的句法范畴，因此把英语中非标记主位与参与者连在一起是危险的，故有必要了解其他语言是如何体现主位的。

8. 结束语

从以上讨论中，我们可以看到，在系统功能语言学的队伍中，在主位问题的讨论上，反映如下情况：

1) 有些学者不能划清主位——述位和主题——述题的界线。主位应当是话语的起始点，是语篇的展开方法。

2) 有些学者对主题主位的认识限于主语，或主语和环境成分，看不到过程也是及物性的一个成分。

3) 在一些 VSO 语言中，有些学者被迫接受过程可作主位，但仍想通过主

---

[1] 《功能语法导论》中的"移位主位"（displaced theme），参见 Halliday 1994：66。

位的潜势理论，把其后的主语或参与者指认纳入多重主位中。在这些方面的代表人物是 David Rose，但他的观点未被认可。

参考文献

Banks, D. 2000. <David.Banks@univ-brest.fr>, 5 Sep., 2000.

Bateman, J. 1999. <sysflinguist@edu.ac.uk>, 2, 3, 7 Dec., 1999.

Biadi, M. (ed.). 1999. <sysflinguist@edu.ac.uk>, 1, 6 Dec., 1999.

Clerigh, C. 2001. < chris@syrinx.Com.au> 2 Dec., 1999; 29 Aug., 2000; 31 May, 2001

Davidse, K. 1999. The semantics of causative existential constructions. *Cognitive Linguistics* 10(3): 203-250.

Filardi, M. 1999. <M.Elbiadi@uea. ac. uk>, 1, 6, 7 Dec., 1999.

Fontaine, L. 2000. Ifontaine@teaser.fr, 12 Apr., 11 May, 2000; 14,17 April, 2001.

Graber, P. 2000. <omc01091@mail.wvnet.edu>, 26, 27, 28 Jan., 2000; 17 August, 2000.

Halialliday, M. A. K. 1985/1994. *An Introduction to Functional Grammar.* London: Edward Arnold.

Halliday, M. A. K. 1990. The construction of knowledge aced value in the grammar of scientific discourse: Charles Darwin's *The Origin of Species*. In M. A. K. Halliday, J. R. Martin(ed.). 1993. *Writing Science: Literacy and Discursive Power.* Falnaex, London. 86-105.

Halliday, M. A. K. & J. R. Martin. 1993. *Writing Science: Literacy and Discursive Power.* London & Washington, D. C.: The Palmer Press.

Hasselgard. 1999. <sysflinguist@edu.ac.uk>, 1 Dec., 1999.

Kappagoda, A. 2001. <akappa@ozemail.com.au >, 17 Apr., 2001.

Kilbert, D. 2001. <sysflinguist@edu.ac.uk>, 13 Apr., 2001/

Martin, J. R. 1983. Participant identification in English, Tagalog and Kate. *Australian Journal of Linguistics.*

Martin, J. R. 1992. Theme, method of development and existentialitz—The price of reply. *Occasional Papers in Systemic Linguistics* (6): 147-184.

Martin, J. R. 1992. *English Text*, Section 6. 3. 2. Philadelphis / Amsterdam: Benjamins. 434-460

Martin, J. R. 1995. More than what the message is about: English theme. In Ghadessy(ed.) *Thematic Development in English Texts*. Pinter.

Martin, J. R. 2000, 2001 <jmartin@mail.usyd.edu.au>, 8 .Dec 1999; 113 Aug 2000; 31 May 2001

Martin, J. R. & P. Peters. 1985. On the Analysis of Exposition. In R. Hasan(ed.). *Discourse on Discourse*. Applied Linguistics Association.

Matthiessen, C. 2001. <cmatthie@ling.mq.edu.au>, 11 May, 13 May, 2001.

Matthiessen, C. & J. R. Martin (eds.). 1980. *Genre and Institutions*. Verlag Heidelberg & Exeter University.

Matthiessen, C. 1995. *Lexicogrammatical Cartography: Englisv Systems*. Tokyo: International Language Scoemce Publishers.

Matthiessen, C. & J. Martin. 1991. A response to Huddleston's review of Halliday's *Introduction to Functional Grammar. Occasional Papers in Systemic Linguistics* 5: 5-74.

McCabe, A. 1999. <Anne McCabe@ctv.es>, 25 Dec., 1999.

Rose, D. 1999-2001. <DRoe@macbbs.com.au>, 1, 8 Dec., 1999; 30 Jan., 2000; 17, 19 Apr., 2000; 13 May, 2001.

Sadik, A. 1999. <ahmedscdinternetegypt.com>, 27 Dec., 1999.

Shore, S. 2001. <sysflinguist@edu.ac.uk>, 12 May, 2001.

Thompson, G. 2001. <geoff9@liverpool.ac.uk>, 12, 12, 15 Apr., 2001.

White, P. 2001. <sysflinguist@edu.ac.uk>, 12 Apr., 2001.

系统功能语言学家的超学科研究 [1]

1. 引言

在完成"超学科研究与学科发展"（胡壮麟 2012）一文的过程中，笔者发现系统功能语言学家韩礼德和 Martin 在有关语言教育的论著中对超学科研究有过论述。由于当时掌握的材料不多和时间限制，在该文中只能蜻蜓点水，一带而过。最近又读到一些材料，深感到系统功能语言学派对超学科研究的发展是肯定的，在具体有关语言研究和实践中，特别是教育语言学，重视超学科的视角和方法，也积累了一定经验。现就韩礼德、Hasan 和 Martin 等人的观点综合整理如下。

2. 对超学科研究理论的基本观点

在系统功能语言学队伍中，最早对超学科理论进行讨论的是韩礼德（Halliday 1990a，2004：140）。他认为就现有的交叉学科或多学科研究来看，它们尚未达到超学科的视角。这是因为交叉学科或多学科的研究仍然没有摆脱学科的概念，仍然把学科作为智力活动的焦点，或在不同学科之间搭桥，或混为一谈。韩礼德（1990b：359）进一步解释说，学科是按内容定义的，探讨所研究的事物究竟是什么？例如对生命形式的研究构成生物学科，然后不断细分，生物学科可进一步分为动物学、无脊椎动物学、昆虫学等。与之相对照的超学科研究应当是超越学科之上，是主题式的，不是学科性的，旨在创建新的形式，解决现实问题。所谓主题不是按内容，而是按方面、视角或观点定义的。再进一步说，主题不是研究的具体对象，不是内容，而是看问题的角度，如何

---

[1]　本文原载于《外语与外语教学》2013（3）：1-5。

看事情，并对事情提出问题。有时可以对不同现象提出同样的问题。

　　韩礼德（1990a，1990b）认为超学科研究中强调的主题思想自有其历史渊源。如欧洲最早出现的是数学，它只考虑计算，不在于具体对象。数学活动的内容不存在于物质世界，而是理想的对象，如数字、平方、三角等。18 世纪学术思想的主题是自然法则，将动态式（dynamic）视角放在概要式（synoptic）视角中研究。法则决定事物如何表现。19 世纪学术思想的主题为历史转换，其形式为"进化"或"演变"，这就是说，与进化有关的任何现象都成为研究重点。这是动态的视角。20 世纪学术思想的主题为结构主义，研究任何现象自成一体的规律，这又回到概要式的视角。有的主题没有确定的名称，如控制论把现象看作是循环的、自我调节的系统；支序分类学（cladistics）从现象会发生变化的视角研究现象。就语言研究者来说，20 世纪下半叶最主要的主题是"符号学"[1]，对任何现象从其意义是什么进行研究，把任何事物都看作是信息。韩礼德本人虽然不同意一定要由某个符号理论来研究意义，但同意某些理论对语言也对其他人类活动可以使有关视角清晰起来。最后，韩礼德认为在今天，我们对知识结构的研究应当是主题的，不是学科的。它包括"事物如何被组织"和"事物如何变化"两个分主题，即概要式的视角和动态式的视角。具体说，两者可重新组合成统一主题的形式，处理各种现象、系统和过程。他所提供的示意图如下：

图 1　西方智力史的若干主题（Halliday 1990b: 359）

---

[1]　韩礼德本人倾向于把 semiotics 翻译成"意义学"。考虑到这是一个问题的两个方面，符号体现意义，意义由符号体现，这里保持国内常见的"符号学"这一译法。

3. 超学科研究与系统功能语言学的一致性

在上述基础上，进一步论述超学科研究的理论与系统功能语言学的基本理论是一致的 (Halliday 1990b，2007：361)。他举 20 世纪 60 年代英国出版的两本教材 *Breakthrough to Literacy* 和 *Language in Use* 为例，说明系统语言学有关现实构建的观点和互补性。前者包括：1) 语言是用来识解经验和了解世界的，这时语言起着第三人称的功能；2) 现实是在动作中识解的，这时语言起着第一人称和第二人称的作用。因此，映照、自反性和动作成为各自体现对方的主题。人们从识解现实的动作中反思，同时从反思动作中识解现实；3) 人们还需构建另一种现实，即话语。语言用来构建现实，但它本身又是现实的一部分，有待构建。鉴于所有语言都具有这三个功能部分，系统功能语言学把它们分别叫作概念功能、人际功能和语篇功能。这些元功能是意义资源的潜势。

关于语言的语法和词汇关系，韩礼德从系统和实例之间的辩证关系说明变化的过程缓慢，这个观点接近斯大林对马尔批判时所持语言是基础的观点，但韩礼德也认为马尔所持变化不是随意的观点，因为语言变化随着某个文化的物质条件发生。在这个意义上，语言史也是人类史 (Halliday 1990a，2003：146)。

超学科研究的一个特征是处理各种现象的复杂性 (胡壮麟 2012)。韩礼德 (1990a：146) 确实注意到语法与物质变化条件的关系非常复杂。例如，他认为语义发生过程不能离开历史语境，或者单从某个简单语境衍生，因为语言同时也是现实的一部分、现实的形成者、现实的隐喻。一旦任何形式的语言或任何形式的语法产生了，语义发生过程参与了历史过程的形成，包括对生产方式和生产关系的识解。这是因为作为现实的一部分，语义使协调人们物质实践成为可能，构建相应的社会关系。第二，它使这些形式演变，它是现实的识解者，促进和限制演变过程。第三，作为现实的隐喻，语言要同时表现本身内部的系统和过程，解决多重的局部形成过程中的不同矛盾和互补。

在讨论语言与知觉 (consciousness) 的关系方面，韩礼德 (1990a：145) 认为，语言是在存在的物质方式和知觉方式之间互相影响产生的，因此物质条件改变，语言与知觉的形式也改变。同时，语法根据现行的生产方式和关系对现实识解，不是恒定的，而是在不同时间、不同地点发生演变，所以说作为语言制造意义潜势的语法也发生演变。

4. 教育语言学：韩礼德的观点

韩礼德认为，智力活动所进行的场所不是在各学科领地内，而是围绕要解决的具体语言教育的问题来展开 (姜风华 2012)。为了有效应对教育语境下的语言，我们关心的不是把语言作为现象，而是人们如何通过语言的产生和交换意义而学习，即"人们如何表达意义"和"意义和人们如何学习"两者一起构成教育语言学的视角。教育语言学不是语言学的分支，也不是像 20 世纪 50 年代以来发展起来的社会语言学那样的交叉学科。教育语言学不是学科的概念，它的视角是主题。研究者的对话要针对共同的意义 (Halliday 1990b：358-359)。与 Bernstein 关心社团交流意图和价值的方法来处理知识结构不同，韩礼德模式中的系统被看作产生意义时，语言被看作相互有关的选择的集合，功能表示的则是意义，而不是语言的形式特征。说话人和写作者所能做的选择，就是将说话人和写作者的意图和语言的具体形式联系起来 (Sajjadi 2009)。

就教育语言学的研究内容看，韩礼德曾谈及如下多个分主题。

1) 语法。韩礼德认为语言在所有的时间和场合下不是恒定的，一个文化的物质和非物质条件发生变化，语言相应变化。他既不同意斯大林的语言任意性的观点，也不同意马尔的非任意性的观点，而认为两者之外存在着第 3 种观点，即 Sapir、Whorf 和 Hjelmsle 等学者的观点：语言不是被动地反映现实，而是积极地创造现实。语法或词汇语法，是人类的经验形成的，并将我们的感受转化成意义。范畴和物质存在的概念不是先于它们在语言中表述"给"我们的，而是语言"识解"的，它发生在物质和符号的切入点。(词汇) 语法因此是人类经验的理论，是社会行动的原则。在各种功能或元功能中，语法创建了潜势，我们用来行动和表现我们的文化存在。语法使语言成为可能，也限定了我们要意指的内容。语言是在识解过程中演变的，也是识解过程的施动者 (Halliday 1990a：143-145)。

2) 语言规划。韩礼德 (1990a：167) 认为，语言规划是主题的。它不是作为物体，而是由权力在特定的语境、语场、社会活动中去实现某种意图。这涉及应用语言学、计算语言学、人工智能、第一和第二语言教学、社会语言学、多语教学、语言与文化等。

语言规划关心的是语言如何构建现实？如何作为资源演变？人类如何构建

经验? 韩礼德 (1990a：142-143) 指出语言规划是多个复杂活动的集合的切入点，它包括两个复杂的相互冲突的主题：一个是与其他学习活动一样的"意义"，这与其他符号学相关；一个是"涉及"，在 (语言) 系统中引入设计过程和设计特征。这系统必然是演变的，因此必然是一个复杂而敏感的任务。鉴于语言规划活动的大部分内容是体制的，不是系统的，因为它不是规划语言的形式，而是规划语言和使用者之间的关系，如使用什么语言? 为何原因使用某种语言? 如何保证社团中成员有机会接触他们要学的语言? 这就要制定政策，让政策获得通过，并提供各种条件。就系统而言，要对语言规划提供语境，对语言本身进行设计，扩展它意义的潜势，特别是在新语域中的使用，探讨新的功能语境和扩展词汇资源等。

3) 构建主义的学习方式。教师应采用整合的语言发展概念，了解儿童从出生起如何学习语言，家庭、邻居和学校的学习环境等。这样，儿童学习既是发展的，也是体制的 (Halliday 2007：360)。

4) 外语教学。外语教学呈现复杂而多方面的特征。例如，外语教学和第二语言教学有很大区别，前者是为了将来用而学习，后者是在现实生活中就要用到它。这样，在外语教学中要做到同时学这个语言，同时要"意指"另一个语言，很是困难。除语言政策和语言规划外，外语教学涉及不止一门英美文学或翻译课程。学科的内容知识至少要有心理学、社会学和语言学。为此，韩礼德 (1990a：141)、姜风华 (2012：22-23) 主张对外语教学进行超学科的研究，研究目的不是仅仅创造一个具有各学科特征的智力活动的混合体，而是要更进一步把各个学科有益于解决问题的因素都综合起来，这样的研究方法和思路就是以主题为基础的。

5) 特殊用途英语。韩礼德 (1990b：360) 认为，从 20 世纪 50 年代起，教育者已开始考虑非本族语语言教育的问题，确认用途和正确性的概念，以及口语是学习的工具等问题。20 世纪 60 年代有了跨域课程大纲的语言教育的做法，如倡导科学语言、历史语言等，其主导思想是学习这些专业课程要熟悉它们的语域。此后，在英语教学中出现了"特殊用途英语"一说。其次，教育者开始注意语言在学习中的作用，学校学习不仅是关注教科书中有关学科的英语，还包括课堂用语、讲义和其他有关材料、教师的教案、学生的笔记、学生的论文、图书馆资源、小组讨论、课外作业以及"学术用途英语"等。

5. 教育语言学：Hasan 的分析

　　Hasan（2005）的专著《语言、社会和知觉》一书，对 Bernstein 的符号社会学、Vygotsky 的社会发生心理学和韩礼德的社会符号学进行了对比研究，比较三者之间的接触点和差异。贯穿全书的主导思想是她采用了超学科理论。这里，从她对 Bernstein 和 Vygotsky 的理论的认识，引入她本人的观点，也就是韩礼德所认同的观点。Hasan 探讨 Bernstein 早期对语码和知觉、后期对教育社会学，以及知觉如何形成概念等内容。由此，Hasan 提出理论得以产生的两个方法：由外向内（endotropic）的方式和由内向外（exotropic）的方式。前者以理论本身为中心，分离研究的对象；后者与理论保持对话关系，建立调查的开放系统，与封闭系统保持对立关系。就 Vygotsky 的理论，Hasan 讨论了他发展的人类思维功能和语言发展的方法，整合自然和社会两者，并在符号调解中起核心作用。最后，Hasan 认为没有一个理论能单独抓住语言、社会和知觉之间的复杂的多层次的联系。这说明采用超学科研究的必要性。在该书中，Hasan 进一步讨论了编码取向和知觉的各种形式，其前提是意义不能与生活方式分离。她用母亲——孩子对话作为语料。审视语码、语域和社会方向对改进和了解语言本质的重要性，转而思考在多元社会中的符号调节和思维发展，从而提出"自反性识读能力"（reflection literacy）的概念，对被视为当然的现实提出质疑，具体说，对识读能力的了解应当指导如何去看懂这个世界。

　　Hasan（2011）在《韩茹凯应用语言学自选集》（*Selected Works of Ruqaiya Hasan on Applied Linguistica*）一书中也谈到知识、思维、语言和教育的关系。她认为教育事业的中心应当是学习者，如同教师如果不掌握自己所教的知识就无法教书，那么学习者之所以能够学习，在于他们各自能够思维。如同 Vygotsky 所坚持的，人类的思维是在人类一起生活的经验中形成的。因此，如果我们生活经验是独特的，我们的思维也是独特的；如果我们的生活经验包括人们存在的、感觉的和做事的方式，以及相互交往，那么对"接触过程中的思维"也会有共性；也如同个人发展了"思维的习惯"，社团中的成员会属于同一个"意义组合"，一个言语社团的成员都会有明显的相似的思维习惯。就知觉来说，在真正的日常生活中，孩子们会推理，品味某个笑点，抓住母亲话语中的细微差别，开始在不同程度上应对不同的语域。当他们上学读书识字后，他们的口语和书面语也发生变化。新的内容本身就是学习资源，但学生被要求能分析语料。这导致第二个未能预料的后果，学生需要能够分析语言的工具，但对他们教授充分的功能语法又是非常困难的。

韩礼德（2011：viii）在对 Hasan（2005）的序言中做过全面的评论。他首先指出，Hasan 要求语言学家提出和制定对语言的评价，能适应学习者的各种需要，因为这时教师对学习过程起到调节的作用，并提供相应的结构。其次，Hasan 发展了 Bernstein 的语码概念，使之成为说明语义变异的有效工具。语义变异的原则是一个社会中不同组合的成员在同样情景语境下可以选择表示意义的不同方法。这种不同组合可以表现为男女、城乡、老幼、工人阶级与中产阶级的差别等，他们说同样的方言，但采用不同方法使用语义资源。Hasan 进一步指出，教育家和应用语言学家如果要能清楚语言变异的价值，还应能认识到 Bernstein 的语码理论同系统功能语言学的社会方言理论有明显不同。这就是，语言应理解为一个本质上具有变异特性的系统。第三，Hasan 能注意到 Labov 没有提到语码取向，因为 Labov 认为在一个言语社团中所有成员的意义形式是一样的，因而不承认语义层次的编译。

6. 教育语言学：Martin 的研究活动

Sajjadi（2009）认为 Christie 和 Martin 2007 年合编的《语言、知识和教育学：功能语言学和功能社会学的视角》一书采用了超学科的方法讨论了 Bernstein 和韩礼德有关知识、语言和教育学的本质，如该书的第 2 部分的内容有：幼童水平话语的发展；所谓常识的特殊形式；如何帮助孩子应付日常生活中的事情；发展社团成员皆有的技能和信息。Christie 和 Martin 认为，在 Bernstein 理论中，在教育环境下，水平话语和垂直话语两者都处理话语知识的传递。水平话语用于特定的语言活动，一般指常识性知识，但它不能发展语言的新的形式。为说明限制的原因，两书编者讨论了垂直话语这个更为理论性的、更强力的模式。垂直话语对整合知识结构的各个元素有较大能力，因此有层级的垂直话语主要应用于理论导向的结构。根据这个认识，从语言学方面，教育应被解释为语言发展，课程大纲解释为语法和语类；从教育学方面，语言发展应看作教育，语法和语类是实现大纲目标的工具。互相渗透，互相从对方学到许多东西，从而使识读教育获得发展。

Martin（1993：133）提出用语言学的术语对文化做尽可能广泛的研究，为识读教育的问题提供丰富的语境，从而在澳大利亚把教育语言学作为超学科研究的活动，其特征是把语言学的特殊知识包括进来，但又不是学科间的研究。通俗地说，它要求做到除了合作（你做你的那部分，我做我的那部分），更是协商（你试试我的那部分，我试试你的那部分）。在此基础上，有关教育语言学研究包括 5 个方向：语境作为语类的模式、语境作为语域的模式、整合和分化之间的协调、批判性识读教育和教育学。概括地说，悉尼大学培养的一些语言学家与教育界一起发展了澳大利亚的基于语类的识读教育规划。成功的原因在于专业知识的重叠，功能语言学家成为语言教育的专家，语言教育家成为功能语言学家。不仅教学效果发生变化，理论上也获得相互渗透，如 Christie & Martin（2007）的报道。语言学家在阐述 Bernstein 有关教育话语的研究方面发挥了作用，教育家通过语域和语类理论帮助人们了解社会语境（Martin 2003：199-219；2012：228-229）。

Martin 在介绍悉尼学派时指出，该学派将功能语言学的理论应用于教育，同时关注社会学和文化研究、识读教育的政治学、批评话语分析、社会符号学、思想意识、主体性、多模态符号学等。所有这些，过去在语言教育中很少涉及，因此要区别跨学科研究和超学科研究的不同。前者涉及两个或以上学科，把问题分到各个学科各自研究，研究成果经由某一学科的元语言作为中间语汇聚在一起。他认为这体现在 20 世纪 60 年代韩礼德的功能语言学和 Bernstein 有关语言的教育社会学的研究，重点表现在探索差异。至于超学科研究，涉及两个或更多学科的边缘，研究人员确定共同的目标后组合而成。学术知识的重叠是取得成功的关键，参加人员往往是操双语者或多语者，在理论与实践中有多次反复。他所倡导的悉尼学派便是处理功能语言学和教育学之间的关系，教育家要了解语言学，语言学家要了解教育学，由此培养出来的教师／语言学家越灵活，他们所从事的调研工作出成果越多（Martin 2000：284-285）。

在 Christie & Martin（2007）一书的末章，Martin 和 Muller 对有关知识

问题进行了充分讨论，如有关不同学科中知识结构的知识、儿童语言发展的知识、不同学科知识互补性的发展，以及对学习者和教育机构的知识结构的意义等。两位学者认为知识——知者关系相关的问题都与权力、统治地位和机构有关。Martin 承认功能语言学家对知识在社会中如何分配所知有限，事实上，权力和机构对知识的分配有牵连。另一方面，不同学科对话者有关垂直知识的讨论必然引起不同理论传统之间出现问题（Christie & Martin 2007；Potts 2011）。

　　Martin 对语类研究有自己的看法。他认为语类的特征是分阶段的以目标为导向的社会化过程。在系统功能语言学中，相当于把社会语境作为语类系统。受到重视的有报道、复述、程序、说明、讨论、解释、探讨、考察、连载、趣闻、豁免、职责、观察和新闻故事等（Martin *et al.* 1987）。就其学科特性来说，从生态学角度看，语类是象征关系，相互生成；从语言学角度看，语类的产生过程可看做体现；但 Martin（1993：124；149）认为，在澳大利亚教育语言学中，并不如此。语类以语言学的词汇概念识解社会语境，在符号学系统中将语言语境化（相当于 Hjelmslev 的隐含符号学），重新识解的主要部分是语类。Martin 特别指出，悉尼学派的语类理论是在社会符号学的超学科框架中作为社会过程的理论发展起来的。这方面的讨论对在澳大利亚的超学科社会符号学的演变做出了重要的贡献。

7. 当前研究动向

　　韩礼德（1990b：362-366）从超学科研究的视角，对澳大利亚的教育语言学研究提出 5 个主题：1) 探讨概要视角和动态视角的不同。韩礼德认为概要视角和动态视角不是两种现象的不同类别，不是两件事，而是看待现象的两种方法：一个看现象的实体，一个看现象的发生。两者应当是互补的，不是互相矛盾的，都是解释的必要方式，可用来说明现象的不同方面，因而没有价值的不同。当然，用动态的词语来理解和识解现象难度大些。例如，了解一个语言现象，如语法隐喻，要从 3 个方面识解，即它在系统中的演变，它在学习者思维中的成长和它在语篇中的独特性；2) 语法学的深入和扩展。韩礼德认为操作动态视角和概要视角互补性的最有意义的领域是语法本身。由于我们用语言识解我们经验的领域，最容易接触到的、最特殊的、最不易抓住的是由词语识解的现象，而最隐蔽的、最一般的、最持久的特征，是由语法识解的现象。这意味着自然语言的语法是经验的普遍理论，如及物性系统，是对真实世界各事件的理论。它包括我们脑中的世界和语言中的世界。当我们构建语法理论时，为了了解语法如何构建经验的理论，或者说话人如何利用作为战略资源的语法时，我们的理论早已成为第二位的理论，有关一个理论的理论，那就是语法学。以语料库为基础的语法可以说是隐蔽语法学，因此对它的研究应提上议事日程；3）调查语法变异。不同的人群以不同方法表示意义，如 Hasan 研究母女谈话，发现人们有两个维度的不同：阶级和性别。两者都影响意义风格和说话样式。这需要大规模的语料才能弄清楚，并对意义潜势做出聚合的解释，如系统网络；4）继续探讨"更高"层面。韩礼德认为 Hasan 的工作有关思想意识的构建，从高层次的意义系统构成"文化"，而 Martin 的语类理论有两点很重要：一点是教师在教学中所需要的怎么做，以致课堂活动中没有语法教学的位置；另一点是就语言学在课堂活动中的地位激发最彻底的辩论。不过 Martin 也认为语类是高层次组成的模式，因为语言借此识解文化，因而是所有教育问题的核心。这些高层次型式有两个方面：第一，它渗透于教育话语中，如课堂教学中的教师话语和不同学科的教科书；第二，尽管各个主题系统可认为是中间程度的构建，它们决定教育实践和教育变化的底层方向；5）建立一个教和学的基于语言的理论。这是一项急迫任务，即把语言作为出发点，利用语法学走向学习和教学过程的更高层次。要了解儿童语法发展等问题，了解人们如何学习，如何实现系统和过程的辩证统一。应该看到每个实例都是"语篇"的关注内容，都能激发"系统"的构建。学习倾向与教学倾向是相应的。所有系统有其各自的特性，因此应当研究各种符号系统如何发展。最后，韩礼德对上述 5 个方面与教育实践的关系总结了两点：第一点是这样的超学科研究对现有实践起到提供信息和挑战作用，从最抽象的目标说明到最现实的课堂活动；第二点是它使我们认识到现实的符号学构建衍生自教育语境，这正是系统功能语言学所要研究的。

Hult（2010：28-30）注意到教育语言学中的超学科性质的探究会导致这样那样的挑战和陷阱。以问题为导向的，基于主题的方法能很好地适合于那些有关实践研究的问题，而这些问题往往出现在多语的、超国家的世界。韩礼德的观点说明，在一个特定时间点通过对象抓住现象（概要视角），也可以通过现象的展开抓住过程（动态视角）。这样，有必要培养能进行批判性思维的新一代研究人员，使他们能发现与语言教育有关的实际问题，关心理论和方法的结合，掌握发现和理解问题的辩证过程。这并不排斥这些研究人员应当有本科生或研究生的某一学科的专业训练。对学习使用超越学科的理论和方法也要培训，如在讨论语言和性别研究时，会过分强调语料的细节，而不是分析时的理论和技术。如同语码转换需要两种语言的知识一样，合成不同理论和技术需要具有对它们的认识论的基础知识。缺少有关工具的基本知识，会成为二流的语言学家、人类学家或社会学家，而不是一流的教育语言学家。

参考文献

Christie, F. & J. R. Martin. 2007. *Language, Knowledge and Pedagogy: Functional Linguistics and Sociological Perspectives.* London: Continuum.

Halliday, M. 1990a. New ways of meaning: The challenge to applied linguistics. *Journal of Applied Linguistics* (6): 7-36.

Halliday, M. 1990b. On the concept of "Educational Linguistics". In J. Webster (ed.). 2007. *Collected Works of M.A.K. Halliday* (Vol.9): Language and Education. London: Continuum.

Halliday, M. 2011. *Selected Works of Ruqaiya Hasan on Applied Linguistics.* Beijing: Foreign Language Teaching and Research Press.

Hasan, R. 2005. *Language, Society and Consciousness.* Oakville: Continuum.

Hasan, R. 2011. *Selected Works of Ruqaiya Hasan on Applied Linguistics.* Beijing: Foreign Language Teaching and Research Press.

Hult, F. 2010. Theme-based research on the transdisciplinary field of educational linguistics. In F. Hult (ed.). *Directions and Prospects for Educational Linguistics.* Dordrecht: Springer.

Martin, J. 1993. Genre and literacy: Modeling context in educational linguistics. *Annual Review of Applied Linguistics* (13): 141-172.

Martin, J. 2000. Grammar meets genre: Reflections on the "Sydney School". *Arts: The Journal of the Sydney University Arts Association* (22): 47-95.

Martin, J. 2003. Voicing the "other" : Reading and writing indigenous australians. In G. Weiss & R. Wodak (eds.). *Critical Discourse Analysis: Theory and Interdisciplinarity.* London: Palgrave.

Martin, J., F. Christie & J. Rothery. 1987. Social processes in education: A reply to Sawyerand Watson (and others). In I. Reid (ed.). *The Place of Genre in Learning: Current Debates.* Geelong: Centre for Studies in Literary Education.

Potts, D. 2011. Review: Frances Christie and J. Martin: Language, knowledge and pedagogy: Functional linguistic and sociological perspectives. *Linguistics and the Human Sciences* (3): 309-313.

Sajjadi, S. 2009. Language, knowledge and pedagogy: Functional linguistic and sociological perspectives. *Discourse Studies* (3): 373-374.

胡壮麟, 2012, 超学科研究与学科发展,《中国外语》(6）：1。

姜风华, 2012, 教育语言学的超学科性初探,《牡丹江大学学报》(6）：22-25。

系统功能语言学的认知观 [1]

　　自 20 世纪 80 年代开始，对认知语言学的研究脱颖而出，在国内外成为显学。在这个背景下，系统功能语言学家对认知、认知科学和认知语言学究竟持什么观点，是一个有待回答的问题。笔者曾口头请教过系统功能语言学中生代的代表人物——韩礼德的学生 Jim Martin，他的回答很干脆，不研究。我翻阅过韩礼德的另一个大弟子，一度曾任国际系统功能语言学学会会长多年的 Robin Fawcett 1980 年的著作，Cognitive Linguistics（认知语言学）几个大字在书中赫然出现。[2] 可见，系统功能语言学家对认知的看法各抒己见。碰巧，去年十卷本《韩礼德文集》由北京大学出版社出版，我发现"cognition"（认知）和"cognitive"（认知的）两词在文集中至少出现 57 次。这说明，韩礼德还是关注认知问题的，特别是韩礼德和 Matthiessen 1999 年的合著系统研究了认知问题。考虑到该书内容国内已有行家作过介绍和评论（唐青叶 2004），本文主要整理汇报韩礼德散见在不同时间、不同场合的有关认知的评述和观点，间或谈到其他系统功能语言学家的观点和工作。

1. 认知在系统功能语言学框架中的 3 个层次

　　Cognition（认知）一词源自拉丁语的 *cognoscere*，意为"知晓"，但在实际使用中意义非常松散，一般泛指人类处理信息、应用知识和对事物择取的机制。认知和认知过程可以是自然的或人为的、有意识的或无意识的，可以从不同视角和不同语境分析（Wikipedia 2007a）。情况确是这样，我们从韩礼德的专

---

[1]　本文原载于《外语学刊》2014 (3)：44-50。

[2]　Fawcett 一书更多的是谈如何把系统功能语言学放到 Chomsky 的框架中研究，谋求功能主义和形式主义的统一，更具体说，试图在他的导师韩礼德的观点和他的另一位导师，受转换生成语法影响的 Hudson 的观点之间求得统一。因此，在当代认知语言学文献中很少引述。

著和论文中可以看到，他往往在 3 个不同层面使用"认知"这个词语，兹分述如下。

1.1 认知是心理过程的一个次范畴

在系统功能语言学中，认知在最基础的功能层面上被使用，它是及物性下的心理过程时的一个次范畴 (Halliday 2004)，如图 1 所示：

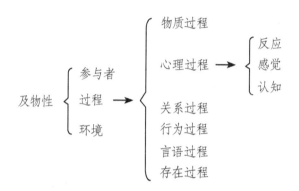

图 1 及物性系统中的认知范畴

下面是认知作为心理过程的一个次范畴的实例：

例 1. a. I don't know what happened to her husband.

b. * What happened to her husband is not known by me.

例 1 (a) 中的"know"表示的是认知的意义，是认知小句。例 1 (b) 之所以错误，是因为"what happened to her husband"在心理小句中不能作为补语，因而我们找不到一个接受性的可作为主语的成分。

在英语中可表示认知意义的动词有：think, believe, suppose, expect, consider, know, understand, realize, appreciate, imagine, dream, pretend, guess, reckon, conjecture, hypothesize, wonder, doubt, remember, recall, forget, fear (Halliday 2004)。

1.2 在三大元功能层面上的认知

上面所见到的认知仅是及物性系统下心理过程的一个次范畴。事实上，韩礼德早在 1967 年便谈到及物性和认知的关系。及物性是有关认知内容的选择的集合，是对语言外经验的语言表达（1967；V7：55[1]）。而所谓的及物性实际上是系统功能语言学中表示语义的三大元功能中概念功能中的一个体现手段，如图 2 所示：

图 2　语义系统中的三大元功能

这里从概念功能说起。韩礼德指出，概念功能有时称为认知功能（1967；V7：91）。可见，这里所谈的认知在重要性和价值上远远高于心理过程中的认知范畴，有两点需要强调：1）通过概念功能，说话人或作者在语言中体现他对现象或真实世界的经验，以及他本人在知觉的内心世界的经验；2）说话人或作者对语言编码时需要进行组织，表示诸如并列、从属、修饰等形式的基本的逻辑关系。有的像"sun, moon, and stars"，可以从说话人的经验衍导，但有的关系要通过某种类型的结构机制体现，这就需要功能上中性的"逻辑"关系。

这样，上述的概念功能需要进一步区分为经验功能和逻辑功能。鉴于逻辑功能是中性的，韩礼德更多地是从经验功能来看待及物性，也就是认知。这就是说，概念功能中的经验意义才是"认知意义"（1968；V7：110，145）。

但韩礼德也曾谈到所有语言功能中都有认知元素。这就意味着认知不仅是与经验功能有联系，与其他功能也有联系。例如，人际元功能的情态可以分为两种类型：认知情态（个人的和参与者取向的）和非认知情态（非个人取向的）。

例 2. 认知情态：John could have done it.

---

[1]　为压缩篇幅起见，本文中的年份是原文发表的时间，后面的页码指《韩礼德文集》各卷中的页码。

例 3. 非认知情态：It is possible that the one who did it could have been John.

例 2 说明 John 对情况的认识。 John 很可能是 "the one who could have done it"，此句虽然也可理解为例 3 的意义，但后句不能解释为前句，因为它是非个人取向的。

甚至在语篇元功能的体现方面有时也涉及认知因素。例如，情态附加语一般不作为主位，它要和表示认知意义的主位作为复合主位共同出现，如

例 4. Perhaps after dinner we'll go to the theatre.

又如，WH 词或定谓词之所以不同于主位的情态附加语，在于它不仅具有情态功能，而且具有认知主位的地位，因为它通过认知的词语要求回答（1967；V7：82）。

既然概念（即经验）和认知有如此紧密的联系，为什么在系统功能语言学中采用了概念功能和人际功能的术语，而不称认知功能和风格功能呢? 韩礼德在讨论语言功能和文学风格时曾解释道：将认知与意义等同，表达与风格等同，我们不仅难以确认我们自己直觉（事物有关什么的表达）的经验基础，而且我们会将"非认知"的对比状态给予那些最能体现文学作品的概念的选择，即那些作者给话语以形式和表达自己个性的选择（1971；V7：97）。

1.3 高于语义系统层面的认知

韩礼德认为在语义系统之上，有更高的层次，因为语义系统本身可以看作某些高层的符号学的分支。在最高层上参与表达不同意义的有认知的、社会的、美学的，等等（1979；V1：197）。我们不妨把图 2 扩展为图 3。

图 3　高于语义系统的层面

由此可见，从社会语言学的视角，语义系统可以定义为一种功能的或功能导向的意义潜势，是为编码某些语言外符号系统的可供选择的网络，或者是包括概念意义和人际意义成分的系统网络。

2. 语言学与认知科学

2.1 西方哲学思想的对立

韩礼德（1995c）认为西方哲学思想有两种对立，一种是语言和心智的对立，发展到今天成为语言学和认知科学的对立：一种是语言系统和言语的对立，延续到今天成为语言学和语用学的对立。但韩礼德指出如果不从两者取其一的话，其他途径还是有的。与其分两个系统：一个是语言内部的（语法），一个是语言外部的（概念或认知），不如只要一个系统，把语言看作有两个相关的表达层次，即词汇语法层和语义层。与其说有两种现象：一个是语言（语法），一个是言语（话语），不如用一个现象操作。语言就是具有两个程度或阶段的实例化，即系统的和语篇的。"知识基块"[1] 成为"意义基块"，然后在与语法一致的框架中被描述；每一个用词或意义的实例可以参照系统的总体潜势描述。

这样，两者的区别成为语言内部的区别。语言和认知之间的边缘成为语法和语义之间的层次。这里，韩礼德把认知和语义看作是匹配的。如果把用词作为意义，那么它的语言系统和言语之间的边缘成为语法系统或语义系统和实例（用词或意义）之间的界限（1995b；V6：248）。

2.2 语言和认知的关系

如同语言科学和认知科学的关系一样，在语言和认知的关系上，也存在着两种观点，一种观点认为语言取决于在大脑或心智中的底层系统（如对世界的知识）和底层的过程（如推理），因而要按照这两个方面解释语言。

另一种就是韩礼德的观点：他认为对上述第一点是没有什么可争议的，只

---

[1]　也称"概念基块"，是识解经验的资源，经验现象被识解为范畴和意义关系。概念基块有 3 个语义范畴，即序列（sequence）、图形（figure）和成分（element）（Halliday & Matthiessen 1999）。

是要补充一点，即知识和信念系统也取决于认知过程，这是被语言学证明了的，即我们使用语言作为理解知识和信念的系统。与其说人们如何就他们所知来解释意义，不如说就人们的需要来解释他们的所知；与其把语言看作认知科学的领域，不如把认知看作语言科学的领域（1992；V3：211）。

就认知而言，韩礼德认为它不是思维，而是意义，是心理图像。认知把知识作为意义加以模式化了，成了在词汇语法中识解的内容。换个说法，我们不是通过认知过程来解释语言，而是通过语言过程来解释认知。经验是人类借助语言识解的现实，语言在储存、交流经验以及识解中发挥着主导作用。因此，意义的识解成为社会的主体间相互作用的过程。语言识解人的经验和语言实施社会过程、社会交往，两者是互补的（Halliday & Matthiessen 1999）。

由于 Langacker 把感觉和认知的心理学来解释环境，而韩礼德把社会科学和符号学来解释环境，两者似乎很难对话。实际情况没有这么严重。韩礼德和 Matthiessen 1999 年的合著便试图在语言问题上缩小认知科学和符号学之间的隔阂。他们提出认知和语言是同步演进的，但认知不是决定性层次，语言知识也不仅仅是对意义的反映。这样，他们对语言和认知一起给以更显著的和决定性的作用，但这需要采用社会符号学的方法（Simon-Vendenbergen & Steiner 2005）。

如同唐青叶（2004）所评论的那样，识解本来是认知语言学的重要术语。从人类识解经验的机制看，韩礼德的系统功能语言学采用这个术语，表明两者有极大的通约性：两者都承认人类识解经验的灵活性、创造性，识解机制和识解的变换会影响语言的编码。其次，两者都同样关注语言、思维和现实的关系。只是系统功能语言学研究可能出现的各种变项或者对立体，并把它和语域联系起来研究。人类有不同的语义结构表达同一经验现象的能力。系统功能语言学认为人类借助语义系统来识解经验是一种主观的过程，这与认知语言学的视角、意象图式和隐喻等理论有兼容性（唐青叶 2004）。

2.3 语义和认知的关系

既然知识在语言中的呈现，是所谓认知过程的外部表现。系统功能语言学家为什么很少谈认知过程呢？对此，与韩礼德紧密合作的 Matthissen（Halliday 1998；V6：196-212）有过解释。它涉及把意义的识解人为地区分成认知的和语义的。实际上，认知过程就是表达意义的过程。由于意义是在语言中识解的（通过语言我们得以理解意义），用语言学方法，使用我们对语法或语法学的理论解释更有帮助。换言之，与其说通过参照认知来解释语言不如说参照语言来解释语义。这可避免把自然语言看作似乎是发生在某些内部心智的理想化过程的外部形式，而且这种形式是随意的、简化的、不完善的。因此，系统功能语言学不使用"心智"或"认知"的概念。

如果用符号学的概念，那么在意义和知识之间无明确的分界。知识就是意义的组成部分。

因此，对系统功能语言学来说，没有必要假设两个分开的领域，一个是语义的（在语言内部），一个是概念的（在语言外部）。为进一步阐明这个观点，韩礼德提供了以下两个模型：

［认知的］	知识	基块
［语言学的］	语法	话语
	［语言学的］	［语用学的］

图 4　认知模型

［语义的］	语义系统　语义实例	［语言学的］
	［语篇作为意义］	
［词汇语法的］	语法系统　语法实例	
	［作为用词的语篇］	
［系统（潜势）］	［语篇：实例］	

图 5　语义模型

2.4 语法和认知的关系

从上述讨论可以看到，在系统功能语言学中，"能做什么"（can do）和"能指什么"（can mean）之间不需要就认知组织另设一个层次，因为语法发展不仅仅看作知识的获得，而且是行为潜势的发展（1976；V4：89）。

韩礼德早期曾论述：成人的语义系统构成语言的核心，但意义的概念功能和人际功能是通过语法的结构形成的机制被互相映现的。这就是说，系统功能语言学认为经验不是由心智以知识的形式识解的，而是由语法识解的。具体说，如上面的图5所示，语言中生成意义的资源有两个层面：语义和词汇语法。语义系统位于外层，使经验转变为意义的接面；语法在内层，操纵着这种转换方式（1975；V5：29）。

在韩礼德与 Matthiessen 的合著中，两位作者明确地提出语法是经验的理论，是人类对外在世界和内心世界各种经验的解释。人们用语法识解各种经验活动，其过程体现为不同的选择。与转换生成语言学家强调规则系统不同，系统功能语言学家遵循的是选择的概念、聚合的概念、系统的概念。两位作者还提出语言动力库（powerhouse）的理论，即语言的动力库在于语法。语法除解释人类经验外，还是一种行为方式，它构建社会关系，也是创造信息的工具，可以生成语篇。"能干什么"和"能指什么"在此取得了统一，因为概念系统是多系统的、有变异的，足以提供灵活的构建空间。

3. 语言学习与认知

3.1 理性主义和行为主义的学习理论

在谈到美国的理性主义观点时，韩礼德提到美国当前的教育理念，把所有学习定位于个体的心智形成，这会导致认知过程和情感过程脱节，仅仅把认知解释为一种信息处理现象（1995；228，330）。正因为如此，美国对行为主义的批判在美国以外的地区和国家影响不大，因为思维被描述为对信息的处理，成了处理信息的工具，无助于对认知或语义的研究。

3.2 先天论和环境论的学习机制

在谈论学习机制时，韩礼德（1974a；V3：76）回顾了两种学习机制：先天论和环境论。

先天论反映了历史上有关语言的哲学逻辑趋向。对理想和现实做尖锐的区别，即能力和行为；把语言视为规则，即句法规则。先天论者认为，与其他学习机制不同，人类有一个特定的语言学习机制，使婴儿天生具有一个现成的非常细致的语言结构的蓝图。学习母语只要将婴儿听到的人类语言的范式输入他已具有的框架中即可。

环境论代表民俗学的传统，强调的是语法的可接受性，把语言看作按功能界定的意义。

环境论认为语言学习与其他种类的学习无大区别，它取决于包括所有孩子学习过程的所有方面。孩子所具有的只是处理某些语言系统中高度抽象的认知关系的能力。语言的某些特定的性质不是先天的，因而孩子更多地依赖环境学习——他所听到的语言以及说这些话时的语境——学好母语。

尽管如此，韩礼德认为两者是互补的，不是矛盾的。

3.3 母语习得

20 世纪 50 年代末，语言学研究的注意力从语音学和形态学转向句法，嗣后的 20 世纪 60 年代被叫作句法时代。把语言看作孩子可以获得的某种商品。语言独立存在于说话者之外，是一种叫作规则集合的东西，孩子的任务是获得这个现成的东西。对孩子学习母语的研究长期以来限于研究语法和词汇的习得。直至 60 年代末，人们开始注意意义的获得并提出第一语言学习的语义学模式。值得注意的是这种对语义系统构建的强调，又被解释为认知过程或社会过程（1974b；V10：212）。由此可见，系统功能语言学所谓的社会过程，也就是认知过程。

不过，韩礼德又对两者略加区分。例如，他（1975b；V4：182）曾说过在解释儿童语言方面有两个主流的传统：一个传统来自认知心理学，认为语言的唯一功能是概念的，孩子学习讲话，就是为了表达关于事物和关系的思想；另一个传统来自社会人类学，认为语言的真正功能是人际的，孩子讲话是为了得到他需要的东西，即让他人把东西给他或为他做事。后来，韩礼德把两者统一（1978b；V9：182，183），认为意义有两个维度：认知的和社会的。我们可以就认知系统的发展考虑儿童学习如何表示意义，成为学习思考的一部分；也可以从社会发展考虑，关注儿童如何互动的部分。后者是社会学习的理论——社会化和现实的社会构建。

应该承认，韩礼德凸现的是社会过程。通过对 Nigel 学话过程的分析，韩礼德（1978a；V4：118）指出，人们不难发现孩子采用了表示认知状态和情感状态的形式，而且说话是有意义的，如：1）达到某种物质目的；2）控制他人的行为；3）与他人建立和保持联系；4）表达自我。

鉴于当前对儿童语义学的研究聚焦于作为认知发展过程之一的概念的习得，但它没有试图回答意义和社会语境的关系，社会语言学或功能语言学力图把学习母语与孩子如何学习语言的社会用途的关系和孩子面对情景和社会结构需要如何学习"说话的规则"作为目标。

就功能理论而言，学习母语就是学习该语言的所有功能系统和发展意义潜势。因此，功能语言学所要解决的问题是：意义如何在功能语境中演变？语言发展功能假设的初始集如何结合到语言系统中去？（1975c；V10：178，179）

在讨论儿童语言发育时，韩礼德曾论述需要语法来发展儿童的语用功能和理性功能。语法对认知发展有重大影响，对词汇学习是主要动力，引入语法结构使语段中这两个功能结合成为可能（1975a；V4：53）。

3.4 第二语言学习

从第二语言学习的语言发展理论而言，韩礼德（1978b；V9：184，187）不仅谈到句法和语义问题，而且认为要研究认知过程和社会过程。再次表明，认知过程是系统功能语言学框架中的一个重要方面。

就认知过程来说，韩礼德肯定 Piaget 的认知发展的 4 个阶段是最全面的，但要考虑两个问题：1）在实验条件下儿童的语言活动与他们在自然条件下的活动多少有些不同；2）基于认知发展的各范畴的实验未能说明语义系统，因而不能将正在调查的特定项目放在有意义的语境下进行。

再一个问题是如何处理主体和主体间的关系，认知科学的主流思想把"说话者模式"和"听话者模式"分离。系统功能语言学强调的是主体间的观点，即互动者彼此之间的关系。这就是说，意义产生的过程是对话的，不是独语的，这是当前有关学习和学习模式的研究所感兴趣的（1995b；V6：266）。

4. 符号学及其他

系统功能语言学对认知的看法或研究在以下领域也有所涉及。

4.1 符号学与认知

如我们在 1.3 节所讨论的那样，语义受制于其更高层次的认知意义（相当于反映客观世界的概念意义）、社会意义、美学意义等，这就表明对语言的研究必然延伸到更高层次，统称为符号学，关于真实世界的信息的系统（Halliday 1975d；V10：153）。语言是社会符号系统之一，不是人的心智系统。当前有关多元符号学、多模态化、多元智能等研究反映了我们对这个问题的前瞻认识。不论是系统功能语言学，还是认知语言学，都应把视线放得远一些。

其次，韩礼德在多个场合宣讲：汉语中把 semantics 翻译为"语义学"是不合适的，应当翻译为"意义学"。这就产生了一个新问题：意义学似乎与符号学相对应更合适，语义学则与语言学对应更合适。看来，我们目前只能接受 semantics 一词可以有两个意义，广义的和本义的，广义的指意义学，诸如音乐、舞蹈、绘画、姿态等都可表示意义；狭义的指语言的意义，与词汇语法学和音系学并列。同理，认知语言学也要确定自己的研究目标，制定相应的术语。概念不同，岂不成了各吹各的号、各唱各的调，讨论很难取得一致。

韩礼德后期的思想受 Matthiessen 的影响很大。Matthiessen 认为认知科学的研究对象是从日常生活中的语法构建出来的，是从标准普通欧洲语言，特别是心理过程和象征过程的语法（即符号生成的语法）中构建出来的。这个语法的核心必然是范畴化。但 Matthiessen 认为这种特定发展是单向的，一方面在语法对意识的识解时优先把心理过程置于象征过程之上，另一方面优先把语法的经验功能放在人际功能之上（1995a：422）。

4.2 认知功能框架

在具体研究方面，Tavemiers（Simon-Vendenbergen & Steiner 2005）对语法的主要短语类型通过认知功能框架表示。从她的示范可以看到，一方面她将原型的句法现象转向和反映 / 影像建立关系，并将特性抽象掉，用认知功能来解释句法现象；另一方面，她将一个语法概念，如"主语"，通过系统功能语言学的概念、人际和语篇三大元功能之间的影像来描写其特征。Simon-Vendenbergen & Steiner 曾评论说，这项研究具体在哪一点上我们可以从语法理论摆脱出来还不容易确定，但有几点非常清楚，这种认知功能理论植根于语法，而且用认知和话语理论解释语法现象——这是语言的功能法的核心。

为了探索 Langacker 所没有解决的名词词组和小句的平行关系问题，Davidse（1998）提出认知和功能之间共生的建议，在韩礼德模式的人际功能内重新解释了认知内容。

5. 结束语

如果我们把上述系统功能语言学有关认知的基本观点，与认知语言学的主要特点（Wikipedia 2007b）比较，就不难看出两者在探索认知与意义的道路上是同路人的关系。

	认知语言学	系统功能语言学
人大脑中有自主语言学习机制	不同意	不同意
真理条件语义学	不同意	不同意
通过概念化认识语法	是	是
语言知识来自对语言的使用	是	是
人类学习语言的能力与其他学习能力同	是	是
语言知识的储存与其他知识的储存同	是	是
不接受真理条件语义学	是	是
语言在语境中体现	是	是

当然，系统功能语言学和认知语言学由于发展过程的不同，在一些问题上有不同的视角和价值取向，如：
——前者着眼于社会学取向，后者着眼于心理学取向。
——前者立足于三大元功能，后者偏重概念功能。
——前者关注主体间交流，后者关注主体的反映。

——前者关注语言的外部因素，后者关注语言的内部因素。

总的来看，两者在许多问题上观点接近，和而不同。两者从不同方向探索语言，这是发展的应用学科所期待的。

参考文献

Davidse, K. 1998. The dative as participant role versus the indirect object: On the need to distinguish two layers of organization. In W. van Langendonck & van Belle (eds.). *Theoreotial and Contrastive Studies, Case and Grammatical Relations across Languages.* Amsterdam: Benjamins.

Fawcett, R. P. 1980. *Cognitive Linguistics and Social Interaction: Towards an Integrated Model of a Systemic Functional Grammar and the Other Components of a Communicating Mind.* Julius Groos Verlag Heidelberg & Exeter University.

Halliday, M. A. K. 1967. *Notes on Transitivity and Theme in English* (Part2). New York: Continuum.

Halliday, M. A. K. 1968. *Notes on Transitivity and Theme in English* (Part 3). New York: Continuum.

Halliday, M. A. K. 1971. *Linguistic Functions and Literary Style: An Inquiry into the Language of William Golding's The Inheritors.* New York: Continuum.

Halliday, M. A. K. 1974a. *Language and Social Man.* New York: Continuum.

Halliday, M. A. K. 1974b. *Aspects of Sociolinguistic Research.* New York: Continuum.

Halliday, M. A. K. 1975a. *Learning How to Mean.* New York: Continuum.

Halliday, M. A. K. 1975b. *Into the Adult Language.* New York: Continuum.

Halliday, M. A. K. 1975c. *Language as Social Semiotic: Towards a General Sociolinguistic Theory.* New York: Continuum.

Halliday, M. A. K. 1975d. *Sociological Aspects of Semantic Change.* New York: Continuum.

Halliday, M. A. K. 1976. *Early Language Learning: A Sociolinguistic Approach.* New York: Continuum.

Halliday, M. A. K. 1978a. *Meaning and The Construction of Reality in Early Childhood.* New York: Continuum.

Halliday, M. A. K. 1978b. *Is Learning A Second Language Like Learning A First Language All over Again?* New York: Continuum.

Halliday, M. A. K. 1979. *Modes of Meaning and Modes of Expression: Types of Grammatical Structure and Their Determination by Different Semantic Functions.* New York: Continuum.

Halliday, M. A. K. 1985/1994/2004. *An Introduction to Functional Grammar.* London: Edward Arnold.

Halliday, M. A. K. 1992. *Systemic Grammar and the Concept of a "Science of Language".* New York: Continuum.

Halliday, M. A. K. 1995a. *On Language in Relation to Evolution of Human Consciousness.* New York: Continuum.

Halliday, M. A. K. 1995b. *Computing Meanings: Some Reflections on Past Experience and Present Prospects.* New York: Continuum.

Halliday, M. A. K. 1995c. *Fuzzy Grammatics: A Systemic Functional Approach to Fuzziness in Natural Language.* New York: Continuum.

Halliday, M. A. K. 1998. *On Language in Relation to Fuzzy Logic and Intelligent Computing.* New York: Continuum.

Halliday, M. A. K. & C. M. I. M. Matthiessen. 1999. *Construing Experience Through Meaning: A Language-Based Approach to Cognition.* London: Cassell.

Halliday, M. A. K. 2003. On Language and Linguistics. In. Webster(ed.). *The Collected Works of M. A. K. Halliday.* New York: Continuum.

Matthiessen, C. M. I. M. 1995. *Lexicogrammatical Cartography: English Systems.* Tokyo: International Language Sciences Publishers.

Simon-Vendenbergen, A. Marie & E. Steiner. 2005. Functional Approaches to Discourse: Perspectives, Interactions and Recent Developments. *Scient Direct* (30).

Wikipedia. 2007a. Cognition. Wikipedia, the Free Encyclopedia. September.

Wikipedia. 2007b. Cognitive Linguistics. Wikipedia, the Free Encyclopedia.

唐青叶, 2004, 功能与认知研究的新发展——《通过意义识解经验：基于语言的认知研究》评介,《外国语》(2)：73-78。

第二部分

语篇分析

语音系统在英语语篇中的衔接功能 [1]

语言是多层次的，如语义层、词汇层、句法层、音系层等，在有关语篇衔接和连贯的论著中，学者们往往讨论语篇产生的各种衔接手段是如何在语义、词汇和句法层中起作用的，很少讨论音系层有关语音各范畴和语篇衔接的关系。本文试图从以下方面论证语音系统具有语篇衔接功能。

1. 语调：衰减单位

如同语篇可切分成章节、段落、句子、短语或词组、词等单位一样，用发声媒介体现的语篇，具体说，"言语流"（speech stream）也可切分成大小不等的音韵单位，最基本的是"语调单位"（intonation unit），因为人们说话，特别是长长一段话，总得换气，说相声的有本事像连珠炮似的一口气吐出好几十个字，最后还得换气，不换气的口语语篇是没有的，换气使言语流不时出现停顿（pause）。这样，我们可以把停顿作为划分单位的分界线，两个停顿之间的一段语流便是语调单位。在有的文献中，语调单位也叫作"音调单位"（tone unit）或"（声）调群"（tone group），甚至于套用句法术语，有"语调短语"（intonational phrase）一说。

Pike（1945）和 Bolinger（1964）最早报道言语流中存在着有规则的衰减现象，即说话人说话时一般先吸气，气足后音调升高，达顶峰后开始逐渐衰减，形成一条徐徐下降的曲线，这时说话人需要吸入新的空气方能重新"启动"（reset）。嗣后，Cohen 和 Hart（1965）把两个停顿之间的单位正式定名为"衰减单位"（declination unit，DU）。

最近，Sehuetze-Coburn *et al.*（1991）采用精密频谱仪分析语调频率在语流

---

1   本文原载于《外语教学与研究》1993（2）：1-9。

中的特征，主要是测定"Fo"（归一标准频率或基频）的值，因为基频值与音高（pitch）相关。分析结果见例1，例1中的a，b，c，d……与图1中的a，b，e，d……相对应。

例 1.(a) P: ···Uh nó I-I.. I ga- I méan

(b) ···I- I assúmed- I was [rélatively] cálm in the sense that I [[figured]

S: [《yes》]

N: 「[@@@@ (H)]

(c) C: After an háur]] [and a hálf?

(d) P: [Thát á=fter a r-···a réasonably shórt périod

(e) I mean befó=re the tóes begin to frée-ze

X: @@@@

(f) P: (H) That sómebody would appéar···I mean from inside

S: ···Yeah

(g) N: ···Mhm

P: [I méan that-

S: [《it's》

(h) N: [[<F Théy'd gét úp F>

S: [[《he figures he's》

(i) Léftg a way óut ányway=

··· of course

(j) P: ···It wás the way óut

(k) But [it túrned óut there was another way out···that I didn't <@ réalize @>

X: [@@

P: [[@@@

S: [[oh

(l) P: [<@ I shouldn've been 《lóoking》 óut @>

X: [<P 《mh》 P>

例中符号"…"表示超过 0.7 秒的停顿;".."表示言语节奏的短暂中断;"="表示语音的延长;"(H)"表示吸气,"e"表示笑声,"["或"[["表示两人同时说话;"《》"表示不清楚的音段材料、带尖音符号的元音字母、突出的音节;<P P>:柔和;<F F>:大声,<e e>:伴随以笑声的言语]

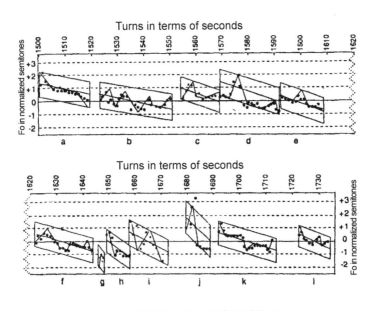

图 1　根据基频构成的衰减单位图

(空心黑点和空心黑团表示不同的说话人,话轮以秒计算)

如图 1 所示,Schultz-Coburn 等人把围绕基频的语流中的各个值框成若干个似信封状的块块,每一个"信封"就是一个衰减单位。他们还观察到由此获得的衰减单位与通过听觉分析获得的语调单位基本上是吻合的,这是从生理上解释语篇在语音上是如何通过一个又一个衰减单位来衔接的。

2. 语调:调群

言语流中的语调单位也可按音高在听觉上的印象来描绘,英国学者对此素有研究。早期有 Jones (1909),Palmer (1922) 等,但当时停留在结合小句或句子那样的句法单位进行研究。近年来对较长语流进行分析的学者有 Quirk

(1964，1980)、韩礼德 (Halliday 1967，1970，1985)、Crystal (1969，1975)，Cruttenden (1986) 等人。他们的观点无大出入。根据英国学者的看法，英国英语口语的音韵单位自大而小可区分为"调群"(tone group)、"音步"(foot)、"音节"(syllable)、"语音"(sound) 等。一个调群包含一个或若干个音步，一个音步依次包含一个或若干个音节，一个音节包含若干个语音。在调群中，总有一个音步载有主要的音高移动的情况，这个音步是"中心成分"(tonic element)。在言语流中人们可听到这些调群呈现为大量不同的"音高曲线"(pitch counter)，但仔细分析可发现这些音高曲线是有规律的，即不外乎五种简式语调和两种复式语调。兹分别以"调 1"(T1)、"调 2"(T2)、"调 3"(T3)、"调 4"(T4)、"调 5"(T5)、"调 13"(T13) 和"调 53"(T53) 表示，并简单描述如下 (Halliday 1970)：

表 1　英国英语的语调

(//= 调群分界，/= 音步分界，1，2，3= 调群类型，大写字母 = 调群重音，^= 短暂间隙)

语调类型	升降曲线	举　　例
T1	降	//1 'Whe' e've/ou/BEEN//
T2	高升，降升	//2 do they/take the/CAR when they/go a/broad//
T3	低升	//3 Arthur/likes to/HAVE it/while he's there//
T4	降升（圆缓）	//4^ they/didn't/take the/car/ LAST time they/went//
T5	升降（圆缓）	//5^ I/didn't/know they'd/ever/BEEN to/Italy//
T13	降 + 低升	//13 Arthur's/been there/TWICE in the/last/YEAR or/so//
T53	升降（圆缓）+ 低升	//53^ he's/never/taken/JANE on/any of hi///VISION/though//

　　调型 T1 是中性的，常见之于陈述句和特殊疑问句[1]，表示肯定的语义，与此相反的是 T2，表示不肯定性，在是否问句中使用。T4 和 T5 都有两个语义成分，话说到一半，说话人从一个语义扭向另一个相反的语义。如 T4 先降后升，意味着"看起来很清楚，实际上非常复杂"，对陈述有所保留，因而 T4 有时也

---

[1]　在这一点上有争论，特别是美国学者提出肯定的语义和特殊提问是有矛盾的。对此，或可作为特殊情况处理，或可认为特殊疑问句对整个陈述是肯定的，发问者只是要了解某一特殊细节。

蕴含着某种试探性的意图。反之，T5 的语义是"看起来似乎令人怀疑，实际上都很清楚，非常肯定"，因此也可用来表示说话人对某人竟然持有某种错误意见而表示惊奇。低升调 T3 介乎升降之间，故表示不那么肯定的语义，带有某种程度的依赖性和非终结性。如说完一个小句，但全句尚未结束，应选用 T3。西方一些妇女在该用 TI 调时也使用 T3，以表示自己的意见不是定论，乐意听取对方意见。复调 T13 和 T53 都具有双重语调重音，但第一个调更为重要，就T13 来说，如调群中最后一项是附加语，说话人不想把它过分突出，故用此调。

例 2. //13 Jane goes/shooting in/TOWN/every/FRIday//

例 3. //53 ^the/OTHers/all seemed/SATisfied//

(M. A. K. Halliday 1970)

例 2 中说话人想提供的新信息既有"TOWN"，也有"FRIday"，后者不如前者更重要，故从 TI 转入 T3。例 3 是复调 T53 的举例，说话人要表达的语义所有在场的人都很满意，只有受话人偏偏对此不高兴，因此重点是把受话人和其他人对比，受话人不高兴的神情早已外露，这个语义不如与其他人的对比更为重要，故选用了复调。

复调的再一个用途是把前面已经提到过的项目（即已知信息）根据语篇的需要给以某种程度的突出。例 4 表明"FRIDGE"实际上是已知信息，会话参加者都知道"FRIDGE"意味着家里的那个冰箱和所在位置，但为了强调冰箱里有啤酒，故使用 T13 以调和两者。

例 4. //13^there's some/BEER in the/FRIDGE// (M. A. K. Halliday 1970)

调群与句法单位相关，即调群一般与句法层的一个小句一致 (Halliday 1970)。然而在实际语篇中，我们有时可以看到一个调群可体现一个词组，甚至一个词，这该如何解释呢？Chafe (1988：3) 从盖然率的角度做过回答。他从实验中发现学术界人士谈话中有 70% 的语调单位是完整的小句，考虑到个体变异，其幅度在 60%—80% 之间，因此音系层的调群与句法层的小句相应是有一定根据的。

调群为什么对语篇具有衔接意义呢？我们可从以下 6 点进行讨论。

1) 把英语语调归纳成五种简调和两种复调本身就说明英语语篇不是一堆语音的混杂，而是由若干有规律的调群组成的。

2) 为调群选择某一语调不是任意的，这要受语篇制约，这种制约首先见之于"语调序列"（tone sequence），用来表示不同句法关系，在以下例子中，例 5 表示语义上与前文有指代关系，例 6 表示并列关系，例 7 表示从属关系。

例 5. //1^ she/packed her/BAGS//1 then she/left/HOME//

例 6. //3^ she/packed her/BAGS and//1 left/HOME//

例 7. //4^ As/soon as she'd/packed her/BAGS she//1 left/HOME//

(M. A. K. Halliday 1985)

3) 语篇对语调的制约还可见之于"语调协和"（tone concord）现象。例如，在同一语篇之中，为了表示同位关系，第二个词组使用的调型应与第一个词组的调型相协和，如以下各例所示：

例 8. //1 where's my/green HAT the//1 one with/two little/FEATHERS//

例 9. //2 have you/seen my/green/HAT the//2 one with/two little/FEATHERS//

例 10. //4^ if you/see my/green/HAT the//4 one with/two little/FEATHERS//1
　　　　let me KNOW//

4) 从语言的社会性来说，会话的参与者讲究说话顺序，当说话人不断使用 T3，意味着他要继续发言，这时受话人不宜插入，而当说话人使用 T2 时，意味着要求对方说话，这时受话人应作回答，不然不符合说话的规则，因此，对语调的选择是使类似会话的语篇正常进行的关键。

5) 对调群选择不符合常规的语调，会造成交际的失败，应当注意的是说话人有时另有意图，故意换用非常规语调，特别是 T4，T5 和 T53，这时受话人应从语调的变化抓住其蕴含意义。可见语调更能反映说话人的真正意图，俗话说"说话听声，锣鼓听音"，就是这个道理。

6) 语调的选择也可体现某些语篇的特征。如上级或主人对下级说话好用降调，一锤落地，不容争论；下级或仆人对上级说话好用 T2 或 T3，事事都得请示。我曾对澳大利亚的英语新闻广播的语调做过分析，部分录音材料见例 11。

例 11. I. (1) //1^ This is the/National/NEWS//3^ from the A/B/C//1 read by/Ross/SYMONDS.//

(2) /4^ The headLINES,// (3) 4^ Mr/SINCLAIR//4^ says/he believes/there's/no foun/DATION//1^ for/CHAR-ges/laida/gainst/him.// (4) //4^ The/Federal/GOVERBNENT//13having/ANOTHER/LOOK//4 at its/recently announced/FInisHing a/greement//1^ with Ja/PAN.// (5) //4^ Telecom/technicians//1^ seeking/private/TALKS//4^ with TELECOM//13^ over/their/PAY dispute. / (6) //4^ And the/Euro/pean E/conomic Community//4^ giving/five and a/half million/DOLLARS//3^ to/help feed the/HUNgrey//1^ in/Kampu/CHEA.//

II. (1) //4^ Mr/Ian/SINCLAIR//3^ has/drp[[ed/PLANS//13^ to/make a/STATEment to/Federal PARliament today//1^ on/his/EUSIness a/fairs.// (2) // (2) //3 CHARges/have been//3laid a/gainst /Mr SINCLAIR.//4the/former/Federal/Minister for/primary/Industry,//4^ following consider/ration by the New/South Wales/government//1^ of a/second re/PORT//3^ from a/special in/INVESTIGATOR,//1^ Mr/Michael Fub/NABe,// (3) //4^ There are/three/charges of/FORGERT, //4^ Three of/UTTERING//4^ and/TWO of/making//1 false/statements/under/OATH.// (4) //13A/nother/FOUR CHARges have been//1 laid/under the/COMpanies/Act.// (5) //1^ They in/volve/making false/statements on/company returns.//

[此段 (6) 句以下略，详见 Hu 1980]

例 11 选用了两段报道，段落 I 是广播员先自报山门，然后宣读新闻要目；段落 II 是一则国内新闻，总共 15 句话，用了 51 个调群，其中 T1、T3、T4、T13 的出现数分别为 16、8、19、8 次。由于新闻广播的主要任务是提供新闻，不要求广播员向听众提出问题，因而没有 T2，新闻广播只要求广播员客观地、如实地报道新闻，不容许夹杂个人判断或情绪的流露，因而也没有 T5 和 T53。

3. 信息单位

在本节中我们引入信息理论重新审视上文中的调群。我们已经知道，调群中总有一个表示音高移动方向的中心成分，这是从音系学理论来分析的。这个中心成分起什么作用呢？这就得联系信息理论说明。我们说话时有一个大家熟悉的现象，我们说话总是想告诉人某些信息，至少他认为有些新的内容，如果说的都是大家知道的情况就失去交际的意义，这新的内容是"新信息"。但是如果说的话都是前所未闻，前后不着边，别人便无法理解，这时就得从一些大家知道的背景着手，这已经知道的内容是"已知信息"。为了突出新信息，说话人便得提高嗓门，对某些词多用些力，以引起听话人的注意，这样新信息在音系层总是要由在调群中较为突出的中心成分来体现，这时这个中心成分叫作"信息焦点"或"信息中心"（information focus）。

布拉格学者最早倡导交际动力说，并使用"新信息"和"旧信息"的术语。他们把信息理论与主位——述位理论混在一起，因而得出信息值总是由前向后逐步增强的结论。

韩礼德（1970）认为旧信息宜改称为"已知信息"（given information），因为"旧"意味着该信息在语篇某处已经出现过。事实上该信息可以蕴含的形式出现，也可以存在于情景语境或文化语境之中，它与说话人和受话人的共知有关，不一定是"旧"的，不一定总是由说话人"给"予受话人的，但受话人能够通过自己的经验和判断回收这些信息，而新信息则完全靠说话人提供。在通常情况下，信息总是从已知信息向新信息移动的。如在 "I'll tell you what silver needs to have" 这段话中，第二句的 "It" 指前句中的 "silver"，不再是新信息，说话人想说的新信息是 "love"。

例 12. //^It needs to have/LOVE//

　　　已知 ——— 新

但韩礼德指出，已知信息不一定总是在句首出现，新信息也不一定总是在末尾出现。在 "You say 'Madam, isn't that beautiful?' If you suggest it's beautiful, they see it as beautiful." 这段话中，第二句是从新信息开始的（例 13）。

例 13. //^If/you sug/GEST it's/beautiful//

　　　新　旧

they/SEE it as//beautiful//

　　新　　旧

在澳大利亚新闻广播中有时也出现这种情况，如：

//1 ^for/CHARges/laid a/gainst /him.//
// 3 ^CHARges/have been//

这种一反常态的新信息分布情况毕竟是有限的，因而是有标记的 (marked) 信息结构。同样，原来是已知信息在特定情况下也可以提升为新信息：

例 14. //YOU can/go if you/like//I'M not/going//

(M. A. K. Halliday 1985)

例 14 中的 "YOU" 和 "I" 都是人称代词。按理说，在场的人都知道它们指称的对象，是已知信息，但为了强调对比意义，一个想去，一个不想去，作为新信息处理了。

对新信息的研究有助于分析语篇体裁。在上一节中曾谈到澳大利亚新闻广播在 15 句话中用了 51 个调群，这是由两个因素决定的。第一，新闻广播是信息高度集中的语体，但一个调群一般只能载有一个新信息，当一句话中信息量过度集中时，那句话便得划分为较小的调群和大量使用复调。第二，广播新闻不同于报纸新闻，看报时，为了更好地掌握信息，读者可随时回头重新阅读，广播新闻则不，一句话未听进去，听众是无法让广播员立即重新读一遍的。为了让听众掌握主要信息，广播员便得利用调群理论，使用更多的调群，以提供更多的新信息。

近年来，Chafe（1987）倡导信息结构的三分法，除已知信息（Chafe 称为旧信息）和新信息外，第三种类型为"易及的"（accesible），或"原先半活动的"（previously semi-active）信息。所谓易及信息或半活动信息指存在于说话人周边意识中的信息，他对其内容有所了解，但一时注意力未在其上。例如，在谈到教室这个范围时，诸如"学生""讲师""助教""笔记""教室"等内容都处于半活动状态，例 15 是关于这三种信息的区分办法。

例 15. 大写 : 新信息 ; 单线 : 易及信息 ; 斜体 : 已知信息

(1) …It's FUNNY though.

(2) …I do think *that* MAKES A DIFFERENCE…but,

(3) …I cal recall…uh—…a big undergraduate class that I had,

(4) …where <u>everybody</u> LOVED <u>the instruction</u>.

(5) …a—nd..*he* WAS A…REAL…OLD WORLD…SWISS…—*guy*.

(6) …*This* WAS UH…A BIOLOGY course,

(7) …a—nd he—…LEFT ALL OF THE—SORT OF UH—…REAL CONTACT WITH… <u>students</u>…UP TO <u>his assistants</u>.

例 15 中 "everybody" "the instructor" "students" "his assistants" 都是易及信息。Chafe 提出易及信息的目的似想说明有些词语首次出现但又不是新信息的情况。Chafe 的其他观点尚有以下 5 点 : 1) 载有新信息的概念单位只在表层结构的一个成分上以高调发音 ; 2) 这个"最吃重的"成分一般是并列名词结构的居末尾的名词，在动名组合中则更多的是名词而不是动词 ; 3) 只有载有已知信息的词项才能代词化，除非该词既是新信息又具有对比意义 ; 4) 把一些词项作为已知信息的理由是 : 说话人和受话人对时空都能认同 ; 一个词项被认为已知不在于该词的重复与否，而在于它的概念，如在 "I just found some books that belong to Peter. I wish I knew where that guy's living now." 这段话中，第二句的"that guy"虽是一个新词语，但意指前句中的"Peter"，故是已知信息；5）已知性一般从一句保留至下一句，但中间插入其他句子后，说话人可假设该词已从受话人意识中消失。这是把信息理论与心理语言学结合的一个很重要的成果。

4. 语音模式

这里的语音模式是广义的，既包括 alliteration（头韵）、assonance（半谐韵）、consonance（辅韵）、rhyme（正韵）等，也包括韵律和抑扬格等（Leceh 1969）。较长时间内，不少人对语音模式是否表达语义，特别是是否表达衔接语义持有异议，我个人认为语音模式一旦跨越句子的界限，这种手段有时能表达语篇的主题意义，有时具有衔接功能。对此，我通过分析狄伦·托玛斯一首十九行诗作过论证（胡壮麟 1985）。

我在该文中指出通过每行最末尾的词，如 night, light, right, bright, flight, sight, height 为一组，day, they, bay, way, pray 为另一组，全诗贯穿两个韵，即 [ait] 和 [ei]。这两个韵正好在音系层，与全诗的两个关键词 "night" [nɑit] 和 "day" [dei] 的发音呼应，因为这两个词蕴含主题中的"死"和"生"。

其次，[ɑi] 和 [ei] 在半谐音中也大量出现：前者有 night, dying, light, lightening, crying, wild, binding, blind, eyes, like 等，后者有 day, age, rave, wave, frail, rage, against, late, grave, blaze 等。[ɑi] 出现 10 次，[ei] 出现 8 次，合计占半谐音的 52.9%。如果加上 [ou], [i:], [:] 等双元音和长辅音，可占四分之三以上，这完全能体现人们在悲伤时语不成声的气氛。最近，重读朱光潜先生《诗论》（1987），书中谈到"音律的技巧就在选择富于暗示性或象征性的调质，比如形容马跑时宜多用铿锵急促的字音，形容水流时宜多用圆滑轻快的字音。表示哀感时宜多用阴暗低沉的字音，表示乐观时宜多用响亮清脆的字音"。这更加肯定了本人早先的想法。

像音韵等语音模式除表达语篇的主题意义从而使语篇的意义取得连贯外，对语篇衔接在形式上也有重要意义，字有定声，调有定式，韵有定处，说的就是这个道理。如狄伦·托玛斯的 19 行诗的音韵模式为 "aba, aba, aba, aba, abaa"，给人以整齐划一之感。

音韵具有语篇衔接意义，可见之于朱光潜（1987）的绝妙评述。他说，"就一般诗来说，音韵的最大功用在于把涣散的声音联络贯串起来，成为一个完整的曲调。它好比贯珠的串子，在中国诗里这串子尤不可少。"所谓"完整的曲调"，就是语篇在音系层的总的体现。

与音韵具有同样重要性的诗的格律也是对完整性的重要保证。诗歌格律是诗学语言在音系层的法则，至少是某种体裁的法则。众所周知，在英诗中有两套法则作用着，一是"抑"与"扬"的交替或组合，一是这个组合在每行中出现的频率，即"音步"（foot）。正如王力先生所说（1978），"英语的诗有所谓轻重律和重轻律。英语是以轻重音为要素的语言，自然以轻重递用为诗的节奏。如果像希腊语和拉丁语以长短音为要素的，诗歌就不讲究轻重律或重轻律，反而讲究短长律或长短律了。"这里，王力先生所谓的"轻"与"重"就是"抑"与"扬"的另一说法，这方面的实例很多，此处从略。

我们还应当看到语音模式和轻重音的交替与散文绝非无缘。Traugott 和 Pratr（1950）对 Virginia Woolf 的小说 *Mrs Dolloway* 做过如下分析。

例 16. What a lArk?//What a plUge?//For so it has Always sEemed to her, //
　　　　　　　1　　　　　　　　2　　　　　　　　3

whEn, / with a lIttle squEak of the hInges, which she could hEar nOw,
　　4　　　　　　　　　　5　　　　　　　　　　　　6

/she had bUrst Open the FrEnch wIndows/ and plunged at BOurton Into
　　　　　　　　　7　　　　　　　　　　　　　　　　　8

the open Air.//How frEsh, /how cAlm, /stiller than thIs cOurse, / the
　　　　　　　　　9　　　　　　10　　　　　　　11

Air wAs in the Early mOrning ;// like the flAp of a wAve, // the kIss
　　　　　　　　12　　　　　　　　　　　13

of a wAve/chIll and shArp and yEt/ (for a girl of eighteen as she then
14　　　　　　　15　　　　　　　　　　16

was) /sOlemnm, //fEeling as she did, /stAnding thEre at the Open
　　　17　　　　　　　18　　　　　　　　19

wIndow, /that something Awful was about to hAppen...
　　　　　20

在上例中，句法短语以数字标示，双斜线表示句停顿，单斜线表示句内短语停顿，大写元音字母表示重音节，其余均为轻音节。两位作者认为重读音节和未重读音节的交替衬托了该小说的一个重要主题，即把生活看作是有时为"欢乐的云雀"，有时"下堕"于失望之中，小说企图寻求两者的平衡，这在以上引文的 19 和 20 两个短语的三分法中体现的最为明显：

I.   stAnding thEre at the Open window,
      1   2   3

II.   that

III. sOmething Awful was about to hAppen
      1   2   3

此外，美国作家马克·吐温在其小说中对密西西比河的描绘中大量使用了包含辅音 /m/ 的头韵，创造出不尽江水滚滚来的氛围，白浪涛涛，气势宏大。

例 17. the great Mississippi, the majestic, the magnificent Mississippi, rolling its mile-wide along, shining in the sun.

从以上讨论中不难看到每种语言有其自己的特殊的语音模式，但不论是哪种语言，语音模式在语音上实现语篇的衔接，而且有时直接或间接地为语篇主题服务。当然，它的功能不一定在所有语篇中体现出来，至少在某些体裁的语篇中发挥相当大的作用。所谓音韵美，归根结底，是语篇美。

参考文献

Bolinger, D. 1964. Intonation as a universal. *Proceedings of the IXth International Congress of Lingluistics, Cambridge* 1962. The Hague: Mouton.

Bolinger, D. 1986. *Intonation and its Parts.* Standford: Stanford Univrsity Press.

Chafe, W. L. 1987. Cognitive constraints on information flow. In R. Tomlin (ed.). *Coherance and Grounding in Discourse.* Amsterdam: John Benjamins.

Chafe, W. L. 1988. Linking intonation units in spoken English. In John Haiman &

Sandra A. Thompson (eds.). *Clause Combining in Grammar and Discourse.* Amsterdam: John Benjamins.

Cohen, A. and J. Hart. 1965. Perceptual analysis of intonation patterns. *Proceedings of the Vth International Congress of Acoustics.* Liege, 1964. Paper A16.

Cruttenden, A. 1986. *Intonation.* Cambrige, U. K.: CUP.

Crystal, D. 1969. *Prosodic System and Intonation in English.* London: CUP.

Crystal, D. 1975. *The English Tone of Voice. Essays in Intonation, Prosody and Paralanguage.* London: Edward Arnold.

Halliday, M. A. K. 1967. *Intonation and Grammar in British English.* The Hague: Mouton.

Halliday, M. A. K. 1970. *A Course in Spoken English.* Oxford: OUP.

Halliday, M. A. K. 1985/1994/2004. *An Introduction to Functional Grammar.* London: Edward Arnold.

Hu, Zhuanglin. 1980. *Linguistic Features of ABC2 News Broadcasting.* Department of Linguistics, the University of Sydney.

Jone, D. 1989. *Intonation Courses.* Leipzig: G, B. Tenber.

Leech, G. 1969. *A Linguistic Guide to English Poetry.* Harlow: Longmans.

Palmer, H. E. 1922. *English Intonation, with Systematic Exercise.* Cambridge: Heffer.

Pike, K. L. 1945. *The Intonation of American English.* Ann Arbor, MI: University of Michigan.

Quirk, R. et al. 1964. Studies in the correspondence of prosodic to grammatical features in English. *In Proceedings of the IXth International Congress of Linguistics.* The Hague: Mouton.

Schuetze-Coburn, S., M. Shapley & E. G. Weber. 1991. Units of intonation in discourse: A companion of acoustic and auditory analysis. *Language and Speech* 34 (3): 207-234.

Traugott, E. C. & P. M. Louise. 1980. *Linguistics for Students of Literature.* Harcourt Brace Jovanovich, Inc.

胡壮麟, 1985, 语音模式的全应效果, 《外语教学与研究》 1985 (2) : 14-18。

胡壮麟，1992，韩礼德—哈桑的接应模式和汉语话语接应问题，《语言研究与应用》：299-315。

王力，1978，《汉语诗律学》。上海：上海教育出版社。

朱光潜，1997，《诗论》，收录于《朱光潜全集》第三卷。合肥：安徽教育出版社。

语篇分析在教学中的应用 [1]

语篇分析 (discourse analysis 或 text linguistics) 自问世以来，受到语言学界和应用语言学界的巨大关注。这是因为对语言本质的研究，离不开把语篇作为研究对象。语言形式取决于语言功能。人们根据使用语言时所要实现的功能来选取相应的语言形式。其次，人们通过语篇来完整地、系统地表述自己在纷繁的社会活动中的各种思想。因此，语篇分析除对语言学研究具有重大的理论价值外，对其他学科也具有应用价值。本文集中讨论语篇分析在教学中的应用，因为我们每一节课实际上都在与语篇打交道。在教学工作中充分利用语篇分析研究中的成果，可改进和提高一些课程的教学效果。在这方面，国内外许多第一线的老师已做了不少理论联系实际的工作，本文也是我的学习汇报。

1. 组织课堂教学

当代的教学思想强调教师和学生之间的互动，因此 Sinclair & Coulthard (1975) 通过对课堂用语的观察和分析，主张抛弃"语段"(utterance) 的概念。他们的理由是：一个语段不是由教师一个人完成的，而是教师和学生之间互相交换。因此，一节课包含多次"回合"(exchange)，一个"回合"可含若干个"话步"(move)，一个话步可含若干个"行为"(action)，如图1所示：

---

[1]　本文原载于《外语教学》2001, 22 (1)：3-9。

非言语性组织	语篇	语法
课程		
节	课	
题目	回合	
	话步	句
	行为	小句
		词组
		词
		词素

图 1

Sinclair 和 Coulthard 的这一模式的优点为：1) 把课堂用语分解为"课""回合""话步"和"行为"四个不同层次的单位；2) 语篇一方面与非言语性组织有一定的对应关系，如"课"之于"节"，"回合"之于"题目"，另一方面与语言本身的语法有一定的对应关系，如"句"之于"话步"，"小句"之于"行为"。目前英国和加拿大的语篇分析家有关课堂用语的许多模式都是从 Sinclair 和 Coulthard 的这一模式脱胎而出的。

Sinclair 和 Coulthard 这项研究发表较早，但已显露出这样的萌芽：课堂教学不是老师的"独语"，而是与学生的"对话"（dialogue）。尽管以学生为中心的思想体现得还不明显，但终究是一个良好的开端，并且为我们对课堂用语的研究打开了广阔的天地。

2. 阅读

根据语篇的话语场、话语基调和话语方式以及思想意识形态的不同，语篇体现为不同体裁或语类，于是一种被称为"建立在体裁基础上的教学方法"在美国和澳大利亚盛行。体裁教学法建立在语篇的体裁分析基础上，即把体裁和体裁分析理论自觉地应用到课堂教学中，其目的是：1) 引导学生掌握属于不同体裁的语篇所具有的不同交际目的和篇章结构；2) 让学生认识到语篇不仅是一种语言建构，而且是一种社会意义的建构；3) 引导学生既掌握语篇的图式结构，又了解语篇的建构过程，从而帮助学生理解或撰写某一体裁的语篇。为实现这些目的，教员在设计教学大纲与编写教材时，不应完全依照语言项目，而应该考虑体裁因素，借以满足学习者在社会交往中的实际需要，使其尽可能多地接触并掌握未来工作和生活中将会遇到的种种体裁（包括书面语和口语）（秦秀白 2000）。

以体裁教学法为基础的语篇分析与语文教学的直接关系来说，对阅读课无疑关系最为密切。其次，对语篇的分析可分正向策略 (bottom-up strategy) 和反向策略 (top-down strategy) 两种。前者从小的篇章成分入手一步步地对篇章解码，后者从宏观层次线索对篇章解码。反向策略可以补充传统的正向教学法，尤其是对信息度较高的篇章更应如此。如下例乍看起来不易理解：

Call us before you dig. You may not be able to afterwords.

这是美国一家电话公司对用户的警示。如果用户擅自掘地会切断地下电缆，使电话线路中断，以后就没法用电话了。这说明，理解这个语篇，人们的世界知识起着重要作用（陈君、刘辰诞 1999）。

由于老师引导学生分析不同类型课文的框架结构及段与段之间的逻辑关系，从而培养学生预测语体和主要内容的能力。如"偷袭珍珠港"这一课文，作者如何从渲染美军官兵欢度假日毫无戒备的心理，为突发惨剧做铺垫，和如何使用词汇链，使全文连贯完整，前后呼应。另一方面，老师可利用课文语境，引导学生深入理解词语语义，以及剖析语法形式与内容的关系。如以下 3 句中，a 句说的是警察杀死了暴乱工人，就事论事；b 句因使用了被动语态，把杀人者是警察放在明显地位；而 c 句因无修饰语"暴乱"，又是被动语态，表述了"工人被杀"这一事实，既是"被杀"，必然引导人们去思考"谁"杀害了"工人"，用词不多，含义深刻（寄影 1998）。

a. Police killed rioting workers.

b. Rioting workers were killed by the police.

c. Workers killed.

蔡晖（2000）观察到学生对语篇会有不同的理解，其部分原因在于学生不注意或不善于发现除主题意义以外的其他篇章内容。其次，学生的语言能力和文化差异会成为影响篇章解读的新的因素，使原本隐蔽的核心信息变得更加隐蔽而不可觉。那么，如何通过明显的"语码"去解读语篇所携带的全部思想内容，包括对潜在信息的理解？教师如何为阅读暗示解码方式，提供解读方法、步骤等，从而增强文本阅读的可理解性？这些都是教师需要经常考虑的问题。

3. 写作

写作课的老师都强调学生的作文应当主题突出，行文流畅，前后连贯。这便需要运用语篇分析中的许多研究成果。

以往的英语写作教学往往偏重修辞和语法方面的训练，忽略体裁和体裁分析。上述的体裁教学法用于写作教学卓有成效。如美国 Abadiano（1995）曾对中西部城市的 6 年级学童的作文进行分析。这些学生具有不同文化背景、操不同语言、均来自低收入家庭，其中来自黑人、本地人和属主流文化的孩子各 8 人。研究的内容是他们在说明文中使用的衔段和语类。分析表明：1) 这些学生最常用的衔接手段为词汇衔接；2) 衔接手段的频率按这 3 个组递增；3) 衔接手段类型的差异是按学习成绩好坏区分的（秦秀白 2000）。

关联理论可用来指导英语写作教学。从写作者的角度，写作过程就是写作者作为交际者尽可能向作为交际对象的读者提供关联性最大的言语信息，以示意自己写作意图的心理过程；而站在读者的角度，交际对象则尽可能进行关联程度最大的逻辑推理，这是理解交际者意图的语用推理的心理过程。由此可见，"关联性最大"最能表达作文语篇意图，而"关联程度最大"最能准确推理作文语篇意图（韦国欣 1999）。

当然，要使学生的作文连贯性强，全面提高学生的写作能力，仅靠语义衔接手段是不够的，还有赖于其他方式达到语篇连贯的效果。比如，话题连贯涉及语篇新旧信息的传递方式，而句法连贯，如平行结构，可以加强句子乃至段落之间的节奏感、平衡性和表达力度（Abadiano 1995；李志雪 2000；赵璞 1998）。下例从主位连接和信息处理来实现英语写作的连贯性。我们先看下面一篇初稿。

(1) Since its birth, language has been used as a most effective instrument for human communication. (2) The functions of language have attracted the attention of a great number of scholars. (3) Though working assiduously, many of them did not figure out the true nature of language which is the aim of modern linguistics. (4) "Rhetoric" was the profound theory of language use they developed. (5) Their main interests at that time lay in finding some pratical skills to make their use of language more effective. (6) We still are helped to the present study by what they did centuries ago...

上文在语法正确、表意清楚和段落组织方面都能接受，但句与句之间的联系不自然，有跳跃感。为此，在方法上，可把主位改成 language，和通篇主题相呼应。具体操作如下：

——句 1 的述位新信息 a most effective instrument for human communication 能间接地得到 functions 的含义，与句 2 的主位 the functions of language 相连。

——句 3 的 which is the aim of modern linguistics 显得累赘，可删除。状语分句插在主语后面构成另一信息单元，用联加状语 though 和标点逗号作为衔接手段，让 the true nature of language 占据句末。

——句 4 的 rhetoric 显然是新信息不宜作主语，应从句 3 的述位 working, figure out the true nature of language 等中产生的已知信息 the profound theory of language use they developed 作主语。

——句 5 的主语 their main interests 只用物主代词 their 作衔接手段，主位值不高。整体来说还是新信息，应改成 this 来指称句 4 的新信息。

——句 6 占据末段信息中心的 what they did centuries ago 显然是已知信息，应放在句首。

通过主位——述位和新信息——已知信息的理性选择，这段作文可改写为：

(1) Language has been used, since its birth, as a most effective instrument of human communication. (2) The functions of language have attracted the

attention of a great number of scholars. (3) Many of them, though working assiduously, did not discover the true nature of language. (4) One of the profound theories of language use they developed was "rhetoric". (5) This is because their main interests at that time lay only in finding some practical skills to make their use of language more effective. (6) What they did centuries ago is still helpful in our present study.

4. 翻译

联合国资深翻译家维亚吉奥 (Viaggio 2000) 曾就"语篇分析能否帮助我们做好翻译工作？"做过系列讲座，各讲题目除引言外，有语言与话语，意义与意思，意思有赖于语境和情景，人们如何用词语的意义表述意思，话语分析的作用，语篇和联合国的翻译工作，理论和实践的关系，等等。

维亚吉奥举英语的 Time flies like an arrow 为例，源语的隐喻义"时间短暂"，这个意义计算机是无法识别的。因为人们可以把它理解为多种意思，如：1) 时间的移动像箭一样；2) 按照测算箭的速度来测算苍蝇的速度；3) 按照箭测算苍蝇的速度的同样方法来测算苍蝇的速度；4) 测算与箭相似的苍蝇的速度；5) 一种叫作"时间苍蝇"的特定的苍蝇喜欢一种箭。

出现不同解释的可能性在于英语语法可同时表达不同的世界知识，尽管越往后的解释越不可能。因此，我们翻译时理解的不光是句子和词义，而且应了解它们的延伸义。为了理解，需要引入非语言知识和智力，即语篇内因素和语篇外因素。语篇内因素包括哪些是主题，哪些不是主题，主题按什么语序延伸，主题用何等词表达，用何种句子，用何语气，语篇外因素则包括什么样的情景，谁是作者，语篇是为何目的写的，给谁写的，何时何地，为什么，表现什么功能，译者在动笔前应对这些因素预先分析。

维亚吉奥提出翻译工作以读者为中心的观点。这包括 5 个要素：意图、可接受性、信息性、情景和互文性。他举联合国文件的一份协商性语篇为例，最初的译稿第 2 段和第 5 段如下：

(2) Women play a major role and make environmentally crucial choices in

key areas of production as well as consumption affecting the environment in both rural and urban areas. Women must be engaged in environmentally sound action at the local level and in action which promotes the sustainable use of natural resources at all levels. Women's experiences and expertise of safeguarding the environment which at the same time seeking to ensure adequate and sustainable resource allocations which households and communities must be acknowledged and incorporated into decision-making.

(5) The role of the United Nations Environment Programme in the United Nations system and its community of partners for the advancement of women as a means to safeguard the environment is to recognize women and facilitate their environmental education and their access to resources through developing a gender perspective in all their activities of the organization. The United Nations Environment Programme should develop this role and take women's experience and knowledge on board by offering equal job opportunities and providing gender-sensitive working conditions. (摘自联合国环境计划 6 月 18 日决议, 171 词)

维亚吉奥评论道, 这样的译文采用了传统的、措辞强烈的联合国文体, 因此出现了语域的突然变换, 如 taking on board; 词语的重复, 如 women, environment 等。于是原来语篇的传授性意图不复存在。为此, 他建议从源语篇中归纳以下的主要思想, 如:

——Women
——Choices
——Experience
——UNEP's role (with UN and partners)
——UNEP

根据这个主题序列, 修改后的译文要通顺得多。

(2) Women play an important role and make crucial choices in key areas

of production and consumption, affecting the environment in both rural and urban areas. They must therefore act in ways that are environmentally sound at the local level and that promote the sustainable use of natural resources at all levels. Their experience and expertise in safeguarding the environment while using resources adequately and sustainably at home and in their communities must be acknowledged and incorporated into decision-making.

(5) With respect to the advancement of women as a means of safeguarding the environment, the role of the United Nations Environment Programme in the United Nations system and its partners is to recognize women and facilitate their environmental education and access to resources by introducing a gender perspective in all the activities of the organization. The United Nations Environment Programme should develop this role and take advantage of women's experience and knowledge by offering equal job opportunities and providing gender-sensitive working conditions. (162 词)

其实，国内学者对维亚吉奥的某些观察也有共识，如译文应对源语篇的信息结构做句法调整 (张明林 1999)。这里，我们先领会下面的中文的旅游语篇举例。

自春秋时期宁波即有文字记载，唐代以来成为主要港口，与东南亚各国通商。1842 年为五个通商口岸之一。中华人民共和国成立 30 年后的 1979 年，宁波再次对外开放。如今宁波这个不冻港为全国十五个沿海开放城市之一。

全部句子都以时间状语为主位，以时间序列为篇章衔接的主要手段，这是符合汉语特点的。

如果在译文中照搬原文句法，那就像一份列车时刻表或大事年表。下面的英译文由于尽可能把 Ningbo 作为主位，符合英语语篇习惯。

Ningbo has been recorded since the Spring and Autumn period. It has been a major port since the Tang Dynasty, trading with Southeast Asia. It was made a treaty port, open to foreign trade and residents in 1842. Ningbo was reopened as a port for foreign trade in 1979 for the first time 30 years after the founding of the People's Republic. The ice-free port is now one of the 15 Open Coastal Cities in China.

徐振忠 (1997) 就袁锦翔先生 (1994) 翻译萧伯纳 1926 年的一篇演说词对中英文进行了对比研究。原文和译文如下：

Of late years the public have been trying to tackle me in every way they possibly can, and failing to make anything of it they have turned to treating me as a great man. This is a dreadful fate to overtake anybody. There has been a distinct attempt to do it again now, and for that reason I absolutely decline to say anything about the celebration of my seventieth birthday. But when the Labour Party, my old friends the Labour Party, invited me here I knew that I should be all right. We have discovered the secret that that there are no great men, and we have discovered the secret that there are no great nations of great states.

（近年来公众舆论一直千方百计想要把我整垮，此计不成，又反过来把我捧成一个伟人。谁碰上了这种事都是极为倒霉的。现在出于另一企图，有人又在干同样的事了。为了这个缘故，对于庆祝我 70 岁生日的活动，我完全拒绝发表任何意见。但是，当我的老朋友工党请我到这里来时，我知道一切都没有问题。我们发现了一个秘密，那就是世界上没有什么伟大的民族，也没有什么伟大的国家。）

源语语篇从话语场分析属社交演说辞，由于听众都是萧伯纳的工党同仁，既要表示感谢，又要阐明他个人的政治见解，即对资本主义的揭露和批判。此外，这类语篇应具有政治演说辞的特色，即具有鼓动性和感召力。就话语基调而言，译者要考虑到萧伯纳和工党同仁是老朋友的关系，于是在语言风格上要保持幽默诙谐。在话语方式上，演说辞属口头表达，但事先又是经过精心准备，写好讲稿的。正是这些语篇要素，袁先生的译文堪为佳作。

余宏荣（1998）指出，在翻译中，指示代词的使用在英汉篇章中应有不同。他曾对 Issac Singer 的短篇小说 *The Briefcase* 和鲁迅的《社戏》做过统计，如表 1 所示。

表 1

	this	that	这	那
次数	1	5	13	4
频率	16.7%	83.3%	76.1%	13.6%

因此，英译汉时，往往要将英语的远指词译为汉语的近指词，以产生化远为近的心理效果，如：

The teachers then shook hands with me and kissed me... Thus relieved of a grievous load. I from that hour set to work afresh... (*Jane Eyre*)

（于是老师们过来和我握手，吻我……一个令人悲痛的包袱就这样解脱了。我从这时候就开始重新努力……）（祝庆英译）

这一原则在中译英时也可运用，如：

那是在四五年前，在大西北一个京评合作的小剧团里。那时，他们在一个县城演戏……这个县城是日本兵，特务成堆的地方，演员们在这里演戏很不安全。（新凤霞：《新凤霞回忆录》）

(Some five years previously they were both acting in a small pingju troupe in a county town in the northwest... That county town was so infected with Japanese troops and spies that actors performing there felt more insecure. (戴乃迭译)

总之，汉语篇章着重的是心理距离，而英语篇章着重的是实际距离。语境是理解与翻译的基础。如源语篇中有的所指要结合语境才能确定（郭冬花 2000）。试比较以下英译汉的语篇。

...and only last summer I proved myself perfectly unworthy of one.
(*Wuthering Heights*, Ch. 1)

（……果然，就是在去年夏天，我证实了我根本不配有。）

last summer 指的是哪一年夏天？译文中译成"去年夏天"有误。小说开头就交代了当时是 1801 年。从前后文获悉是冬天，故事的叙述人 Lockwood 叙述完这句话后，紧接着就谈了他夏天的经历，随后又叙述了他在炉边的一把椅子上坐下，显然他是想取暖。第二章谈到他遇到一场大雪在 1801 年 1 月，而 last summer 是刚过去的夏天，因此应译为 1801 年夏天。

翻译时，对多义词不好确定其意思，这时也要做语境分析。

"And you are my uncle, then!" she cried, reaching up to salute him.
(*Wuthering Heights*, Ch. 21)

（"这么说，你是我的姑父啦！"她嚷道，走到他跟前，行了个礼。）

Heathcliff 一心想让 Catherine 嫁给他儿子 Linton。当 Catherine 向他 salute 时，他马上说了一句："If you have any kisses to spare, give them to Linton." 因此，salute 的具体意思在语篇中应为 kiss。

最后，我们可结合语境从逻辑角度分析句子的含义。郭冬花举例如下：

I'm sure you would have as much pleasure as I in witnessing the conclusion of the fiend's existence.

（我可以肯定，眼看那个魔鬼恶贯满盈，你该像我一样高兴吧。）

从前后文看，Enshaw 一心想干掉 Heathcliff，他明白地告诉 Heathcliff 太太，他们要是不"干掉"Heathcliff，Heathcliff 就会干掉他们。因此，conclusion 一词具有 end 的意思，译文应为"眼看这个恶魔一命呜呼，一定会使你像我一样高兴"合乎逻辑。

5. 文体学

自 20 世纪 80 年代以来，语篇分析与文体学相结合。这是因为语篇分析有关对话的话轮之间的关系和规律，以及语篇组成成分之间的语义结构关系都适用于文学文本中戏剧、小说、诗歌中的人物会话、独白等。如 Toolan 在《小说文体学》一书中分析福克纳小说《去吧，摩西》采用了人类学方法的会话分析，关注社会结构中会话双方的相互作用。Fowler 采用了巴赫金的对话理论分析 Dickens 小说《艰难时世》的复调性质 (申丹 2000)。

在汉英篇章中语法衔接手段可具有文体效应，如小说中人物角色的内心独白，常用省略形式，暗示思想或形象的快速交替。这成了 James Joyce 在小说 *Ulysses* 中的一个主要文体特征。

Bloom raised his eyes and met the stare of a bilious clock. Two pub clock five minutes fast. Time going on. Hands moving. Two. Not yet. (*Ulysses*)

以下一例表明作者有意识地采用所指不清的手段，达到任凭读者去猜想，以产生似曾相识的文体效应 (鞠玉梅 1999)。

她甚至不知道，他十九天以来，每天晚上吹的都是同一支歌曲的曲调。他是吹给她听的。(梁晓声,《鹿哨》)

6. 语法

传统的语法以句子为上限，是谓句子语法。它既不涉及句子以上的语篇层面，又不能说明某些句子内部的语法关系和意义。为消除这些弊端，现代语法充分利用了语篇研究的成果，建立了语篇语法，有的完全是供教育用的，如 John Sinclair (1995) 主编的 *Collins Cobuild English Grammar* 和 Graham Lock (1999) 编著的 *An Introduction to Second Language Learning*。

这两部语法书都选用真实的语篇作为例证。有的至少在原有句子语法中增添一章，介绍语篇语法。这里举 Christianian (1997) 的研究为例。Christinian 认为在英语语法教学中，双属格 (double genitive) 的意义和功能是个难点，因此应当采用语篇分析的方法，把它和有曲折的前置属格进行对比研究。他认为只有把语法点放在语篇中最能活化学生的直觉，自行发现规则和底层的结构类型。他所举的双属格实例如下：

a. She is a friend of Mary's.

b. She is a friend of hers.

这两句是同义的，但下面两句并非同义。

a. He is Mary's (her) friend.

b. He is a friend of Mary's (hers).

作者认为双属格可用于人、非人，甚至无生命的"属有者"，如：

What a beautiful horse. That name of hers is really gorgeous.

That rusty old rudder of hers (a ship, say) needs to be replaced.

条件是这个属有者被第三人称所有格代词"拟人化"了，因此双属格的正确用法不能简单地用"人"或"非人"，"有生命"或"非生命"来确定，而是用在语篇中的变化 (能被拟人化的第三人称所有格代词替代) 来确定。

Christinian 进一步指出，要从真实语篇中取例来说明，说话者和作者不仅仅是为了文体效应采用双属格的，而是在具体情景下有目的地使用的。说话者／作者使用双属格是为了对所属物表示某种态度，而这个态度是可通过双属结构中心词前的限定语界定的，如：通过不定冠词表示部分的意义，如下例中指她的许多说法中的一个。

I started to say something that came out "Fiddle-dee-do." It's a saying of my grandmother's, and I know she would have been proud. (Updike, p. 445)

"许多中的一个"意味着不是独有的，不是一对一的关系，因而提示"属有者"和所属事物之间是有距离的或疏远的关系，试将下例中"a peer of Terry's"同"Terry's peer"相比较。

He looks to be in his late twenties — not exactly a "boy"—but he probably is, it strikes me, a peer of Terry's in the sense that he and Terry compete in the same labor market, working non-union, high turnover restaurant jobs for the same sort of pay. (Finnegan, p. 82)

如说话者 / 作者想表示"属有者"和所属事物之间的非部分意义或亲密关系，应使用指示代词。

Fiddler (passionately, flinging the fiddle down). Hell's delight! Excuse me, Mr. Webster, but the very devil's got into the fiddle of mine. (Benet, p. 178)

this 和 that 不仅表示对所属事物带有情绪的态度，也能表示属有者和所属事物之间的物体或时间的关系，如下面前一例表示案件的紧迫性，后例表示狗的实际存在。

Webster: Mortgage case. Well, I don't generally plead now, except before the Supreme Court, but this case of yours presents some very unusual features and I never deserted a neighbor in trouble yet. (ibid., p. 184)
(Pointing at the dog cowering behind its master's leg) This dog of yours tore up my flowers! (incidental speech) (McGarry, p. 34)

强调属有的概念，突出"属有者"，如前例 case 是主题，而强调的是 yours；后例中的主题为"dog"（如说话人手指着狗，强调的仍是 yours）。

指示代词起到"语篇提示"（textual reminder）的作用，提醒读者什么是所属事物，什么人和物是属有者。下例中的 grief 最初与 Reiko 有联系，但不是真正意义的所属关系，直到双属结构出现后向读者提示这个 grief，强调这是

Reiko 所经受的 grief，与她丈夫对比。

> The agony before Reiko's eyes burned as strong as the summer sun, utterly remote from the grief which seemed to be tearing herself apart within... But now, while her husband's existence in pain was a vivid reality. Reiko could find in this grief of hers no certain proof at all of her own existence. (Mishima, p. 407)

所有这些都说明，语篇语言学之所以表现出强大的生命力，除了在理论上可阐明语言的本质和生成机制，更在于它的实用性，特别是能卓有成效地应用于有关语言教学的许多课程。

参考文献

Abadiano, H. R. 1993. Cohesion strategies and genre in expository prose: An analysis of the writing of children of ethnolinguistic cultural groups. *Pragmatics* 5(3): 299-325.

Christianison, K. 1997. A text analysis of the English double genitive. *International Review of Applied Linguistics in Language Teaching* 35(2): 95-110.

Lock, G. 1999. *An Introduction to English Grammar for Second Language Teachers.* Cambridge University Press.

Sinclair, J. Mch. & R. M. Coulthard. 1975. *Towards an Analysis of Discourse: The English Used by Teachers and Pupils.* Oxford: Oxford University Press.

Viaggio, S. 2000. Can Discourse Analysis Help Us Training? United Nations.

蔡晖，2000，试论语篇的交际对象因素，《解放军外国语学院学报》(1)：35-48。

陈君、刘辰诞，1999，篇章信息度与写作和阅读教学，《解放军外国语学院学报》22 (3)：58-60。

郭冬花，2000，语境是理解与翻译的基础，《解放军外国语学院学报》23 (3)：71-73。

寄影，1998，语篇分析与精读教学，《解放军外国语学院学报》21 (1)：57-60。

鞠玉梅，1999，汉英篇章中的语法衔接手段及其文体效应，《外语与外语教学》(1)：11-14。

李志雪，2000，从语义连贯角度谈如何提高英语专业学生的写作能力，《解放军外国语学院学报》23（3）：51-54。

秦秀白，2000，体裁教学法述评，《外语教学与研究》32（1）：42-46。

申丹，2000，西方现代文体学百年发展历程，《外语教学与研究》（1）：22-29。

徐振忠，1997，从系统功能语法理论看英语演说辞篇章的汉译，《解放军外国语学院学报》20（1）：61-65。

余宏荣，1998，英汉篇章中指示代词照应作用的对比及其在翻译中的应用，《外语研究》（4）：37-42。

袁锦翔，1994，略谈篇章翻译与英汉篇章结构对比，《中国翻译》（6）。

张明林，1999，语篇分析与汉英翻译，《外语与外语教学》（12）：43-45。

赵璞，1998，主位连接和信息处理与英语写作的连贯性，《外语研究》（1）：21-25。

语篇语言学 [1]

1. 什么是语篇语言学

1.1 界说

语篇语言学 (text linguistics)，早期译为"话语语言学"或"章句语言学"（刘涌泉、赵世开 1977：294），王福祥在《中国大百科全书·语言文字卷》中采用"话语语言学"的译名，但在文中提到它与中国的"文章学"十分相近（王福祥 1988：214）。由于英语的 discourse 也可译为"话语"，而英语的 text 在当代语言学文献中涵盖口语和书面语 (Chafe 1992；van Dijk 1990)，我倾向于将 text 译为"语篇"（胡壮麟 1994）。

语篇语言学是一门新兴学科，是语言学的一个分支，具体说，从语言学的角度或用语言学的方法研究语篇的产生、分析和理解。但关于"语篇"的定义在不同学派和不同学者的论著中不尽相同。我们从以下三个定义可知其大概：

——语篇指任何长度的，在语义上完整的口语和书面语的段落。它与句子或小句的区别不在于篇幅的长短，而在于衔接。(Halliday & Hasan 1976)

——语篇是"以词语编码的，并以言语、书面语或符号传递的语言活动的产物" [2]，是静态的。(Steiner & Veltmen 1988)

——语篇指供分析和描写用而记录下来的语言片段，其形式为书面语和口语均可。如果是口语材料，它已经过某种形式的标音。(Crystal 1985；Halliday 1985/1994：xxii)

---

[1] 本文原载于杨自俭主编，2002，《语言多学科研究与应用》。南宁：广西教育出版社。281-314。

[2] 叶尔姆斯列夫 (Hjelmslev) 把语篇看作"过程"，因为他把语言分为"系统"和"过程"，但把语篇作为过程进行语篇分析比把它作为"产物"要困难得多（参见 Halliday 1994：xxii）。

语言是交际的工具，人们使用语言表达对主客观世界的经验感受或建立人际关系，这都涉及信息的传递。在这个意义上，话语分析偏重于研究语言中信息的表达和理解，特别是隐含的信息，而语篇语言学则着眼于有关信息如何通过语篇得到实现。

考虑到本书已专辟"话语分析"一章，本文主要围绕"语篇"进行讨论。

首先要弄清楚语篇分析这个概念。Tannan（1990）认为语篇分析不是指某一种特定的分析方法，它不包含一种单一的理论或若干理论的集合，它只是指研究对象：超越句子的语言。其次，超越句子的有序的语言不是某种特定的同质的语料，而是一个无所不包的范畴。因此可以说语篇是在任何语境中以任何形式出现的语言，如两个句子组成的序列关[1]、对话录音会议、采访、小说、剧本等。

要预见未来便先得了解过去，回顾语篇分析的发展过程。de Beaugrande（1990）则从学科的研究方向来区别发展时期。他把 20 世纪 60 年代中期至 70 年代中期作为"语篇语法"（text grammar）阶段。说语法这个概念来自生成语言学，目的是要搞一套与句子结合相仿的生成语篇的规则，因此研究中强调语篇成分的线性关系和连锁关系，特别是配列和结合句子的以规则为基础的机制，这样语篇与句子的差别成了量的差别，语篇语法只是对现有规则系统和形式系统的补充。语篇语言的重要发展就是对这个"补充"原则做了修正，转移到研究质的差别，既研究语篇与句子的差别，也研究不同语篇类型之间的差别，这便从强调理论过渡到强调经验。产生这种变化的具体原因是：1）以前适用句子的抽象方法和纯化方法对语篇行不通，构成语篇的因素比句子远为复杂；2）语篇最重要的方面不是它们与语法或规则系统的关系，而是与包括语法、语义和语用选择项在内的网络关系；3）如同过去句子语法学家对"合乎语法"的句子和"不合乎语法"的句子划不清界限，今天从理论上区别语篇类型的进展也不大，其次，语篇类型如离开文化语境，不论是普遍的（对文化社团而言），或是特殊的（对某一场合而言），都没有意义；4）由于文化因素，语篇规律性和语篇类型只能通过经验性的研究与真正产生的语篇联系，有多少选择

---

[1] 原作者可能是从总体上说的，在一定情况下，一个句子、一个短语、一个词都可以视为语篇，如"火！火！""救命啊！"

在社会学上、民族学上和心理学上具有意义，是不能用直觉或臆测来回答的；5)"理论"与"应用"相互脱钩，对任何一方均无好处。鉴于上述原因，语篇语法自 1979 年后已不是研究的中心，新的看法日占上风，即语篇之所以成为语篇不在于其"语法性"，而在于其"语篇性"(textuality)。因而可把这一时期称为"语篇性语言学"时期，其特点是构成语篇性的标准贯穿于句法学、语义学和语用学，这些标准考虑的是事物如何互相联系或有关，不再是如何切分、分析、分类等。

1.2 背景

语篇语言学的兴起有多种原因。

1.2.1 句子语法的局限性

数千年来，西方语言学虽然把语言作为研究对象，但重点只放在词法和句法，即"句子语法"上。随着研究的深入，人们发现现有的句子语法所提供的规则不能全部说明对自然语言的实际观察结果，如美国黑人英语中的双重否定表达的仍是否定，而不是肯定。

1.2.2 对交际能力的需求

我们不是为语言而学习语言，我们使用语言是为了交际，所要培养的是交际能力，即有效传递和接受有关信息的能力。衡量这种交际能力的尺度不是能否完成抽象的句子，而是能否完成语篇。语篇可以是一个句子，更多的情况是若干个句子、段落或章节，也可以小于一个句子。

1.2.3 语篇是在一定语境下的产物

如果说句子是来自语言的一个抽象的范畴，那么语篇是自然语言在一定语境下的产物。既然语篇是为了实现信息的传递和交流，这种传递和交流必然是在一定语境下产生的。这个语境可以是语言内部的，也可以是语言外部的。就内部来说，如果单纯说 He is，我们无法掌握这个表达的确切意义，但如果在 A：Is he an artist? B：Yes, he is 这样的上下文中，我们就会发现 He is 是 He is an artist 的省略。又如，上述例句中的 he 究竟指谁呢？显然，A 和 B 都清楚

he 是他们谈话中的一个男性人物，可以是认识的，也可以不认识，可在场也可以不在场，但所指的对象不会错。至于像 A：Hi, Tyson knocked down Francis five times. B：Bravo! 这样的语篇只有对西方拳击文化有所了解的人才具有信息价值。

1.2.4 多学科横向联系的纽带

当代学术研究强调学科间的横向联系，而语篇恰恰是许多学科共同研究的对象。文学批评、阐述学、叙述学、文体学、语域、语类/体裁、语法学、语文教学、外语教学、翻译等都涉及对语篇的讨论和研究。文学批评的"文本"的概念实际上就是 text。这些学科根据本学科的任务都要求加强对语篇的研究，而语篇语言学的任何进展必将推动各学科的研究。

1.2.5 科学技术发展的支持

应该承认，由于语篇研究就语言学本身来说，涵盖语义学、词汇句法学、音系学各层次，所要分析的语料和变量大于句子，有相当大的难度。但随着科学技术的发展，如计算技术和语音分析技术的进步，许多难点正在得到克服，使语篇语言学的发展成为可能。如乔姆斯基 (Chomsky) 曾经否定把语料作为语言分析的基础，因为我们只能处理一小部分自然语言，但今天的计算机已可处理统计多达数十亿个词项，使大量处理分析真实语料成为可能，由此产生的理论又可在计算机上对一定数量的语料作严格测定 (Leech 1990)。同样，在语音分析设备方面，过去只能测量分析为时仅 3 秒钟的语段，现在分析像 Martin Luther King 的"I have a dream"这样的口语语篇已成现实。

综上所述，语篇语言学的应运而生实为历史的必然。

1.3 语篇研究的不同流派

不同国家、不同学派从不同途径研究语篇，大致有以下流派。

1.3.1 伦敦学派

马林诺夫斯基 (Malinowski 1933：11) 早就发现，"句子有时是自立的语言单位，但即便是一个句子有时也不能看作是全面的语言学材料"，因此在讨论词义或翻译问题时应把整个语篇作为基础。同时代的弗斯 (Firth 1957：145) 也认为,一个句子的语义,其主要部分只有被放在一定语境下发生的语篇内才能说得清楚,因而我们必须从语段开始分析 (Firth 1957：145)。

1.3.2 美国结构主义

美国结构主义语言学家哈里斯 (Harris 1962) 在美国最早提出:"语言不是在散漫无序的词或句子中发生的,而是在连贯的话语中发生的,如从只有一个词的语段直至十大卷的巨著,从一个独白到联合广场的讨论。"他认为,武断地把句子掺和在一起除了成为语法分析的障碍外,一无可取之处。哈里斯的不足之处是他按标准配列方法把语篇切分成若干基本成分,只分析语篇中重复出现的形态音位结构和句法结构,忽视了意义与内容,难以取得更大突破。

1.3.3 美国功能主义

法位学家派克 (Pike 1954) 提出,存在于语音学和音位学的具体和概括的关系也可用来描写语言学的其他层次,即可以延伸到段落或整个语篇。他区分的语篇类型有:1) 打油诗、打趣、双关语、喜剧等;2) 歌咏、合唱、独唱、大合唱、圣乐、咏叹调、诵经、合唱团排练、歌剧、摇篮曲等;3) 总统讲话、欢迎词、午餐会演说;4) 讲道、祈祷、婚礼贺词;5) 口号、座右铭、谚语、警语;6) 正式的和非正式的会话、打电话、讨论会、口试、面试;7) 法官判决、律师辩论、总统国情咨文、裁决等。在这个意义上,他发展了语篇研究中的体裁理论。

格赖姆斯 (Grimes 1975) 的《语篇经纬》在语篇研究中独树一帜。他在语义角色关系中强调 3 种语义角色关系:1) 内容组成:有时成为认知或所指结构;2) 衔接关系:使正在说的内容与已经说过的内容具有联系。衔接关系是累进的、直线的,包括如何保持已知信息和引入新信息的方法;3) 演示 (staging) 关系:有关表达说话人对正在说的内容所持角度,如何使整个语篇,或小句,或两者之间的单位的一部分成为主位或主题、焦点或主题。采用演示一说,旨在把语义选择和相应的现象如主题、焦点、主位和强调等现象加以区别。此外,情态成分表明语篇和说话人的联系,包括时态、体和语气。

属于层次语法学派的格利森 (Gleason 1965) 确认三个层次,语篇研究中的语言现象属语法层，语篇特征则由语篇底层的语义结构制约。

Mann and Thompson 的修辞结构理论 (rhetorical structure) 与 van Dijk 的理论比较接近，修辞结构由语篇中的功能决定。缺点是他们的理论深度不够，只局限在语篇内部成分的分析上 (张德禄 1999)。

1.3.4 布拉格学派

布拉格学派的语篇理论主要可举马泰休斯 (Mathesius)、费尔巴斯 (Firbas)，达内施 (Danesh) 等人的功能句子观点 (functional sentence perspective)、交际动力理论 (communicative dynamism)，以及相应的主位、过渡、述位、新信息、已知信息。其中，Danesh 的主位推进理论从语篇内部的角度对语篇连贯进行研究 (张德禄 1999)。上述理论有相当部分被其他功能语言学派所接受。

1.3.5 系统功能语法学派

韩礼德 (Halliday 1961；1962) 自 20 世纪 60 年代以来，提出语篇以及相应的衔接概念。这种衔接存在于语法层和词汇层；既见之于结构的形式，也见之于非结构的形式；既可以是指代关系，也可以是替代关系。他和哈桑 (Hasan) 合著的《英语的衔接》(1976) 一书是他语篇理论的总结。他认为语篇具有：1) 语篇结构，如一个叙述的语义结构；2) 语言结构，由句子和小句构成，但这是语法学家的任务；3) 语篇之所以成为语篇在于其"语篇组织"(texture)。语篇组织是结合各个衔接手段的概念，表现为衔接结 (cohesive tie)。他的《功能语法导论》(1985/1994) 在讨论小句的上下左右关系时，实际上进入了语篇内部的关系，因而是一部语篇语法。韩礼德的另一贡献是把语篇元功能作为语言的三大元功能之一，即语篇功能对概念功能和人际功能具有促成作用，使语篇根据语言的特点得以产生。国内对功能学派在语篇与语域和语境的关系的最新发展时有报道 (苗兴伟 1998；张德禄 1999)。

1.3.6 苏联和独联体

苏联和俄罗斯学者对语篇的研究主要有两个方向，一个是波斯培罗夫 (Pospelov)、福格莫夫斯基 (Fugmovskij)、索尔格尼克 (Solganik) 和谢勉 (Sil' man) 等学者研究超句单位，重点放在词语重复、不同人称代词形式、不同句子的语义联系，以及连词、具有时空意义的副词，以至谓语时态和词序等；另一个是金丁（Gindin）、佩杜采娃（Peduceva）和斯科洛霍科（Skoroxod-ko）等人研究语篇内部任何成分之间的语义联系（Gindin 1977）。

1.3.7 欧洲

欧洲各国有较多学者从事语篇研究，如范代克（van Dike）、彼多菲（Petofi）、里瑟尔（Rieser）、德雷斯勒（Dressier）、古利克（Gulich）、哈特曼（Hartmann）、哈维格（Harweg）、舒密特（Schmidt）等。他们的特点是早期把转换生成语法套置于对语篇的描写；对书面语分析较多；后又移植生成语义学的逻辑语义关系，描写叙述结构的符号学（Langeleben 1981）。

上述学者中影响最大的为范代克。他的语篇理论的宏观结构运用了与直接成分分析法相似的模式，不过这是在语义和语篇层次上的模式，因此他把表层结构衔接看作是语义连贯的语法表现形式，也就是衔接归属于句法连贯，即表达语义连贯的句法手段（van Dijk 1985；苗兴伟 1998；张德禄 1999）。

1.4 发展趋向

从现有材料看，语篇研究在深度和广度上将有更大发展，大致有以下 6 个方面。

1.4.1 语篇生成

语篇分析是语篇生成的前奏曲。要学会拼装儿童玩具，首先要学会拆卸。但拆卸的最终目的是为了学会拼装。就语篇研究来说，拼装就是"语篇生成"（discourse generation 或 discourse production）。语篇生成已成为语言学家力图攀登的高峰。我们知道，美国语言学家乔姆斯基对语言学的最大贡献是提出语言学要研究语言如何生成的观点。因此，当代任何语言学理论是否先进、是否完善，归根结底，要看它能否解决语言生成问题。但形式语言学把自己的目标定位在解决句子生成问题。功能语言学家则认为句子只是一个语法概念，真正能说明语言现象的应当是语篇，因此，他们的目标是要解决语篇生成问题。显然，这是一场兴师动众的，也许是涉及若干代人努力的马拉松竞赛。语篇包罗万象，长短不一。为了能取得一定成果，功能语言学家遵循英国语言学家弗斯的观点，先从"限定语言"（restricted language）如天气预报、课堂用语、购物、桥牌套话、科技文章的摘要等着手。这可比喻为我国常说的"蚂蚁啃骨头"的方法。

1.4.2 计算语言学的介入

语篇生成涉及语言内部的各层次，如语义层、词汇层、句法层、音系层等，也涉及语境，如语场、语旨、语式等，再往上涉及语类、意识形态等众多参数，互相制约。在语料如此庞杂的情况下，需要引入先进的科学技术手段，首先是要使用计算机操作。这样，语篇分析有不少课题是与计算语言学相联系的，例如，我们今天所处的信息时代每天产生大量科技文献，人们无法一篇一篇去阅读这些文章，只能从摘要中掌握最主要的信息，决定取舍。即使是做摘要也需投入大量人力、物力和时间，于是人们不得不仰仗计算机运算来制作摘要。再者，今天生成科技语篇摘要的程序已有多种问世，如何评估这些程序，孰优孰劣，便需要开发能评估这些程序的计算机自动评估程序。

1.4.3 语篇理解

任何语篇都是语言使用者在一定语境下产生的。这里的语言使用者既包括说话人和作者，也包括听话人和读者。如果说话人/作者考虑的是如何生成语篇表达自己思想的话，对听话人/读者来说，他面临的是如何正确地和最大限度地接受和理解前者在语篇中提供的信息，这就是"语篇理解"（discourse interpretation/understanding/comprehension），是语篇研究的又一重要课题。表达词语指代关系的代词等照应词语（以及它们与记忆的关系）、表达语义逻辑关系的连接词语、表达说话人/作者组织自己思想先后顺序的主位述位结构、表达说话人对信息中心成分处理的信息结构等，都是有关语篇理解的热门课题。

1.4.4 批判性语篇分析

上面提到的语言使用者，有的彼此具有平等的社会关系，有的具有不平等的关系。这些都会对语篇生成和语篇理解产生影响。社会语言学把这种关系提纯为"tu/vous"或"你/您"的关系。类似的研究在语篇分析中有一个独立的分支，即"批判性语篇分析"（critical discourse analysis），主要倡导者有克瑞斯

(Gunter Kress)、福勒 (Roger Fowler)、卡普兰 (Robert Kaplan) 等人。这个学派认为仅仅对语法和词汇的了解不能构成对语篇的了解，重要的是作者和读者在语篇中的修辞意图，贯通全文的思想和世界观。对意义的理解不在于语篇本身，而是作者意图和对此意图编码的运用能力与接受者对作者意图解码的运用能力之间的复杂的互动过程。根据这一认识，批判性语篇分析突出语篇的政治性，语料一般选自新闻报道中政府官员的言论或代表统治阶级利益的社论。批判性语篇分析与社会语言学侧重点不同的另一点是前者要说明这类语篇生成过程中的内部结构和整体组织，而后者强调的是如何更好地理解有关语篇的社会文化内容。批判性语篇分析的一大困难在于它所强调的政治性往往把矛头对准政府领导及其宣传喉舌，如有的选题分析戴安娜王妃生前谈及王族和威尔斯亲王常用间接的方式，美国 CNN 的电视新闻报道的倾向性，等等，这在一般情况下是可以的，但其极端形式则不区分政治制度的不同。其次，政治标准是与意识形态有关联的。不同的意识形态会左右人们的政治标准，以致在学术上难以取得一致的意见。批判性语篇分析在我国条件下要选择合适的选题显然是有困难的。如原北大一位研究生曾分析英国报刊对其国内煤矿工人罢工报道时所持不同立场 (见《外语教学与研究》1995)，香港某校英国教员读后很不高兴。看来，在批判性语篇分析中奉行的一条准则似乎是各自揭各自的伤疤为好。

1.4.5 研究方法

当乔姆斯基在 20 世纪 50 年代末发动一场语言学革命时，他的一个论点是强调语料不可穷尽，归纳的方法应为演绎所代替，其实，归纳与演绎是互补的，两者均不可偏废。随着计算机硬件的一代一代更新，大批量的语料的储存已经实现并得到改善，从此确立了语料库语言学。语篇分析已经充分利用这方面的成果，储存各种语篇资料。例如，英国爱丁堡大学和格拉斯哥大学的人类交际研究中心已发展了从人们为完成各项任务的对话中标志对话结构的方法。分析包括三个层次："交易过程"(transaction, 相当于对话参与者为完成某任务所计划步骤的部分对话)、"会话游戏"(conversational games, 有关语篇目的的层级表达，与邻近配对或对话游戏非常类似) 和"会话步骤"(conversational moves, 构成游戏结构的对话和反应)。

1.4.6 语篇理论的应用

国外对语篇分析的选题非常注意其实用性，例如语篇分析对语言教师帮助很大，因为语篇分析的知识不仅有助于教师分析讲解课文，更主要的是它提供在真实情况下指导学生如何使用语言的方法（参见本文第三部分）。它也提示人们使用语言时可能出现的问题以及问题出现后如何摆脱困境，减少其不利影响。强调实用性，必然要讲究经济效益，只有语篇分析的经济效益为有关部门所重视，语篇分析才能体现出其存在的价值，最后受到各个领域决策者的支持。如国外有人研究飞机驾驶员之间的谈话内容和方式，他们与地面控制塔人员之间的谈话内容和方式，以及这些内容及方式与飞机任务轻重的关系。这方面的研究成果可以预防因交际不畅时出现的意外事故，对保障航行安全极为重要。又如，公检法对嫌疑犯的审讯，对原告与被告的辩论，往往可以通过分析当事人使用语篇的特征找到破绽。至于商业广告对一个厂家、对一种产品的宣传效果可左右该厂家的声誉和产品的销售，早已为我国的经济生活所证实。这里要指出的是所谓广告语言学，实际上可视为语篇分析的一个分支。

以上的讨论表明，语篇分析除了试图阐明语言如何生成的根本问题外，绝不能把它看做少数人关起门来的纯学术研究，它是为国家的政治经济服务的。也只有这个作用被充分认识了，被充分体现了，语篇分析才能如脱缰之马，以前所未有的速度奔腾向前，取得更多的成果。

2. 语篇语言学与语言研究

学习和掌握语篇语言学，有助于我们从不同方面从事语言研究。我们可以结合自己的兴趣或工作，找到语言研究的切入点，取得一定的研究成果，从根本上加深对语言本质的了解和提高语言研究能力。

2.1 提供广阔的语料和扩展选题范围

从事任何语言研究，首先要收集各种语料，从中确定选题内容。由于人类的交际活动主要通过语言的媒介，而语言在不同语境下总是表现为具体的语篇，因此人们或是在众多的语篇中找到自己感兴趣的研究课题，或是为了研究某一课题找到有关的语篇。例如，Jucker（1996）对英国报刊新闻中的人物称呼做过研究。作者发现对名人的称呼在同位语中如何组合排列，可以区分报纸的档次。像 *The Daily Mirror, The Sun* 那样的低档报纸在姓名前明显地好用不带定冠词的描述性职务，如 left-wing firebrand Derek Hatton，像 *The Times* 那样的高档报纸则将描述性职务放在姓名之后，如 Mr. Neil Kinnock [the] Labour Leader。他还发现所有格的用法更多地在非正式的情况下出现，它们在夹缝中出现的频率高于正版，在体育栏中高于国内新闻。

像艾滋病研究者或医生同病人的对话也是语篇研究的对象（Reeves 1996）。不少医生发现在与病人对话时，要费很大口舌说服病人接受罹患艾滋病的现实，使病人认识到相应的社会影响，以及与医生合作共同对付这一尚无最佳治疗方法的疾病。这样，医生与病人的对话成为全面治疗的一个重要的组成部分。

在报刊上出现的征友广告是有关自我商品化的语篇（Coupland 1996）。它最能表现个人和他人为了发展新关系所需的语篇构筑过程。通过对征友广告的书面和口语语篇的分析，证明广告者对过分的自我商品化是抵制的，从道德伦理上反对这种所谓的"有害的商品化"和把它看作对后现代的自我认同的威胁有些夸大。

2.2 研究语篇的构成

学习和研究语篇语言学必然要求我们了解语篇的实质和语篇的构成。科学的唯物辩证法告诉我们，任何事物都是由若干可切分的成分构成的整体。传统的结构主义为我们提供的方法为：在句法学中把句子作为基本单位，可逐步切分为小句、词组／短语、词和词素；在语音学中把声调群作为基本单位，可逐步切分为音步、音节、语音／音素，以至区别性特征。如果我们把语篇作为研究对象，该如何确定它的成分呢？问题的复杂性更在于语篇至少有口语和书面语之分，两者根据话语内容、参与者关系和话语方式又可分多种语类和语域，概括起来甚为困难。从目前情况看，研究者只能做一些接近宏观意义的研究，尚未对语篇做到全局性的、高度概括性的突破。

Longacre（1976）从 4 个方面说明叙述性语篇的主要成分：1）语篇成分，

指一个语篇内的功能"空位"(slot)，如开场、演示、顶峰、结束、终场等，每一个空位可由段落或分语篇扩展；2) 主要的和次要的参与者，前者有一个中心人物；3) 衔接束，指事件、施动者和受动者三方面的相互关系；4) 顶峰的标记，如修辞手段、参与者的集中、时态的转移、摹声词的使用、节奏的步伐等。Longacre 等认为这一方法的特点可同时从深层结构和表层结构进行研究。因此，他们非常重视句子和语篇之间的段落，认为段落是大于句子的语法单位，不是书写单位。

Sacks，Schegloff & Jefferson（1974）研究口语的规律，即对话者在说话时对话轮的选择。他们观察到会话时说话人不断更替，有时两人同时说话，但时间短暂；话轮转换时应掌握时机，既不冷场，又不抢话；话轮顺序和持续长短不定；何人说话和讲话长短事先未做规定；谈话人数可以变化；谈话可以时断时续；话轮分配有一定的技术，正说话者可选定下轮发言者，等等。

如果说 Sacks，Schegloff & Jefferson 的研究对象为参与者之间的会话，Chafe（1977）关心的是某个具体的说话人是如何系统地表达自己思想的。他提出，说话人把意识转化为语言时经历了一个言语化过程（verbalization），其中与内容有关的过程又进一步区分为：1) 切块过程（chunking），将内容切分成若干块，如去某地旅行，包括去机场、在该地的遭遇、乘飞机回家等；2) 陈述过程，说话人对各事物赋予各种角色；3) 范畴化过程，使说话人能对物体表示为 a dish 或 the dish（指区分确定性），对某事说成 eat 或 ate（指区分时态）。

受上述研究的影响，李旭霞（1999）对请求的间接性进行研究。她认为请求的间接性不应只是限于单句层面上，而是反映在语篇层面上，它与信息序列（information sequencing）有关。其次，为了分析请求中的礼貌现象，要把握整体的会话结构。这涉及邻近配对（adjacency pair）、预示语列（pre-sequences）、插入语列（inserted sequences）和后置语列（post-sequences）。人们根据每个言语行为在为达到总目标的过程中所起的作用将其归类，从而得出每个请求事件的计划结构（plan structure）及其信息序列。这不是一个话轮所能完成的，这是请求者与被请求者彼此协商的过程，可分为"对方答复前阶段"和"对方答复后阶段"。

对方答复前阶段按计划有 3 个步骤：1) 请求前暗示，即使用指向语

(alerter)，常为称呼语，如 Sam，Fanny 也可为短语，如 One other thing, Excuse me 等，也可采用一些策略（抱怨、诉说困难、询问、说明需要），把话题转向请求；2) 提出请求，即说明要求对方所做的事，不可缺少；3) 支持请求，即减少对请求者面子的威胁，请求者使用一些支持请求的策略，常用者说明原因、道歉、减轻强加度、自责、承认蒙恩（admitting indebtedness）等。

对方答复后阶段的计划会受情况发展的变化而变化，按不同性质的回答做出反应，如积极的（感谢、恭维、道歉、承诺等）、有条件的、消极的（中止、制定一系列子计划，如修改原计划或改用其他策略）。

Santos (1996) 就研究论文摘要的语篇组织进行深入的研究。他首先讨论研究论文摘要的目的不外乎三个方面：第一是向读者提供研究成果的最简短的初步报道和基本内容；第二个目的在于这是有关研究成果的最常见的最必需的体裁，为讨论提供依据，由于学术刊物日益增多，摘要的价值日益明显；第三个目的则是这样的论文摘要受英语为非母语学者所欢迎。在这个基础上，Santos 总结了一个构成研究论文摘要的五步模式，并以 *Language Learning*, *Applied Linguistics* 和 *TESOL Quarterly* 等刊物上的论文摘要为语料举例如下。

第一步：提供该项研究的基本情况。例如，提供现有知识：

Cloze tests have been the focus of considerable interest in recent years as easily constructed and scored measures of integrative proficiency.

Cturent research has supported the existence of a critical period for the acquisition of the grammar of a second language.

The meanings and forms of tenses are complex and often difficult for non-native speakers to acquire.

引用前人研究：

It has been customary among both language teachers and testers to regard listening as a separate skill in language proficiency.

Empty pronouns are not only acceptable in finite clauses of Spanish and Chinese but are pragmatically more natural.

扩展前人研究：

Extending the research done on the effects of different types of task and different arrangements used to foster negotiated interaction among L2 learners, we attempt to... stating a problem.

Empirical studies designed to... have provoked wildly conflicting results.

The empirical investigation sought to determine the attitudes of both Ll and L2 listeners toward specific regional accents of US English and to compare and/or contrast those attitudes.

第二步：提出研究课题。例如，提出研究课题：

The study investigates...

In this study, we investigate...

指出主要目的：

This empirical investigation sought to...

The purpose of this study was to...

第三步：叙述研究方法。例如：

This study examines the response of 60 Spanish, Chinese, and German L2 learners to English sentences with empty pronominal categories.

This paper is concerned with how advanced L2 learners of English interpret reflexive anaphoras and pronominals.

The study investigates the listening comprehension of 388 high-intermediate listening proficiency and low-intermediate listening proficiency Chinese students of English as a foreign language.

Using three information transfer tasks and intervening discussion sessions, we attempted to investigate the actual communicating outcomes of interaction prompted by the tasks.

第四步：对研究成果进行小结。例如：

Results showed that moderately fast speech rates resulted in...
A factor analysis of the ESL teacher's data revealed five factors...
A factor analysis of the non-teacher's data yielded four factors...
A factor analysis of the combined-group data revealed five factors...

第五步：讨论。例如，得出结论：

The results suggest that misunderstanding of...
It is concluded that large-scale testing of oral communication is...
These findings lend strong support to our hypothesis that...
The research provides evidence of the importance of case studies in verifying critical assumptions about...
The main conclusions of this study are...

提建议：

Implications and conclusions of the results to foreign language learning are drawn...

作为分析的对立面是"合"，这又导致有些研究者探索语篇成分是如何形成整体的，即研究语篇的衔接和连贯。Ostman & Virtanen（1995）概括了连贯研究的 6 种主要方法：

1）研究句子在微观层面上的结合关系，如从关联理论角度进行的连贯研究；

2）运用语篇的宏观结构模式对连贯进行的研究；

3) 运用修辞结构理论来研究语篇的连贯性；

4) 围绕语篇的互动特征进行的研究，如借助言语行为理论、英国伯明翰学派的语篇分析模式、美国的会话分析理论，来解释语篇的连贯性；

5) 运用涂饰理论对连贯进行的探讨；

6) 从参与、协商、磋商等语篇策略角度对连贯性的研究。

2.3 学习和选用各种分析方法

语篇语言学既然涉及无限丰富的语料，在收集、分析和研究这些语料时，可锻炼我们学习使用各种可行的方法，以使研究获得合理的效果。

Roberts（1995，1996）认为自 20 世纪 80 年代中期以来，已发展了有关语篇群体的统计学法。在此以前主要采用常用的主题法对一些观念记数。现在对语篇作语义分析时创建了两种语义语法，每一种所提供的模块规定使概念相互联系的方法。以现象为本的语义语法可从大量语篇语料中提取与现象有关的信息，如有关抱怨的语篇，有哪些是对废除税收的抱怨？反之，以语类为本的语义语法提供有关语篇群体本身的资料，如在语篇群体中有多少是废除税收的抱怨？后者可对任意取样的语篇中每一小句的主位和主位的相互关系进行编码。与句子语法只考虑表面的语法关系不同，这里的语义语法根据小句所表达的语义，只接受毫无歧义的编码。Roberts 指出不同方法并不互相排斥，而是互相依赖，因为对观念之间的关系的编码，得以对所出现观念的认同为前提，而网络分析利用了有关观念的陈述之间的信息。

Brookes（1996）采用对比的语篇分析方法，了解两家立场相对的英国报纸对非洲问题的概念结构。研究证明，英国报纸对非洲持有僵化的表述方法，其特征都产生特定的意义，即新殖民主义的种族主义者对非洲及其人民的表述。这种话语的作用是为了维持西方霸权主义。由于这些话语的稳定性已经形成，对此进行挑战或改变的可能性都很小。

在探讨妇女和事物关系时，O' Connor（1990）采用了巴赫金的时空理论。她分析了两个文学语篇：Alice Munr 的短篇小说 *Fits* (*The Progress of Love*, Toronto：McClelland Stewart, 1986) 和 Bharati Mukhjee 的小说 *Wife* (Boston, Mass：Houghton Mifflin, 1975)，发现妇女或是被看作男性暴力的缓冲物，或

是作为颠覆男权和宗族主义的讽刺物。她于是将巴赫金的时空因子的观点加以扩展，说明妇女在其中的地位。不论是马克思的"商品拜物教"，或是 Jean Baudrillard 的"符号政治经济学"的观念，都说明物品交换的虚幻意义。两部作品表明当妇女处于统治和暴力的现实下，会需要这些虚幻的想法。在 Mukhjee 的小说中，殖民主义与商品世界碰撞，而后殖民主义的主体被大众消费主义所淹没。妻子对压迫的反抗成了模仿男权和媒介的可笑的夸张，从而表明男性政治就是由语言和社会实践构成的结构。

与上述相近的是符号学的方法 (Fiol 1991)。符号学的理论框架是对可视和不可视维度作认同和构建，这些维度构成语篇整合力的意义。符号学对增添价值的属性的调查在于它关注对句子本身的观察，又是语境特殊的；分析在可进一步研究和概括的价值框架下进行。Fiol 采用本方法，对 Henry Ford 和 Lee Iacocca 的自传进行研究，探索领袖人物如何构筑领袖威力的意义。分析语篇时首先提取有关词语的聚合，如能做什么和不能做什么，哪些不能不做和可以不做，然后按可视力和不可视力的连续体进行分类。结果表明，选择连续体提示两人的感知相似，但在非依赖性连续体上的结果则呈现明显的差异。通过逻辑分析，可看到领袖力量没有减弱，但意义有变化，从正值之间的简单蕴涵意义变化至涉及对立值之间的复杂关系。

2.4 语篇分析是社会语言学和批判语言学的重要手段

作为言语社团交际的有效手段，任何语篇必然反映不同言语社团和某言语社团内不同阶层之间的相互关系。因此，语篇语言学在许多情况下为社会语言学和批判语言学的研究提供了重要的手段。

在社会语言学方面，Singh (1989) 曾研究位于印度比哈尔邦北部和尼帕尔居民所操的一种印度—亚里安语，即 Maithili 语言，特别是研究该语言的礼貌策略和社会文化变数之间的相关，这些变数包括亲属、年龄、性别、种姓、社会经济地位等。所调查的策略包括第二和第三人称的选择，以及相应的人称和动词标记。对 16 个语篇细致分析后表明第二人称的礼貌程度可分 5 种，第三人称可分两种。对影响选择的因子分析后，发现说话人的态度、背景、情绪和教育程度决定了对人称—动词选择规则的偏离。

Ciliberti（1997）把意大利电话公司的书面语篇和口语语篇作为语料，研究该公司如何与公众建立关系。他发现为了改善公共关系，该公司在给公众的信息中，如广告话语和政策话语，注意使用通俗易懂的表达方式，从而改变独断独行的态度，与客户建立友好感情，最后形成不知不觉的文化霸权。

van Teeffelen（1991）研究西方畅销小说中对阿拉伯民族和伊斯兰教的描写。根据通俗文化是对现实不同定义的评论，调查了阿拉伯对以色列—巴勒斯坦冲突的观点。最后确定了两种态度：一种是叙述性的，倡导参与合理性的理解；一种是因果性的，采取疏远和不信任的声音。有不少话语反复采用，如表情性的话语、官方的宣传、威胁性的要求、不容调和的话语以及玩弄词语游戏。由于这样的语篇使用了不合时尚和疏远的手法，影响了政治争论的可信度。在 1994 年的文章中，作者又分析对比了以色列和阿拉伯 / 巴勒斯坦社会和政治活动中对隐喻和类推的使用，从中展示他们是如何构筑两个不同的世界的，以及隐喻所产生的对不同世界的威胁和种族主义的影响。

关于语篇和批判语言学的关系可见 Dillon *et al.*（1993）对 Noiman L. Fairclough 的 *Language and Power*（London：Longman，1989）一书的评论。他们就该书的概念框架、某些程序的应用、批判语言学和对象之间的距离、话语和权力的关系，评估 Fairclough 的批判语言学观点。他们认为，Fairclough 采用提问的策略未能说明问题对构筑假设和直接对话的威力。他对语言学和语用学现象的处理受到批评，因为他错误地表述了目前的立场，在会话分析方面未能说明实验知识的不肯定性。将批判语言学应用于语篇分析显示语境化、权力关系和语篇的重要性。

就集体行动的符号维度，Masson（1996）宣称，应从事将批判方法应用于对语言和话语的研究。应把语言看作权力的社会关系的物质协调者，语言作为行动就其可运行性和可行动性，在群众运动政治学中具有重要作用。作者建议，要分析集体行动中的运动策划者的语言和话语实践及其在更广的社会过程中的影响，这些集体行动在一个特定政治领域中是互相作用的。因此，他倡导的方法包含对运动细节的形式——意义分析，同时对语篇内部的分析应扩展到话语的政治领域和机构。

2.5 学习应用计算技术

面临语篇语言学必须处理的大量语料，迫使人们寻找和研究先进的研究方法和工具以代替旧式的费时的手工式操作方法。计算技术的出现起到良性的互动作用。语篇语言学激励我们学习计算技术的应用，而计算技术推动了我们对语篇语言学的研究。

从各种程序来看，大致可分 3 种功能 (Tesch 1991)：1) 描写 / 解释性分析，如标志语篇成分，对每一成分附以编码，寻找和回收这些编码；2) 创建理论的研究，如对不同词语表达的观念的认同以及这些观念的关联；3) 传统的内容或文化分析，如寻找词语，对词语的统计和提供词语的语境。采用这些程序有助于实现分析和编码的更高程度的标准化。有必要越过文字记录，用计算机直接分析言语，从而可以分析超音段音位。

van Cuilenburg (1991) 曾对 1950 年以来使用计算技术分析报刊文章、广播和电视节目等内容分析的发展做过系统总结，包括频率、价值分析、强度、邻近性等，讨论了内容分析研究的方法学，评价分析以及评价性语篇的网络分析。考虑到自然语言既含有可评价成分，也含有不可评价成分，他认为不可能开发一个全自动的、独立工作的软件。但计算机可以部分完成分析的中间阶段的工作。用计算机做内容分析可以用其他方法达到，即以知识为基础的专门系统。这对我们在研究中学会使用计算机并做出合情合理的期望颇有启示。

3. 语篇语言学与教学

语篇语言学对改进和提高英语教学有很大关系。作为语言老师，我们实际上每一节课都在与语篇打交道。就目前见到的材料来看，这种关系与以下教学环节和课程最为密切。

3.1 组织课堂教学

当代的教学思想强调教师和学生之间的互动，因此 Sinclair & Coulthard (1975) 通过对课堂用语的观察和分析，主张抛弃"语段"(utterance) 的概念，他们的理由是：一个语段不是由教师一个人完成的，而是教师和学生之间互相交换。因此，一节课包含多次"回合"（exchange），一个"回合"可含若干个"话步"（move），一个步可含若干个"行为"（action），如图1所示：

非言语性组织	语篇	语法
课程		
节	课	
题目	回合	
	话步	句
	行为	小句
		词组
		词
		词素

图 1

Sinclair & Coulthard 的这一模式的优点为：1）把课堂用语分解为"课""回合""话步"和"行为"四个不同层次的单位；2）语篇一方面与非言语性组织有一定的对应关系，如"课"之于"节"，"回合"之于"题目"，另一方面与语言本身的语法有一定的对应关系，如"句"之于"话步"，"小句"之于"行为"。英国和加拿大的语篇分析家有关课堂用语的许多模式都是从 Sinclair 和 Coulthard 的这一模式脱胎而出的。

3.2 发展新的教学法

根据语篇的话语场、话语基调和话语方式以及思想意识形态的不同，语篇体现为不同体裁或语类，于是一种被称为"建立在体裁基础上的教学方法"在美国和澳大利亚盛行。体裁教学法建立在语篇的体裁分析基础上，即把体裁和体裁分析理论自觉地应用到课堂教学中，其目的是：1）引导学生掌握属于不同体裁的语篇所具有的不同交际目的和篇章结构；2）让学生认识到语篇不仅是一种语言建构，而且是一种社会意义的建构；3）引导学生既掌握语篇的图式结构，又了解语篇的建构过程，从而帮助学生理解或撰写某一体裁的语篇。为实现这些目的，教员在设计教学大纲与编写教材时，不应完全依照语言项目，而应该考虑体裁因素，借以满足学习者在社会交往中的实际需要，使其尽可能多地接触并掌握未来工作和生活中将会遇到的种种体裁（包括书面语和口语）（秦秀白 2000）。

3.3 阅读

就语篇分析与教学的直接关系来说，对阅读教学无疑关系最为密切。对语篇的分析可分正向策略 (bottom-up strategy) 和反向策略 (top-down strategy) 两种，前者从最小的篇章成分入手一步步地对篇章解码，后者从宏观层次线索对篇章解码。反向策略可以补充传统的正向教学法，尤其是对信息度较高的篇章更应如此。如下例乍看起来不易理解：

Call us before you dig. You may not be able to afterwards.

这是美国一家电话公司对用户的警示。如果用户擅自掘地会切断地下电缆，使电话线路中断，以后就没法用电话了。这说明，理解这个语篇，人们的世界知识起着重要作用（陈君、刘辰诞 1999）。

由老师引导学生分析不同类型课文的框架结构及段与段之间的逻辑关系，从而培养学生预测语体和主要内容的能力。如"偷袭珍珠港"这一课文，作者如何从渲染美军官兵欢度假日毫无戒备的心理，为突发惨剧做铺垫，和如何使用词汇链，使全文连贯完整，前后呼应。另一方面，老师可利用课文语境，引导学生深入理解词汇语义，以及剖析语法形式与内容的关系。如以下 3 句中，a 句说的是警察杀死了暴乱工人，就事论事；b 句因使用了被动语态，把杀人者是警察放在明显地位；而 c 句因无修饰语"暴乱"，又是被动语态，表述了"工人被杀"这一事实，既是"被杀"，必然引导人们去思考"谁"杀害了"工人"，用词不多，含义深刻（寄影 1998）。

a. Police killed rioting workers.

b. Rioting workers were killed by the police.

c. Workers killed.

蔡晖 (2000) 观察到学生对语篇会有不同的理解，其部分原因在于学生不注意或不善于发现除主题意义以外的其他篇章内容。其次，学生的语言能力和文化差异会成为影响篇章解读的新的因素，使原本隐蔽的核心信息变得更加隐蔽而不可觉。那么，如何通过明显的"语码"去解读语篇所携带的全部思想内容，包括对潜在信息的理解？教师如何为阅读暗示解码方式，提供解读方法、步骤等，从而增强文本阅读的可解性？这些都是教师需要经常考虑的问题。

3.4 写作

写作课的老师都强调学生的作文应当主题突出，行文流畅，前后连贯，这便需要运用语篇分析中的许多研究成果。

以往的英语写作教学往往偏重修辞和语法方面的训练，忽略体裁和体裁分析。上述的体裁教学法用于写作教学卓有成效。如美国 Abadiano (1995) 曾对中西部城市的 6 年级学童的作文进行分析。这些学生具有不同文化背景、操不同语言、均来自低收入家庭，其中来自黑人、本地人和属主流文化的孩子各 8 人。研究的内容是他们在说明文中使用的衔接手段和语类。分析表明：1) 这些学生最常用的衔接手段为词汇衔接；2) 衔接手段的频率按这 3 个组递增；3) 衔接手段类型的差异是按学习成绩好坏区分的 (秦秀白 2000)。

关联理论可用来指导英语写作教学。从写作者的角度看，写作过程就是写作者作为交际者尽可能向作为交际对象的读者提供关联性最大的言语信息，以示意自己写作意图的心理过程；而站在读者的角度，交际对象则尽可能进行关联程度最大的逻辑推理，这是理解交际者意图的语用推理的心理过程。由此可见，"关联性最大"最能表达作文语篇意图，而"关联程度最大"最能准确推理作文语篇意图 (韦国欣 1999)。

当然，要使学生的作文连贯性强，全面提高学生的写作能力，仅靠语义衔接手段是不够的，还有赖于其他方式达到语篇连贯的效果。比如，语篇连贯涉及语篇新旧信息的传递方式，而句法连贯，如平行结构，可以加强句子乃至段落之间的节奏感、平衡性和表达力度 (Abadiano 1995；李志雪 2000；赵璞

1998)。下例从主位连接和信息处理来实现英语写作的连贯性。我们先看下面一篇初稿。

(1) Since its birth, language has been used as a most efficient instrument for human communication. (2) The functions of language have attracted the attention of a great number of scholars. (3) Though working assiduously, many of them did not figure out the true nature of language which is the aim of modern linguistics. (4) "Rhetoric" was the profound theory of language use they developed. (5) Their main interests at that time lay in finding some practical skills to make their use of language more effective. (6) We still are helped to the present study by what they did centuries ago...

上文在语法正确、表意清楚和段落组织方面都能接受，但句与句之间的联系不自然，有跳跃感。为此，在方法上，可把主位改成 language，和通篇主题相呼应。具体操作如下：

——句 1 的述位新信息 a most efficient instrument for human communication 能间接地得到 functions 的含义，与句 2 的主位 the functions of language 相连。

——句 3 的 which is the aim of modern linguistics 显得累赘，可删除。状语分句插在主语后面构成另一信息单元，用联加状语 though 和标点逗号作为衔接手段，让 the true nature of language 占据句末。

——句 4 的 rhetoric 显然是新信息不宜作主语，应从句 3 的述位 working, figure out the true nature of language 等中产生的已知信息 the profound theory of language use they developed 作主语。

——句 5 的主语 their interests 只用物主代词 their 作衔接手段，主位值不高，整体来说还是新信息，应改成 this 来指称句 4 的新信息。

——句 6 占据末段信息中心的 what they did centuries ago 显然是已知信息，应放在句首。

通过主位——述位和新信息——已知信息的理性选择，这段作文可改写为：

(1) Language has been used, since its birth, as a most efficient instrument of human communication. (2) The functions of language have attracted the attention of a great number of scholars. (3) Many of them, though working assiduously, did not discover the true nature of language. (4) One of the profound theories of language use they developed was "rhetoric". (5) This is because their main interests at that time lay only in finding some practical skills to make their use of language more effective. (6) What they did centuries ago is still helpful in our present study.

3.5 翻译

联合国资深翻译家维亚吉奥 (Viaggio 2000) 曾就"语篇分析能否帮助我们做好翻译工作?"做过系列讲座。各讲题目除引言外,有语言与话语,意义与意思,意思有赖于语境和情景,人们如何用词语的意义表述意思,话语分析的作用,语篇和联合国的翻译工作,理论和实践的关系,等等。

维亚吉奥举英语的 Time flies like an arrow 为例,源语的隐喻义"时间短暂",这个意义计算机是无法识别的。因为人们可以把它理解为多种意思,如: 1) 时间的移动像箭一样;2) 按照测算箭的速度来测算苍蝇的速度;3) 按照箭测算苍蝇的速度的同样方法来测算苍蝇的速度;4) 测算与箭相似的苍蝇的速度;5) 一种叫做"时间苍蝇"的特定的苍蝇喜欢一种箭。

出现不同解释的可能性在于英语语法可同时表达不同的世界知识,尽管越往后越不可能。因此,我们翻译时理解的不光是句子和词义,而且应了解它们的延伸义。为了理解,需要引入非语言知识和智力,即语篇内因素和语篇外因素。语篇内因素包括哪些是主题,哪些不是主题,主题按什么语序延伸,主题用何等词表达,用何种句子,用何语气;语篇外因素则包括什么样的情景,谁是作者,语篇是为何目的写的,给谁写的,何时何地,为什么,表现什么功能,译者在动笔前应对这些因素预先分析。

维亚吉奥提出翻译工作以读者为中心的观点。这包括 5 个要素:意图、可接受性、信息性、情景和互文性。他举联合国文件的一份协商性语篇为例,最初的译稿第 2 段和第 5 段如下：

(2) Women play a major role and make environmentally crucial choices in key areas of production as well as consumption affecting the environment in both rural and urban areas. Women must be engaged in environmentally sound action at the local level and in action which promotes the sustainable use of natural resources at all levels. Women's experiences and expertise of safeguarding the environment which at the time seeking to ensure adequate and sustainable resource locations which households and communities must be acknowledged and incorporated into decision-making.

(5) The role of the United Nations Environment Programme in the United Nations system and its community of partners for the advancement of women as a means to safeguard the environment is to recognize women and facilitate their environmental education and their access to resources through developing a gender perspective in all their activities of the organization. The United Nations Environment Programme should develop this role and take women's experience and knowledge on board by offering equal job opportunities and providing gender-sensitive working conditions. (摘自联合国环境计划 6 月 18 日决议，171 词)

维亚吉奥评论道，这样的译文采用了传统的、措辞强烈的联合国文体，因此出现了语域的突然变换，如 taking on board；词语的重复，如 women, environment 等。于是原来语篇的传授性意图不复存在。为此，他建议从源语篇中归纳以下的主要思想，如：

——Women
——Choices
——Experience
——UNEP's role (with UN and partners)
——UNEP

根据这个主题序列，修改后的译文要通顺得多。

(2) Women play an important role and make crucial choices in key areas of production and consumption, affecting the environment in both rural and urban areas. They must therefore act in ways that are environmentally sound at the local level and that promote the sustainable use of natural resources at all levels. Their experience and expertise in safeguarding the environment while using resources adequately and sustainably at home and in their communities must be acknowledged and incorporated into decision-making.

(5) With respect to the advancement of women as a means of safeguarding the environment, the role of the United Nations Environment Programme in the United Nations system and its partners is to recognize women and facilitate their environmental education and access to resources by introducing a gender perspective in all the activities of the organization. The Untied Nations Environment Programme should develop this role and take advantage of women's experience and knowledge by offering equal job opportunities and providing gender-sensitive working conditions. (162 词)

其实，国内学者对维亚吉奥的某些观察也有共识，如译文应对源语语篇的信息结构做句法调整 (张明林 1999)。这里，我们先领会下面的中文的旅游语篇举例。

自春秋时期宁波即有文字记载，唐代以来成为主要港口，与东南亚各国通商。1842 年为五口通商口岸之一。中华人民共和国成立 30 年后的 1979 年，宁波再次对外开放。如今宁波这个不冻港为全国十五个沿海开放城市之一。

全部句子都以时间状语为主位，以时间序列为篇章衔接的主要手段，这是符合汉语特点的。

如果在译文中照搬原文句法，那就像一份列车时刻表或大事年表。下面的英译文尽可能把 Ningbo 作为主位，所以符合英语语篇习惯。

Ningbo has been recorded since the Spring and Autumn period. It has been a major port since the Tang Dynasty, trading with Southeast Asia. It was made a treaty port, open to foreign trade and residence in 1842. Ningbo was reopened as a port for foreign trade in 1979 for the first time 30 years after the founding of the People's Republic. The ice-free port is now one of the 15 Open Coastal Cities in China.

徐振忠（1997）就袁锦翔先生（1994）翻译萧伯纳 1926 年的一篇演说词对中英文进行了对比研究。原文和译文如下：

Of late years the public have been trying to tackle me in every way they possibly can, and failing to make anything of it they have turned to treating me as a great man. This is a dreadful fate to overtake anybody. There has been a distinct attempt to do it again now, and for that reason I absolutely decline to say anything about the celebration of my seventieth birthday. But when the Labor Party, my old friends the Labor Party, invited me here I knew that I should be all right. We have discovered the secret that there are no great men, and we have discovered the secret that there are no great nations or great states.
译文：近年来公众舆论一直千方百计想要把我整垮，此计不成，又反过来把我捧成一个伟人。谁碰上了这种事都是极为倒霉的。现在出于另一企图，有人又在干同样的事了。为了这个缘故，对于庆祝我 70 岁生日的活动，我完全拒绝发表任何意见。但是，当我的老朋友工党请我到这里来时，我知道一切都没有问题。我们发现了一个秘密，那就是世界上没有什么伟人，也没有什么伟大的国家或民族。

源语语篇从话语场分析属社交演说辞，由于听众都是萧伯纳的工党同仁，既要表示感谢，又要阐明他个人的政治见解，即对资本主义的揭露和批判。此外，这类语篇具有政治演说辞的特色，即具有鼓动性和感召力。就话语基调而言，译者要考虑到萧伯纳和工党同仁是老朋友的关系，于是在语言风格上要保持幽默诙谐。在话语方式上，说辞属口头表达，但事先又是经过精心准备，写好讲稿的。正是这些语篇要素，袁先生的译文堪为佳作。

余宏荣（1998）指出，在翻译中，指示代词的使用在英汉篇章中应有不同。他曾对 Isaac Singer 的短篇小说 *The Briefcase* 和鲁迅的《社戏》做过统计，如表 1 所示。

表 1

	this	that	这	那
次数	1	5	13	4
频率	16.7%	83.3%	76.4%	13.6%

因此，英译汉时，往往要将英语的远指词译为汉语的近指词，以产生化远为近的心理效果，如：

The teachers then shook hands with me and kissed me... Thus relieved of a grievous load. I from that hour set to work afresh... (*Jane Eyre*)
于是老师们过来和我握手，吻我……一个令人悲痛的包袱就这样解脱了。我从这时候就开始重新努力……（祝庆英译）

这一原则在中译英时也可运用，如：

那是在四五年前，在大西北一个京评合作的小剧团里。那时，他们在一个县城演戏……这个县城是日本兵、特务成堆的地方，演员们在这里演戏很不安全。（新凤霞：《新凤霞回忆录》）
Some five years previously they were both acting in a small pingju troupe in a county town in the northwest... That county town was so infested with Japanese troops and spies that actors performing there felt more insecure. (戴乃迭译)

总之，汉语篇章着重的是心理距离，而英语篇章着重的是实际距离。语境是理解与翻译的基础。如源语语篇中有的所指要结合语境才能确定（郭冬花 2000）。试比较以下英译汉的语篇。

...and only last summer I proved myself perfectly unworthy of one.
(*Wuthering Heights*, Ch.1)
……果然，就是在去年夏天，我证实了我根本不配有。

last summer 指的是哪一年夏天？译文中译成"去年夏天"有误。小说开头就交代了当时是 1801 年。从前后文获悉是冬天，故事的叙述人 Lockwood 叙述完这句话后，紧接着就谈了他夏天的经历，随后又叙述了他在炉边的一把椅子上坐下，显然他是想取暖，第二章谈到他遇到一场大雪在 1801 年 11 月，而 last Summer 是刚过去的夏天，因此应译为 1801 年夏天。

翻译时，对多义词不好确定其意思，这时也要做语境分析。

"And you are my uncle, then!" she cried, reaching up to salute him.
(*Wuthering Heights*，Ch. 21)
"这么说，你是我的姑父啦！"她嚷道，走到他跟前，行了个礼。

Heathcliff 一心想让 Catherine 嫁给他儿子 Linton。当 Catherine 向他 salute 时，他马上说了一句："If you have any kisses to spare, give them to Linton." 因此，salute 的具体意思在语篇中应为 kiss。

最后，我们可结合语境从逻辑角度分析句子的含义。郭冬花举例如下：

I'm sure you would have as much pleasure as I in witnessing the conclusion of the fiend's existence.
我可以肯定，眼看那个魔鬼恶贯满盈，你该像我一样高兴吧。

从前后文看，Enshaw 一心想干掉 Heathcliff，他明白地告诉 Heathcliff 太太，他们要是不干掉 Heathcliff，Heathcliff 就会干掉他们。因此，conclusion

一词具有 end 的意思，译文应为"眼看这个恶魔一命呜呼，一定会使你像我一样高兴"合乎逻辑。

3.6 文体学

自 20 世纪 80 年代以来，语篇分析与文体学相结合。这是因为语篇分析有关对话的话轮之间的关系和规律，以及语篇组成成分之间的语义结构关系都适用于文学文本中戏剧、小说、诗歌中的人物会话、独白等。如 Toolan 在《小说文体学》一书中分析福克纳小说《去吧，摩西》采用了人类学方法的会话分析，关注社会结构中会话双方的相互作用。Fowler 采用了巴赫金的对话理论分析 Dickens 小说《艰难时世》的复调性质（申丹 2000）。

在汉英篇章中语法衔接手段可具有文体效应，如小说中人物角色的内心独白，常用省略形式，暗示思想或形象的快速交替。这成了 James Joyce 在小说 *Ulysse* 中的一个主要文体特征。

Bloom raised his eyes and met the stare of a bilious clock. Two pub clock five minutes fast. Time going on. Heads moving. Two. Not yet. (*Ulysses*)

以下一例表明作者有意识地采用所指不清的手段，达到任凭读者去猜想，以产生似曾相识的文体效应。（鞠玉梅 1999）

她甚至不知道，他十九天以来，每天晚上吹的都是同一支歌曲的曲调。他是吹给她听的。（梁晓声：《鹿哨》）

3.7 语法

关于句子语法和语篇的区别在《语篇分析在教学中的应用》一文中已有论述，这里将 Christian（1997）研究的介绍转引如下：

Christianian 认为在英语语法教学中，双属格（double genitive）的意义和功能是难点，因此应当采用语篇分析的方法，把它和有曲折的前置属格进行对比研究。他认为只有把语法点放在语篇中最能活化学生的直觉，自行发现规则和底层的结构类型。他所举的双属格实例如下：

a. She is a friend of Mary's.

b. She is a friend of hers.

这两句是同义的，但下面两句并非同义。

a. He is Mary's（her）friend.

b. He is a friend of Mary's（hers）.

作者认为双属格可用于人、非人，甚至无生命的"属有者"，如：

What a beautiful horse. That mane of hers is really gorgeous.

That rusty old rudder of hers（a ship, say）needs to be replaced.

条件是这个属有者被第三人称所有格代词"拟人化"了，因此双属格的正确用法不能简单地用"人"或"非人"，"有生命"或"非生命"来确定，而是用在语篇中的变化（能被拟人化的第三人称所有格代词替代）来确定。

Christianian 进一步指出，要从真实语篇中取例来说明，说话者和作者不仅仅是为了文体效应采用双属格的，而是在具体情景下有目的地使用的。说话者/作者使用双属格是为了对所属物表示某种态度，而这个态度可通过双属结构中心词前的限定语界定，如：通过定冠词表示部分的意义，如下例中指她的许多说法中的一个。

I started to say something that came out "Fiddle-dee-do." It's a saying of my grandmother's, and I know she would have been proud.（Updike, p. 445）

"许多中的一个"意味着不是独有的、不是一对一的关系，因而提示"属有者"和所属事物之间是有距离的或疏远的关系，试将下例中"a peer of Terry's"同"Terry's peer"比较。

He looks to be in his late twenties—not exactly a "boy" —but he probably is, it strikes me, a peer of Terry's in the sense that he and Terry compete in the same labor market, working non-union, high turnover restaurant jobs for the same sort of pay. (Finnegan, p. 82)

如说话者 / 作者想表示"属有者"和所属事物之间的非部分意义或亲密关系，应使用指示代词。

Fiddler (passionately, flinging the fiddle down). Hell's delight! Excuse me, Mr. Webster, but the very devil's got into that fiddle of mine. (Benet, p. 178)

this 和 that 不仅表示对所属事物带有情绪的态度，也能表示属有者和所属事物之间的物体或时间的关系，如下面前一例表示案件的紧迫性，后例表示狗的实际存在。

Webster: Mortgage case. Well, I don't generally plead now, except before the Supreme Court, but this case of yours presents some very unusual features and I never deserted a neighbor in trouble yet. (ibid., p. 184)
(Pointing at the dog cowering behind its master's leg) This dog of yours tore up my flowers! (incidental speech) (McGarry, p. 34)

强调属有的概念，突出"属有者"，如前例 case 是主题，而强调的是 yours ；后例中的主题为"dog"（如说话人手指着狗，强调的仍是 yours）。
指示代词起到"语篇提示"(textual reminder) 的作用，提醒读者什么是所属事物，什么人和物是属有者。下例中的 grief 最初与 Reiko 有联系，但不是真正意义的所属关系，直到双属结构出现后向读者提示这个 grief，强调这是 Reiko 所经受的 grief，与她丈夫对比。

The agony before Reiko's eyes burned as strong as the summer sun, utterly remote from the grief which seemed to be tearing herself apart within...

But now, while her husband's existence in pain was a vivid reality, Reiko could find in this grief of hers no certain proof at all of her own existence. (Mishima, p. 407)

所有这些都说明，语篇语言学之所以表现出强大的生命力，除了在理论上可阐明语言的本质和生成机制，更在于它的实用性，特别是能卓有成效地应用于有关语言教学的许多课程。

参考文献

Abadiano, H. R. 1993. Cohesion strategies and genre in expository prose: An analysis of the writing of children of ethnolinguistic cultural groups. *Pragmatics* 5(3): 299-325.

Brookes, H. J. 1995. Suit, tie and a touch of Juju -The ideological construction of Africa: A critical discourse analysis of news on Africa in the British press. *Discourse and Society* 6(4): 461-499.

Chafe, W. L. 1977. The recall and verbalization of past experience. In R. W. Cole (ed). *Current Issues in Linguistic Theory*. Bloomington: Indiana University Press.

Chafe, W. L. 1992. *Discourse: An Overview*, ed. by William Bright.

Christie, F. 1997. Curriculum macrogenres as forms of initiation into a culture. In F. Christie & J. R. Martin (eds). *Genre and Institutions: Social Processes in the Workplace and School*. 134-160.

Cilihert, A. 1997. Changes in discursive practices in Italian public administration. *Journal of Pragmatics* 27(2): 127-144.

Coupland, J. 1996. Dating advertisements: discourses of the commodified self. *Discourse and Society* 7(2): 187-207.

Crystal, D. 1985. *A Dictionary of Linguistics and Phonetics*. New York: Basil Blacknell.

De Beaugrande, R. 1990. In *Text* 10(1/2):9.

Dillon, G., A. Doyle, C. Eastman, S. Silberstein & M. Toolan. 1993. Language and power in critical linguistics. *International Journal of the Sociology of Language* (103): 185-196 .

Fiol, C. M. 1991. Seeing the empty spaces: Towards a more complex understanding of the meaning of power in organizations. *Organization Studies* 12(4): 547-566.

Firth, J. R. 1957. *Papers in Linguistics 1934-51.* London: Oxford.

Gleason, H. A. 1965. *Linguistics and English Grammar.* New York: Holt, Rinehart and Winston.

Grimes, H. P. 1975. *The Thread of Discourse.* The Hague: Mouton.

Halliday, M. A. K. 1961. Categories of the theory of grammar. *Word* 17: 241-292.

Halliday, M. A. K. 1962. Descriptive linguistics in literary stylistics. In G. I. Duthie (ed.). *English Studies Today.* Edinburgh: Edinburgh University Press.

Halliday, M. A. K. & R. Hasan. 1976. *Cohesion in English.* London: Longman.

Halliday, M. A. K. 1985/1994/2004. *An Introduction to Functional Grammar.* London: Edward Arnold.

Harris, Z. S. 1962. Discourse analysis. *Language* 28: 1-30.

Leech, G. 1990. In *Text* 10(1-2): 56.

Longacre, R. E. (ed.). 1976. *Discourse Grammar: Studies in Indigenous Languages of Columbia, Panama and Equador.* Dulles: Summer Institute of Linguistics.

Malinowski, B. 1933/1935. *Coral Gardens and Their Magic.* Vol.1 & Vol.2. London: Allen & Unwin.

Masson, D. 1996. Language, power, and politics: Revisiting the symbolic challenge of movements. *Alternate Routes* 13: 67-100.

O' Connor, M. 1990. Chronotopes for women under capital: An investigation into the relation of women to objects. *Critical Studies* 2: 137-151.

Ostman, J. O. & T. Virtanen. 1995. Discourse analysis. In Verschureren, J. J. O. Ostman & J. Blommaert (eds.). *Handbook of Pragmatics.* Amsterdam: John Benjamins.

Pike, K. L. 1954. *The Intornation of American English.* Ann arbor: University of Michigan.

Reeves, C. 1996. Language, rhetoric, and AIDS: The attitudes and strategies of key AIDS medical scientists and physicians. *Written Communication* 13(1): 130-157.

Roberts, C. W. 1995. On the Universe of Text-Related Questions about Which Statistical Influence May Be Drawn. *Asp Association Paper.*

Roberts, C. W. 1996. A generic semantic grammar for quantitative text analysis: Applications to East and West Berlin Radio News Content from 1979. carlos@iastate.edu *Asp Association Paper.* In A. Raftery (eds). 1997. *Sociological Methodology.* Basil Blackwell, Oxford. 89-129.

Sacks, H., Schegloff & G. Jefferson. 1974. A simplest systematics for the reorganization of tumtaking for conversation. *Language* 50.

Santos, M., B. Does. 1996. The textual organization of research paper abstracts in applied linguistics. *Text* 16(4): 481-499.

Sinclair, J. Mch. & R. M. Coulthard. 1975. *Towards an Analysis of Discourse: The English Used by Teachers and Pupils.* Oxford: Oxford University Press.

Singh, U. N. 1989. How to honor someone in Maithili. *International Journal of the Sociology of Language* 75: 87-107.

Steiner, J. Mch & R. Veltman (eds). 1988. *Pragmatics, Discourse and Text:* Norwaod: Ablex.

Tannen D. 1990. In *Text* 10(1/2): 109.

Tesch, R. 1991. Introduction. *Qualitative Sociology* 14(3): 225-243.

van Cuilenbucg, J. J. 1991. Content analysis and the computer. *Mens en Maatschappij* 66: 71-82, supplement.

van Dijk. 1985. *Handbook of Discourse Analysis.* 4 vols. London: Academic Press.

van Dijk. 1990/1999. In *Text* 10: 112.

van Teeffelen, T. 1991. Argumentation and the Arab Voice in Western bestsellers. *Text* 11(2): 241-266.

蔡晖, 2000, 试论语篇的交际对象因素,《解放军外国语学院学报》(1)：35-48。

陈君、刘辰诞, 1999, 篇章信息度与写作和阅读教学,《解放军外国语学院学报》22 (3) 58-60。

郭冬花, 2000, 语境是理解与翻译的基础,《解放军外国语学院学报》23(3)：71-73。

胡壮麟, 1994,《语篇的衔接与连贯》。上海：上海外语教育出版社。

寄影, 1998, 语篇分析与精读教学,《解放军外国语学院学报》21 (1)：57 -60。

鞠玉梅, 1999, 汉英篇章中的语法衔接手段及其文体效应,《外语与外语教学》

(1)：11-14。

李旭霞，1999，英语请求语篇的认知分析，《解放军外国语学院学报》22(4)：60-62。

李志雪，2000，从语义连贯角度谈如何提高英语专业学生的写作能力，《解放军外国语学院学报》23 (3) 51-54。

刘涌泉、赵世开，1979，《英汉语言学词汇》。北京:中国社会科学出版社。

苗兴伟，1998，论衔接与连贯的关系，《外国语》(4)：44、49。

秦秀白，2000，体裁教学法述评，《外语教学与研究》32 (1)：42-46。

申丹，2000，西方现代文体学百年发展历程，《外语教学与研究》(1)：22-28。

韦国欣，1999，论英语写作中的关联参与，《外语与外语教学》(8)：27-29。

徐振忠，1997，从系统功能语法理论看英语演说辞篇章的汉译，《解放军外国语学院学报》20 (1)：61-65。

杨自俭 (主编)，2002，《语言多学科研究与应用》。南宁：广西教育出版社。281-314。

余宏荣，1998，英汉篇章中指示代词照应作用的对比及其在翻译中的应用，《外国语》(4)：37-41。

张德禄，2009，多模态话语分析综合理论框架探索，《中国外语》(1)：24-30。

张德禄，语篇连贯研究纵横谈，《外国语》(6)：24-31。

张明林，1999，语篇分析与汉英翻译，《外语与外语教学》(12)：43-45。

赵璞，1998，主位连接和信息处理与英语写作的连贯性，《外语研究》(1)：21-25。

系统语言学的语类理论 [1]

1. 语类

　　genre 这个概念不是一个新词，但在不同时期不同学科中有不同的理解。

　　在词典中，genre 被认为是"一种特殊类型的文学作品、绘画、音乐、电影或其他文艺形式，由于它有专门的特征，人们把该形式作为一类"(*Collins Cobuild English Dictionary*)，即"体裁"。今天，genre 指任何类型 (口语或书面语) 的、有或没有文学灵感的话语的可区别范畴。例如，Crystal (1987) 对口语体做解释时写了这么一段话："日常会话是如此习以为常，人们很容易忘记它的语类地位，因为它有自己的常规，往往与书面语很不相同。"可见，genre 已不限定于文艺形式，在人文科学中人们把广义的 genre 叫作"语类"。《兰登书屋韦氏英汉大学词典》(1997) 的有关条款已反映了这一变化。

　　长期以来，语言学家对语类研究很少，直到系统功能语言学家自 80 年代后开始介入，这一情况开始改变。系统功能语法理论框架的一个主要内容是把语篇作为研究对象，而不是词汇或句法。所谓语篇，就早期的系统语言学理论而言，或体现为语体 (variety)，或体现为语域 (register)。自从"语类"作为一个亮点受到注目后，才出现了如何理解语类一词的意义、如何在系统功能语言学框架中消化和接纳语类的讨论，如 Berry (1982) 和 Ventola (1984) 所指出的，语类和系统功能语言学中早已使用的语域之间的关系是不清楚的。以后又发生语类、语域和语篇类型三者混用的情况，如 Turner (1998) 有关学术性语域的文章。为此，本文从不同角度讨论语类，特别是讨论系统功能语言学中语类理论的发展过程。

---

[1]　本文原载于北京大学国外语言学和应用语言学研究所，2004，《语言学研究》(第 2 辑)。11-12。

2. 语类系统

系统功能语言学家在语域理论中，把语篇和语境关系区分为语场、语式和语旨三个方面，行家对此无大争议。1967 年，Gregory 首次把"修辞语类"（rhetorical genre，指劝诱、告知等语言）置于语旨之下，并起了一个"功能语旨"（functional tenor）的名称表示这种功能，以不同于表示正式程度的"人际语旨"（interpersonal tenor）。Halliday（1978）则认为修辞性语类应当是语式下的变体。在 Halliday 的经典著作 *An Introduction to Functional Grammar*（1985/1994）中，全书涉及语域的索引有三次，就是没有语类的索引，这说明 Halliday 当时关注的是语域，而不是语类。

Martin（1980/1981）接受了 Gregory 的功能性语旨的观点，但认为功能性语旨是人们在有关语境的语式和语旨中进行选择的决定因素，应属于凌驾于语式和个人语旨之上的功能语旨层面，决定语场的则属于符号学，如图 1 所示：

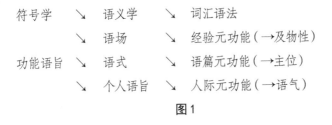

符号学 ↘ 语义学 ↘ 词汇语法
　　　　　↘ 语场 ↘ 经验元功能（→及物性）
功能语旨 ↘ 语式 ↘ 语篇元功能（→主位）
　　　　　↘ 个人语旨 ↘ 人际元功能（→语气）

图1

与此同时，Gregory（1987）仍坚持他的四分法，如图 2 所示：

符号使用者		语义	典型的词汇语法体现	通常有关的元功能
经验关系		↘ 语场	↘ 及物性	经验元功能
与受话人关系（个人）（功能）	语域	↘ 个人语旨 ↘ 功能语旨	↘ 语气/情态 ↘ 各种范畴	人际元功能 多元功能
方式关系		↘ 语式	↘ 主位/信息	语篇元功能

（左侧纵括号整体标注：语类情景）

图2

Gregory 所建议的上述模式的最大新意是在语义层之上确立符号使用者这一层次，作为符号的语言是符号诸形式之一；第二，确立语域之上另有表示经验和说话人关系和说话方式的层次；第三，明确地使用了"语类情景"这一术语来统括有关符号使用者的各种关系。这一模式的缺点是为了保持他的四分法，对功能语旨在词汇语法层的体现显得笼统、不清楚。其次，所谓的多元功能也是一个界限不清的术语。

20 世纪 80 年代以来，苏联思想家巴赫金的理论 (Bakhtin 1981) 传入西方学术界。他的"言语语类"(speech genre) 理论为在澳大利亚活动的系统功能语言学家所接受。Martin (1985：251) 把语类看作是"分阶段的、有目标的、有目的的活动"，它描写一个语篇的隐性的意义结构，并揭示特定语类的图式结构。语类包括每一个通过语言体现的活动类型，它是文化的主要内容。至1993 年，Martin 心目中的语类是为了"用更完整的词语说明社会过程之间的关系，重点特别放在大多数语篇得以展示的各个阶段"。换句话说，语类是"一个描写语篇的社会目的与语言结构的关系的范畴"(1993：2)。在 Martin 模式中，语类强调的是常规目的，它形成种种不同的语域。例如，科技教科书，不论是物理教科书或生物教科书，具有相似的结构特征，因为它们实现相似的交际意图。因此，系统功能语言学把语类看作是"文化书稿"(cultural script)，它引导语言在各个阶段展开，特别是在学术性语篇中。

Eggins (1994：36) 对 Martin 的"分阶段"做了解释，在一个文化中为了完成交易需要经过一定的步骤或阶段。这些阶段的序列被称为语类的图式结构。

Martin 对语类的定位可图示如图 3：

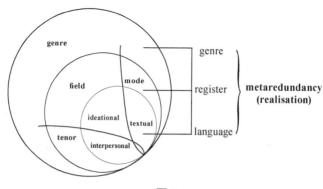

图 3

3. 语类结构

在一个文化中，图式结构使语类从 A 阶段向 B 阶段移动，例如 Ventola (1987：39) 在分析有关邮局的语篇时，归纳了以下几个步骤或阶段：交易开始——提出购物要求——买卖意向——价格——再次提出购物要求——澄清——问题——购买——价格——交款——致谢——找钱——买卖结束。根据 Martin 的解释，语类之所以分阶段，因为我们不能一次表达所有意义 (Eggins 1994)。

与 Martin 同时，Hasan (Halliday & Hasan 1985) 提出"语类结构潜势" (generic structure potential) 的理论。Hasan 根据系统和结构之间的轴心关系，从另一个视角看待语域和语类结构之间的关系。在这个模式中，语类结构的必要成分由语场决定，语旨和语式则为任选成分。这样，语类之间关系的问题是一个语类是否参与对语场、语旨和语式选择的问题。如果说，Martin 的模式说明语类的选择是一个自上而下的系统，先进入语域层次的语场、语旨和语式的网络，然后由语言体现，那么，Hasan 的模式是说明语篇使用者对各成分进行强制的和任意的选择后的常规，这种自左向右的排列构成语类结构潜势。这里，要说明几个问题。首先，系统语言学强调系统的第一性，选择先于组合。Hasan 的模式正是她的语类结构是以强制的和任意的选择为前提的。强制的选择指"交款"必然是"买卖意向"之后的阶段，"找钱"必然在"交款"之后。其次，既然是潜势，我们可以看到一个语类的语类结构潜势和一个具体语篇的实际语类结构之间的不同 (Eggins 1994：41)。最后，Hasan 曾对修辞性语式应看作是语场的一部分做了解释。在她的网络中，"头版新闻"是 [叙述：重述……]，因为它们涉及已经经历过的时间，而"社论"应看作是 [告示：描述……]，因为"告示"所指时间在某种意义上是现在，可进一步确定为与说话时的此时此地相联系的现在时间 (评论)，或者是此时此地后的现在 (描述) (Hasan 1999；Lukin 2001)。

4. 语类与语域

Couture (1986：40/80/87) 较早讨论语类与语域的关系。他认为，语篇语言学中语类和语域的关系有不同的视角，因此两者应有区别。"语域对语言层的词汇句法规定限制，而语类则在话语结构上作用。""语类（指研究报告、解释、商务报告）是可完成的有结构的语篇，而语域（科技报告的语言、新闻报道的语言、官方语言）表示更多文体的选择。"语类和语域之间有潜在的冲突，如写作者可选择期待高度清晰的语类（如商务报告），同时选择一种不太清晰的语域（如官方语言），这时写作者必须决定"他／她想要什么样的清晰标准来决断语言选择"。语篇能否取得交际上的成功需要语类和语域的恰当结合。

Martin 模式的图示进一步阐明了两者关系，语域分析是按元功能组成语场、语旨和语式，而语类分析则不，因为语域和语类的关系是层次间的关系，语域体现语类。这种关系相当于语言和语境的关系，也相当于语言各层次之间的关系。图中的"元冗余"的概念来自 Lemke（1995），一个层次的范式概念与下层次的范式相呼应。这样，语类是语域众范式的范式，正如语域变量是语言众范式的范式。在回答 Edwards 的提问时，Martin（1999）再次指出语类处理功能语法如何与话语的高层联系，如叙述体和说明体。功能语法的力量在于它从意义的视角看语法，这样语法可对话语中正在进行的事件做出语义解释和语用解释。因此对初次接触功能语法的教师，语类的概念很有用。话语参与者采用这些属于文化特定秩序的活动（如问候，要求等）来完成某些任务，如在柜台前采购物品。在这个基础上，功能语法可逐句审视语域，分析和标示语场、语式和语旨。语类相同的语篇，如科学报告，在阶段序列和语域上可有若干变异。为此，Martin 认为系统功能语言学创始人 Firth 的主要成就表现在音系学，属系统功能语言学的第一代；Halliday 将 Firth 的思想扩展至语法学，属第二代；像 Martin 等是第三代，他们的研究进入语法之上的话语领域，研究话语和语境关系。

Threadgold（1988）的观点既不同于 Martin，也不同于 Hasan。她认为语域是"标记"（Token），语类是"类型"（Type），通过语篇间的语义框架协调。作为语篇类型，每一个所涉及的文学或美学语类，规定所说的内容（语场），如何说（语式），谁跟谁说和为什么说（语旨）。因此，没有必要把主位（如 Hasan）或目的（如 Martin）挑出来作为超越一切的语类制约因素。她宁肯以"编码倾向"替换 Martin 的"目标倾向的社会活动"之说。在她所分析的语料中，主位实际上是受语类限制的，目的虽然可以限制某些选择（如有关语旨的选择），它不能限制早已为语类规定的语场或语式，因此类型只是实现为标记，受语篇间语义框架协调，规定语场、语旨和语式的选择，然后成为新标记的类型。

Eggins（1994：9）把语域理论描写为一个语言事件的即刻的情景语境对语言使用方法的影响，而语类的概念用来描写文化语境对语言的影响。这正好证实和发展了 Firth（1957）当年把语境分成情景语境和文化语境的语境论。

Turner（1998：2）认为语域和语类两个术语相互不能替换，也不是指 Halliday & Hasan 和 Swales 所分别代表的分析方法。Halliday & Hasan（1985）把语域定义为"与语场、语式和语旨的特定情景相联系的特定语境组织"，这包括随同或体现词语、词汇语法和音系的特征。对照之下，Swales（1990：58）把语类定义为"一个交际事件的集合，其成员共享某个交际意图的集合"，因而语类在符号等级中高于语域。

5. 语类与语篇类型

语类与语篇类型（text type）两个术语有时互用。Turner（1998：2）引用 Bex（1996：104）的观点，"每一个语篇只能体现它自己的语域"，但需要一个在其上的分析层次，这个层次能将各语篇组成类型，并能示范在特定的语言选择上和它们共享的社会目的上有哪些共同点。正是这个"高层次"被叫作"语类"。这可以说是语篇类型就是语类的一个报道。Lukin（2001）有同样的理解，即"语篇类型"是"语类"的更为通俗的叫法，因而两者是可以换用的。持不同意见的有 Bateman（2001），他在回答 Mick 的提问时说他非常不同意"语篇类型"的说法。"语篇类型"是传统的语篇语言学中使用的标准术语，意指无数的论文和书籍。"语类"比"语篇类型"能更好地指明有关后者的功能化观点，而"语域"只是指对局部特征做选择的语篇，这种选择是语篇在语类各阶段进行的。Moore（2001）也指出"语篇类型是非系统功能语言学使用的词语，特别是语料库语言学的各个分支使用这个术语"。最早使用这术语的 Biber（1985；1989）试图建立一个多特征的方法，来鉴别语篇的句法特征。按 Biber 自己的解释，这种方法是"前理论的"，意味着他界定特定的语域或语类时不拘泥于太多的理论，而使用统计学的方法来鉴别语篇中的语言特征，并把它们分类。

Trosborg（1997）对语域、语类和语篇类型在"语篇类型学"（Text

Typology）这个学科下进行讨论。他所区别的术语尚有语篇、话语、话语目的、交际目的、修辞目的、交际功能等术语。Trosborg 首先指出自亚里士多德的《修辞学》发表以来的 2400 年中，对语篇分类依循两个传统。第一个传统是按交际功能的目的分类，即话语是为了告示、表示态度、劝诱或挑起辩论，这时语类指完成的语篇；交际功能和语篇类型是语篇的特性，贯穿语类，如告示性语篇（指新闻报道、电视新闻、教科书等）；论辩性语篇（指辩论、政治演说、报刊文章等）。第二个传统是按类型或语式分类，重点放在功能范畴或修辞策略。这样，语篇类型是语篇底层共享的交际功能，如 Trosborg 把这些功能按言语行为分类，把语篇类型限定于话语方式。总之，Trosborg 的框架是对语域和语类进行区别，即把交际功能和语篇类型作为语场、语旨和语式的话语架构内的关键范畴。Trosborg（1997）的观点可归纳成以下几点：

1）话语和语篇是可以通用的；

2）语类和语篇类型必须区别，因为对语类的区别不能充分地表示语言的底层语篇功能；

3）语类是一个开放集，而语篇类型只是有限范畴的封闭集；

4）语域反映的是外部的格式和使用语境，根据有规则的非语言标准界定，而语篇类型可以根据认知范畴或语言标准界定；

5）交际目的是语篇的宗旨，修辞目的是由组成话语方式的策略组成，通过语篇类型体现；

6）语篇类型是一种概念框架，使我们能按为总的修辞目的服务的交际意图对语篇进行分类；

7）在一特定语篇（或语类）中使用的语篇类型不一定与语境中心一致，如论辩语篇类型可以通过叙述体现，讲授可以通过描写体现等；

8）交际目的和修辞目的之间可以互动，如劝诱可采用叙述、描写、争论等方式。

6. 语类分析的应用价值

语类分析试图在人文科学中，如语言学、人类学、修辞学等，沟通理论上与方法学发展。在这个意义上，语类被重新构建为社会文化的术语，既与包含它的"话语集团"联系，也与该集团赋予其成员的常规"任务"联系。由于语类分析具有清晰性、完整性和便于调研的能力，以及能够解释语篇和语境之间的复杂关系，正被学术界广泛应用。就系统功能语法而言，在教育学、语言教学和批评性语篇分析方面做的工作较多。

6.1 教育学

Christie (1993, 1997) 将语类的概念应用于教学大纲和课堂教学中。在自然科学的班上，她将每堂课中的课堂谈话做话语分析，发现教学过程可以分成若干个明显不同的阶段。如一个普通的陈述 "machines make work easier" 可以提升至技术性的概念 "mechanical advantage"（按：系统功能语言学中称为"语法隐喻"）。Christie 的研究发现学生如何学会掌握学习材料，从"消费者"变为技术词语的"主人"，最后用在对他们自己所做的口述研究报告中 (Bronson 2001)。

Martin (Edwards 1999) 谈到文化知识对学习自然科学、历史、经济学甚为重要。老师要对学生做需求分析，如他们所需要学习的语类和对大纲目标的了解。要让学生了解每一门课使用特定的语类，所突出的语法点也不一样。例如，在自然科学中出现较多的是报告和解释，其特征为认同小句，用来对科技术语定义；历史教材中科技词语少，但历史语类的语言特征是表示动作的过程多，用来记录各个事件和因果关系。在书面语和口语中也有很大不同，如 Halliday 发现在科技话语中较多地使用名词化的英语 (Halliday & Martin 1993)。

6.2 口语教学

Webster (2002) 为了解决学生在口语表达时常出现的面子观、紧张和表达能力有限等问题，采用语类分析方法，因为人们使用语言时，必然使用特定的语类。她把教学过程分成 4 个阶段，即

阶段 1：建立语场的知识（与学习者讨论语场、语旨和语式等特征）；

阶段 2：提供语篇模式（老师向全班介绍口语表达的模式）；

阶段 3：共同构建语篇（学习者一起讨论如何作表达）；

阶段 4：各自构建语篇（学习者向全班作自己的表达）。

Webster 认为从语类视角分析口头表达，可帮助学习者抓住某特定语篇类

型的架构，并使其与特定语境结合。有些学生要做较长的发言，应练习提出问题的技术，以及万一对问题不清楚时，如何换个说法。学生经历这么一堂课后，建立了信心，学到不少技能和策略。

McCarthy（1998）提问，口语或言语是否有制度性的规范？话语形式的演变是否有若干类型？如果答案是肯定的，就有必要对这些类型进行描写，并回答这些类型对语言教学是否重要。根据他的研究，如果语类模型能够指明特定语类的精确的语言特征，如语法和词汇，这对语言教师很有帮助。他发现，特定的语境和语类具有使用某些形式的特征，如"动作中的语言"明显地有各种语法上的省略，有些必需的形式也可省略，如：

Speaker 2：(laughs) What <are> you looking for, <a> tissue?

这些对常规语法规则的违背在有的语类中是绝对不容许的。

6.3 写作教学

Turner（1998）指出，在学术性写作中，选择何种语类作为模型取决于学生的程度，如研究生写学位论文需要结合学术性写作的范文，对本科生可采用非正式的学术性写作为模型。让学生去模仿报刊文章，往往形成貌似学术性的不正确的英语。事实上，人们对学术性写作坚持的原则是观点的客观性、结构的逻辑性、语言的清晰性，以及材料来源的可靠性。对一年级本科生的材料也许不好找，教师不妨自己写范文，或采用学生写作中的佳篇。虽然语法和标点符号很重要，有些写作教科书过于繁琐，例如过分地让学生为从属连词和并列连词的区别费神。同样，让学生有效地使用"but"，比不正确地使用"notwithstanding"更好。

6.4 批判性语篇分析

批判性语篇分析（critical discourse analysis）重点研究符号生成如何为权力服务，以及语言和思想意识的关系（如 Fairclough 1995）。系统功能语言学则视角较宽，认为思想意识贯穿于语言和其他符号系统之中。一方面这意味着任何一丝语义存在有思想意识的动因，另一方面它关注意义在一个文化中的分布。什么意义是言语集团共享的或不共享的？这就是说，社会地位与世代、性别、种族、阶级等关系的原则，对跨越语类的选择进行概括甚为重要。需要指出，当人们进入批判性语篇分析的领域，有必要在语类这个层面之上增加一个思想意识的层面。

6.5 广告

Altini（1996）采集 20 个当代广告语篇作为语料，研究广告语类中借贷的或内包的话语成分的功能和意义，这些话语成分被称为次生成分。观察和分析结果表明，广告语篇中的次生成分是基于策略所使用方法的证据，以构建意义，实现劝诱性的促销功能。分析也表明，语域的融合对上述语类的次生序列是关键。这项研究也表明所观察到的次生成分的特征是特定语类动态的证据。

参考文献

Altini, A. 1996. Parasite Discourse: Generic Sidesequencing and Registerial Fusion in the Gente of Advertising. Online.

Bakhtin, M. M. 1981. *The Dialogic Imagination*. Translated by C. Emerson & M. Holquist. Austin: University of Texas Press.

Bateman, J. 2001. Text Type vs. Register vs. Genre. <bateman@uni-bremen.de> 21 Dec, 2001.

Berry, M. 1982. Review of Halliday 1978. *Nottingham Linguistic Circular* (11): 64-94.

Bex, T. 1996. *Variety in Written English: Texts in Society: Societies in Text*. London: Routledge.

Biber, D. 1985. Investigating macroscopic textual variation through multifeature/multidimensional analysis. *Linguistics* (23): 337-365.

Biber, D. 1989. A typology of English texts. *Linguistics* (27): 3-43.

Bronson, M. C. 2001. *Genre Is a Verb*: *Research on Academic Writing in Critical Perspective*. December 5, 2001. Online.

Butler, C.S. 1985. *Systemic Linguistics: Theory and Applications*. London:

Batsford.

Christie, F. 1993. Curriculum genres: Planning for effective teaching. In B. Cope & M. Kalantzis (eds.). *The powers of literacy: A genre approach to teaching writing.* Pittsburgh, PA: University of Pittsburgh Press.

Christie, F. 1997. Curriculum macrogenres as forms of initiation into a culture. In F. Christie & J. R. Martin (eds). *Genre and Institutions: Social Processes in the Workplace and School.* 134-160.

Couture, B. (ed.) 1986. *Functional approaches to writing: Research perspectives.* NJ: Ablex.

Crystal, D. 1987. *The Cambridge Encyclopedia of Language.* Cambridge University Press.

Edwards, N. 1999. Functional grammar in the language classroom: An interview with James Robert Martin. *TLT* Online Editor. Tokyo YMCA College of English.

Eggins, S. 1994. *An Introduction to Systemic Functional Linguistics.* London: Pinter.

Fairclough, N. 1995. *Critical Discourse Analysis: The critical study of language.* London: Longman (Language in Social Life).

Firth, J. R. 1957. *Papers in Linguistics* 1934-1951. London: Oxford University Press.

Gregory, M. 1967. Aspects of varieties differentiation. *Journal of Linguistics* 3: 177-198.

Gregory, M. 1987. Meta-functions: Aspects of their development, status and use in systemic linguistics. In Halliday & Fawcett (eds.). *New Developments in Systemic Linguistics.* London and New York: Frances Pinter.

Halliday, M. A. K. 1978. *Language as a Social Semiotic: The Social Interpretation of Language and Meaning.* London: Edward Arnold.

Halliday, M. A. K. 1985/1994/2004. *An Introduction to Functional Grammar.* 2nd ed. London: Edward Arnold.

Halliday, M. A. K. & R. Hasan. 1985. *Language, Context and Text: Aspects of Language in a Social-Semiotic Perspective.* Victoria: Deakin University Press.

Halliday, M. A. K. & J. R. Martin. 1993. *Writing Science: Literacy and Discursive*

Power. London: Palmer (Critical Perspectives on Literacy and Education).

Hasan, R. 1999. Speaking with reference to context. *Ghadessy*: 219-328.

Lukin, A. 2001. Re: Text Type vs Register vs Genre. <alukin@laurel.ocs.mq.edu. au>, 27 Dec., 2001.

Martin, J. R. 1980/81. *Register and Meta-function*. Department of Linguistics, University of Sydney.

Martin, J. R. 1985. *Factual Writing: Exploring and Challenging Social Reality*. Geelong, Vic.: Deakin University Press [republished by Oxford University Press 1989].

Martin, J. R. 1992. *English Text: System and Structure*. Philadelphia/Amsterdam: John Benjamins.

Martin, J. R. 1993. Life as a noun. In Halliday & Martin (ed.). *Writing Science, Literary and Discourse Power*. London: Palmer Press. 221-267.

Martin, J. R. 1997. Analysing genre: Functional parameters. In F. Christie & J. R. Martin (eds.). *Genre and Institutions: Social Processes in the Workplace and School*. New York: Continuum.

Martin, J. R. & David R. 2003/2007. *Working with Discourse: Meaning Beyond the Clause*. Continuum/Peking University Press.

McCarthy, M. 1998. Taming the spoken language: Genre theory and pedagogy. *TLT* Online Editor.

Moore, N. 2001. Text Type vs Register vs Genre. <nick.moore@lycos.com> 30 Dec., 2001.

Swales, J. 1990. *Genre Analysis: English in Academic and Research Settings*. Cambridge: Cambridge University Press.

Trosborg, A. 1997. Text Typology: Register, genre and text type. *Text Typology and Translation*: 3-23. Amsterdam: John Benjamins.

Turner, R. 1998. *Register in Academic Writing*. March 18, 1998. Online.

Ventola, E. 1984. Orientation to social semiotics in foreign language teaching. *Applied Linguistics* 5: 275-286.

Webster, Fiona. 2002. A genre approach to oral presentations. *The Internet TESL Journal* (VIII)7.

意义的多模式构建

——对一次 PPT 演示竞赛的分析 [1]

1. 引论

1.1 介入性语篇分析

系统功能语言学的基本原则讲究从层次、功能、语境、语域和选择等角度来研究语言，而这些又与在一定社会背景下对意义的实现和描述有关。然而，我们至今只能"给一段话做语义上的解释，只能描述一个严格的语域的语义系统和对一种语言的某些语义特点做一番概括的说明，但是无论怎样，我们对语义的研究还是具体而片面的"(Halliday 1994：xx)。这就是说，自然语言虽然是最重要的表达方式 (Halliday 1978a：39)，却不是清楚传达意义的唯一手段。为了从隐含的和明晰的、内涵的和外延的、抽象的和具体的等多种角度全面把握意义，我们需要冲出自然语言的限制——它只是众多符号模式中的一种，同时开始重视介入性语篇分析 (mediated discourse analysis，MDA)。

介入性语篇分析检验个体、社会实践和活动以及各种形式之间的关系，这就是语篇 (Disler 2003)。

韩礼德在他的社会符号学理论框架中预见了社会活动在意义构建中所起的作用 (Halliday 1978a)，这个预见性的理论后来由 Deborah Schiffrin (1994) 总结成为以下 4 个方面。

1) 一种社会现实 (或者说一种文化) 自身便是一座意义的大厦，是由语言创造的符号建筑，然而，语言只是众多符号系统中的一种；2) 形成意义的过程

---

[1]　本文由本人和中国人民大学董佳合作编写，原载于《外语电化教学》2006 (3)：3-12。

以同一价值体系下的编码和解码为基础，而在编码和解码的过程中，社会背景进一步限制了联想潜势；3) 先前的语义标准和词汇语法标准有着密切的内部联系，因为每个意义都倾向于被看作是一种特殊的结构；4) 韩礼德把语义系统描述成为"清晰反映了语言的社会功能的内部组织"。所有这些观点可以归结为一个基本理念：语篇研究要结合社会背景，尤其是人类世界的社会文化方面。

Scollon 的方法也叫作介入性语篇分析 (MDA)，它与系统功能语言学的方法之间并没有很显著的差别。Scollon 侧重研究的是具体的、有确切语境定位的、实时的实践活动，以及它们与"多种模式"之间的关系，于是具体的人和物在实践的联系中结成类群或成为事物的代表。正如 Scollon 所说 (2001)，MDA 把对社会交互作用的语言学研究和实践理论相结合，而且与批判性研究、互动社会语言研究以及语言人类学有着很多共同点 (CDA)。Scillon 指出，与互动语言学不同，MDA 激发了社会学理论，而不是尚不完善的心理学理论；与批评性语言学 CDA、会话分析和互动语言学不同，MDA 并不把会话优先看作一种语类和更为笼统的语篇实践。

1.1 多模态化

当人们进行互动活动的时候，有时他们都在场，可以直接交流，有时要通过信息工具互动，也就是说，他们可以借助多种渠道和模态交换信息并处理各种关系。这就意味着意义的构建和传递不是单一模态的，原本就是多模态的。例如，每个人每天都有着多种多样的体验：视觉的、听觉的、触觉的、嗅觉的和味觉的。我们对世界的经验来自丰富多样的渠道，于是我们的各种感觉也随之融合协调 (Williamson 2003)。

多模态化，或 CDA 的术语——"卫星观"，是介入性语篇分析的最具持久性的特点 (Kress et al. 2001：8)，也就是它研究存在于世界上行为活动的多种模式之间的复杂关系。这就表明，语言不能实现一种特定文化中的所有要传递的意义。因此，在系统功能语言学领域中，除了已经研究过的范畴之外，我们需要研究以前从未触及的新范畴。意义潜势不能脱离韩礼德所谓的"社会符号学"，或者又可以称为符号潜势或模态潜势。

韩礼德是多模态化实践领域的先驱。在他的助手 Barbara Horvarth 博士的帮助下，他研究分析了一段 30 分钟的电影。该影片的场景很简单，局限于招聘面试、教室和百货商店（Halliday 1978b）。但是即便影片受这么多的限制，韩礼德还是发现其中对语言多种多样的要求，和人们在会话中期望实现的各种不同用意一样。韩礼德指出，"交换信息的'网络'不单由人群组成，同时还是在各种我们在多种生活场景中进行活动所产生的关系组成的。每一个生活场景，每一种关系都有自己对语言的独特要求。"（Halliday 1978b：24）

韩礼德在后来的著作中保持了他的这一想法，他指出"当对语言有新的要求出现时，当我们让语言以前所未有的方式为我们工作时，为了应付新的工作，它就会变成一种不同的语言"（Halliday 1990：82，引自 Biesenbach-Lucas & Weasenforth 2001）。

在另一个场合，韩礼德也曾说过："虽然物质系统就是物质系统，但是关于这个系统的理论却是一个符号系统——一个由许多相关意义组成的系统。""我们通过理论来了解物质现象，了解一个转化物质现象的符号系统"（Lemke 1990）。

这要求多模态化和多元符号学把信息传递的多种形式上升到理论的高度，并且探究诸如图像、文字、声音和动作怎样互相依存从而创造全部意义。换句话说，不论是一次实时的发言还是演说的纪录，一段印刷的材料还是手抄本，一份图表还是一幅图画，一种肢体语言还是一个活动行为，它们都产生意义，都包含意义。每种模态都是符号资源，都对意义的创建起到作用（Williamson 2003）。

在探讨多模态化和多元符号学的关系当中，Leeuven（2005）谈到这二者都试图：1）融合关于层次的语言学理论和信息传递过程中社会层次的理论；2）表明每一个层次都产生意义；3）指出现代科技应该成为符号学不可分割的一部分（Reutstaetter，et al. 2005）。

在回答我们为什么要研究语篇、技术和多模态化分析时，Deborah Tannen 指出：1）语篇原本就不是单一模态的，而在本质上就是多模态的；2）存在适应新科技的新形式；3）第三个重要问题就是对社会活动作为多模态现象进行研究（Tannen 1982：ix-xiii）。Scollon & Levine（2004）也有相似的看法，他们认为："语篇和技术存在于共生的关系中。"和我们密切相关的是"对我们怎样收集、笔录和分析数据的影响，同时，更重要的一点也许就是对这些现代技术所指向的社会交往和语篇自身的影响"。

1.2 计算机介入的语篇分析

计算机的批量生产和数码技术的进步使我们现在进入了超文本时代。我们现在能够通过应用先进技术来感知世界，贮备来自各种渠道的知识，表达各种意义——不论是清晰的或是隐含的，直接的或是间接的。这就推动了 MDA 的研究并发展到 CMDA (computer mediated discourse analysis，计算机介入的语篇分析)。电子邮件作为一种媒介产生了自身的特殊语域就是一个典型的例子 (Halliday 1990：44)。

CMDA 或 CMD (computer mediated discourse，计算机介入的语篇) 指的就是人们通过联网的计算机进行的交换信息的活动。CMD 就是在 CMC (计算机介入的信息交流) 基础上的更加广阔的跨学科专业化研究，不同的是 CMD 侧重于计算机网络环境下的语言和语言应用，并且它通过语篇分析的方法解决这一重点问题。以计算机为基础的 CMC 有多种形式，包括电子邮件、讨论社区、实时谈天对话、视频交流、角色扮演游戏等等。它们的语言学特性因各自应用的信息系统和实践所处的社会文化背景而不同。人与人之间通过连接互联网的计算机而实现的信息互动是一种近期出现的新现象 (Herring 2001)。

由此出现了几个问题：本领域应用的语言的特性是否依据韩礼德 (1990) 预言的标准而在变化？这些计算机中介语言的形式特性的变异是否能构成一种鲜明的语类或语域？当形成、听取和读取信息时，人们应该怎样从信息获得意义？在这个过程中，在不同的方面受到了怎样的影响？这些在具体的人类活动中得到了怎样的结果 (Disler 2003)？

本研究的目的就是要给这些问题提供一个合理的解释。

2. 对 PPT 演示大赛做 CMDA 研究的个案分析

2.1 中国人民大学举办的 PPT 演示大赛

2005 年 10 月 22 日，我们出席了中国人民大学举办的首届澳大利亚社会与文化 PPT 演示大赛。这次活动的发起和组织者是中国人民大学澳大利亚研究中心，它是 2005 年中国人民大学澳大利亚文化周的重要组成部分。比赛要求选手将自己制作的时间为 3—6 分钟的幻灯片演示作品呈现给观众，并据此介绍澳大利亚的社会文化、风土人情。一共有 64 份作品参加了比赛，其中的 24 份通过初选进入决赛（后有一人缺席）。人民大学澳研中心还邀请了七位嘉宾担任决赛的评委。我们因为要准备参加 2006 年全国语篇分析会议，所以这次比赛激起了我们的灵感，于是我们感到有必要下载所有参加决赛的作品进行分析。

除了参加 PPT 大赛这个意外的收获，还有另外的几个原因促使我们选择研究 PPT 演示比赛作为研究 CMDA 的突破口。

1）当谈论到与 CMDA 有关的不同模式时，人们倾向于探讨电子邮件、网络会议、在线聊天、Google 搜索工具等等，而幻灯片演示却很少受到语言学术界的重视。事实上，PowerPoint 在过去的几年里已经成为作演讲展示的标准工具。例如，2001 年 PowerPoint 占领了 95% 的图表制作市场，而且微软公司估计平均每天制作的 PPT 演示约有 3000 万份（Yates & Orlikowski，待发表）。

2）人们习惯于把 PowerPoint 看作是信息传递的工具，但是今天如果我们把重复出现的信息传递的模式看作是一种语类的话，PowerPoint 演示不仅仅是信息的媒介，而是作为一种语类被接受了（House *et al.* 2005）。

3）学者之间对幻灯片展示的意义有着不同见解。根据 House 等的报道（2005），Edward Tuffe 发表了一篇针对 PPT 的批评文章，批评它是"官僚的超理性主义的节日"。Jamie McKenzie 也说，"它对文化的破坏性来得更大。"相比之下，微软公司办公室负责系列软件的产品经理 Dan Leach 则提出：Office软件系列（包括 PowerPoint 软件）在世界上有 4 亿用户，说明这些用户喜好用PowerPoint。HyperCard 的创建者 Bill Atkinson 表示"它只是帮助你来表达自己，人们能应用的工具选择性越大，他们就能做得越好"（Schwartz 2003）。

我们认为本研究的任务之一就是要分析这两方面的意见。

2.2 数据分析

2.2.1 主题

本次比赛的主题为澳大利亚社会与文化，参赛选手的 23 个作品主题主要可以分为四类：

澳洲概况（2 个）

澳大利亚居民（2 个）

国土情况、自然风光（6 个）

特色文化（13 个）

2.2.2 选手情况

参加决赛的共有 24 名选手，其中 3 号作品"澳大利亚足球"由两名选手合作完成。24 名选手中有 9 名男同学，14 名女同学；22 名本科生，2 名硕士研究生。他们来自外国语学院、法学院、社会与人口学院、经济学院等多个院系。

2.2.3 PPT 演示大赛的要求

每名选手在展示作品前要用 30 秒的时间作自我介绍，举 5 号选手秦婷的自我介绍为例，她说：

Good evening everybody, I am a student from the school of foreign languages and my major is English. Today my topic is about the sheep culture in Australia. How heavy is Australia? Just ask an Australian sheep, because Australia is a country riding on sheep's back! Hope you enjoy it.

（译文：大家晚上好，我来自外国语学院英语专业。今天我要给大家展示的就是关于澳大利亚的羊文化。澳大利亚有多重呢? 问问澳洲的绵羊就知道了，因为澳大利亚是骑在羊背上的国家! 希望大家喜欢我的作品。）

在幻灯片放映的环节，选手们采取了不同的放映方式。部分选手亲自在屏幕前为观众讲解，并且请大赛的工作人员帮助切换幻灯片。比如 1 号选手束宇这样开始他的作品展示：

The Aboriginal people were the first inhabitants of the Australian continent. Most anthropologists currently believe they migrated to the continent at least 50,000 years ago and occupied most of the continent by 30,000 years ago. Subsequently, rising sea levels separated Tasmania and other immediate offshore islands from the rest of the continent. Although Chinese, Malaysian, Indonesian, and Arab seafarers may have landed in northern Australia well before AD 1500, Australia was essentially unknown in the West until the 17th century.

（译文：土著人是澳洲大陆最早的居民。目前，大多数人类学家都认为这些土著人早在 5 万多年前就移居这里，并且，在 3 万多年前，他们的人口就遍布了澳洲大陆。后来，随着海平面的升高，塔斯马尼亚和周边接壤的海岛就和澳洲大陆渐渐分离开来。虽然在公元 1500 年前，一些来自中国、马来西亚、印度尼西亚和阿拉伯国家的航海家曾到达过澳洲北部，但是澳洲大陆的存在却是 17 世纪才真正为世人所知。）

还有的选手把幻灯片设置成随着背景音乐自动放映的方式，比如 3 号选手李国梅和李瑞丰的作品"澳大利亚足球"。此外，还有一部分作品在背景音乐播放的同时需要工作人员帮助切换幻灯片。

2.2.4 幻灯片作品的篇幅

所有作品中篇幅最短的是 1 号选手和 9 号选手的作品，只有 8 张幻灯片；篇幅最长的是 17 号、10 号和 11 号选手的作品，分别是 41 张、36 张和 36 张。每份作品的平均篇幅约为 22 张。

2.2.5 幻灯片作品的视觉模态

所有作品都设置了特定的视觉模式，大致可分为三类。

1）画面上只有语言文字（2 号选手李源第 2 张）

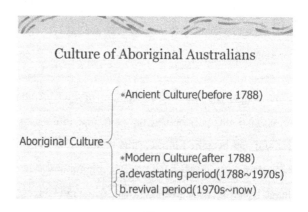

图 1

2) 画面上为图片与文字的组合（2 号选手李源第 17 张）

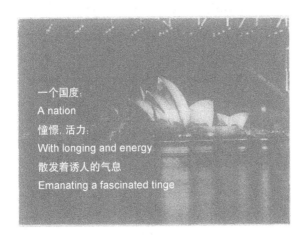

一个国度:
A nation
憧憬. 活力:
With longing and energy
散发着诱人的气息
Emanating a fascinated tinge

图 2

3) 画面上只有图片（2 号选手李源第 12 张）

图 3

2.2.6 幻灯片作品的声音模态

选手们按照显示主题的需要为自己的作品设置了不同的音响模态：

1) 没有背景音乐的（1、4、8、9、10、12、18、19、22 号作品）；

2) 背景音乐需要手动播放的（3、7、16、21、23 号作品）；

3) 背景音乐随幻灯片自动播放的 (2、5、6、11、13、14、15、17、20 号作品)。

背景音乐也分为纯音乐和歌手演唱的歌曲两种，其中演唱的歌曲有 *Advance, Australia Fair*；*The Blue Coral*；*I Can Sing A Rainbow*；*The Lonely Goatherd*；*Here I Am*；*Two Beds*；*Delta Goddream*；*Secret Garden*；*Enigma*，等等。

2.2.7 获奖情况

比赛采取每四份作品一组评分的方式，在所有作品展示完成后，有如下作品获奖：

1) 特等奖　14 号杨晓庆

2) 一等奖　15 号费颖莹　17 号黄璧君

3) 二等奖　19 号掌丽云　22 号马扬尘　5 号秦婷

4) 三等奖　1 号束宇　13 号刘淑敏　3 号李国梅、李瑞丰　6 号贺丹

3. 讨论

3.1 语言的功能

毫无疑问，自然语言是表达意义的首要模态。我们想要知道的是人们以什么样的方式应用自然语言。除了下面的 1) 和 2) 在 2.2.3 节中已谈到外，3) 和 4) 也使用了自然语言（英语和汉语）。

1) 幻灯片放映之前，每位选手都要作一个简短的口头自我介绍。

2) 在幻灯片放映开始后，部分选手在屏幕前作同步的讲解。

3) 幻灯片上自动出现书面语言，用以讲解，有的是整句，例如：

When it comes to professional football some of the most loyal fans are those devoted to AFL. AFL is now taught in schools and clubs across the country and the code is a significant national sport. (3 号作品第 10 张)

[译文：说到专业足球，一些铁杆球迷最推崇的要属 AFL（澳大利亚足球俱乐部）了。AFL 现在在澳大利亚全国各地的学校和俱乐部都有教授课程，而

且成了本国最重要的体育运动之一。]

4号作品第8张（钱蓉）

◆ Fish hooks (made of shell)

◆ Barbed spears (made of wood)

◆ Boomerangs (made of wood)

◆ Musical instruments (usu. made of wood)

◆ Stone implements

译文：鱼钩（用贝类制作）

　　　棘矛（木制）

　　　飞去来器（木制）

　　　乐器（通常木制）

　　　石器

图4

4）同时，我们还可以看到/听到背景音乐里面的歌词，例如14号选手杨晓庆同学用的背景歌曲"前进，美丽的澳大利亚"和画面上移动的歌词：

Advance, Australia Fair

Australians all let us rejoice

For we are young and free

We've golden soil and wealth for toil

Our home is grit by sea

Our land abounds in nature's gift

Of beauty rich and rare

In history's page let every stage

Advance, Australia Fair

In joyful strains then let us sing

Advance, Australia Fair

译文：前进，美丽的澳大利亚

澳大利亚人，让我们一起欢乐

因为我们年轻和自由

我们有金色的土壤，辛勤劳动的财富

我们的家四周环海

我们的土地富有自然的赏赐

美丽富饶又罕见

在历史的篇章中让每一个阶段

前进，美丽的澳大利亚

在欢乐的乐曲中让我们歌唱

前进，美丽的澳大利亚

　　在此基础上，我们得承认从总体上来看这些幻灯片作品中的语句不长，大部分的语言表达采取短语的形式。同时，由于比赛的主题是澳大利亚社会与文化，幻灯片中采用的词汇绝大多数是与澳大利亚相关的。这和 Baron 的结论相吻合：使用计算机介入的人们会倾向于"采用少量从属性小句"而且"采用范围更狭窄的词汇"（Baron 1984：131）。

　　但是幻灯片展示毕竟还是给了人民大学的英语专业和非英语专业的学习者们一个难得的机会，让他们在轻松自然的环境里学习语言。

Kramsch *et al.* (2000) 也指出，对新类型的多模态电子技术是否熟悉是衡量多元读写能力 (multiliteracy) 的一个方面。作为教授语言的教师，我们应该意识到不能再一味教导语言的学习者专注于书写能力，这个时代很多语言已经不仅仅是"读写"的语言了。

3.2 图像的功能

PowerPoint 的妙处还在于图像或照片的应用。一个没有任何图像或照片的 PPT 演示是很枯燥无味的。我们在人民大学的 PPT 演示大赛上观察到了更多有趣的现象。

1) 许多幻灯片作品的图像是自动出现，消失，移动和产生各种动画效果的。它将观众引向一个真实的世界 (如 11 号选手胡雨的作品"美食澳洲")。

2) 有位妇女慢慢张开眼睛，起到了非常生动的效果。它传达的信息是：她是一名古往今来的观察者、思考者，她欣赏这片曾经沉睡数十万年的土地，她了解生于斯、长于斯的人民。

3) 所有的幻灯片都色调丰富，暗示着这个国家充满着活力，仿佛人间天堂。在这一点上 van Leeuvan 关于色彩的符号资源的著作给我们很大的启示，而且本研究所收集的数据也能充分说明这一点。例如 19 号选手掌丽云同学的作品"我眼中的七彩国度"，语篇的主题就是围绕澳大利亚的色彩展开的，她把七种颜色象征澳大利亚七个风景美丽的城市。

图 5

堪培拉：红色

黄金海岸：金黄色

墨尔本：绿色

布里斯班：橙色

阿德莱德：粉色

凯恩斯：紫色

悉尼：蓝色

在这份作品里，作者赋予每种颜色以独特的意义，每样色调都象征着一个地区的风格和特色。在结尾的部分插入了背景音乐 *I Can Sing a Rainbow*，表达的意思是整个国家和人们之间的团结与和谐。另一个很好的例子是 PPT 作品（4 号选手钱蓉）中把澳大利亚土著民族的旗帜的三种色彩进行介绍。

黑色：土著居民的肤色

红色：澳大利亚土壤的颜色

黄色：象征希望的太阳

3.3 音响的元功能

在多模态化的音响（或音乐）模态方面，van Leeuvan (2005) 认为人际功能比概念功能得到了更充分的发挥，而且后者的展现要以前者为基础。但是在视觉模态里情况就不同了，概念功能才是主导的，人际功能的展现要以概念功能为基础。

van Leeuvan 做这样的判断固然有其理由，但是人民大学 PPT 大赛的作品体现的却是另一番光景，因为大多数有音乐背景的作品选择的都是歌手演唱的歌曲，旋律和歌词当中包含了概念功能。例如，3 号作品的背景歌曲 *Here I Am* 的曲调和歌词就是表达足球迷们对风靡澳大利亚的足球运动的热爱和赞颂。再如节奏缓慢的 *The Blue Coral*，它使观众的思想回到很久以前，澳洲大陆还不为世人所知的遥远过去。这是一种不能靠语言而是要由音乐来充分表达的意义。

如果说不同的幻灯片之间存在着服务于同一主题的衔接和一致，那么这些音乐和语篇之间也存在着这种衔接。据此，我们可以说，PPT 演示文本中三种元功能之间存在着衔接和连贯是可以接受的。

3.4 介入活动

介入活动 (mediated action) 是分析的基本单位。在这个情况下，作为社会存在的个体都参与到动作和物质手段呈辩证关系的行动中来，这种物质手段介入了社会活动 (Scollon 2001)。

人民大学的 PPT 大赛能帮助我们很好地理解 Scollon 的意思。所有的选手都要首先思考自己对澳大利亚已有的认识和知识——她的土地、历史、土著民族、早期移民、体育、食品，等等。这就把选手们引向了澳大利亚的社会文化的方方面面。如果没有这些了解，他们就无法动手准备作品的语篇。

然后选手们就要通过互联网收集所需的信息和材料，接下来在电脑上借助 PowerPoint 软件的各种功能以最佳的方式呈现自己所准备的内容。

Scollon (2001) 还指出，介入活动也出现于活动的场所。因此，这行为在"某一特定的历史时刻"成为"相关参与者关注的焦点"。人民大学的 PPT 大赛举办地点在一个会议大厅里面就表明，参与的选手一方面可以借助大屏幕的同步放映进行讲解，另一方面也可以同时把要传递的信息表达给台下的观众。因而，Scollon 提到的互文性和互动语篇性 / 对话性是本质上的介入手段。在这点上，我们得认识到一个单独的介入活动也是复杂的，即便是处在一个可控制的、可靠的秩序良好的环境中 (Disler 2003)。在人民大学的 PPT 大赛中，有些选手还要注意和观众席里的同伴保持互动。

3.5 CMD 中的文本和语篇的性质

Disler (2003) 提问："语篇分析要问的一个基本问题就是'为什么这个语篇是这样的而不是别的样子？'"他进一步把需要问的问题分成六类。建立语篇的每个方面既是一种制约 (为什么语篇要这样而不是别的样子)，又是一个创造性的来源。这 6 个方面是：1) 语篇由世界塑造，它又塑造世界；2) 语篇由语言塑造，它又塑造语言；3) 语篇由参与者塑造，它又塑造参与者；4) 语篇由先前的语篇塑造，它又塑造以后的语篇；5) 语篇由媒介塑造，它又塑造使用媒介的可能性；6) 语篇由目的塑造，它又塑造目的之如何实现。我们在人民大学观看到的 PPT 大赛充分表明了这 6 类问题各有独到之处：1）我们预期的内容局限于对澳大利亚的土著民族、土地和文化的描述，有些是物质的，有些不是，正是这种类型的语篇帮助我们了解澳大利亚；2）比赛作品要求既要有口头表达的语言又要有书面语言，所以观众需要充分动用他们的视觉和听觉，有时是轮换的，有时是同步的；3）选手们站在讲台上，时而面向观众，时而面向屏幕，同时需要把评委的感受放在心上，通过他们对自己作品的把握和展示，我们也对这些选手有了进一步的认识；4）所有选手在比赛之前都必须求助于图书馆或者互联网上相关的材料，并进行一定的筛选和编辑处理。通过这些材料，我们可以预见选手将要展示的内容；5）比赛中的 PPT 演示是由多模态手段塑造的，从而证明为产生该语篇它可以使用什么样的媒介；6）人民大学的 PPT 大赛也受它的主办者举办目的和要求的制约，PPT 作品也确实使这种目的的实现成为可能。这些都说明参赛的 PPT 语篇不是我们过去日常所见的语篇。它们应该被重新定义，因为它们是多模态的，是语言、图像、声音、计算机、电子投影仪、屏幕和参赛者的有机结合体。

3.6 PPT 演示，一种新的语类

作为一种新的语类，PPT 工具、PPT 文稿和 PPT 演示之间的定义目前存在一定的混淆。

PPT 工具是指我们用以制作幻灯片的 PowerPoint 软件。就是说，要制作幻灯片的演示者需要借助于微软公司设计的 PowerPoint 软件。它是微软 Office 系列软件的一个组成部分，帮助用户传递信息，但是它本身不能表达意义。

PPT 语篇则借助 PPT 工具创建的多种模态，包括图像、图表、音频、视频等。在我们的研究数据中，23 套幻灯片可被看作 23 个语篇，更准确地说，这里的语篇不单纯是语言语篇，而是多模态语篇。同时，我们在这里所说的"语言"也不仅仅是文字语言，而是艺术的、音乐的、舞蹈的、身体的、科技的语言。

我们探讨 PPT 演示作为语类时，我们把它看作是一个整体，它不同于一封信、一份备忘录、一篇日记、一则故事、一段讲话、一部小说、一次演讲、一出戏剧等任何其他语类。

　　过去的一段时间里，人们习惯于把 PowerPoint 看作是信息传递的工具，但是今天不再如此，人们会承认它是一种语类，就像 House *et al.* (2005) 阐述的那样："如果我们已经慢慢开始分派一个'PPT'任务，而不是一份'研究论文'或是'进度报告'，"那么这也许预示着我们已经把'PPT'当作一种语类来看待了，使用它进行信息传递的人们必须遵循它的规则。"

　　在我们的分析过程中，我们渐渐弄清楚了它们的可区别特性，现举例如下。

　　1) 每个文稿的主题（比如土著民族、澳大利亚足球、澳大利亚女作家等等）必须与比赛的总主题密切相关。因此，每份作品的标题都在最前面的幻灯片中放映出来。

　　2) 点句的普遍应用使观众易于把握文本的要点，例如 12 号刘琳的作品。

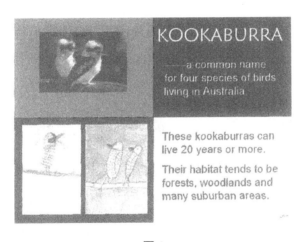

图 6

　　3) 所有的文字、图像、图片都要展现在幻灯片上，放映时或手动操作或事先设置成自动放映。

　　4) 文稿的主导形式是将内容分成不同层次来阐述，例如 23 号关根良的作品。

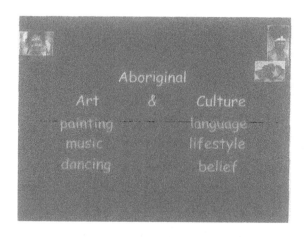

图 7

5）数字信息通常是由少数几个突出显示的关键数据组成，例如 18 号张焱的作品。

6）PPT 展示者可以选择讲解每张幻灯片或让幻灯片自动切换。

7）在多数情况下，PPT 作者更倾向于用歌曲而不是纯音乐来当作背景音乐，因为前者的歌词能更好地服务主题。

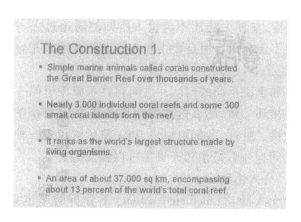

图 8

3.7 语言和认同

众所周知，语言和认同之间密切相关。我们可以通过一个人运用的语言来了解他的身份，也可以通过他对某事物的认同来判断他的语言，抓住他要表达的意思。我们通过观赏 PPT 作品，对澳大利亚的确有了进一步的了解，也就是我们有了对澳大利亚的认同。

然而，我认为这些作品没有局限于对澳大利亚的认同这个范畴，而是另辟蹊径，表达了对演示者本人更深刻的思想和身份。例如 17 号选手黄璧君同学的作品首先向观众提出对澳大利亚的认同主要体现在哪些方面? 是袋鼠、悉尼歌剧院、奥运会还是其他? 然后对这些选项逐个排除，最后转入澳大利亚土著民族才是认同澳大利亚的主要方面。同样，23 号选手关根良同学的作品的第 2 张和第 3 张就这样描述了奥林匹克运动会上澳大利亚的土著人女英雄 Cathy Freeman (见图 9)。

Cathy Freeman, a famous aboriginal athelete, lighted the flame with the Olympic torch at the opening ceremony of the Sydney 2000 Olympic Games. In the Sydney 2000 Olympic Games, she took her 6th National Championship in the women's 400 meter. She is the aboriginal people's pride.

(译文：Cathy Freeman, 著名的土著人运动员，在 2000 年悉尼奥运会开幕式上点燃了奥林匹克圣火。在 2000 年悉尼奥运会上她在女子 400 米赛跑项目中夺得了第六个冠军，是土著人民的骄傲。)

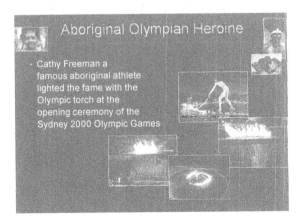

图 9

对比一下我们以前的所知，我们就可以轻易发现关根良同学对对澳大利亚土著居民有着更深刻的认识，更了解他们的美、他们的力量和他们灿烂的未来。这样，在观赏比赛的同时，我们不仅进一步认识了澳大利亚的国家和人民，也更好地认识了我们自己的同胞、我们国家的年轻学者。他们代表着我们国家年轻一代思维开阔、胸襟宽广的精神，他们热爱异国的文化，而且能迅速掌握新的方法去了解一个遥远国度的悠久历史、美丽风光、勤劳智慧的人民以及安逸和谐的社会生活，从而在这一过程中增长了知识，建立了自己的身份！

3.8 更好地认识社会符号学

PPT 大赛可以形象地诠释我们所说的社会符号学。首先，这些选手制作的文稿是对主办者举行的一次社会活动的回应。其次，这里的符号资源都需要符合比赛的要求，而且要接受评委的评鉴。第三，Thibault 和 van Leeuvan (in Reutstaetter *et al.* 2005) 都认为 CMDA 属于最早由韩礼德 (1978) 发展的社会符号学范畴。

van Leeuvan 在"社会语言学"中进一步解释了"社会的"的意思。首先一点是符号资源是人类在一定社会背景和一定的历史时刻里响应特定的社会、文化或经济需要而创造的，对它的研究也应该遵循它的这种属性。第二点是，在多种多样的符号体制中，符号资源有着不同方面和不同程度的规则。最后，每一个运用语言符号资源的情况都有其自身所处的社会情境，而且需要在这个社会情境中主导的价值体系基础上被理解和诠释，不管这价值体系是长期的、制度化的，还是暂时的、偶然的。

4. 结束语

据我们对人民大学演示材料的分析，可以肯定意义的构建和传递是多模态的，并可以按如图 10 系统图描写。

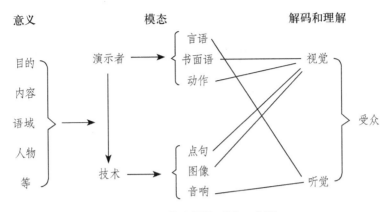

图 10　多模态语篇系统示意图

　　图 10 中最左侧表示意义是由多个方面构建的，如目的、内容、语域、人物等。这实际上是符号潜势。系统中部表示传递意义的几个主要模态。PowerPoint 演示者首先可任意使用言语、书面语，配上自己的动作等方式，借助技术便可采用点句 (bullet-point)，照片、图画、卡通等图像，音乐或歌曲等音响效果。在演示者和技术之间的由上至下的箭头表示技术手段要演示者控制。如果演示者不会操作计算机，特别是 PowerPoint 幻灯片的制作，他便无法选用相应的模态。当我们从受众的视角看，他需要选用视觉和听觉的感知方法来接受演示者所传递的信息。

　　应该承认，我们的分析是初步的，一些问题有待进一步解决，如有些演示者的开场白或幻灯片的解释没有及时录下来；我们这一篇文章也未能具体阐述一些音响效果；我们分析的语料局限于美学效果更为强调的 PowerPoint 演示，还没有涉及一些更为常见的 PowerPoint 演示，如学术报告、业务汇报、教学课件等语域；就 PowerPoint 演示与社会符号学的关系也没有深入讨论。

　　尽管如此，我们认为这样的研究是有意义的，它有助于我们对语义学和符号学的探索。何况人类社会今天已从口述时代、读写时代，进入超文本时代。这对我们正在产生方方面面的变化，如在教育目标上我们不能满足于单纯识读能力的培养，而要加强多元化识读能力的培养；在教学方式上，多媒体已经进入课堂；从语言学理论方面，我们对语篇将重新定义，我们分析的不仅是语言的语篇，而将是多模态语篇、多元符号学的语篇。

参考文献

Biesenbach-Lucas, S. & D. Weasenforth. 2001. E-mail and word processing in the ESL classroom; How the medium affects the message. *Language Learning and Echnology* 5(1): 135-165.

Disler, E. A. 2003. Words and weapons: The power of discourse. *Air & Space Power Journal*. Fall, 2003.

Halliday, M. A. K. 1978. *Language as Social Semiotic*. London: Edward Arnold.

Halliday, M. A. K. 1978. *Talking Shop: Demands on Language*. Film Australia.

Halliday, M. A. K. 1990. *Spoken and Written Language*. London: Oxford University Press.

Halliday, M. A. K.1990. *Language, Context and Text: Aspects of Language in a Social-Semiotic Perspective*. Oxford, UK: Oxford University Press.

Halliday, M. A. K. 1994. *An Introduction to Functional Grammar*. London: Edward Arnold.

Halliday, J. G. & H. Nicholas (eds.). *Learning, Keeping, and Using Language: Selected Papers from the 8th AILA World Congress of Applied Linguistics.* Vol. II. Amsterdam: John Benjamins. 435-460.

Herring, S. C. 1996. Computer-mediated discourse analysis. *The Electronic Journal of Communication* (6)3.

Herring, S. C. 2001. Computer-Mediated Discourse. In Deborah Tannen, Deborah Schiffrin & Heidi Hamilton (eds.). *Handbook of Discourse Analysis*. Oxford: Blackwell.

House, R., A. Watt & J. Willams. 2005. Work in progress-what is PowerPoint? Educating engineering students in its use and abuse. A paper presented at 35th ASEE/IEEE Frontiers in Education Conference.

Kress, G. & T. van Leeuwen. 2001. *Multimodal Discourse: The Modes and Media of Contemporary Communication*. London: Arnold.

Lemke , J. L. 1990. *Technical Discourse and Technocratic Ideology*. In M. A. K., J. G. & H. Nicholas (eds.). *Learning, Keeping, and Using Language: Selected Papers from the 8th AILA World Congress of Applied Linguistics.* Vol. II. Amsterdam: John Benjamins. 435-460.

Reutstaetter, J., M. Rheindorf & T. van Leeuwen. 2005. Media Discourse: Social Semiotics and the Study of Multimodal Discourse. An Interview with Theovan Leeuwen. *Reconstruction* (5)2.

Schiffrin, D. 1994. *Approaches to Discourse*. Chicago: University of Chicago Press.

Schiffrin, D., D. Tannen & H. E. Hamilton (eds.). 2001. *The Hand book of Discourse Analysis*. Malden, MA and Oxford, UK: Blackwell.

Schwartz, J. 2003. *The Level of Discourse Continues to Slide*. The New York Times Company. Online.

Scollon, R. 1998. *Mediated Discourse as Social Interaction: A Study of News Discourse*. New York: Longman Group. 10.

Scollon, R. 2001. *Mediated Discourse: The Nexus of Practice*. New York: Routledge.

Scollon, R. & P. Levine. 2004. *Multimodal Discourse Analysis as the Confluence of Discourse and Technology*. Georgetown University Press.

Tannen, D. (ed.) 1982. Introduction. In analyzing discourse: Text and talk. *Georgetown University Round Table on Languages and Linguistics* 1981. Georgetown U. Press.

Thibault, P. J. 1993. Social semiotics. *The Semiotic Review of Books* 4(3).

Tuffe, E. R. 2003. The Cognitive Style of PowerPoint. *The New Yorker* (May 28): 76-87.

van Leuween, T. 2005. *Introducing Social Semiotics.* London: Routledge.

Williamson, B. 2003. *What are multimodality, multisemiotics and multiliteraies?* NESTA. Futurelab.

Yates, J. & W. Orlikowski. (forthcoming). The PowerPoint Presentation and Its Corollaries: How Genres Shape Communicative Action in Organizations. In M. Zachry & C. Thrall (eds.). *The Cultural Turn: Communicative Practices in Workplaces and the Professions*. Amityville, NY: Baywood Publishing.

积极话语分析和批评话语分析的互补性 [1]

1. 引言

批评话语分析 (critical discourse analysis，简称 CDA) 的基本思想源自 Fowler & Hodge 1979 年发表的"批评语言学"一文，至今已有三十多年。嗣后，Fairclough (1989) 在《语言与权力》一书中首次使用"批评话语分析"的称谓，并于 1992 年出版专著《批评话语分析》。韩礼德 (2011) 认为 Fairclough 在 1989 年首先提出了"话语是一个行使和实现权力关系的场所"这个论断，并指出这项研究曾被 Widdowson (2000：185) 概括为"揭开掩盖着的意识形态动机"。在我国，根据"中国期刊网期刊全文数据库"的收录，潘章先 (2002) 曾扼要介绍过批评话语分析。该数据库至 2012 年 5 月中旬已收录了 482 篇有关这项研究的论文。

1999 年，澳大利亚悉尼大学语言学系的 J. R. Martin 教授在英国伯明翰批评话语分析国际研讨会上宣读了"积极话语分析：团结和变化"的论文 (Martin 2004)，在国际上从此展开了积极话语分析 (positive discourse analysis，简称 PDA) 的研究。2006 年，朱永生在《英语研究》上发表了"积极话语分析：对批评话语分析的反拨与补充"一文。根据上述"全文数据库"的材料，我国于 2007 年在学术期刊上出现了黄会健、冷占英、顾月秋的"话语分析的建设性转向——从批评话语分析到积极话语分析"的文章，影响深远。至 2012 年 5 月中，我国主要期刊和学报已登载主题为"积极话语分析"的论文 26 篇、硕士论文 6 篇。积极话语分析为我国语篇分析，特别是评价理论展开了新的视角，取得了较大成果。韩礼德 (2011：142) 曾评价说，Martin 提出"'积极话语分析'

---

[1] 本文原载于《当代外语研究》2012 (7)：3-8。

这种反向研究，以赞美那些'世界更美好'的篇章"。在该文的另一处，韩礼德 (2011：143) 根据系统功能语言学的理论认为积极话语分析的有关研究是从人际元功能讨论话语分析问题的。

由于我国学者介绍和应用积极话语分析理论尚属初期阶段，加上 Martin 等人 (Martin & Rose 2003/2007；Martin & White 2005) 的有些论述不够清楚，学界难免在一些问题上存在若干模糊观点，有待我们进一步讨论和清理。只有这样，才能使积极话语分析连同在此前已经出现 30 年的批评语言学、评价理论和批评话语分析这些相关理论和研究在深度上和广度上进一步发展，从而推动我国语篇分析的研究和教学工作。

2. 评价理论的两个方面

就评价理论来说，批评话语分析主要是揭露或解构话语底层的涉及权势和统治者意识形态在语言上的表达，显然评价理论也需要补充以另一种分析方法，能反映处于劣势的、为争取平等地位的、为谋求社会共同和谐发展的积极话语分析。在这个意义上，积极话语分析的出现弥补了这个缺陷，使评价理论对话语分析能做出全面的贡献。尽管如此，这并不意味着积极话语分析"优"于批评话语分析，或者话语分析正在从批评话语分析"向"积极话语分析的方向发展，或者假以时日，从事积极话语分析的研究者和论文将一定"多"于批评话语分析的研究者和论文。我个人认为，Martin 的贡献不在于在评价理论中，用积极话语分析来"代替"批评话语分析，而是为评价理论"补齐"了另一个重要方面，即积极话语分析。用 Martin (2004) 自己的话说，"我力争的是我们需要一个补充的重点，考虑如何使人民聚集在一起，在世界上有自己的空间——使权力得以重新分配，而不一定通过斗争。Martin 还说过"我提出一个关于语言和语义生成的补充视角"，这里，Martin 没有说"唯一的"视角。因此，文中以各种方式表达的"互补的"观点才是 Martin 的本意。我们更应该注意的是，在 Martin 心目中，积极话语分析实际上也是批评话语分析的一个组成部分。他认为"批评话语分析包括两个方面："现实的批评话语分析"（CDA *realis*）和"非现实的批评话语分析"（CDA *irrealis*）。前者指的是揭露并批判现实生活中的不平等、权势以及反映统治阶级的利益和思想意识的批评话语分析，后者就是积极话语分析，但它不是现实的，是非现实的，有待人民或社团在一个共同目标指引下共同争取期待将来实现的。Martin 还说，"在世代、性别、民族和阶级的不平等导致人类分裂的语境下，批评话语分析继续对话语利害关系的研究作出巨大贡献。"Caldas-Coulthard & Coulthard (1996) 注意到 Martin 的这个基本观点，因而对 Martin 的非现实话语分析或积极话语分析专门做了解释，即"话语是权势、控制和批评话语分析的主要工具，批评话语分析……感到它责无旁贷的部分工作是调查、暴露和澄清权势和歧视性的价值在语言系统中是如何铭刻和介入的。批评话语分析根本上是有政治意图的，连同其实践者作用于世界，就能改造世界，从而有助于建立一个人民不再因性别、肤色、种族、年龄或社会阶层而被歧视的世界"。不难看出，在这段话里，批评话语分析的最后目标就是积极话语分析的目标。

在本节结束之前，顺便补充三点：首先，以 Martin 为代表的积极话语分析家们与批评性话语分析家们都受到西方马克思主义的影响，以西方马克思主义为哲学基础，把语言看作是社会基础而不是上层建筑（廖昕 2009）；其次，在功能观上，两者都接受了韩礼德的系统功能语法理论，特别是三元理论，即概念功能、人际功能和语篇功能；第三，两者都采用了评价理论的分析方法，如"介入""态度"和"级差"3 个子系统，并按精密度把态度进一步分为"情感""裁决"和"鉴赏"，等等（王振华 2001，2004；袁华，潘小江 2008）。

3. 解构和建构

Martin (2004) 多次提到"解构"和"建构"这两个概念，批评话语分析是解构的，积极话语分析是建构的，其用意不是以建构"代替"解构。他真正强调的还是两者的"互补"。Martin 通过中国古典哲学中的"阴阳"之说阐明"解构"和"建构"的对立统一关系，便是最好的证明。本来嘛，没有解构，何来建构？没有建构，解构只是虚构。人们之所以团结起来为某个目标奋斗，在于他们发现现实生活中存在着这样或那样的缺陷和问题。所有这些都表明，讨论积极话语分析和批评话语分析孰优孰劣不是 Martin 的本意。因此，朱永生 (2004) 曾指出，应当"探讨积极话语分析在哪些方面是对批评话语分析的反拨与补充，有哪些创新，有哪些欠缺，从而使我们对积极话语分析有进一步了解"。稍后，黄会健等（2007）也抓住了这一点，认为，"话语意义的解释和话语评价是既有联系又有区别的。解释是为了评价，评价是以解释为前提的。评价是解释的目的。"因此，他们指出，积极话语分析的本义应该是"积极批评话语分析"。

鉴于以上认识，在以下图 1 和图 2 两个图示中，图 1 只能说明积极话语分析产生的历史过程，不能充分表达图 2 所示的批评话语分析和积极话语分析是评价理论的两个方面这一层意义。因此，我倾向于图 2。

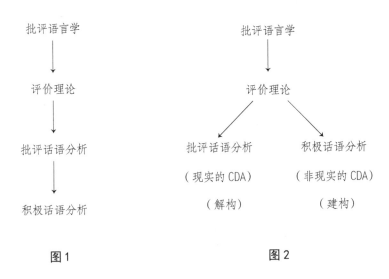

图 1   图 2

4. 坏新闻和好新闻

积极话语分析和批评话语分析的互补性也表现在分析对象或语料选择上。Martin（2004）主张应采取积极友好的态度，不仅适用于自己和自己一方，也适用于对立一方，其目的在于建立"和平语言学"的远大目标，最终建成一个"宽松、和解、共处"的人类社会。为此，Martin 主张，语言分析的对象不应该只是一些含有不平等的"坏新闻"（bad news），也应该还有一些主张"和平"的"好新闻"（good news）。

Kress（1996：15-16；2000：160-161）对此观点也有阐述。他强烈主张把

话语分析"从批评阅读、分析和消极的行为改变为建设性的行为（productive activity）"，而且更加明确地指出，有必要对话语分析提出一个"新的目标，不是批评，而是设计（design）"。所谓设计就是抛开前人的消极做法，通过有意识的语篇分析，规划一个美好的未来。这里需要说明的是，Kress 论述的主题是教育，不完全是政治和军事。例如，在交际教学法中的一个重要理论是教师应当多鼓励学生，不要多批评，不要让学生在思想上感受学习的沉重压力，或在课堂上当众出丑。最近在北京大学外国语学院纪念赵萝蕤先生一百周年诞辰的追思会上，我便曾向与会者转述赵先生早年任教燕京大学时的一个学生，他至今记住赵先生当时说的一句话"You can do excellent work!"这句话给了他温情和力量，成了他一辈子的座右铭。又如，下面一段引文也可看作是好新闻，它报道最美丽的女教师张丽莉如何向新生作自我介绍：

> "我的名字第一个'丽'是美丽的'丽'，第二个'莉'是茉莉花的'莉'，想记我的名字，记住'美丽的茉莉花'就行了。"这是张丽莉向新生们介绍自己时常用的一段话。她常把自己比作茉莉花，在生活中，她确实也像茉莉花一样，用淡淡的清香温暖他人、热爱他人。（《人民日报》2012 年 5 月 18 日）

在这段话语中，评价理论的"介入"是通过"我的名字""丽""莉""她"来体现的。"态度"一项有"美丽的""茉莉花""淡淡的清香"等词语，有关"裁决"的有"美丽的茉莉花""温暖他人""热爱他人"等。在"级差"方面则有"常用的""确实"等强势语言。

但我们不得不承认，现实世界并不总是那么美滋滋的，我们无法回避坏新闻的客观存在。从现有文献看，在批评话语分析中所选择的语篇往往是西方国家统治集团中的首脑人物在某个场合所做的话语，如 Martin 笔下原澳大利亚总理霍华德拒绝以政府名义向土著人民道歉的遁辞。即使在日常生活中或商业谈判中，我们也会发现"坏新闻"不时出现，躲也躲不过。下面是一篇关于渣打银行招聘大学生实习的报道：

> 渣打银行"招聘大学生"被指"招揽大储户"

满怀着到外资金融机构求职的憧憬，一路上过关斩将拼抢宝贵的实习岗位，最后一环却遭遇"拼爹门槛"，想成功当上"实习体验生"，父母必须先存入人民币 50 万元成为银行 VIP 客户。渣打银行广州分行确认：同等条件下，优先录取客户子女。(《北京青年报》2012 年 5 月 17 日 A17)

在这段引文中，我们必然会对"招聘'和"招揽"，"大学生"和"大储户"等信息进行对比，了解其语义的差别，然后发现求职大学生如果"想成功"的话，必须接受渣打银行的强势语言，如"必须先"和"优先"等词语。这不是经济领域的"权势"和"意识形态"在行使它的话语权吗? 你记者不是来调查本银行吗? 我"确认"了，你能怎么样? 因为我渣打银行有权制定为自己单位牟利的霸王条款。如果考虑到我国社会生活和报刊报道中经常出现"我爸是李刚"、强拆民房等话语，这样的"坏新闻"既需要报道，也需要分析。这时，我们不得不承认在任何一个国家或社会中，"好新闻"和"坏新闻"并存。即使像《圣经》那样的开导信徒共进天国的"好新闻"中，也免不了开宗明义地写上一段有关亚当与夏娃不听上帝的话而被逐出天国的坏新闻。其次，对"坏新闻"做批评话语分析有时不是"消极的"，而是具有积极意义，教育当事人，警戒其他人。至于在外交斗争的场合，批评话语分析可以起到揭露霸权主义者的真实面目和不良企图，让对方有所收敛，这时采用批评话语分析的效果绝不是消极的，而是积极的。例如，2012 年 5 月 24 日美国国务院发表了《2011 年国别人权报告》，次日国新办回应以《2011 年美国的人权纪录》，进行回击。可见对这些语料非得做批评话语分析不可。

总的来说，不论是批评话语分析，还是积极话语分析，都是为了应对坏新闻和好新闻的客观存在，是为人民说话、为人民争取利益的。我个人还认为在具体运用评价理论时，有时调子可以放低些，因为制造坏新闻者不一定非得是政府领导或官员，制造好新闻者不一定是社团领袖。在我们日常生活中，既要表扬好人好事，也要与坏人坏事斗争。韩礼德 (2011) 便曾指出"批评"这个词具有多重意思。Kress 就教育领域采用"设计"的术语说明他是区别对待的。对本节的基本思想，我把它概括为"坏新闻和好新闻"。

5. 在同一话语中的共现

国内发表的有关批评话语分析或积极话语分析的论文存在一个共同现象，找到合适的语篇后，根据其内容，或单作批评语篇分析，或单做积极话语分析。这并非不可。但在本节中，笔者试图说明往往在同一个语篇中，有的内容需要做积极话语分析，有的内容需要做批评话语分析，两种方法可以在同一个语篇中共现。例如，Martin（2004）谈到美国黑人民权运动马丁·路德·金的著名演说"I Have a Dream"，并把它作为积极话语分析的典范之一，文中有许多强调人类平等的话语，如：

I have a dream that one day this nation will rise up and live out the true meaning of its creed: "We hold these truths to be self-evident, that all men are created equal." (King 1963)

不过，如果我们进一步观察，便发现演讲词中也有许多话语是需要做批评话语分析的，如：

But one hundred years later, the Negro still is not free. One hundred years later, the life of the Negro is still sadly crippled by the manacles of segregation and the chains of discrimination. One hundred years later, the Negro lives on a lonely island of poverty in the midst of a vast ocean of material prosperity. One hundred years later, the Negro is still languished in the corners of American society and finds himself an exile in his own land. And so we've come here today to dramatize a shameful condition. (King 1963)

就这段话语来说，语言学家的任务应当和马丁·路德·金一起，和广大黑人一起揭露美国白人统治阶级在"一百年后"(one hundred years later) 还没有让黑人获得解放，文中出现的"But"的语义是典型的"介入：借言：让步"。许多动词使用了以现在时态为主的表述方法，如"is""is still sadly crippled""lives""is still languished""finds himself"等，都强调黑人的悲惨境遇在 100 年后的今天没有得到改善。就"态度：情感"来说，具有"裁决"之意。本段中的最后一句话中提到的"to dramatize a shameful condition"表明马丁·路德·金说这些话的目的是"凸显这一可耻的情况"，还谈不上建立一个和谐的社会。这是典型的批评话语分析的目的。

也许，有人会做这样的解释，批评话语分析应分析统治阶级或政府的话语，不是属于人民阵营的像马丁·路德·金那样的话语。但在同一篇论文中，Martin 对比了澳大利亚两位领导人有关土著民族的政策的不同态度。在分析霍华德拒绝以政府名义对以往土著民族施行的压迫政策做道歉时，Martin 采用了批评语篇分析的方法，但对另一位总理基廷的愿意让政府承担责任的讲话则采用了积极话语分析的方法。可见只有对霍华德的批评，才能凸显基廷演说的承认错误求谅解的诚意。

又如，我国报刊对外交部发言人洪磊在新闻发布会上的话语有如下的报道：

> 洪磊强调，鼓吹向台湾售武更是严重违反一个中国政策和中美三个联合公报，严重干涉中国内政。"我们敦促美国国会一些人放弃冷战思维，停止推动对台军售，停止一切干涉中国内政的错误行径，多做对中美关系和两国互信有利的事，而不是相反。"他说。(《北京青年报》2012 年 5 月 22 日 A5 版)

上述报道前半部分的"鼓吹""更是严重违反""严重干涉"都属批评话语分析的范围，后半部分则通过"敦促""放弃""停止""多做"等词语，特别是采用了直接引语的表述方式，凸显了我方愿意息事宁人、呼吁中美双方建立互信有利的态度。这属于积极话语分析的范围。

需要说明，对负面人物或负面事件不一定只能进行批评话语分析，这要根据不同情况区别对待。例如，在《中国青年报》(2012 年 5 月 17 日 A17 版) 的有关某地方官员受贿的报道中，第 1 段可采用批评话语分析，第 2 段可采用积极话语分析。

经检察机关查明，朱育英在干部提拔、人事调动、换届任用过程中均收受贿赂。办案人员介绍，朱育英自己经常说一句话，叫"先上车，再买票"。意思就是先不收钱，等事情办好以后再收钱。

朱育英在广东省看守所接受调查时，谈到自己的堕落过程时说：这些钱我都以朋友的名义存在银行，一分钱都不敢用，但还是存在侥幸心理，以为只要不被发现应该就不会有事，自己很后悔，想当初前呼后拥，多么风光，现在和过去比简直就是一个天堂一个地狱，以后要出一本书，把自己的经历写出来，警戒后来人。

受贿干部朱育英日后如果真能把这本书写出来，绝不是消极的，而是积极的。这将说明他的错误得到改正，也可以教育其他官员。总之，在同一个话语中，我们可以找到"批评话语分析←→积极话语分析"并存的现象。

6. 概念意义和人际意义

韩礼德（2011）在讨论信息和语言意义的关系时有许多精辟的论述。第一点，如果我们从元功能的角度看待信息问题，"可以说'信息'对概念元功能特别青睐，而这是以牺牲人际功能为代价的。"正因为如此，韩礼德对 Martin 有关积极话语分析的活动加以肯定。他说："吉姆·马丁在合适的时候合适地阐述了人际意义这一重要领域"（Martin 2000；Martin & White 2005）。由此，我们可以认为批评话语分析偏向信息和概念功能，积极话语分析偏向人际功能。第二点，韩礼德接着指出，"我认为人们喜欢在他们的语篇中保持概念意义和人际意义之间的平衡；从系统功能语言学初创时起，这一直就是我们再现语言时的一条重要原则。在人类符号学中，意义产生于概念和人际之间的互动。概念诠释我们所处的'现实世界'，人际规范我们的社会关系。"重温一下韩礼德这段话的用意，不难发现概念意义和人际意义是互动的，不是截然分开的，也就是说，是互补的。对照之下，我国已经发表的一些有关积极话语分析的分析工作对这一点重视不够。第三点，韩礼德说，"人际意义是典型的模拟系统。信息可以是真的，也可以是假的。""我们会碰到错误信息、不真实的信息，还有虚假信息，故意塞入传递通道里来的假信息。"韩礼德的这番话引起一个值得大家深思的问题，如果信息是假的、是错误的，那么，被认为是"模拟系统"的人际意义还有没有真正的"意义"呢？或者说，它究竟给我们传递了什么"意义"呢？我们能否在虚假信息的基础上传递真实的情感，勉励自己和社团中的伙伴，进而能对自己耍弄权势的对立阵营一起来建设和平和谐的社会呢? 第四点, 韩礼德认为信息可以被阻拦, 因此就有敌对力量之间的斗争: 要阻止并控制信息的力量更要战而胜之的力量; 对利用信息从事犯罪活动的力量更要防止犯罪的力量。可问题是"谎言在真相大白之前可能早已传遍天下了——散布虚假信息比批驳虚假信息要容易得多"。这说明做好积极话语分析并不那么容易, 我们不能光考虑人际意义, 应注意到有时我们会上当受骗, 参与散布虚假信息, 更不用说未能批驳虚假信息了。

为了说明这些问题, 我们不妨举美国总统奥巴马 2010 年 8 月 31 日晚 8 点一次面对全国的讲话为例, 内容是美国将从伊拉克撤军。如果从积极话语分析出发, 估计我们大致会总结以下几点:

1) 美国人民以生命捍卫和平;

2) 美国对伊拉克的帮助象征和平友好的外交关系;

3) 和平是美国人民的神圣使命;

4) 与恐怖主义斗争到底是维护和平的长期目标;

5) 一切为了美国与伊拉克两国人民的共同利益体现和平。

本文不打算对以上每一点进行讨论, 只想指出奥巴马在开场白后, 立即进入以下一段话语:

From this desk, seven and a half years ago, President Bush announced the beginning of military operations in Iraq. Much has changed since that night. A war to disarm a state became a fight against an insurgency terrorism and sectarian warfare threatened to tear Iraq apart. Thousands of Americans gave their lives; tens of thousands have been wounded. Our relations abroad were strained. Our unity at home was tested.

奥巴马在第 1 句话中说打伊拉克这场战争是前总统布什 7 年半前在同一张桌子前宣布的, 也就是说, 战争是美国发动的, 这是实话, 但奥巴马没有给以评价。第 2 句话强调了美国发动战争后发生的变化。变化表现在第 3 句话, 美国发动的战争是一场"解除一个国家武装的战争", 虽然也是实话, 人们不禁发问，谁给美国的权力去解除另一个国家的武装呢？再往下看，像"insurgency""terrorism"和"sectarian warfare"这些词语的意义一般要通过批评话语分析才能弄清。但最令人困惑的是"terrorism"这个罪名与当时的伊拉克以及它的总统萨达姆毫无干系。另一个在报道中回避的罪状是说伊拉克当时正在发展核武器。遗憾的是，不论是布什总统，或者是奥巴马，至今都没有拿出真凭实据来支撑这些莫须有的罪名，以致给人以师出无名的印象。第4句话是实话，但回避了这是布什总统下令让这些孩子从美国跨洋去当炮灰的。用评价理论的范畴来说，其语义是"级差：聚焦：模糊"。第5句话说与海外的许多国家关系紧张了。第6句话说国内的团结出问题了。为什么会紧张？为什么会不团结？这些都有待批评话语分析者去挖掘其潜在的意义。那么，美国为什么打了7年半后要终止伊拉克的战争呢？真的是为了和平吗？这里，又有许多遮遮盖盖之处。就我所知，它不想在伊拉克陷得太深；它要集中精力征服阿富汗，或者准备与利比亚或伊朗开战；它要把兵力转移到亚洲去捍卫它的利益和称王称霸，等等。哪一条都不是为世界人民谋和平，而是为美国自己谋利益。在这样的背景下，作为模拟的人际关系顿时失去了可信度；积极话语分析便很难进行，除非你同意人家自欺欺人、指鹿为马的假话。再进一步看，美国2012年度《中国军事与安全态势发展报告》中多处渲染"中国军事威胁"和"中国军力不透明"的指责，以及在许多其他场合要求中国遵守"规则"等等言辞，都表明美国利用它的军事力量和霸权掌握了话语权，它有权说三道四，威胁中国不准建立自己的国防力量，要挟中国按美国谱写的曲调（规则）跳舞。只有美国在全世界的军事活动都是"合法的"，是为了"体现和平"。所有这些，都说明积极话语分析着重的人际意义，不能脱离批评话语分析所关注的信息和概念意义。我们可以发展和平语言学，但对奥巴马谱写的"和平进行曲"要严加提防。在这一点上，袁华和潘小江的文章（2008）点到了美国的死穴，把美国不想凸显的企图隐蔽的信息曝光了。

　　本节内容说明的是人际意义和概念意义的互补性可以标示为"人际意义⟷概念意义"。

　　综上所说，评价理论的两个方面：不论是批评话语分析或积极话语分析，不论是解构或建构，不论是坏消息或好消息，不论是概念意义或人际意义，都不能绝对分割，而应该是互补的。这是客观的存在。这样，上述的图 2 可以进一步更精确地表示为图 3，说明两者之间的互动。

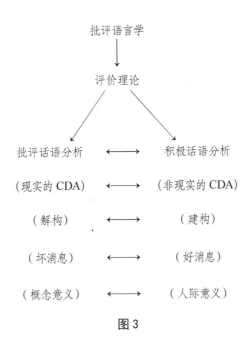

图 3

7. 结束语

　　行文至此，我们不得不承认语言不仅仅是一个符号，连同其他表示意义的手段或方式，在一定国家关系和社团，以至家庭中，它被赋予巨大的力量。正如韩礼德（2011：141）所说，"过去几十年来，人们愈来愈清楚地意识到语言是有力量的，可以说服人、欺骗人，实际上就是控制人。"像"训练律师为案子辩护，训练逻辑学家去辩论，训练传教士去改变人们的信仰"都是要用语言来左右人们的情感和判断。如果说批评话语分析揭示如何通过权势和意识形态来压服对方的话，积极话语分析力图营造一种气氛，以共同努力，实现一个既定目标，最后建造一个平等和谐的社会。在日常生活中，积极话语分析也可发挥很大的作用，可以"协调说话者和听话者之间的关系"（周金娜、钟庆伦 2012）。从方法上来说，如果应用于家长教育孩子或教师评价学生，那是批评与表扬相结合。两者的应用需视不同语境而定。不过，所有这些，笔者认为都是第二性的。最本质的是，不论哪一种分析方法都离不开一个基本要求，实事求是，不能让一个虚假的信息颠覆了全部努力。如果还有更高要求的话，判断是非的标准取决于与这个问题休戚相关的人民，他们的利益和他们的观点——尽管那些总统和政府总想把自己看作救世主，让人民乖乖地听从他们自己的话语，企图维护他们的权势和利益。

参考文献

Caldas-Coulthard, C. & M. Coulthard (eds.). 1996. *Text and Practices: Readings in Critical Discourse Analysis*. London: Routledge.

Fairclough, N. 1989. *Language and Power*. London: Longman.

Fowler, Roger & B. Hodge. 1979. Critical linguistics. In R. Fowler et al (eds.). *Language and Control*. London: Routledge and Keegan Paul. 185-213.

Kress, G. 1996. Representational resources and the production of subjectivity: Questions for the theoretical development of critical discourse analysis in a multicultural society. In C. R. Caldas-Coulthard & M. Coulthard (eds.). *Text and Practices: Readings in Critical Discourse Analysis*. London: Routledge. 15-32.

Kress, G. 2000. Design and transformation: New theories of meaning. In W. Cope & M. Kalantzis (eds.). *Multiliteracies: Literacy Learning and the Design of Social Futures*. London: Routledge. 153-161.

Martin, J. R. 1995a. Interpersonal meaning, persuasion and public discourse: Packing semiotic punch. *Australian Journal of Linguistics* 15: 33-67.

Martin, J. R. 1995b. Reading positions/positioning readers: JUDGEMENT in English. *Prospect, A Journal of Australian TESOL* 10(2): 27-37.

Martin, J. R. 2000. Close reading: Functional linguistics as a tool for critical analysis. In L. Unsworth. *Researching Language in Schools and Communities: Functional Linguistics Approaches*. London: Cassell. 275-303.

Martin, J. R. 2004. Positive discourse analysis: Power, society and change. *Revista Canaria de Estudios Ingleses* 49. 转载于《英语研究》2006 年第 4 期。

Martin, J. R. & D. Rose. 2003. *Working with Discourse*: *Meaning Beyond the Clause*. London & New York: Continuum.

Martin, J. R & P. R. R. White. 2005. *The Language of Evaluation*: *Appraisal in English*. London: Palgrave.

Widdowson, H. 2000. Critical Practices: On representation and the interpretation of text. S. Sarangi & M. Coulthard (eds.). *Discourse and Social Life*. Harlow: Pearson Education. 155-169.

Wikipedia. 2012. Appraisal Theory. http://en.wikipedia.org/w/index. php?title=Appraisal_theory&oldid-489257369.

韩礼德, 2011, 篇章、语篇、信息——系统功能语言学视角,《北京大学学报 (哲学社会科学版)》28 (1)：138-146。

黄会健、冷占英、顾月秋, 2007, 话语分析的建设性转向——从批评话语分析到积极话语分析,《浙江工业大学学报 (社会科学版)》6 (1)：1-5。

廖昕, 2009, 话语分析的新视角——积极话语分析,《边疆经济与文化》(9)：87-88.

潘章先, 2002, 多学科、多视角的语言研究——话语分析,《浙江师范大学学报》(6)：109-113。

王振华, 2001, 评价系统及其运作——系统功能预压虐的新发展,《外国语》(6)：13-20。

王振华, 2004,"硬新闻"的态度研究——"评价系统"应用研究之二,《外语教学》(5)：31-36。

袁华、潘小江, 2008, 凭借理论对新闻报道的积极话语分析,《南昌工程学院学报》27 (5)：58-61。

周金娜、钟庆伦, 2012,"塑化剂"新闻的积极性话语分析,《重庆科技学院学报 (社会科学版)》(4)：116-117, 120。

朱永生, 2006, 积极话语分析：对批评话语分析的反拨与补充,《英语研究》(4)。

朱永生, 2011, 积极话语分析与语言学家的社会责任——评Martin的社会责任说。载朱永生、严世清 (编),《系统功能语言学再思考》。上海：复旦大学出版社。

功能主义的文体观 [1]

1. 引言

功能与形式是人们从不同角度认识事物的方法。形式着眼于事物的抽象的内在关系，功能则强调要从实际使用去了解事物的规律。从文体学的历史发展来看，高吉亚斯和柏拉图的争论实质上是修辞学应该体现什么样的功能，但随后亚里士多德实现了形式与功能的统一。他对史诗、戏剧、演说等体裁的区分兼顾了功能和形式。

至 20 世纪中，穆卡洛夫斯基（Mukarovsky 1977）曾清楚地指出，如果一个语篇有很高价值，这不是因为它是使用为此目的发展的特定语言写出来的，而是由于要求这个语言所完成的功能所决定的。

伦敦学派的弗斯（Firth 1951）对文体学的研究主要是对意义的层次性作了阐述。他认为每一个组织语言的层次都构成该语篇的"意义方式"。在更高的层次上，语篇本身是语境化的，如与语篇内的上下文，与情景语境有联系。

此外，叶尔姆斯列夫（Hjelmslev 1963）把语篇看作是系统的实例的观点和沃夫（Whorf 1956）的"隐型"（cryptotype，即语法表层下的语义类型）的观点，都表达了语篇的概念和人际关系的主题。这些都是语言学研究文体的要素。人们也不会忘记雅各布逊（Jakobson 1960）对交际中六个要素的区分以及在语言中相应的六个功能的精辟之见。

苏联的巴赫金（Bakhtin）早在 20 世纪 50 年代末对言语体裁和个人风格有精辟的论述，由于种种原因，迟至 1978 年正式发表，国人在 1996 年才读到其译文。

---

[1]　本文原载于《外语与外语教学》2001（1）：2-8。

因篇幅的限制，本文只介绍布拉格学派、系统功能语言学派和巴赫金的一些观点。

2. 布拉格学派：功能语体

布拉格学派的语言学家（如 B. Havranck，V. Mathesius，J. Mukarovsky，Josef Dubsky 等，见 Fried (ed.) 1972）在区分标准语言和诗歌语言的同时，认识到语言是一个在功能上利用的、开放的、动态的符号系统，标准语言内部本身就可进一步区别和分类，其背景有 3 点：1) 对语言和它在具体言语行为中体现的相互关系有了深刻的认识；2) 对语言功能在更大范围进行讨论；3) 出于实际目的。在 30 年代语言学家感到有必要制定语言规范的科学概念，当时一些保守的语言学家强调保持语言的纯洁性，谴责捷克语中科技语篇、新闻语篇等的某些语言特征与捷克语的常规相抵触或有所违背。下面是这场运动中讨论的主要方面。

2.1 语言学与文体学

布拉格学派认为对语言研究如不作分析是不彻底的。语言学作词汇分析或语法分析是为了断定不同的结构要素和发展过程。文体学把言语作为单位，试图确定每一个语段的一般文体特征。文体学研究的主题是具体言语行为的结构、选择的方式和对特定要素的利用，特别是在民族语言的特定地区中对特定语言手段的使用。

1) 标准语言的功能区分和文体区分。在布拉格学派中从事文体学功能分类的主要为哈夫然斯克（B. Havranck）。他区别了标准语言的 4 种功能：

(i) 日常交际的交际功能，采用会话的形式；

(ii) 实际的技术交际，注重事实的或技术上交际的形式；

(iii) 理论的或科技交际，采用科学论文的形式；

(iv) 交际的美学功能，采用诗歌形式。

2) 功能文体种类。有下列 5 种：

(i) 注重事实的交际，信息；

(ii) 规劝，呼吁；

（iii）一般的或通俗的解释；

（iv）技术解释，阐述，证明；

（v）编码性的公式。

3）反应的方式。这包括两类，一类是按信息接受者区分为私人的功能体和公众的功能体，一类是按交际渠道区分为口语体和书写体。两类相互交叉可得 4 种以下结合：

（i）私人话语——对话或独白；

（ii）公众言语——讨论或演讲；

（iii）书面私人话语——私人信件；

（iv）书面公众话语——布告、海报、新闻报道或写书。

4）功能文体与功能语言。功能文体取决于特定目的或给定言语行为的功能，接近于言语（parole），而功能语言取决于所有表达手段的全部目的，是语言形式的功能，接近于语言系统。

5）个人用途和个人间用途。在一个标准民族语中，作如下区分：

（i）个别话语的文体；

（ii）同一作者的话语体；

（iii）客观的功能体，或语体，如新闻体、科技体等；

（iv）特定客观文体内的文体形式，如新闻体内的主要文章、报道等。

从以上的各种区分可以看到，布拉格学派的观点已接近当代功能主义学派的语域理论的三大方面：功能文体主要语言的实际用途，可归属语场（field of discourse）；私人或公众言语属人际关系，即语旨（tenor of discourse）；口语和书面语是语言表达方式，属语式（mode of discourse）。

2.2 文体因素和区别

标准语言的不同客观文体取决于客观因素。这些因素有的涉及语义，有的涉及情景，有的涉及实质，如下所示。

1）与意义有关的因素

（i）交际功能

——交际性的：口语体；

  ——与实际有关的职业：公文体、技术体和专业语言；

  ——与理论有关的职业：科学语言；

  ——大众交际：新闻体；

  ——美学性的交际：文学作品。

(ii) 言语行为的目的

  ——客观陈述：阐述性文体；

  ——呼吁：新闻体。

(iii) 说话人对主题的态度

  ——严肃：公文体；

  ——幽默：话语的喜剧性；

  ——贬低：话语的讽刺性或伤人性。

(iv) 主题的方式

  ——动态：叙述；

  ——静态：描写。

(v) 自发性的程度

  ——完全自发性的文体；

  ——经准备的话语文体。

2) 与话语情景有关的要素

(i) 私人或官方的背景：私人或官方话语的文体；

(ii) 双边的：对话体；单边的：独语体。

(iii) 作家与受众之间的接触

  ——受众在场：属于情景话语的文体

  ——受众不在场：广播体。

3) 使用的语言实质

(i) 语音的：口语体；

(ii) 书写的：书面体或印刷体。

  上述分析表明，文体特征是错综复杂的。由于它们的构成可以变化，各个组不是永恒不变的。当然，一个组可以再区分，如正规的技术功能体可分为科学体和实用体，实用体又可区分传授体、经济体、法律体和管理体。又如把技术功能体分为书写体和口语体，后者可区分为朗读（讲课）、有准备的（讲课）、未准备的（讨论）、与独白相似、与对话相似（辩论）。

2.3 标准语基本功能体的主要特征

主要功能体的区分及其内部区分与标准语各种功能体的特征有联系。

1）理性化（intellectualization）。在科技理论话语中理性化表现在词汇选择和语法结构上。为了使表达尽可能地与客观思维一致，词语应和概念近似，句子应与逻辑判断近似。

词语方面的特征是引入新的技术词语；词语的构成也有变化，像意义清楚的词，专门性词，抽象性、概括性的词，表示存在、可能性、必要性的词，表示原因、总结、平行的词的出现频率增加了；许多名词词组由形容词和名词组成；使用名词作表语等。

在语法方面的特征有句子通常有主语和谓语两个成分；使用被动结构；句子含有各个层次的小句；以连词指明关系。

2）自动化。指使用各种语言手段，或单用，或合用，不引起人们注意。

3）突出。突出意味着使用语言手段以引起注意，这被认为是不寻常的，非自动化的。

以上特征使用的程度和相互比重说明不同功能文体的特性，如会话中自动化和突出共存，科技话语以自动化压倒一切，诗歌体和论文则注重突出。

2.4 功能文体学原则的实际应用

功能文体理论注重实际应用，主要有以下方面：

——从事某特定技术领域的专家的实际活动；

——训练新的译员和技术翻译；

——母语和外语教育。对外语教育者来说，要知道目标的各种文体，如文学作品、实用技术文体、口语文体等。也要意识到方法问题，如以表达方式为主的语体，对不同功能问题的主要特征能作科学的描写。

3. 系统功能语言学派

系统功能学派韩礼德（M. A. K. Halliday）有关文体学的理论和实践经历一个不断深化的过程，可区分四个时期，主要反映于四篇文章，一是文学研究的描写语言学（1960），采用阶与范畴语法进行分析；二是对戈尔丁的小说《继承者》所作的及物性分析，标志着系统功能文体学的诞生（1971）；三是对迈克尔·肯明斯（Michael Cummings）和劳伯特·西蒙斯（Robert Simmons）合写的文体学专著所写的序（1983）；四是对伯奇（David Birch）和奥图尔（O'Toole）的合著所作的序（1987a）和他本人对丁尼逊（Tennyson）的诗歌《为了纪念》（"In Memoriam"）的分析（1987b）。

3.1 阶与范畴语法

1）基本理论。韩礼德认为语言文体学是语言学的应用而不是其延伸。在文学分析中之所以要采用语言学方法的原因在于现有的语法、词汇、音系和语音理论对实现此目的行之有效。如果对文学的语言分析取得任何价值和意义，必须与对语言的一般描写对照。

只有在有关事件的语境中，语言才能运作。语篇分析的最终有效单位是整个语篇。

对文学的语言研究是语篇分析，这与对其他语篇的描写无甚不同；这不是语言学的一个新的层次。

韩礼德注意语言形式的频率。如果一首诗的所有小句具有同样的结构，有必要了解在该语言中它是不是唯一可容许的结构；如不，则应弄清在代表该语言的更大样品中的相对频率。

一个人使用语言时的创新性在于对特征的选择，不一定选择那些不可能的或从未被选择过的特征，而是哪一种更为可能，或者是在可能与不可能之间求得平衡。这个观点反映了他对把文体看作是偏离的观点的保留，但"可能与不可能"之间的平衡似又接近于布拉格学派突出以常规作为背景的观点。

一个特征在一个作品中可能出现意味着另一个文学作品的存在，因而语言文体学基本上是比较研究。

从上可以看到，韩礼德当时对语言文体学的定义包括的要素为：(i) 对文学的描写；(ii) 采用普通语言学的方法；(iii) 对不同作品的特征进行比较，或是同一作家或不同作家，或是同一体裁或不同体裁；(iv) 文体是对各种可能特征的选择。

2）方法。韩礼德采用的文体分析方法是他将导师弗斯 (J. R. Firth) 的思想加以发展的阶与范畴语法 (Scale and Category Grammar)。范畴指"单位"(unit)、"结构"(structure)、"类"(class) 和"系统"(system)；阶包括"级"(rank)、"说明"(expose) 和"精密度"(delicacy) (Halliday 1954；胡壮麟等1989)。这个语法既接受形式意义，也接受语境意义。

为了使文体研究采用非文学描写的同样方法和范畴，韩礼德认为有必要研究描写性范畴的新的排列或组合，从中可以识别语篇的特性。这包括如何将所描写的不同层次上的范畴和词语放在一起研究。这就是他所提出的衔接模式，有以下主要范畴。

A. 语法层

①结构性 (具有句子结构的小句)

(a) 从属

(b) 联合

②非结构性

(a) 回指

(i) 指称和次修饰语

(ii) 代词

(b) 替代

(i) 动词性词

(ii) 名词性词

B. 词汇层

①词项的重复

②同一词汇集中的词项的出现

文学语言的特性就是把这些型式可能出现的变异型式化。换言之，具有创造性的作家能发现并利用型式所许可的不经常性 (irregularity)，不经常性的前提就是经常性 (regularity)。韩礼德使用"不经常性"这个词语意味着这有别于偏离，文体特征不一定非得违反语言常规。

为此，韩礼德分析了叶芝的诗作 "Leda and the Swan"。他指出限定语通常认为是下指的，如 "the ark waves" "the feather glory"，实际上是回指的，唯一的所指应是标题中的 "the swan"，而 "swan" 这词在诗行中没有出现，这一文体特征给这首诗赋予一种神秘的力量。因此，这种方法用来分析长诗颇有价值。

3）方言、语域、体裁和个人言语。所有的描写都涉及机制语言学或语言规划的因素，文学描写也不例外。当我们描写语言时，我们要弄清楚和标明描写的效度。这意味着要考虑采用包括方言（dialect）和语域（register）在内的语体。方言突出语言的地区性；语域突出主题性。除这两点外，我觉得还可以加上突出语言形式的体裁。

当这种区分达到最精密的程度，我们进入作家个人的风格——个人言语（ideolect）。

根据这样的论证，韩礼德认为没有必要在语言学之外建立一个新的分支来说明个人风格；所有语言都是在一定语体下的个人活动。

4）语言学家和文学分析家。用语言学方法来分析文学作品并不意味着文学中的修辞格不能分析。隐喻和非隐喻之间的界限不是分得很清。这牵涉到语言学和文学批评的关系。语言学不是也从来不是文学分析的全部内容。应该由文学评论家，而不是语言学家，来研究语言学在文学研究中的位置。但如果要描写一个语篇，就应作恰如其分的描写，这就意味着要采用语言学发展的理论和方法。

3.2 显著性与突出

上述韩礼德 1964 年的论文基本上采用的是描写语言学的结构主义方法。至 1971 年，韩礼德发表《语言功能和文学文体：对威廉·戈尔丁〈继承者〉语言的探讨》一文，他在文体分析中按照概念功能进行分析。在理论认识上有了一定发展。

1）基本理论。韩礼德提出相关性标准，以解决单纯的语言经常性与对诗歌和散文有意义的经常性之间的关系。首先，他提出概念的、人际的和语篇的三大元功能。语言是通过这些元功能与情景联系起来的，使话语成为可能，这使说话人或作家得以产生语篇，而听者或读者得以识别这个语篇。其次，语言是个潜势，说话人和作家在构思时，在这三种元功能中进行选择。所有可选项都在语言系统中；系统就是可选项的网络，衍生自各个语言功能。

如把语言型式与底层的语言功能联系起来，我们可以把真正的"突出"与统计学的"显著性"（prominence）区别开来。因此，"突出是有理据的显著性"。一个显著特征如果与语篇的整体意义有关，才是"突出"的。这个观点比"偏离"论者进了一步，后者只要发现形式上与常规不同便是"偏离"并可视为文体特征。为此，韩礼德提出三个问题，并一一阐述他自己的观点。

第一个问题：显著性是否可视为对常规的偏离？

韩礼德把显著性定义为语篇中某些特征被置于比其他成分显著的地位。这样我们关心的不仅是偏离的、不合语法的形式，也要考虑某些在频率上与所期待的有出入的"失衡"（deflections）现象。由于偏离形式在常规中是被禁止使用的，在文体学中未给予充分注意。

第二个问题：在多大程度上，作为数量效果的显著性，可以通过统计学发现和说明？

韩礼德坚持显著性与概率有关。但持反对意见者认为文体是个人风格的表现，不能把它简约为计数。韩礼德则解释道，如果在一部作品、一个作家或一个时代中有可识别的文体的话，其可区别性质归根结底是可以用相对频率来表示的。

反对者认为一个特征的次数与文体无关，因为我们不会意识到频率，因而不能对它有反应。韩礼德解释道，对不同语法和词汇型式的相对频率会是敏感的，它是"意义潜势"的一个方面；作为读者，我们的"期待"是以该特征在语言中的概率为依据的。在统计学上不能表达的是，数字不能告诉我们一个特定型式在语篇中有没有价值。

第三个问题：归因于主题的显著性和归因于其他因素的显著性有多大真实？

在讨论时，乌尔曼（Ullmann）担心，在统计时应避免把归因于主题的频率代替深层的文体或心理倾向。

韩礼德则认为每一个层次都是理据的潜在来源，一种语义学的"情景规范"。语言中句法的作用是将从各种语言功能衍生的各种意义编织在一起，同一个句法特征很可能同时是深层的和更直接的意义，因而不能把归因于主题的显著性排除在外。

这样，韩礼德解决了雅各布逊所碰到的问题，即特定的语言结构的存在，例如偏离和/或排比的存在，本身不能保证读者会认为它与解释过程有关（van Peer 1986：16）。

最后，韩礼德谈到语义选择和句法选择的关系。这是一个作家选择说什么和如何说的问题。这里不是语义和形式的关系，而是两个层次的相互作用，两者都要以形式表示。语篇中当前的论点和底层的主题在句法中走在一起；对主题的选择是以深层为理据的，及物性型式同时体现两者。由此可见，由于功能的多重性，使语言具有类似赋格曲的特征，若干个主题可同时展开。

2）方法。韩礼德选用诺贝尔奖奖金获得者威廉·戈尔丁的小说《继承者》作为语料。故事讲一个尼安德特人的部落，自称为"人民"，受到文化比它先进的"新人"部落入侵和被消灭的过程。全书十分之九描写的是前者，特别是其代表人物洛克（Lok）。最后"新人"部落占了统治地位。

尼安德特人由于文化落后，对客观世界只能建立一个参与者与一个过程的简单联系，如：

(1) a. The man turned sideways in the bushes.

b. He rushed to the edge of the water.

c. A stock rose uprigh.

d. There were hooks in the bone.

从上述例子可以看到，"新人"始终处于活动之中，但在观测者洛克的眼中看不到"新人"的活动与其他事物的联系；"新人"在移动，但在洛克看来，"新人"只是自己在移动，没有搬动其他东西。这些在语法上体现为大量的不及物句、简单过去式等。

韩礼德所分析的第二段取自小说的中间一章，出现各个以人作为"施动"的句子、非方所的状语、抽象的名词性词、更多的修饰语和动词的复杂化。如：

(2) He had a picture of Liku looking up with soft and adoring eyes at Tanakil, guessed how Ha had gone with a kind of eater fearfulness to meet his sudden death.

例 2 表明语言的复杂化与事件的复杂化相协调。洛克对新事物的理解逐步加深。

至最后一段，小句中绝大部分以人为主语，半数以上的小句是表动作的，且是及物小句。人的感觉变化了，视野扩展了。继承者的世界是按我们今天所能识别的方式组织的。有两个句子的主语为 They，用以指 people，如：

(3) They have given me back a changeling.

(4) "They cannot follow us, I tell you. They cannot pass over water."

韩礼德认为确定句法的常规是表达作品意义的一个层次。这里，语言型式的功能甚为重要。在《继承者》中被突出的特征主要衍生自语言系统的概念功能。被突出的特征是作者戈尔丁在及物性系统中的选择。及物性是说话人或作者对所经验的客观世界和自己意识的内在世界的过程的编码，这也包括有关这些过程的参与者和伴随情况。这就是我们说戈尔丁在句法上有创新的理据；也正因为如此，句法起到作为一种意义方式的作用。这也是韩礼德所谓的"相关性"（relevance）。一个文体学特征是属于整体的部分。以音系学为例，相关性不在于语音和意义，而是意义同意义的关系。

3) 讨论。关于内在理据和频率是否相同，韩礼德认为它们是不同层次的内容。最初我们可以观察到某些显著性，然后按次提示其进一步审视和估计。如果我们有理由说明这个显著性是有理据的，便可确认它为"突出"。

韩礼德由于考虑到很简单的语法特征也有文体特性的观点受到多数人的好评。正如麦金托什（Angus McIntosh）所说，通过完全常规和非偏离之间的语言可以得到印象最深刻的效应。

维莱克（Wellek 1962）曾警告说："语言文体学的危险是过于着重对语言常规的偏离，甚至扭曲。常规文体学被扔给语法学家，而偏离文体学则留给文学研究者。但是经常发生的情况是：最普通的、最规范的语言成分就是文学结构的成分。"

为了使"偏离"论能概括韩礼德的这一观点，莱文（Levin 1965）提出"量的偏离"（quantitative deviation）和"质的偏离"（qualitative deviation）两者并蓄的理论。前者是频率上的偏离，后者是非语法性的出现。

3.3 语篇分析与文学分析

在为肯明斯和西蒙斯合著所写的序中，韩礼德强调了以下观点。

1) 语言学在文学分析中的重要作用。韩礼德在 20 世纪 60 年代只满足于让语言学对文学作品作语言描写和分析，其他解释和评论一概是文学批评家的事。正如韩礼德在序中所承认的那样："不算很久之前，（语言）'文体学'常被认为是一种威胁；对文学作品作语言分析会受到谴责，几乎被看作是无礼的行为，是对文学作品的完整性的粗暴的破坏。研究一首诗篇的语法会破坏该诗的活力，限制对其诗学特性的自然鉴赏。"至 20 世纪 80 年代初，他提出新的观点，指出在描写文学语篇时所出现的语言学范畴，在分析非文学语篇时一样存在。研究者必须对所有层次的范畴型式保持敏感，如语音和文字符号、词汇语法和语义的组织。甚至像文学文体分析中常见的范畴，如节奏、结构的平衡、隐喻、视角的深度等都不是文学所能垄断的。韩礼德在这里要说明的意思是文学分析的范畴离不开语言学范畴。对文学文体的分析只是在语篇分析的三要素——语篇、情景语境和读者之外，加上第四个要素：文学性。

2) 文体分析与阐释。在文体分析过程中作阐述时，并不意味着不需语篇；阐述的每一步关系到白纸黑字。韩礼德认为分析时从上千个变体中选择值得研究的特征不是一个自动的过程。当文体学家衡量来自各个部分的证据，并研究不同证据如何形成连贯的整体的型式，以及这些型式对作品作为整体的语境的意义时，更不是一个自动的过程。分析与阐述是一个互相交织的过程。

3) 文学作品的价值。处理文学作品的进一步目标是说明为什么某作品具有这样或那样的价值。为什么人们喜欢这首诗，而不是另一首诗？不同于语篇分析，这是文体学的目标，语言学家在传统上不沾这个边，但文体学家至少要表明有关的语言型式是具有价值的。这里要弄清语篇的价值不等同于艺术价值。

即使在教室中，为了教育和纠错的目的作分析时，我们要向学生指明一个语篇好在哪里，坏在哪里。文体分析只是在评论性质和标准上有所不同而已。

4）文体分析中的若干考虑的问题。不懂英语就没法读英语文学作品。同样，不懂英语的系统，就没法解释作品中的英语是如何起作用的。但要分析的语言特征很多，不可求全，不能过于精密，这就要根据话语的语域和分析的目的。例如，在分析广告语言时，我们感兴趣的是劝说的技术，这涉及潜在顾客的思想意识和价值系统。在分析科技报告时，我们注意的是内容，这些内容通过逻辑结构和及物性系统分析，反映于语法中。文学语篇的不同在于我们事先很难知道值得注意的那些特征。我们不能说"因为这是文学语篇，我们的兴趣主要是这个，不是那个特征"。文学语篇的可区别性特征可到处出现，在语言系统的任何部分出现，很可能是来自不同方面的特征的结合。

第二个应考虑的问题是在文体分析中我们关心的是该语篇的独特性，而语篇分析则相反，所选择的特征要求具有代表这类语篇的典型性。分析的对象是语域，如医生和病人的对话。在文学中，概括性的语域或体裁的范畴是"小说"。这时文体学家关心的是这种体裁的特性，把某一语篇作为样品。看来文学体裁似应按或然率进行描写，如抒情诗偏向于及物性和情态的某种结合。

第三个方面是追踪所分析的语篇和构成其环境的其他语篇的关系。每一个语篇有其情景语境；但文学语篇，不同于其他语篇，多半为自己创造语境；它决定语境，而不受语境决定。因此，文学语篇有一定的自足性。在另一方面，它又可以是除自足性以外的任何东西，有时叫作"互文性"。它与同一体裁的其他语篇共鸣，甚至与不是同一体裁的其他语篇共鸣，如《圣经》或莎士比亚的作品。这就涉及作家对读者的经验和理解力的期待。对互文性共鸣是文学评论的重要因素，但对文体学家的要求不同，因为一个语篇同另一个语篇的关系是用语言学词语解释的，这绝非易事。影响文体学家工作的第四个因素是通过一段时间，一个文学语篇积累了一批附带的语篇，如各种有关它的评论、综述、注释本。这些语篇改变了所分析语篇作为对象的性质。在我们作解释或评价时，我们要考虑他人的解释和评价。语言学家的分析，同历史学家的分析或评论家的判断会有什么不同？因此，每一个语篇都成了复杂的分析对象。

3.4 语篇文体学

1987 年，伯奇 (Birch) 和奥图尔 (O' Toole) 主编的《文体的功能》一书出版，该书汇集了系统功能语法学派文体学家的成果。韩礼德为该书作序，并发表对丁尼逊一诗的文体分析，从中可以看到系统功能文体学又走上一个新的台阶。

1) 语言文体学研究意义的两个对立传统。一个传统认为语篇的意义是它的所指语境；意义表现在语篇的词和结构中；两个语篇如具有同样的真值，可认为是同义的。另一个传统认为语篇的意义是评论家所能想到的任何东西。意义隐藏在字里行间的虚无之中，没有一个语篇是同义的。因此，从事文体分析的语言学家的任务是发展对语言这两种意象的特征，证明语篇的意义是可及的，它不是评论家心理力量的私人色素的沉淀，但所包含的远远多于陈述的内容。这为系统功能文体学规定了追求的目标，但从措辞上韩礼德似乎更倾向于前者。

2) 语法、话语和符号学三者的结合。韩礼德认为在 20 世纪 80 年代文体学领域有了大大加强，这是因为以语法和话语表示的对语篇的语言学解释，已经和文学、社会、政治和思想意识等视角，即符号学结合起来，伯奇和奥图尔主编的《文体的功能》收录了这方面的成就。韩礼德特别提到该论文集中的各项研究是从把语言看作既是系统又是过程开始的，已发展成对语篇在文化和宏观符号环境中作解释的有力工具。

3) 四个基本观点。韩礼德从四个基本方面看问题。第一方面有关三大元功能各自的语言选择型式的相互交切。韩礼德指出早期的系统文体学只是对一个元功能的显著性型式进行细致分析，如他对戈尔丁小说所作的及物性分析，但没有探讨各子系统的相互作用，即及物性、主位、情态和逻辑结构等如何相互作用以形成语篇的特性。第二方面是概念对文体学重要性的体现。例如，词汇语法选择体现为语音或书写型式，但这些型式也产生意义，如语调和方言所表达的人际意义。同理，词汇型式既在自己层次上创造意义，又体现在语义层上所作的元功能的选择。在语义层的选择则体现在一定文化语境所作的选择。这可使我们追踪语篇的意识形态。第三，作为文学或知识的语篇有可能破坏产生这些语篇的系统。每一个语篇是系统的实例，在其形成过程中会涉及系统，又肯定和维持其活力。因此，在解释语篇时要考虑系统的哪一个层次处于中心。

第四，我们的解释不能脱离语篇的语义生成过程。由此产生的"元语篇"使原先的语篇"重新语境化"，给情景语境增加了一个新的方面。这样，我们重建了语篇的系统。

4. 巴赫金的言语体裁与风格

苏联思想家和文艺批评家巴赫金（Bakhtin）对修辞学所持观点应属功能文体学的观点。他认为风格（语体）与体裁之间存在着有机而不可分割的联系。哪里有风格，哪里就有体裁。传统的修辞学对两者关系或是分类贫乏，或是界限不清。事实上，"一定的功能（如科学的、技术的、政论的、公务的、日常生活的功能）以及每一领域特有的言语交际的特定条件，产生特定的体裁，也就是特定的、相对稳定的有着不同体裁、布局和修辞的表述类型"（巴赫金 1987：145）。这里就他的一些基本观点略作介绍。

4.1 言语体裁

巴赫金指出，语言的使用是在人类某一活动领域中参与者单个而具体的表述形式（包括口头的和书面的话语）中实现的。它包含三个因素，即话题内容、风格（对词汇、句子和语法等语言手段的选择）和自身的布局结构。虽然每一单元的表述是个人的，但使用语言的每一领域却锤炼出相对稳定的表述类型，这就是言语体裁。遗憾的是，迄今为止，在诸多体裁中，主要是文学体裁得到过研究，对其他体裁涉足很少。其次，人们忽略了从普通语言学的角度对体裁进行研究（巴赫金 1978：140）。

4.2 个人风格

巴赫金观察到，任何表述（口头的和书面的，简单的和复杂的）都是个人的，因此这些表述能够反映说者（或笔者）的个性，即具有个人风格。考虑到体裁的极端多样性，不是所有体裁都同样地有利于表现个人风格，如艺术作品最为适宜；而程式化的表述则最不适宜。其次，在语篇中表现的个人风格不在表述的意图之内。最后，要界定一般的风格和个人的风格，这就要求既较为深入地研究表述的本质，又较为深入地研究言语体裁的多样性（巴赫金 1978：144）。

4.3 修辞

巴赫金认为，在任何一个具体的语言现象中，语法和修辞都是既合又分的。如果把这个现象放在语言体系中研究，那么这是语法现象；如果放到个人表述或言语体裁的整体中去研究，那么它就是修辞现象。因为说者选择特定的语法形式，这本身就是修辞行为（巴赫金 1978：148）。

4.4 对话性

巴赫金认为一切话语和言语体裁（言语交际的一切形式）具有内在的普遍的对话性（dialogicity）和相应的外在布局形式。因此，把表述视为与外界隔绝的、自足的封闭系统（即在这个系统以外不存在他人表述，而仅仅只有消极的听者）是一种错误的理解。唯心主义语言学研究语言时，就是把语言视为"独白"（monologue）（巴赫金 1952：208）。

参考文献

Birch, D. & M. O' Toole (eds.). 1988. *Functions of Style*. London and New York: Pinter.

Cummings, M. & R. Simmons. 1983. *The Language of Literature*: *A Stylistic Introduction to the Study of Literature*. Pargamon Press. 26-32.

Dubsky, J. 1972. The Prague conception of functional style. In V. Fried (ed). *The Prague School of Linguistics and Language Teaching*. London: Oxford University Press. 112-127.

Firth, J. R. 1951. Modes of meaning. In J. R. Firth. 1957. *Papers in Linguistics*, 1934-1951. London: Oxford University Press.

Fried, V. (ed.). 1972. *The Prague School of Linguistics and Language Teaching*. London: Oxford University Press.

Halliday, M. A. K. 1961. Categories of the Theory of Grammar. *Word* 17(3): 241-292.

Halliday, M. A. K. 1964. Descriptive linguistics in literary studies. In G. I. Duthieed (ed.). *English Studies Today*. Edinburgh: Edinburgh University Press.

Halliday, M. A. K. 1971. Linguistic function and literary style: An inquiry into the language of William Golding's *The Inheritors*. In S. Chatman (ed.). *Literary*

Style: *A Symposium*. Oxford.

Halliday, M. A. K. 1983. Foreword. In Cummings and Simmons. vii -xiv.

Halliday, M. A. K. 1987a. Foreword. In D. Birch & M. O'Toole (eds.). 1988. *Functions of Style*. London and New York: Pinter.

Halliday, M. A. K. 1987b. "Poetry as scientific discourse; the nuclear sections of Tennyson' s *In Memoriam.* In D. Birch & M. O'Toole (eds.). 1988. *Functions of Style*. London and New York: Pinter.

Hjelmslev, L. 1961/1963. *Prolegomena to a Theory of Language*. Trans. by F. J. Whitfield. Madison: University of Wisconsin Press.

Jakobson, R. 1960. *Linguistics and Poetics*. In Thomas A. Sebeok (ed.). 1960.also in Jakobson 1987.

Jakobson, R. 1987. *Language in Literature*. Cambridge, Mass: Harvard.

Levin, S. R. 1965. Internal and external deviation in poetry. *Word* 21: 225 -237.

Mukarovsky, Jan. 1964. Standard languge and poetic language. In *Prague School Reader on Esthetics, Literary Structure, and Style*. Trans. by Paul L. Garvin. Georgetown University Press.

Mukarovsky, J. 1976. *On Poetic Language*. Translated and edited by John Burbank and Peter Steiner. New Haven: Yale University Press.

Mukarovsky, J. 1977. *The Word and Verbal Art*. Translated and edited by John Burbank and Peter Steiner. New Haven: Yale University Press.

Mukarovsky, J. 1978. *Structure, Style and Function*. New Haven: Yale University Press.

van Peer, Willie. 1986. *Stylistics and Psychology*: *Investigations of Foregrounding*. London: Croom Helm.

Whorf, B. L. 1956. *Language, Thought and Reality*: *Selected Writings of Benjamin Lee Whorf.* Edited and with an introduction by John B. Carroll. Cambridge, Mass.: MIT Press.

巴赫金, 1952,《言语体裁问题》相关笔记存稿,《巴赫金全集》第四卷。石家庄：河北教育出版社, 1998。188-272。

巴赫金, 1978, 言语体裁问题,《巴赫金全集》第四卷。石家庄：河北教育出版社, 1998。140-187。

第四部分

汉语研究

语义功能与汉语的语序和词序 [1]

1. 词序和语序

自然语言的一个基本特征是序列性。人们说话时总是一个词一个词顺序而出，写作时则一个词一个词依次落笔。这便产生各个词在句中位置孰先孰后的问题（如形容词在名词之前），是谓词序。如果我们不按词类，而是按词组或短语（名词、介词短语等）或按各种词语在句子中的语法成分（如主语、谓语、宾语等）来讨论其序列问题，则讨论的对象是语序。这两者有相关性，因为一方面句子的语法成分最终要以词类分别体现，另一方面从语序着手，能收提纲挈领之效。因此，本文讨论时以语序为主，兼及词序。其次，究竟是词序、语序决定语义，还是语义决定词序、语序？这个问题实质上又是句法和语义的关系，是句法解释语义，还是语义制约句法？尽管说本族语者从不为句法语义关系操心，从语言学作为一门科学来说，人们总是力图探讨句法语义关系的奥秘，这对汉语来说尤为重要，因为汉语无形态变化，不得不依赖词序和语序来表达语义。

2. 最大切分法和最小切分法

要讨论词序和语序，就要对句子进行剖析。人们总是把句子切割成若干成分，然而讨论这些成分习惯上出现的顺序，这种切分可细可粗。例 1 与例 2 属最大切分法 (maximum bracketing)。它把句子按二分法逐步切割，直至不能切割为止。

---

[1]   本文原载于《湖北大学学报》1989 (4)：53-60。

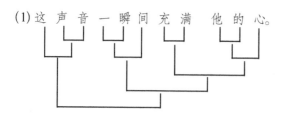

　　例 1 和例 2 之不同性在于对最小单位的认识。例 1 采用了法位学的方法，一口气切到语素为止。例 2 则切割到词这一单位。例 1 显然与词序无关。就例 2 而言，即使我们可以做这样的规定或假设形容词"这"和"他的"在名词"声音"和"心"之前出现，但我们很难说明"声音"与"一瞬"的关系。如果我们把较大的单位作为切分目标，情况稍许改善。

　　例 3 采用了最小切分法 (minimum bracketing)，同时切割出句子中所有的主要词组，但是它仍不能说明句中的三个名词词组的排列顺序。

3. 句法功能

　　要摆脱例 3 的困境，我们可以把最小切分法与句法功能结合起来，将四个词组按主语、状语、谓语[1]、宾语分别标记，并规定主语在谓语之前，宾语在谓语之后，状语在主谓之间。

　　至此，我们可暂时做出两个假设：1) 汉语的词序从属于汉语的语序；2) 汉

---

[1]　这里的"谓语"是狭义的，指与主语相对的"谓语"中的最主要成分动词词组所表达的语义。

语基本上是按主语、状语、谓语、宾语排列的。

仔细分析一下，第一个假设可以成立，第二个则漏洞颇多。试将例 3 与例 4 比较。

(4) 一 瞬 间 他 的 心 充 满 这 声 音。

例 4 提供了两个新的情况：1) 状语出现在主语之前，尽管状语的移动是相对自由的，我们不清楚说话人为什么把状语有时放在主语之前，有时放在主语之后；2) 尽管我们可坚持"他的心"是主语，"这声音"是宾语，为什么它们的位置可与例 3 截然相反？这样，光靠句法功能还不足以说明语序问题。我们要越过句法功能框框，从语义层次寻找答案，也就是说，对语序要做语义分析。

4. 语义功能

传统的语义学讲究词义，有的添上词的语法意义，现代的理论还包括语用意义以及其他。本文采用的模式是韩礼德 (Halliday 1985) 的系统功能语法模式，因为这个理论模式更能说明句法语义关系。韩氏认为语言是多层次多系统的。单就语义层来说，它由表示各种功能的系统组成。人们在用语言表达意义时必然同时表达概念的、人际的和语篇的三个元功能。这三个元功能又包含若干个具体功能。不同的语言在句法上体现这些功能时有异有同，同大于异。不管这些功能在某语言中的体现方式如何，它们都会在不同程度上对该语言语序的排列产生影响。以下结合汉语来谈谈这些语义功能的体现。

5. 概念功能

人们使用语言是为了描述主客观世界。主客观世界不是静止不动的，它表现为不断运动着的"过程"，这种过程必然涉及"物"，即"参与者"，并且是在一定时空和条件，即"环境"中进行的。因此，语言中必然存在一个及物性系统。在这个及物性系统中，"过程"是核心，"参与者"与"环境"是外围。我们可以设想，在及物性系统的初始阶段，对"过程"来说是放射式的，对"参与者"与"环境"来说，呈卫星状分布，如图 1 所示。

图 1　及物性示意图

及物性系统有似映现在人们头脑中的一幅有关主客观世界的立体图。这时还谈不到图面上各参与者与环境和过程的排列关系。

我们知道，一个过程总会涉及一个或若干个参与者。

(5) 房子塌了。(一个参与者)

(6) 张大妈卖房子。(两个参与者)

(7) 张大妈卖给老李一间房。(三个参与者)

对这些参与者的语义功能按精密度进行分析并给予语义标记，便会发现有的参与者导致过程的发生(下例中画横线者)，有的参与者是过程所及的对象(下例中画曲线者)。

(8) 小王在跑步。(动作者)

(9) 小王打了小李。(动作者；目标)

(10) 小王喜欢跳舞。(感觉者；现象)

(11) 小王哭了。(行为者)

(12) 张老师批评了小王。(言语者；受话者)

说话者如果想从导致过程发生的参与者谈及过程和目标等参与者时，他选择了主动语态；如果从过程所及的对象谈到过程和动作者时，他选择了被动语态。如果从句子语义关系来区分主动与被动，被动结构则从形式("被""给"

等字的出现与否来界说主动与被动。我们试比较表1中的各例句。

从以上例句可以看到，传统语法只注重动词的形式，因而例16和例17，一个看作是主动，一个看作是被动，这里的语态不能说明为什么名词词组"房子"均要位于"（被）卖"之前。但从句子语义区分语态，便会发现两例都是从参与者"房子"谈及过程"（被）卖"，因而都是被动语态。这反映在语序上必然是"房子"在谓语之前。根据这个认识，我们可以推定在例3中说话人选择了主动语态，故"这声音"先于谓语，而在例4中他选择了被动语态，故"他的心"先于谓语。对此，我们还可以用"他的心被这声音充满"这一"被"字句式加以验证。下面的表1基本上汇总了以上的讨论。

表1

	以句子语义区分的语态	参与者	以形式区分的语态	举例
语态	中动语态[1]	动作者	主 动	例13 房子塌了。
	主 动	动作者；目标	主 动	例14 张大妈卖房子。
	主 动	动作者；受益者；目标	主 动	例15 张大妈卖（老李）一间房。
	被 动	（动作者）；目标	主 动	例16 房子卖了。
	被 动	（动作者）；目标	被 动	例17 房子被卖了。
	被 动	动作者；（目标）	被 动	例18 房子被张大妈卖了。
	被 动	动作者；（目标）	主 动	例19 张大妈不卖。

同理，表示"认同"语义的"是"字句也具有语态。这类句式有两个参与者，一类是"被认同者"（例20和21中画横线的词语），一类是"认同者"（画曲线的词语）。要选择主动语态便是为了让"被认同者"在句中先出现，然后通过系词"是"由"认同者"予以认同，解释或分类。

(20) 我的铺位是门后的上铺。（陈建功：《默默且当歌》）

(21) 恢复高考是新时期带给青年的第一个狂喜。（同上）

---

[1] 中动态 (middle voice) 指句子所表示的过程涉及参与者本身，或此过程是由参与者本身进行的，不涉及其他参与者。

当句子语义由"认同者"追溯至"被认同者"时，说话人选择了被动语态，语序也相应发生变化。

(22) 门后的上铺是<u>我的铺位</u>。

(23) 新时期带给青年的第一个狂喜是<u>恢复高考</u>。

在概念功能中，除语态外，尚有归一度（polarity）。归一度表示对一个陈述加以肯定或否定的语义。当表示否定语义而需使用否定词时，否定词出现在所否定的谓语之前。

(24) 你们<u>没有</u>根据就来抄家，我<u>不</u>同意。（李延国，临青：《虎年通缉令》）

(25) "小屋"的影子也不曾闪现，仿佛一切都<u>没有</u>发生，连梦也从<u>未</u>做过。（钱理群：《我的那间小屋》）

6. 人际功能

语言交往总是在人与人之间进行的。人不仅会说话，而且说话给人听。因此说话人总是会在言语中选择一定的语气（mood），反映自己与听话人之间的话轮选择[1]、社会关系，以及自己对事物发生可能性的判断和猜测。这里主要谈谈语气和情态这两个语义功能。

语气的主要功能是表示说话人在话轮中对言语角色的选择，具体说，是想表达一个陈述，或是提出一个疑问要求对方回答，或是指使某人干这干那。这种语气功能完全可由音系层中的语调表达，但语调不一定涉及语序。例26中的两个问句便是靠语调表达的。

(26) "……你真的要走？不是开玩笑？"（叶曙明：《环食·空城》）

因此，与语序有关的是如何处置能在句法中体现出来的能表达这类语义的

---

[1] 话轮（turn-taking）描会话过程中，参与者互相轮换担任说话人和听话人的角色。这是会话分析和话语分析的对象。

语气成分 (mood)。

汉语中较简单的疑问语气成分是在句末添加"吗""呢"等语气词，如：

(27)"你到南方是来参加季节典礼<u>吗</u>?"（孙甘露：《我是少年酒坛子》）

(28)"我们试试<u>吧</u>?"（同上）

(29)"那么，有人寻找或拜访你<u>吗</u>?"（同上）

另一种形式是在句末添加疑问词组。

(30)"咱们一起把这件事办完<u>好不好</u>?"

(31)"他请假<u>没有</u>?"

例 30 实际上是将动词或形容词的肯定形式和否定形式并用，否定形式在肯定形式之后，即常说的"x 不 x"形式，这种形式通常出现在主语之后。

(32)"你<u>会不会</u>做饭?"

(33)"你<u>喜欢不喜欢</u>这衣料?"

有些疑问词形式可在句首主语之前或之后出现。

(34)"但这<u>难道</u>不正是我们的耻辱?"（钱理群：《我的那间小屋》）

(35)"<u>难道</u>他病了<u>不成</u>?"（丁声树等：《现代汉语语法讲话》）

以上是有关一般疑问句的基本形式。特殊疑问句的形式视不同情况在主语前、主语后和句末出现。

(36)"……<u>为什么</u>要发通缉令?"（李延国，临青：《虎年通缉令》）

(37)"下一次北大重聚该是在<u>什么</u>时候?"（赵园：《属于我的北大》）

(38)老人又问："你从<u>哪里</u>来?"（北村：《谐振》）

祈使句在一般情况下除省略主语外，可在句末加"吧""了""啦"等语气词。

(39) 陆高说："说具体一点<u>吧</u>。"（马原：《大元和他的寓言》）

(40) "到站<u>了</u>。"女售票员说。（路翎：《钢琴学生》）

情态（modality）不同于归一度，属于人际功能。归一度是人们对主客观世界或肯定或否定的认识，在语言中表现为概念功能。但当人们对事物既不能肯定，也不能否定，而只能对其可能性进行个人的猜度或估量，它表达的是人际功能。试见图2：

图2

汉语中有多种形式表达情态语义，常见的为助动词，位于谓语之前。

(41) 面包<u>会</u>有的，牛油<u>会</u>有的，一切都<u>会</u>有的。[1]

(42) 火车<u>可能</u>晚点了。

除助动词外，可用"大约""也许""恐怕""一定"等副词表达情态语义，因而其语序有较大的自由度，或在主谓之间，或在句首出现。

(43) 你<u>一定</u>是一个胸怀大志的人。（北衬：《谐振》）

(44) <u>一定</u>是哪家达官显贵的儿子结婚或女儿出嫁。（莫言：《欢乐》）

(45) 法医说要是发现得早一点的话那个胎儿<u>也许</u>还有救……（叶曙明：《环食·空城》）

---

[1] "会"也可表示情貌，如"他会游泳。"

(46) <u>也许</u>是因为你喜欢上我了。(同上)

如果用"……是可能的""……很有可能""……是肯定的"等句式或"吧"等语气词来体现情态语义，则在句末可找到这些成分。

(47) 小王不会游泳<u>是可能的</u>。
(48) 你听谁说的？别是谣言<u>吧</u>？(老舍)

在概念功能中还应表述有关能力、决心、许可和职责的语义，在功能语法中称为"modulation"，有的把它译为"情貌"和"意义"(黄长著 1981)，有的把它译为"情貌"和"意态"(胡壮麟等 1989)。

意态亦有程度上的区别，如图 3 所示。

图 3

后面将专门谈到情态，这里采用意态一说。意态实质上是归一度的强势式，或对过程作进一步限定的说法，它由一部分助动词(丁声书 1981)体现(如例 49 和例 50)，也可由句式体现如"……是应该的"(如例 51)。不论是助动词或动词段语，均出现在表过程的谓语动词之前。

(49) 孩子应该有孩子式的单纯，<u>应该</u>透明。(马原：《大元和他的寓言》)
(50) 你们<u>要</u>学会有臭虫咬也能睡觉的本事。(同上)
(51) 他罚款三元<u>是应该的</u>。

当同时表达归一度与意态语义时，否定词的位置需视说话人想否定的是意态还是过程。例 52、53 对两者都加以否定。

（52）我出了一身汗，再也<u>不敢</u>做梦。（钱理群：《我的那间小屋》）

（53）虽说她劳动很好，可也<u>不该</u>不尊重老人家啊？（赵树理）

7. 语篇功能

语言作为一种交际工具在传递信息时有它本身的规律，即说话人要清楚自己的话从何说起，向听话人提供什么主要信息，如何使自己的话语连贯衔接，凝成整体。有了语篇功能，才能使概念功能和人际功能在语篇中得以实现。在语篇功能中，对语序起影响的是主位结构和信息结构。

主位结构指人们谈话时句子中有主位 (theme) 和述位 (rheme) 两个部分。主位表示"从何谈起"的语义，说话人必然要求它在句子的最前部出现。述位表示句子的其他成分如何围绕主位展开。现分析例 54。

（54）<u>李老师</u>给了小王这本书。

在例 54 中，"李老师"是主位，表示的语义为"我现在要谈有关李老师的情况"；"给了小王这本书"是述位，表示的语义为"这就是与李老师有关的情况"。事实上，"李老师"既是概念功能中的"动作者"，又是人际功能中的"主语"，在无标记情况下，这三者是三位一体的，但主位也可以同另两个功能分离。

（55）<u>这本书</u> <u>李老师</u>给了小王。

例（55）中，主位是"这本书"，主语和动作者是"李老师"。

主语和动作者分离的情况也有，在下例中，主位和主语为"我"，动作者为"一位高班同学"。

（56）<u>我</u>被一位高班同学带到未名湖畔。（吴亲自：《燕园的黄昏》）

到目前为止我们所列举的主位，在语义功能上均属概念功能的参与者，在语法范畴上表现为名词词组。其实，概念功能中的其他成分（如环境和过程）和人际功能中的情态均可成为主位。

(57) <u>在四十年代的开端</u>，那时候我还多年轻啊！（黄宗红：《未名湖》）
（环境／状语／介词短语）

(58) "<u>恐怕</u>目前还无能为力。"（姚霏：《红庙二题》）
（情态／状语／副词）

(59) "<u>说</u>大声一点！"
（过程／谓语／动词）

当主语以外的成分成为主位时，这个主位是有标记的。

信息结构包括已知信息（Given）和新信息（New）。在通常情况下，说话人从听话人已知道的情况，即"已知信息"着手，逐步引向他想告诉对方的新情况，即"新信息"。新信息的"焦点"（FOCUS）平时落在声调群中具有最强音的那个词语上，因而信息结构应属音系层，但带有这个重读焦点的词语常在句末出现，因而对语篇的组织有影响并与语序有关。试见以下各例的画线部分。

(60) 就这会儿工夫，诗人已跑得<u>无影无踪</u>。（孙甘露：《我是少年酒坛子》）
(61) 在未来的日子里他可能<u>继续写作</u>。（同上）
(62) "我不妨谈谈<u>我的父亲</u>。"（同上）

正是出于处置这个新信息的需要，汉语中才有"被字句""给字句""把字句"等句式，以便把想按新信息表示的词语放在句末出现。

(63) 尤老二被酒<u>催开了胆量</u>。（老舍）
(64) 而董卓可是的确给貂蝉<u>害死了</u>。（鲁迅）
(65) "姐，刀呢？我把他<u>做了</u>。"（杨争光：《士声》）

新信息可以在句子其他部位出现，这时它是有标记的，在北京方言中甚为明显。

(66) <u>走路靠着点儿边儿走</u>，别让车碰着。（陈福勤：《文章与口语》）

(67) <u>早起了您那</u>。真凉啊这天儿。（同上）

(68) <u>拜拜啦您啦</u>！（同上）

8. 讨论

　　从以上所介绍的情况看，人们说话时要同时表达多种语义功能。为了表达每一层次的语义，要在相应的语义功能的子系统中进行选择，每一次选择的项目在句子中都有一定的排列位置。因此语序是人们在多种子系统中选择后相互作用的结果。我们看下例：

(69)	他	也许	会	干	农活
及物性；语态：主动	动作者		情貌	过程	目标
语气：陈述情态	主语	情态		谓语	宾语
主位结构	主位	述位			
信息结构	已知结构→新信息				

　　各个系列的序列有时会发生冲突。这是因为说话人想突出某些语义功能而采用了有标记的体现形式。

(70)	在"文革"时	王老师	被人	陷害	过吗
及物性；语态：被动	环境	目标	动作者	过程	
语气：疑问	状语	主语	状语	谓语	语气成分
主位结构	主位	述位			
信息结构	已知结构→新信息				

　　在例 70 中，说话人想从表示时间的环境说起，因而"在'文革'时"这一状语挪在主语之前，成了有标记的主位。同时，说话人询问的信息是王老师是否被人"陷害过"这一过程，不是陷害他的"人"，故把由动词词组体现的过

程／谓语放在句末，成为新信息。为此目的，说话人必然选择了被动语态，将目标"王老师"作为主语。

采用语义功能分析法，我们可以较清楚地解释汉语界长期存在的一个"畸形"句，如"台上坐着主席团"。

(71)	台上	坐着	主席团
及物性：语态：主动	环境	过程	参与者
语气：陈述	状语	谓语	主语
主位结构：标记	主位	述位	
信息结构	已知结构→新信息		

例 71 中决定语序的最根本的有两点：说话人想从环境情况谈起，因而把"台上"放在句首，成了标记主位，同时，说话人想把本来应在谓语之前出现的主语"主席团"作为新信息传递给听话人，因而让其居于句末。我们不妨做以下的测试来讨论新信息对于交际的重要性。

(72) 问：主席团坐在哪儿？

　　答：a. 主席团坐在台上。

　　　　b. 主席团台上坐着。

　? 　c. 台上坐着主席团。

(73) 问：主席团在干什么？

　　答：a. 主席团台上坐着。

　　　　b. 主席团坐在台上。

　? 　c. 台上坐着主席团。

(74) 问：台上坐着谁?

　　答：a. 台上坐着主席团。

　? 　b. 主席团坐在台上。

　? 　c. 主席团台上坐着。

在每一组问答中，总有一两句（带？号者）不顺口，其原因在于句末找不到问话者期待的新信息。例 72 问的是"哪儿"，c 句中在新信息的位置上出现的是"主席团"；例 73 问的是"干什么"，c 句中出现的还是"主席团"；例 74 问的是"谁"，b 句和 c 句中出现的是"台上"或"坐着"。正是这种"答非所问"的情况使交际陷于困境。

例 74 中的 b 句和 c 句如果以强势句（例 75）回答则可弥补这一缺陷。这里，"主席团"成了有标记的新信息。

(75) 问：台上坐着<u>谁</u>？

　　　答：a. 台上坐着 <u>主席团</u>。

　　　　　b. <u>是主席团</u>坐在台上。

　　　　　c. <u>是主席团</u>台上坐着。

例 72—74 还提供另一个很重要的情况，交际双方应当从已知信息，即提问者和答话者共同掌握的谈话内容着手，但例 72 和 73 c 句中的"台上"，例 74 c 句中的"主席团"都出现得非常突兀。这些词语在问句中均未出现过，使答话者无所适从。

最后回到本文第一节中谈到的词序和语序的关系。词序的规律性是要弄清楚的，但只有弄清语序之后，才能弄清词序。其原因有二：语序涉及的主要成分能更好地体现主要的语义功能。要表达什么样的语义功能，就要求选择什么样的语序。如在主动语态的陈述句中，其概念功能的逻辑顺序为动作者——过程——目标，其人际功能的顺序为主语——谓语——宾语。其次，所有的语义功能在语言中最终要表现为各种词语成分，如动作者 和目标一般由名词词组体现，环境由副词或介词短语体现，过程由动词词组体现（参见例 2）。这时才能谈到词序。以名词词组为例，其顺序一般为例 76 和例 77。

(76)	这	一座	历史悠久的	石	桥
词类标记	代词	数词量词	形容词	名词	名词
语义功能标记	指称词	数量词	性质词	类别词	事物

(77)	他	那	三只	令人害怕的	大	狼	狗
词类标记	代词	代词	数词 / 量词	形容词	形容词	名词	名词
语义功能标记	指 2	指 1	数量词	性质词 2	性质词 1	类别词	事物

例 76 和 77 再一次说明，即使在名词词组中，其顺序仍离不开语义功能的分类。"石"与"桥"和"狼"与"狗"都是名词，说不清哪个先、哪个后，但从语义功能来看，"石"与"狼"都是用来表"桥"与"狗"的类别，是修饰语，按汉语习惯，应出现在前。例 77 中有两个形容词，"令人害怕的"是说话人的感受，属人际功能，而"大"客观描写"狼狗"的形状，故词序上应靠近"狼狗"。至于"他"与"那"两个代词，都起限定作用，"那"指称范围较宽，"他"指称更具体，故"他"字在前，以限定指称的范围。这些均说明语义功能对词序也起决定性影响。

参考文献

Halliday, M. A. K. 1985. *An Introduction to Functional Grammar*. London: Edward Arnold.

丁声树, 1961/1979,《现代汉语语法讲话》。北京:商务印书馆。

胡壮麟, 朱永生, 张德禄, 1989,《系统功能语法概论》。长沙:湖南教育出版社。

黄长著等译, 1985,《语言与语言学辞典》。上海:上海辞书出版社。

朱永生, 1988, 浅谈英语情态,《大学英语教学研究》(1)。

小句与复句 [1]

关于句子的定义，在汉语语法分析中，长期以来众说不一。国内已有人做了详尽的综述和客观的多平面的分析（田小琳 1985）。本文试用国外系统功能语法学派的观点进一步讨论汉语语言单位中这个棘手问题。

1. 语言单位的划分

根据田小琳一文所介绍的汉语界公认的观点，汉语的语言单位可以确认词素、词、词组和句子四级。按照这样的区分，汉语句子至少应包括以下类型：

例 1. 我买了一辆自行车。

例 2. 我买了一辆自行车，你也买了一辆自行车。

例 3. 假如我买了一辆自行车，我借给你骑。

例 4. 他不知道我买了一辆自行车。

例 5. 我买了一辆自行车的事，你先别声张出去。

尽管我们承认这些都是句子，从语法定义的科学性来说总嫌不清，即如何分别界说例 2 至例 5 中的"我买了一辆自行车"，更如何界说它们与例 1 的区别。它们显然不是句子，只是句子的一个部分，却又不能算是词组。这样，在语法单位的四级中将没有一席之地。

再进一步说，由于"一个词或一个简单的词组在一定的语言环境中都为一个句子"，那么句子的概念还应包括例 6 和例 7 ，情况更为复杂：

---

[1]   本文原载于胡壮麟主编，1990，《语言系统与功能》。北京：北京大学出版社。130-141。

例 6. 太冷了。

例 7. ——这场球打得怎样?

　　——太棒了。

国外语言学界较多地接受把语言单位区分为词素、词、短语、小句、句五级 (Lyons 1968；Crystal 1980)。这样可以把例 2 至例 5 中的"我买了一辆自行车"看作小句,与整句区别开来。五级制显然比四级制要清楚,但仍有不少问题,如 (a) 仍未能清楚说明例 1 与例 2 和 5 之间的区别,因为它们都是句子；(b) 例 6 与例 7 究竟是词和词组,还是句子。

为什么这一个老大难问题迟迟不能得到解决呢? 最大的拦路虎是标点符号。句的定义最后似乎取决于句终标点——句号、问号和惊叹号的有无。

为了摆脱这个困境,韩礼德提出小句是语法上大于词组的单位,大于小句的单位是小句复合体 (clause complex),而传统的句子应理解成一个书写单位。他的原话是这么说的:"事实上,'句'应当定义为小句复合体。小句复合体将是我们应当识别为大于小句的唯一的语法单位。因此没有引入'句'这个词语作为区别性的语法范畴。我们可以把它仅仅指句点之间所包含的书写单位。这可以避免混淆以下二者:句是一个书写成分,而小句复合体是一个语法成分。" (Halliday 1985)

这样,我们可以考虑把汉语语法单位也区分为词素、词、词组 / 短语、小句和复句 (即小句复合体) 五级单位。

2. 小句

在确认小句是一个语法单位这一问题上,吕叔湘先生的观点与韩礼德不谋而合。吕的提法如下"小句是基本单位,几个小句组成一个大句,即句子。这样就可以沟通单句和复句,说单句是由一个小句组成的句子。……小句而不用句子做基本单位,较能适应汉语的情况,因为汉语口语里特多流水句,一个小句接一个小句,很多地方可断可连。试比较一种旧小说的几个不同的标点本,常常有这个本子用句号那个用逗号或者这个本子用逗号那个本子用句号的情形" (1979,见吕叔湘 1984)。比较吕氏与韩氏的观点不难看出,他们的相同点是:

1) 小句是一个基本语法单位，不可偏废；2) 单靠标点符号来区别语法单位是靠不住的。

在对小句的描写上，韩礼德认为一个小句的主要特征可以从不同角度阐述。从语法单位看，它包含一个以上的词或词组；从语法功能看，是主谓结构；从语义功能看，有过程 (Process，如动作、思维、关系、言语、行为和存在)，参与者 (Participant，如施事、目标、受益者等) 和环境 (Circumstance，如方式、时间、方位等)。他还提出小句可以区分为主句 (main clause) 和分句 (subordinate clause)，定谓句 (finite clause) 和非定谓句 (non-finite clause)，整句 (major clause) 和零句 (minor clause)。[1] 人们根据需要可以在这个小句系统网络中进行选择。但汉语有它本身的特点，例如汉语动词系统没有英语的定谓成分。因此，对汉语的小句系统可描述如图1：

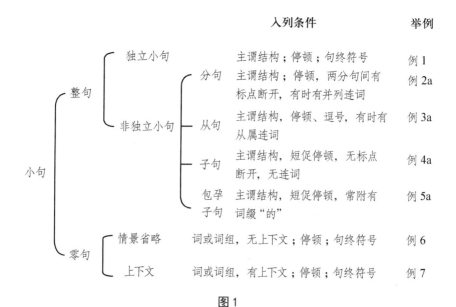

图1

---

[1] 这里宁可采用赵元任先生在《汉语口语语法》(1979) 中的"整句"与"零句"的概念，而不用"主谓句"与"非主谓句"的说法，后者易混淆词组与句的区别。事实上，零句也是有主谓结构的，只是有的成分被省略而已，其未出现部分或可在情景中索求 (如例 6)，或可在上下文中索求 (如例 7)。

例 2a. <u>我买了一辆自行车，</u> <u>你也买了一辆自行车</u>。

例 3a. <u>假如我买了一辆自行车，</u> <u>我借给你骑</u>。

例 4a. <u>他不知道我买了一辆自行车</u>。

例 5a. <u>我买了一辆自行车的事，</u> <u>你先别声张出去</u>。

3. 小句和短语

吕氏和韩氏在小句的界说上仅有细微的差别，即前者（1979）倾向于把例 4a 和例 5a 中的首句"排除在小句之外"而称之为"主谓短语"，这里有两点值得讨论。

首先，国内外语言学家有时不区分词组和短语。例如，国内的四级制没有提到"短语"这一单位。转换生成语法学派的 NP（名词短语）和 VP（动词短语），前者实为词组，后者可进一步改写为 V+NP（动词 + 名词短语），因此短语这个概念在层次上很不清楚。反之，韩礼德认为词组应当是中心词的扩展，如 father and son, the old man, the two largest stone bridges 等应为名词词组，sang and danced, is watching, has been running 等应为动词词组，bright and clean, very cold, extremely large 等应为形容词词组，fairly quickly 应为副词词组；短语则应是句子的简化，如英语中的介词短语 on the table, in the kitchen 等，因为英语的介词往往具有相当于一个谓语词句（predicator）的语义（Halliday 1985）。在句法分析中，介词短语与形容词词组和副词词组起相同的语法功能，因此在语法单位中属同一级，但是其内部构成有质的区别。这样的区分有其合理性。

其次，我们在这里对语言单位的划分是静态的，这便于作客观的描写。但在实际话语中，单位类别和语法功能范畴并不总是呈现完全对应的关系，这就出现一个动态的描写问题。本文中提到的词和词组可以是一个句子（如例 6 和例 7），而小句可以是一个短语（例 4 和例 5）都反映了语言的这一特征。但是这样做的最大弊病是使人们对语法单位在概念上陷于混乱，无所适从。与其对一个词项一会儿说成是词或词组，一会儿说成是小句或句，不如引入韩礼德的"级转移"（rank shift）的概念（Halliday 1962）。试分析下例。

例 8. 现代汉语词典

在例 8 中,"现代汉语词典"是一个词组,"现代汉语"也是一个词组,后者在一个更复杂的词组中转移为"词"的地位,修饰另一个词语,与"小词典""医学词典""英语词典"中的"小""医学"和"英语"等词起同样的功能。同样,例 5 中的"我买了一辆自行车的事"中修饰"事"的小句在语法功能上雷同于"我的事""这件事"中的"我的"和"这件"。可见级转移的概念能最好地说明静态的语法单位在动态中的变化,其优点是我们对语法单位的界说应首先立足于对语言作静态的描写,不必兼搞两套。弄清静态的语法单位,便可进一步讨论"级转移"的现象。如果我们反其道而行之,把级转移后的现象作为界说的标准,那么,对任何一个语法单位都难以做出明确的界说。

4. 复句

在澄清上述概念的基础上,我们可以进一步描写高于小句的语法单位——复句,即小句复合体。小句复合体构成的规律性有两个:相互关系和逻辑语义关系。

4.1 相互关系

小句之间的相互关系表现为联合关系(马真 1981)或主从关系。

4.1.1 联合关系

表示联合关系的复句的根本特征是各分句具有等同的独立地位,它们只是以一先一后的形式出现而已,在前者为基本小句,在后者为次生小句,我们不妨用阿拉伯字母 1、2、3……来表示这种并列的先后关系。

例 9. 各国的船舶穿梭似地来来往往(1),码头上吊杆不断起落(2)……但是工人们的脚步是稳定的(3)。(柯岩:《汉堡港的变奏》)

例 10.这用意是显然的(1),他们要使老百姓一个个饿死(2)。(周立波:《娘子关前》)

4.1.2 主从关系

表示主从关系的复句，其中一个小句是主要成分，是基本小句，其余的是从属成分，是次生小句，不能独立。我们不妨用希腊字母如 α，β，γ，……来表示主从关系。

例 11. 凡是敌人到过的村落（β），猪、牛和鸡都没有了（α）。（周立波：《娘子关前》）

例 12. 我们是多年的老同学（α），因而彼此都很了解（β）。（马真：《简明实用汉语语法》）

上述二例中的 β 句其语义必得仰赖 α 句，才能完整。

与联合复句不同，主从复句中各小句的地位不受出现先后的影响，即不论在哪里出现均标以 α，从属小句为 β。

主从复合句可以有若干个层次，一句套一句，如：

例 13. 那个时候，文艺工作者像百川汇海，像百鸟朝凤（γ），从全国四面八方，带着各种不同的思想、作风和习惯（β），荟萃到嘉陵山下、延河水边（α）。（吴伯箫：《北极星》）

4.1.3 相互关系的复杂性

在实际分析中各分句的关系交叉复杂，如上例中，"像百川汇海，像百鸟朝凤"内含两个联合小句。又如：

例 14. 战斗员催我们走（α），因为得到情报（β1），敌人一营已经开出追赶我们了（β2）。（周立波）

句为从属，却包含了两个联合小句，"（他们）得到情报（β1）"和"敌人一营已经开出追赶我们了（β2）"。

由于汉语语法不严格要求类似英语中的连词和关系代词，因此汉语中的联合结构比英语要多。

4.2 逻辑语义关系

小句复合体也呈现有规律的逻辑语义关系。

总的来说，次生小句在语义上或是基本小句的扩展，例 15 或是它的投射（例 16）。

例 15. 这几天，有的满湖烟雨，山光水色俱是一片迷蒙。（宗璞：《西湖浸笔》）

例 16. 在场的人都说，只有他能和二兰爹王栓牛说上话。（马烽：《结婚现场》）

4.2.1 语义的扩展

通过扩展充实语义的方式，可根据所增添语义的不同，区分以下三种。

4.2.1.1 详述

详述是对基本小句或小句中的某一成分给以进一步的说明、评论或举例。我们可以用符号"="来表示这种等同的详述关系。这种逻辑语义标记可以同时与表示相互关系的标记结合起来。

例 17. 那是今年一月下旬（1），也就是春节前几天（=2）。（马烽）

例 18. 在场的人，绝大多数都表示赞成（1），特别是那些青年们叫喊得更凶（=2）。（马烽）

例 19. 现在商业繁荣了起来（1），有了三万以上资本的商号（=2）。（何其芳：《我歌唱延安》）

4.2.1.2 延伸

延伸是表达基本小句的语义之外，从正面或反面增加新的语义内容，或交待其例外情况。这种延伸关系我们可以用符号"+"来表示。

例 20. 在另一个村庄的禾场上，有一队游击队正在练习跑步（1），另一队却在练习掷手榴弹（+2）。（周立波）

例 21. 茧子当不得饭吃（1），蚕前的债又逼紧来（+2）。（茅盾：《春蚕》）

例 22. 我们写东西的时候（β）没有桌子（α1），只有一块放在膝头上的板（α+2）。（何其芳）

4.2.1.3 增强

语义的增强是次生小句给基本小句的语义提供有关时空方式等方面的信息，相当于以小句形式出现的状语。我们用符号"×"来表示这种关系。

例 23. 以后知道东方快放亮时（×β），没有发生事故（α）。（茅盾）

例 24. 从营庄出发（×β），翻了许多山岭（α）。（周立波）

例 25. 那女人说着就爬了起来（1），脸上的神气比什么都可怕（×2）。（茅盾）

例 26. 正大路的路轨窄（1），敌人不能把平汉路的车头移用到这里（×2）。（周立波）

4.2.2 投射

在一个小句中交待了有人在说话或在思考问题，在另一个小句中则将说话和思考的内容予以具体化。故投射的语义可进一步区分以下两种：

4.2.2.1 言词

一个小句表示说话人的动作，另一个小句引述该人的具体言词。后者由双引号""示意，直接引语体现并列关系，间接引语体现主从关系。

例 27. 有一次，我问他（1）："你想家吗？"（"2）（周立波）

例 28. "一天一夜我们翻了八个山（"1）。"有人这样说（2）。

例 29. 我问（α）她爹回来了没有（"β）。（马烽）

4.2.2.2 思想

一个小句表示某人正在思考，另一个小句投射其思考内容。被投射内容由单引号" ' "表示。

例 30. "真是天也变了！"（'1）老通宝心里说，（2）……。（茅盾）

例 31. 可是老通宝死也想不明白（α）为什么陈老爷家的"败"会牵动到他家（'β）。（茅盾）

5. 包孕

句关系不同于联合关系和从属关系。后者说明小句与小句之间的关系，包孕句则表示小句与词组的某一个成分的关系，即经由级转移，小句仅是另一小句的一个成分，或从属于一个词组。为简便起见，我们在表从属关系的 α，β，γ 标记加一 [ ] 符号，如 [α]，[β]，[γ]。

例 32. 夜里来的火车 [β] 也有夜里的好处（α）。（吴伯箫）

例 33. 在暴风雨中诞生的 [β] 是我们人民的世纪（α）。（吴伯箫）

例 34. 打回来的 [β] 的八九十斤茧子，四大娘只好自家做丝了（α）。（茅盾）

严格说来，例 32 与例 33 有所不同，前者是小句中的包孕小句，等于小句中的一个成分；例 34 是名词词组中的包孕小句，是词组的下一级成分。

包孕小句实质上反映的是主从关系，但它所表达的逻辑语义关系还是明确的。例如，例 35 和例 36 中具有包孕小句的词组表达的是详述关系，对句中的一个名词词组做具体的解释：

例 35. 草花里边长得最繁茂最泼辣的（=[β]）是波斯菊（α）。

例 36. 每一个革命者都是（α）散播革命火种的人（=[β]）。（吴伯箫）

表达引伸语义的包孕句较典型的可见例 37 和例 38。

例 37. 我还没见到过（α）不从"赵钱孙李"开始的（+[β]）百家姓。（吴伯箫）

例 38. 至于《四书》《五经》，那已经是（α）有钱人家的子弟打算深造的（+[β]）课程了。（吴伯箫）

当包孕小句为名词词组提供具体的时空和方式方面的信息时，它表达的是增强语义，试见以下二例：

例 39. 下个月我有（α）到广州的（×[β]）可能。（陈建民）

例 40. 他们怀着十分希望又十分恐惧的心情（× [β]）来准备这春蚕的大搏战
（α）！(茅盾)

6. 复句系统

6.1 系统网络

总结第 4 节和第 5 节，特别是把握复句中各小句的相互关系和逻辑语义关
系，我们便可以对复句进行有规律地分析和描写，换言之，复句的产生是一个
由人们同时从复句系统的相互关系和逻辑语义关系中进行选择的结果。这个复
句系统可图示如图 2[1]：

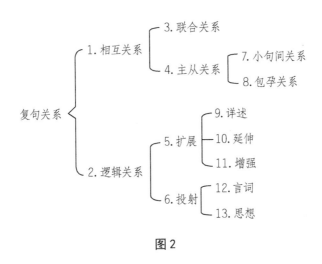

图 2

6.2 复句的基本类型

由于人们必须在上述网络的相互关系和逻辑语义关系的两个子系统同时进
行选择，就会有不同的组合，这样，便可产生表 1 中 15 个复句的基本类型。

---

[1] 网络中"{"符号表示必须在两个子系统中同时进行选择，"["符号则表示选择其中一项。

表1

相互关系	入列条件逻辑语义关系	复句类型
3	9	i. "黄道士去测一字，今年的青叶要到四个大洋！" (茅盾)
3	10	ii. 老通宝骂他多嘴，他还是要说。(茅盾)
3	11	iii. 她不会说话，她只有哭了。(茹志鹃:《离不开你》)
3	12	iv. 有一次，我问他"你想家吗?"(周立波)
3	13	v. "真是天也变乎！"老通宝心里说…… (茅盾)
7	9	vi. 到了核桃园，这是井平公路旁边的一个大村。(周立波)
7	10	vii. 他要他往东走，他偏要往西行。(马烽)
7	11	viii. 我们翻过山岭时，还闻见腐烂的尸体的臭味。(周立波)
7	12	ix. 我问她多回来了没有。(马烽)
10	13	x. 他在上学的时候就向往着做一个医生。(《现代汉语词典》)
8	9	xi. 每一个革命者都是散播革命火种的人。(吴伯箫)
8	10	xii. 没有牛和羊群的北方原野，是分外的寂寞与荒凉。(周立波)
8	11	xiii. 今天穿的衣服是新的。(陈建民)
8	12	xiv. 你说的"只要赶快写出一本书来，就可以过那种轻松自由的生活"是受了"一本书主义"流行病的传染了。(吴伯箫)
8	13	xv. 大家都有一种"他乡遇故知"的欣慰的感触。(吴伯箫)

6.3 递归性

本节中所介绍的系统网络是递归性的。要产生比上述基本类型更为复杂的无穷复句，只是在网络中反复进行选择而已，也就是说，在复句系统的两个大子系统之外增加一个强制的递归性系统，图示如下：

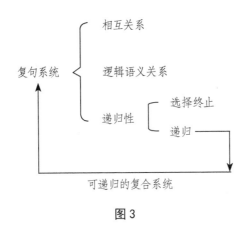

图 3

根据递归性产生的复句五花八门，以下仅举几例：

例 41. 过了铁路（×β）又是一座大山（α1），有二十里高（α=2），路坏透了顶
（α+3）。（周立波）

说明："过了铁路"从属复句的其他部分，后者由三个联合分句组成，第二
句是第一句的详述，第三句则表示延伸语义。

例 42. 语言（1α）是人人都会（1β α）而且随时都要运用的东西（1β α+2），
但不是人人都通晓语言学（+2）。（高名凯、石安石）

说明：复句先由两个联合成分组成，后者表示延伸语义，第一个成分内又
包含两个联合的包孕小句。

例 43. 由于两个不同性质的高等学校不同的专业各有特点（1×β×β），全面照
顾实非所能（1β α），本书仅以汉语语者文学专业一年级学生为主要对象
（1α）；各院校采用本书时（2×β），教师可以根据专业的特点对教学内
容加以适当的调整（2α）。（高名凯、石安石）

说明：本复句中的分号首先确定两个联合成分又呈现一个主从关系。第二
个联合成分中仅包含一个主从关系。

参考文献

Crystal, David. 1980. *A First Dictionary of Linguistics and Phonetics.* Cambridge: CUP.

Halliday, M. A. K. 1962. Categories of the theory of grammar. *Word* 18: 54-72.

Halliday, M. A. K. 1985. *An Introduction to Functional Grammar.* London: Edward.

Lyons, John. 1968. *Introduction to Theoretical Linguistics.* Cambridge: CUP.

吕叔湘, 1984,《汉语语法论文集》。北京: 商务印书馆。

马真, 1981,《简明实用汉语语法》。北京: 北京大学出版社。

田小琳, 1985, 说 "句",《语言论文集》。北京: 商务印书馆。

现代汉语言语类型及其修辞功能 [1]

人类的语言，最初是社会成员相互接触和共同劳动时为了交际的需要发展起来的。言语交际最初采用语音符号传递的方式，即言语。随着文字的出现，人们不再受时空限制，可以将要说的话经由文字符号表达，这就产生了一个如何在书面语中以文字形式再现或复述言语内容的技术问题。这在新闻报道、散文和小说等文体中最为突出，如把对话中的每句话字字实录，行文势必索然无味，杂乱无章；如果在书面语中不能以这样或那样的方式表现言语，像小说这样的文体根本不可能出现，真实感和艺术效果更无从谈起。在剧本中情况稍许好些，因为剧作者采用的最主要手法是让角色自己在台上说话，即便如此，仍不能避免剧中人有时也要引述言语的情况。例1中的李石清听说的"银行要裁员减薪"是他引述自己在另一个场合所说的话。

例 1. 李石清：……我不是没跟你说过，我跟你说过多少遍，银行要裁员减薪，我预先告诉过你！（曹禺：《日出》）

一个成功的新闻工作者和作家都要掌握在语篇中引述实际言语的各种方法，做到既能真实地报道和反映客观事件中人物的谈吐，又要注意到繁简结合、叙述得体。

有关言语引述的讨论，吕叔湘和朱德熙的《语法修辞讲话》论述较为全面。两位作者把言语引述区分为引述、转述和局部引述三类。本文试图对现代汉语言语引述类型及其修辞功能做进一步的探讨。

---

[1]　本文原载于张寿康、黄宏煕主编，1990，《修辞的理论与实践》。北京：语文出版社。

1. 直接引述

这相当于英语中的"直接引语"（Direct Speech），它要求一字不漏地照录说话人的原话。

> 例 2. 门德尔松惊讶地问道："请我去讲学？讲组合数学？你们中国人不是有陆家羲博士么？"（《北京晚报》1985 年 4 月 27 日）
> 例 3. "假如我演出的两个角色一个模样，那我就改行。"北影的著名演员管宗祥对我说。（《北京晚报》1985 年 5 月 3 日）

以上两例可看作是最典型的直接引述。从语言学的分析来看，直接引述具有以下特征：

1) 一个完整的直接引述由两个部分组成：引句和被引句。

2) 在引句中要向读者交待清楚发话者（如例 2 和例 3 中的"门德尔松"和"管宗祥"）、发话方式（如"问"和"说"）和受话人（如例 3 中的"我"）。在这三个成分中，前两点是主要的。

3) 引述的核心部分是被引句，放在引号之内的是发话人的原话，作者未做任何更动。

4) 引句与被引句孰先孰后，并没有严格要求，例 2 中引句在前，例 3 中引句在后。引句先出现时，应在其后加冒号。

5) 引句中的发话人在被引句中以第一人称表示。

一个直接引述可以包孕于另一个引述的被引句之中，如例 4。

> 例 4. 她把手掌互相擦了一会，猛然，像是拍着蚊虫似的，凭空打了一下。"有人念着逃兵的名字……我看着那穿黑马褂的人……我就说：'你再念一遍！'……"（肖红：《牛车上》）

所不同的是，被包孕的直接引述的被引句以单引号标志，以区别于高一级中的被引句。

直接引述的用途大量的是作者用来客观地介绍发话人的原话，如小说中常见的两个人或众人的对话。在新闻报道中则以单引某个报道对象所说的话为多，以突出所引述内容的真实性、客观性和醒目性。这里所说的真实性，原则上是指原话照搬，在有的情况下，报道者对原话还是做了一些技术性的加工，如删除过多的"嗯"、"嗬"、"哦"一类的话语填充词或无谓的重复，调整词序使语句更为通顺等。至于客观性，这并不排斥报道者以隐蔽的形式渲染自己的主观意图，如例 2 中"你们中国人不是有陆家羲博士吗？"这一提问就门德尔松来说是就事论事，报道也是客观的，但报道者的真实意图是借客观性或者说借外国人的嘴，来衬托一个他认为的更重要的问题，即激发读者深思既然中国有了陆家羲博士，为什么不让他"讲学""讲组合数学"呢？为什么这个问题要由一个外国人提出呢？

2. 松散式直接引述

在许多情况下，人们并不严格按照上述直接引述的程序，在表现形式上比较自由松散。从汉语来说，有以下几种可供参考。

2.1 引句松散式

直接引述中的引句无非是向读者交待清楚发话人和说话方式，但这一要求在例 5 中是可以讨论的。

> 例 5. 再一看大门反锁着，大伙就炸了锅了："这得去看看呀！她自己烧了不要紧，火一起来可不分亲疏远近那！"（邓友梅：《烟壶》）

例 5 尽管具备引句的必要形式，但引句中的"大伙"值得推敲。两个以上的人在同一时刻说完全同样的话，这在合唱和集体朗诵中是可能的，但在例 5 的语境下不太现实。只有两种可能：一是故事叙述者把在场的"大伙"所说的话加以归纳整理（那就不是原话），一是故事叙述者把某一个具体人说的话用来代替"大伙"的话。不管哪一种情况，引句与被引句的对应关系不甚严密。显然，作者采用这种松散式引句的结构是为了创造一种众人惊慌失措、七嘴八舌的气氛。

例 6 提供了另一种情况，通过引句中"你一句我一句"，人们可以认为被引句是可靠的，但发言人具体是谁，不得而知。在原著的上文中谈到在场的有 7 个检票员，也无法一一对号。

> 例 6. 约莫吊了五六分钟，才把他拉上船来，向舱板上一摔，解开绳子，同时你一句我一句的说着："味道尝够了吗？""坐白船没有那么便宜的！""下次你还买不买票？""下次你还要不要来尝这辣味儿？""你想错了，不买票来偷搭外国船！"（方志敏：《可爱的中国》）

作者的用心当然不是一一点这些检票员的名，而是把引句作极其简略的交待，重点是迅速过渡到向读者系统介绍被引句中种种虐待欺压穷苦人的言辞，到头来又是通过这些言词让发话人给自己画出一幅他们如何为虎作伥的丑相，从而激起读者的愤怒。引句松散式的极端情况是引句在直接引述中根本没有出现。

> 例 7. 听着说话的四个人都吃惊地回顾他（指阿 Q）。洋先生也才看见：
> "什么？"
> "我……"
> "出去！"
> "我要投……"
> "滚出去！"洋先生扬起哭丧棒来了。（鲁迅：《阿 Q 正传》）

在洋先生与阿 Q 的对话中，由于省略了引句，使整个发话与接话过程紧凑了，人们已无暇顾及谁是发话人，谁是接话人，更主要的是这使读者有身临其境之感，似乎目睹对话场景中一个盛气凌人，一个支支吾吾。可见，不同类型的直接引述体现不同的修辞效果。无引句的直接引述在小说中应用最广，但引句的省略总有一个限度，经过若干回合后，读者便会无所适从，分不清谁在发话，说什么话。

2.2 被引句松散式

这一类型在形式上的最大特征是在被引句前后未使用引号。

例 8. 一个 700 多人的大厂厂长说：我们常常收到各式各样的单位要求赞助的来函、来电，……（《北京晚报》1985 年 4 月 23 日）

例 9. 回到家里，一家人都在为今后的生活发愁。我告诉他们，周而复同志给我编了一本集子，在香港出版，托周扬同志给我带来了几十元稿费。……妻说，三斗小米，够吃几天，哪里是长远之计？（孙犁：《钢笔的故事》）

例 10.我爱雨，儿时常在淅淅沥沥的雨帘中同邻家的孩子在街门口恶作剧地喊叫：下雨哩，冒泡儿哩，"王八"顶着草帽儿哩!（周立平：《雨思》）

例 8 是典型的被引句松散式直接引述，因为被引句中使用了第一人称"我们"，这表明是厂长在说话，但没有引号标记。采用这种形式的原因，一方面保持一定的客观性，让厂长自己说话，另一方面着眼的是内容，而不一定字字照搬。

例 9 和例 10 有其共同点，所引的都是作者早年说过的话，岁月消逝，往事依稀，现只能记得大概。这在引述上必然是松散的，接近于原话，又非原话。不同之处在于例 9 是回忆当年夫妻之间为生活发愁的一番对话，细节均一一略过。同时，引号的不出现产生这样一种效果：家庭内部的谈话是亲昵的、随便的，有了引号显得过于正式。例 10 中的被引句则非一时一地之语，是作者多次生活经验的总结，可以同引句中的副词"常"相呼应。

以上情况表明，被引句松散式的直接引述与标准的直接引述不能简单地归结为对引号的任意选择，它总是反映作者对原话确信度的某种保留（如例 9 和例 10），或是为了实现作者的某种意图（如例 8）。

2.3 离析式

在前文中谈到，直接引述的被引句应当是完整的，引句应当紧贴着被引句，或前或后，以便读者对什么人说什么话一目了然。例 11 和例 12 的情况却不一样，被引句被分成两段。

例 11. "放他？行！还我 20 块钱，两年间的伙食、房钱。"他随便地说，回转头来对他一瞪，"不还钱，可别做梦，宁愿赔棺材，要她做到死！"（夏衍：《包身工》）

例 12. "那还用说！"矮子猜到他的意思，"只要一上了道，咱们就算有点底儿了！"（老舍：《骆驼祥子》）

作者采用离析式的直接引述有种种目的，或者插入作者的评论，例 11 中的"一瞪"二字使说话人凶相毕露，或者是描写与言语有关的细节，如例 12，这种弦外之音在标准的直接引述中也可以实现，但不如在离析式中引人注目。其次，将被引句分割，既可避免累赘冗长之弊，又可突出重点之效。

例 13. "中国民歌有一种独特的艺术魅力，或者说是有一种魔力，我自己就是一位中魔者。"前几天，我在北京见到了这台音乐会的主办者——新加坡星市音乐会的主席陈木锡先生。陈先生说这句话的时候，兴奋之情，溢于言表。（《北京晚报》1985 年 4 月 18 日）

此段引文共三句话，第一句是直接引述的被引句，第二句介绍音乐会主办者的身份，从情理上应是发话人，但未明确点明，也无发话方式，第三句才把引句以叙述报道的形式提供出来。这种离析式结构无疑是为了适应新闻报道文体的需要，即记者首先报道有吸引力的、有实际内容的言语，引起读者注意，其次报道人物的重要身份，最后才交待引句，即使如此，第三句的重点仍应是描绘发话人说话时的激动心情。

以下一例也可以看作离析式的直接引述。

例 14. 四大娘的脸色立刻变了，一句话也没说，提了水桶就回家去，先对丈夫说了，再对老通宝说。这东西竟偷进人家"蚕房"来了，那还了得！老通宝气得直跺脚，马上叫了阿多来查问。（茅盾：《春蚕》）

例 14 中的"这东西竟偷进人家'蚕房'来了，那还了得！"是被引句，而且具有直接引述的性质，但有两个引句即"先对丈夫说了"和"再对老通宝说"。

346

引句与被引句之间以句号代替冒号。探其原因，不外乎被引句受两个引句管辖，如用冒号或逗号，容易误解成为与第二个引句挂勾。再有一点，被引句归属的不确切性还表现在它也可能是老通宝气急败坏时说的话。采用离析式可以前后照顾，即不论是四大娘或是老通宝都为有人偷蚕而火冒三丈，是这一家受到惊动的主题。

3. 间接引述

间接引述相当于吕叔湘、朱德熙一书中所述的"转述"或英语中的"间接引语"（Indirect Speech）。汉语间接引述与直接引述在表达形式上有一定区别：

例15. 小李说："我不想去图书馆借书了。"

例16. 小李说他不想来图书馆借书了。

作为间接引述的例16至少具有以下特征：

1) 间接引述也包括引句和被引句两个部分；

2) 引句可直接连接被引句，不必用冒号或逗号切分；

3) 被引句因非原话，不用引号标记；

4) 当引句中说话人是第三人称时，被引句中的第一人称相应为第三人称；

5) 此外，间接引述某人言语时对表示趋向、时间、空间和有关人物的词语均要看转引时的时间、地点和人物作相应的调整。

试再比较例17的直接引述是怎么转变为例18的间接引述的。

例17. 小李说："小王！我明天不去系里找张老师了。"

例18. 小王跟张老师说，"小李跟我说他今天不来系里找您了。"

例18与例17的不同是发话人与受话人由小李——小王改变为小王——张老师；时间为小李说话的第二天，地点确定为会话参与者所在的系办公室。

由于上述参数可以有这样或那样的组合，从例17转换的间接引述可以不止一种。如：

例 19. 小李跟小王 (我) 说他明 (今，第二) 天不去 (来) 系里找张老师 (您) 了。

因此，要从间接引述去追溯直接引述是比较困难的。
如前所述，间接引述可以包孕于直接引述的被引句中。

例 20. "你没有说过我不交就还他吗？"（叶紫：《丰收》）
例 21. "……他立刻瞪起眼睛，连声问我寻她什么事，而且恶狠狠的似乎就要
　　　　扑过来，咬我。"（鲁迅：《在酒楼上》）

正因为如此，间接引述在剧本中更为常见。

例 22. 王福升、胡四爷还说过一会儿要到这儿来看您。（曹禺：《日出》）
例 23. 汉子：人家都说我的命不好，……（陈鲤庭：《放下你的鞭子》）

以上的转引由于内容较为简单，一句话就可以把引句和被引句包括在内。
被引句内容较多时，可用逗号分成若干小句。

例 24. 他听了打抱不平，拍着胸脯说他挖门子钻窗户也要打听大爷的下落，把
　　　　他营救出来。（邓友梅：《烟壶》）

在转述的内容更多时，可改而使用分号。

例 25. "……我在大娘家这几天，就有人到贺家去，回来说看见他们娘儿俩，
　　　　母亲也胖，儿子也胖；上头又没有婆婆，男人所有的是力气，会做活；
　　　　房子是自家的……"（鲁迅：《祝福》）

从以上所引各例来看，间接引述在语篇中的作用是叙述某人的观点或言语
和某事件的过程。它不像直接引述那样处于非常突出的地位。

4. 松散式间接引述

第三节中所举的间接引述的实例都有一个限度，即引句和被引句直接相连，引述时以句子为界限。在真实话语中，为了引述更多的内容或由若干句子组成的言语便得进一步采用松散式的间接引述法。首先，为了使读者不感到累赘，可使引句和被引句分离，间由逗号标志。

例 26. 他爱人郝凤麟说，他在写毕狗剩牺牲时，自己哭了起来。（顾希波、郭晓影：《着力反映平津战役》）

例 27. 某厂的负责同志说，他们厂所在的环卫局，张口让他们帮助解决五十台家用电器。（《北京晚报》1985 年 4 月 23 日）

当转述的内容更多时，在引句和被引句之间用逗号已经不能区别于被引句中的其他逗号，采用冒号这一标记更为醒目。

例 28. 在最后一次的审问中，敌人告诉黄淑英：允许她和妈妈见一次面，共同商量一下，说出实话来，第二次就放他们，如是不说，那么，这就是她和妈妈最后的一次见面了。（峻青：《黎明的河边》）

有经验的作家对冒号与分号的这一细微区别颇为讲究，试见例 29。

例 29. 记得最后一次同他谈此事时，我只说了句：倘若把那位教授请来，会失去刊物目前的大部分写稿人和读者，刊物必然又恢复到吴宓主编时的学院派老样子，哪里还像一份抗战时期的报纸！在上海时他曾对我说过，《大公报》的文艺副刊就是为了吸引青年读者的。我这个警告大概对他起了决定性作用。第二天，他对我说，给杨刚打电报，请她马上来。（萧乾：《欧战杂忆》）

在例 29 中共出现了三个松散型间接引述结构。作者转引第一个时因内容较多，使用了冒号，对第二、第三个则使用了逗号，这绝非偶然。

从例 30 我们还可以看到一个间接引述构成另一个间接引述的被引句的情况。

例 30. 马云鹏接着讲下去。他在山西搜集资料时，有位首长告诉他：当年他有个 15 岁的通讯员名叫小红宝，一次战斗结束后，不见了小红宝，当战士们找到小红宝时，看到他的肚肠子被炮弹炸出来，他正抓起一把豆叶往肚里塞呢。（顾希波、郭晓影：《着力反映平津战役》）

例 30 除了用冒号来区别引句和被引句外，存在一个更为复杂的情况，即引文中首长讲的英雄事迹本身又是马云鹏转述的，是更高级中的被引句。这个更高级的引句与被引句是用句号断开的。由此可见，在引句后使用冒号或句号的松散式结构，其功能主要是转述成段的内容。

参考文献

吕叔湘、朱德熙，1952，《现代修辞讲话》。上海：开明书店。

张寿康、黄宏熙（主编），1990，《修辞的理论与实践》。北京：语文出版社。

关系 [1]

　　关系是语言学的语义功能范畴之一，它研究自然语言中表达两个或两个以上的事物或事件之间的联系。在传统语法中它常指有关连接两个或两个以上的词语或小句的连词，有时包括起同样作用的其他词类。

　　在句法语义学的研究中，关系的主要功能是联系两个或两个以上的事情，故对关系的研究是概括这些事情之间的关系类型及其在语言中的体现方法，从而对自然语言，具体来说，对语篇的生成和理解有更深入的了解。

　　就反映客观世界来说，操英语者和操汉语者都要表达两个或更多事情之间的语义联系这个语义功能，这是共性，但不同学者在不同理论指导下对不同语言的关系类型会有不同的理解或认识，因而总结出不同的范畴。在比较英汉两种语言时，对关系范畴做比较是有意义的。故本章突出比较不同语言关系范畴在分类上的异同。所比较的模式主要为吕叔湘在《中国文法要略》，Quirk 等人在 *A Comprehensive Grammar of the English Language* 和韩礼德在 *An Introduction to Functional Grammar* 中所采用的模式（分小句间关系和句间关系）。

1. 吕叔湘模式

　　吕叔湘先生在《中国文法要略》中将汉语的关系范畴区分为"联合·向背""异同·高下""同时·先后""释因·记效""假设·推论""擒纵·衬托"六大类型。其中每一个范畴又可细分为若干个次范畴。其主要类别和举例如下，下画横线者表示关系语义的词语。因篇幅有限，更多的例子请参阅吕氏原著。

1　本文原载于赵世开主编，1999，《汉英对比语法论集》。上海：上海外语教育出版社。254-291。

1.1 联合·向背

1.1.1 联合

(1) 姑爷岁数<u>也</u>不大，家里<u>也</u>没有什么人。(冬儿)

1.1.2 加合

(2) 他是老大哥，<u>又</u>现当着村长，还能说不管？(吕)

1.1.3 递进

(3) 你我萍水相逢，<u>况且</u>男女有别。(儿五)

1.1.4 平行和对待

(4) 他<u>自</u>做他家事，我<u>自</u>做我家事。(郑书)

1.1.5 正反

(5) 不能只教人做，<u>不</u>教人如何做。(吕)

1.1.6 转折

(6) 脸上处处像他哥哥，<u>可是</u>那股神情又完全不像他哥哥。(吕)

1.1.7 保留

(7) 夕阳无限好，<u>只是</u>近黄昏。(李商隐诗)

1.1.8 交替

(8) 这一向<u>不是</u>下雨<u>就</u>是下雪，简直没遇到好天。(吕)

1.1.9 两非

(9) 男<u>不</u>男，女<u>不</u>女。(吕)

1.1.10 排除

(10) <u>除了</u>喝酒，什么都可以奉陪。(吕)

1.2 异同·高下

1.2.1 类别

(11) 云是白的，山也是白的；云有亮光，山也有亮光。(老残一二)

1.2.2 比拟

(12) 眉毛弯弯的，淡淡的，像新月。(冰心)

1.2.3 近似

(13) 我站得远，没看清，样子像是他哥哥。(吕)

1.2.4 高下

(14) 英文难学呢，还是法文难学？(吕)

1.2.5 不及

(15) 今年的收成不如去年好。(吕)

1.2.6 胜过

(16) 我只说我慢了，谁知你更慢。(吕)

1.2.7 尤最

(17) 这么些个孩子，数你最淘气。(吕)

1.2.8 就动作比较

(18) 吾爱吾师，吾尤爱真理。(吕)

1.2.9 得失：宁

(19) 只怕将来有事，咱们宁可疏远着他好。(红七二)

1.2.10 不如

(20) 求人不如求己。(吕)

1.2.11 倚变（比例）

(21) 一时<u>越</u>着急<u>越</u>没话，<u>越</u>没话<u>越</u>要哭。(儿四十)

1.3 同时·先后

1.3.1 时间背景

(22) 你来的<u>时候</u>，太太动身没有？(儿一七)

1.3.2 相承：则

(23) 冬儿回来知道了，<u>就</u>不答应。(冬儿)

1.3.3 先后紧接

(24) 忙什么呢，<u>才来就去</u>？(吕)

1.3.4 习惯性承接

(25) 他打牌是许赢不许输，输了<u>就</u>骂。(冬儿)

1.3.5 先后间隔

(26) 只见他脸上发青……<u>一会儿便手脚乱动</u>，直着脖子喊叫起来。(儿三)

1.3.6 有待而然

(27) 又闹了四五年，这<u>才</u>慢慢地平息下去。(吕)

1.3.7 两事并进

(28) <u>一面</u>说，<u>一面</u>禁不住流泪。(红二0)

1.3.8 动作和情景

(29) 我吓得<u>直</u>哆嗦，谁知道那两个大兵<u>倒</u>笑着走了。(冬儿)

1.4 释因·记效

1.4.1 时间和因果

(30) 他不在家，剪头发<u>去</u>了。(姑姑)

1.4.2 原因

(31) 他<u>为了</u>这件事急得三夜没有睡觉。(吕)

1.4.3 后果：所以

(32) 我们也知道你医院里事情很忙，<u>所以</u>一向不常请你出来。(一只马蜂)

1.4.4 目的

(33) <u>为了</u>把会开好，必须早做准备。(吕)

1.5 假设·推论

1.5.1 假设和条件

(34) <u>要是</u>你不认识他，我可以给你一封介绍信。(吕)

1.5.2 条件隐于加语

(35) <u>要是</u>没有米，怎么样能干的女人也做不出饭来。(吕)

1.5.3 两歧假设

(36) <u>除非</u>不算账，算起账来一个钱也不放松。(吕)

1.5.4 推论

(37) 你<u>既</u>收了我的定钱，这房子就算租了给我。(吕)

1.6 擒纵·衬托

1.6.1 容认

(38) 我<u>虽则</u>没有见过，也听人说过。(吕)

1.6.2 纵予

(39) 那是个大地方，你就是把地址说给他，他也不容易找到。(吕)

1.6.3 极端和衬托

(40) 你怎么发呆，连他也不认得？(红二四)

1.6.4 逼进

(41) 我有钱也不给他，别说没钱了。(吕)

1.6.5 无条件

(42) 无论成与不成，你务必给我说到。(吕)

1.6.6 连锁

(43) 谁和我好，我就和谁好。(红二七)

从以上举例，我们可以看到吕氏对汉语关系范畴的分类具有以下特征。

1) 按功能主义原则分类。像"联合·向背""异同·高下""同时·先后""释因·记效""假设·推论"和"擒纵·衬托"都是从语义功能说明两个事件之间的关系，而像"也""亦""又""而且""或"等词只是在语言中体现这些关系的形式。先功能，后形式，这是分类的基本原则。吕氏在第一层次是这么做的。在进一步分类的第二层次也是如此。如时间关系范畴又可进一步分为"时间背景""相承：则""先后紧接""习惯性承接""相承：而""先后间隔""有待而然""两事并进""动作和情景"等。

吕氏分类的不足之处是第二层次和第三层次之间的界限有时不是很清楚。例如，"相承：则""习惯性承接"和"相承：而"文中都放在并列的位置，不如把它们看作是"相承"范畴的次分类更妥。在讨论"时间关系和条件关系"后（吕叔湘 1982：490），接着是"就""便""则""要""若""使""令""而""也""者"。如果说"时间关系和条件关系"属第二层次，那么吕氏在第三层次是按形式词分类的。这本未尝不可，但在标题设置上，由于它们一个接着一个，会误认为都属第二层次。

2) 形合与意合相结合。吕氏模式既然以功能分类为准则，在体现上有较大自由度，既可以一定形式体现，也可以不受形式限制。例 44 以及以下各例都是通过意合来体现关系范畴的。

(44) 好容易看见路南头远远一个小村落，村外一个大场院，堆着大高的粮食，一簇人像是那里扬场呢。（联合）（儿一四）

(45) 茶果会掉入你的茶杯，小雀子会到你的桌上来啄食。（平行和对待）（康桥）

(46) 我看见他，他不看见我。（正反）（吕）

(47) 雪一样的白，冰一般的冷。（比拟）（吕）

(48) 过了这个村儿，没那个店儿。（时间 / 条件）（儿四十）

(49) 离大考一天近一天，大家都埋头用功起来。（吕）

3) 使用多种词类来表示关系范畴。吕氏先功能后形式的原则也反映在他不局限于使用连词一种形式来表示关系。他还采用了副词、介词、助词和语气词等多种形式。只要能表示不同事件关系的虚词和实词，都被看作是关系的体现手段。

这样，除连词（例 3，6，8，9，10，14，15，20，31，32，33，34，35，36，37，38，40，42）外，副词（例 1，2，5，7，11，16，17，18，19，21，23．24．25．27，28，39）也被大量地用来表示两个事件之间的语义关系。所应用的其他词类有以下 8 个：

介词：
(50) 到责任完了时，海阔天空，心安理得。（时间：背景）（最苦与最乐）
名词：例 22，26
代词：例 43
动词：例 41
(51) 到了临走，到底还是捅了这么一场笑话。（时间：背景）（吕）
(52) 雨是下了，天还是不凉快。（容忍）（吕）

助词：

(53) 大兵凶，她更凶，凶的人家反笑了。(后果)(冬儿)

数量词：

(54) 治一个，好一个，真是好大夫！(连锁)(吕)

(55) 一开口，人就笑。(数词)(吕)

语气词：

(56) 我要认得外国字啊，我都不来请教你了。(条件)(吕)

无定指称词：

(57) 心里有什么，口里说什么。(连锁)(红三四)

4) 语料丰富，但以文言文为主。吕氏在论述关系的分类时，举例甚丰。由于本书成书较早，时间在 40 年代，故举例偏重于汉语古典名著。我们现举最初几个范畴的例子数做一下比较见表 1。

表1

	文言文	白话文
联　合	11	4
加　合	24	11
递　进	20	17
平行和对待	29	16
正　反	12	7
转　折	25	11
转折和保留	9	6
交　替	10	9
两　非	8	10
排　除	5	7

从以上的比较，不难看出，除"两非"和"排除"两个次范畴外，文言文举例多于白话文。考虑到列入白话文的有清代的《红楼梦》这样的著作，而有些白话文又是半个世纪以前的语料，已不能充分反映当代汉语的现状，今天我

们有必要从当代汉语着眼，对关系范畴做更深入的工作。尽管如此，吕氏对汉语的关系范畴的描写功不可没。

2. Quirk 等人的模式

1972 年在英国的 R. Quirk、S. Greenbaum、G. Leech 和 J. Svartvik 合著了 *A Grammar of Contemporary English*，这是继 Jesperson、Nesfield、Zandvood 等人之后的最有影响的巨著。该书经过修订和扩充后，改名为 *A Comprehensive Grammar of the English Language*，在 1985 年出版。在该书的第 13、14 和 15 章中论述了与关系范畴有关的内容。

作者首先对"并列"和"从属"做了区分。

并列的概念包括"有连词并列"（syndetic coordination）和"无连词并列"（asyndetic coordination）。试比较下面两个例句中的副词的关系。

(58) Slowly and stealthily, he crept towards his victim.（有连词并列）

(59) Slowly, stealthily, he crept towards his victim.（无连词并列）

就从属而言，他们认为从属的信息总是处于背景的地位，句法上的不平等是为了引入语义上的不平等，即由句法上的等级关系和位置来体现这种语义上的不平等。试比较以下两句：

(60) He has quarrelled with the chairman and has resigned.（并列）

(61) Since he quarrelled with the chairman, he has resigned.（从属）

在具体讨论时，Quirk 等大致从三个方面进行分类，即连接词语、句法功能和语义功能，对每一方面均做了详细分类。

2.1 连接词语

Quirk 等先把传统的连词分成并列连词（coordinator）和从属连词（subordinator）两大类。例 60 中的 and 属前类，例 61 中的 since 属后类。

在此基础上，又提出副词也可具有连接小句的作用，并把它称为连接性词（conjuncts），如例 62 中的 yet。

(62) He tried hard, <u>yet</u> he failed.

下面是对并列连词、从属连词和连接性词的分类。

2.1.1 并列连词

并列连词可分为以下三类：

——中心连词，如 and, or, but 等。例句从略。

——关联连词，如 either...or, neither...nor, both...and, not only...but also 等。

(63) He has met neither her mother nor her father.

(64) Mary both washed the dishes and dried them.

——准并列连词，如 as well as, as much as, rather than, more than 等。

(65) He publishes as well as prints his own books.

(66) He is to be pitied rather than to be despised.

2.1.2 从属连词

连接定谓小句的从属连词，可分：

a. 简单从属连词：after, although, as, because, before, directly, if, immediately, lest, like, once, since, that, though, till, unless, until, whe (ever), where (ver), whereas, whereupon, while, whilst.

b. 复合从属连词：but that, in that, in order that, insofar that, in the event that, save that, such that, assuming, considering, excepting, given, granted, granting, provided, providing, seeing, supposing (that), except, for all, now, so (that), according as, as far as, as long as, as small as, as short as, for as much as, in as much as, in so far as, in so much as, as if, as though, in case.

2.1.3 关联从属连词

关联从属连词可分为以下 5 类，第二个关联部分为第一部分提供有关的语义。

a. as...as

b. as/so...as, as such..., so/such...that, less/more...than, no sooner...than/when, barely/hardly/scarcely..., when, than

c. the...the

d. whether/if...or

e. although/even if/even though/while...yet, nevertheless, etc.

   if/once/unless...then, in that case

   because/seeing (that)...therefore

2.1.4 边缘从属连词

a. 一个从属连词与前面的副词的习惯性结合，如 even if, if only 等

b. 一般作为时间副词的名词短语，如：

At (just) the first moment that I saw him, I recognized him.

from	next	instant	when
	last	minute	
	precise	time	
	very		

c. 以 the fact that 结尾的介词短语，一般表示理由或让步的关系，如：

because of the fact that,

due to the fact that,

on account of the fact that,

in the light of the fact that,

in spite of the fact that,

regardless of the fact that

d. 分词短语，如 supposing (that)，provided (that)

2.1.5 以 wh- 词起首的连接表从属关系的疑问小句、惊叹小句、关系小句、条件 / 让步小句等，以及关系代词 that。

2.1.6 连接非定谓小句和无动词小句的从属连词。

除通过从属连词和其他有关词语表示从属关系外，英语还可通过动词形式的变化，如采用动词的不定式、分词形式等示意从属关系。从以下例句我们可以看到，介词 with 和 without 起到从属连词的作用。

(67) Without you to consent, I would be completely lost.

(68) With the mortgage paid, they could afford to go abroad for their vacation.

2.1.7 连接光杆不定式动词小句的从属连词。

这一般限于两种从属连词 rather than 和 sooner than, 如：

(69) He paid the fine rather than appeal to a higher court.

2.2 句法功能

Quirk 等人对从属小句的句法功能进行分类，计有以下 9 个方面。

2.2.1 主语

(70) That we need a larger computer has become obvious.

2.2.2 直接宾语

(71) He doesn't know whether to send a gift.

2.2.3 间接宾语

(72) You can tell whoever is waiting that I'll be back in ten minutes.

2.2.4 主语补语

(73) One likely result of the postponement is that the cost of constructing the

college will be very much higher.

2.2.5 宾语补语

(74) I knew her to be reliable.

2.2.6 状语

(75) When you see them, give them my best wishes.

2.2.7 名词后置修饰语

(76) Few of the immigrants retained the customs that they had brought with them.

2.2.8 介词补语

(77) It depends on what we decide.

2.2.9 形容词修饰语

(78) We are happy to see you.

2.3 状语小句的语义功能

在第 15 章中 Quirk 等按状语小句又进一步按语义进行分类。

2.3.1 时间小句，指两个事件中的主要事件在前发生（例 79）、同时发生（例 80）和在后发生（例 81）。

(79) I disliked Maurice until I got to know him.

(80) Just as she was about to speak, she was handed a note.

(81) As soon as I left, I burst out laughing.

2.3.2 邻近小句，指两个事件几乎同时发生。

(82) Whenever there's smoke, there's fire.

2.3.3 地点小句

(83) They went wherever they could find work.

2.3.4 表条件、让步和对比的小句

(84) If you put the baby down, she'll scream. (条件)

(85) No goals were scored, though it was an exciting game. (让步)

(86) Mr Larson teaches physics, while Mr Corby teaches chemistry. (对比)

2.3.5 理由小句。在各种表示理由的从属小句中，有一个时间序列，即从属小句所说的情况发生在主句之前。

(87) The flowers are growing so well because I sprayed them. (因果)

(88) Since she's my friend, she must have put in a good word for me. (理由和后果)

(89) Seeing that it is only three, we should be able to finish this before we leave today. (环境与后果)

2.3.6 目的小句

(90) To open the carton, pull this tab.

2.3.7 结果小句

(91) We paid him immediately, so (that) he left contented. (结果)

2.3.8 相似与比较小句

(92) Please do it as I said.

2.3.9 比率小句。这种小句也含有比较的意思，但表示两个事件之间的倾向性或程度的比率和相等。

(93) As he grew disheartened, (so) his work deteriorated.

2.3.10 择取小句

(94) Rather than go there by air, I'd take the slowest train.

2.3.11 评论小句。一般属插入式的外接词语。

(95) Kingston, as you probably know, is the capital of Jamaica.

Quirk 等人的模式以英语为语料，与吕氏模式有很大不同，其特点表现在：

1）对关系范畴的讨论比较全面

如果说，吕氏模式以两个事件之间的语义关系为主，Quirk 等则在分类时把连接词语、句法功能和语义功能都包括了。在第 14 章，还谈到"对他人语言的报道"，即直接引语和间接引语。这加深了我们对小句的各种关系的了解。但在不同的时代，两个模式都有新意。我们知道，西方传统语法是强调从形式研究词语分类和从句法研究词语的句法功能的，吕氏在 50 年前倡导对关系作语义功能的分类，不能不说是一个很大突破。至 20 世纪 80 年代，Quirk 等人在传统路子上引入语义分类，使模式具有三维性。在这个意义上，也是有新意的。

2）在分类方法上科学性强

并列连词、连接性词和从属连词都可起到连接词（linker）的作用。但作者从句法上对它们加以区别，并提出这些区别是有梯度的，不是截然分得清楚的论点。他们根据传统的 and 和 or 提出 6 个标准：

a. 小句并列连词限定在该小句的句首位置，但连接性词较自由。

(96) John plays the guitar, and his sister plays the piano.

(97) John plays the guitar, his sister, moreover, plays the piano.

b. 并列的各小句是有序排列的，但许多从属连词并非如此，如 or 引导的从句只能在主句后出现（例 98），不能置于全句之前（例 99）。又如，同为表达让步关系的 nevertheless 不能在全句之前出现，而 though 小句则可（例 101）。

(98) They are living in England, or they are spending a vacation there. （并列连词）

比较：

(99) *Or they are spending a vacation there, they are living in England.

(100) *Nevertheless John gave it away. Mary wanted it.

（连接性词）

(101) Although Mary wanted it, John gave it away. （从属连词）

c. 并列连词前不能再出现连词，如：

（102）He was unhappy about it, <u>and yet</u> he did as he was told. (并列连词 + 连接性词)

比较：

（103）*He was unhappy about it, <u>and but</u> he did what he was told. (并 列 连词 + 并列连词)

d. 并列连词可以连接小句成分，如例 104 可连接两个谓语，但例 105 中的从属连词 for 则不行。

（104）I may see you tomorrow <u>or</u> may phone later in the day. (并列连词)

（105）*He did not want, <u>for</u> was obstinate. (从属连词)

e. 并列连词可以连接两个从属小句，如：

（106）I wonder whether you should go and see her, <u>or</u> whether it is better to write to her.

f. 并列连词可以连接多于两个以上的小句，如：

（107）The battery may be disconnected, the connection may be loose, <u>or</u> the bulb may be faulty.

Quirk 等为此设计了一个具有并列连词、从属连词和连接性词标准特征的梯度表。表 2 中的 a、b、c、d、e、f 分别指 6 个标准。

表 2

		a	b	c	d	e	f
并列连词	and, or	+	+	+	+	+	+
	but	+	+	+	+	+/-	+
连接性词	yet, so, nor	+	+	+	+	-	-
	however, therefore	-	+	-	-	-	-
从属连词	for, so that	+	+	+	-	-	-
	if, because	+	+/-	-	-	-	-

3) 先形式，后功能

Quirk 等人的模式与吕氏模式的最大不同点是指导原则的不同：如果说吕氏遵循的是"先功能，后形式"，那么 Quirk 等人是按"先形式，后功能"来处理问题的，后者是在先讨论连接词语和句法功能后，才处理从属小句的语义功能的。即使如此，在第 15 章中突出的仍是句法形式和句法功能，如 15.1—2 节中的黑体标题为"从属小句的句法功能"给人以突出醒目之感，而"从属小句的功能类别"则未用黑体，处于次要地位；15.3—16 节的主标题为"名词性小句"，其内容都是讲它的不同形式，如 that 小句、wh 疑问小句、Yes-No 和选择疑问小句、惊叹句、名词性关系小句、to- 不定式小句、-ing 小句、光杆不定式小句和无动词小句共 9 类；而语义功能的分类是放在状语小句中讨论的，因此其小分类分别成为时间小句、邻近小句、地点小句、条件小句、让步小句、对比小句、理由小句、目的小句、结果小句、相似小句、比较小句、比率小句、择取小句、评论小句等。这就是说，中心词表达中心概念，即这些术语中的"小句"，而表语义功能的词语，"时间""邻近""地点"等只是起修饰作用而已。或者说，只是在次分类时作为界定的标准。美中不足者，Quirk 等人只是对状语小句的语义作分类，不如吕氏模式那么全面。

4) 先句法功能，后语义功能

在上节中已点到 Quirk 等人对句法功能的重视，例如在第 13 章中对并列连词的分类，是按句法术语下定义的。作者先区分简单并列和非常见型并列。在简单并列内有小句的并列、谓语的并列、谓语词的并列、状语的并列、名词短语及其他成分的并列，等等。在非常见型并列内有复杂并列、追加并列、插入并列等。显然非常见型并列是以有关词语或小句在句子中的位置定义的，而不是按语义定义的。

5) 形合连接重于意合连接

我在总结吕氏模式的第二点中曾指出吕氏所讨论的关系是形合与意合并重的，尽管在自然语言中，形合连接的实例总是要多一些。对比之下，Quirk 等人在第 13 章中的 13.5.1 节中专门讨论了并列连词，在 14.10—20 节中讨论了"从属"的形式标志，反映了他们对形合连接的重视。这不是说，Quirk 等人丝毫没有考虑到意合连接。他们有时也谈到无连词并列和意合连接（1985：13.2，

13.23，14.2，14.3······）。在英语中我们有时也可找到意合连接的实例，如：

(108) Carolyn cries openly at times, Michael struggles not to. (R. J. Walter, p. xii)

(109) Room service comes and goes. Extra coffee is ordered. (ibid, p. xiii)

但从当代对比语言学的发展趋势来说，人们不再坚持"非此即彼"的结论，而是从盖然率来阐明特征（胡壮麟 1996）。由此，就英汉两种语言的关系范畴的比较来说，英语偏向于更多地使用形式词语来体现"关系"，而汉语则相对地偏向于依赖语义的逻辑联系。或者，按吕氏模式来说，以非连词的形式来表示。对此，福建师范大学的黄豪老师和南京国际关系的李战子老师分别为我提供了英译汉和汉译英的丰富语料。黄豪老师提供了英译汉的对比材料，李战子老师提供了汉译英的对比材料。请注意以下英语例子中的画线部分都是表示关系的形式词语，而汉语在译文中常常不必译出。

i. 英→汉

（以下例子材料来源：英文来自 Jane Austen. 1978. *Pride and Prejudice*. 10th Impression. Toronto：Clarke，Irwon & Co. Ltd；中译文来自简·奥斯丁《傲慢与偏见》，孙致礼译。江苏：译林出版社，1991)

(110) "But, my dear, you must indeed go and see Mr Bingley when he comes into the neighbourhood." (p. 6)

　　"不过，亲爱的，宾利先生一搬到这里，你可真得去见见他。"（第 4 页）

按：相当于吕氏模式的数词"一"。

(111) "Depend upon it, my dear, that when there are twenty, I will visit them all." (p. 7)

　　"放心吧，亲爱的，等到搬来二十个，我一定去挨个拜访。"（第 5 页）

按：如果说 when 在汉语中以动词"等到"表示的话，that 在汉语中是不表现的。

(112) "Now, Kitty, you may cough as much as you chose..." (p. 9)

"好啦，基蒂，你可以尽情咳嗽啦……"（第 8 页）

按：英语中的连词 as much as，在汉语中成了实词"尽情"。

(113) He listened to her with perfect indifference <u>while</u> she chose to entertain herself in this manner；<u>and</u> as his composure convinced her that all was safe, her wit flowed long. (p. 24)

宾利小姐如此恣意打趣的时候，达西先生完全似听非听。她见他如此泰然自若，便觉得万无一失，喋喋不休地戏谑了他半天。（第 27 页）

按：原著中的连词 while 在汉语中以名词"时候"表示；并列连词 and 和从属连词 as 在汉语中不必译出；引导从句的 that 未译出，但在译文中用上了后置的偏正连词"便"。

(114) "Why must she be scampering about the country, <u>because</u> her sister had a cold?" (p. 30)

"姐姐伤了点风，犯得着她在野地里跑跑颠颠吗？"（第 35 页）

按：英语表原因的连词 because 通过汉语"先因后果"的逻辑顺序而省略。

(115) They had not long separated, <u>when</u> Miss Bingley came towards her, <u>and</u> with an expression of civil disdain thus accosted her... (p. 76)

他们俩刚分手不久，宾利小姐便朝伊丽莎白走来，带着又轻蔑又客气的神气对她说……（第 90 页）

按：英语中的 when 和 and 未译出。

(116) <u>As</u> Elizabeth had no longer any interest of her own to pursue, she turned her attention almost entirely on her sister and Mr Bingley. (p. 80)

伊丽莎白再也找不到自己感兴趣的事情了，便把注意力几乎全都转移到姐姐和宾利先生身上。（第 94 页）

按：英语的从属连词 As 未译出。在某种意义上，译文的汉语语气词"了"对原因早已加以肯定的语义。

（以下例子材料来源：Robert James Waller, *The Bridge of Madison County*. Beijing：Foreign Languages Press，1996；罗伯特·詹姆斯·沃勒，《廊桥遗梦》，梅嘉译，北京：外文出版社，1996）

(117) There are songs <u>that</u> come free from the blue-eyed grass, from the dust of a thousand country roads. (p. xi)

从开满蝴蝶花的草丛中，从千百条乡间道路的尘埃中，常有关不住的歌声飞出来。(第 4 页)

按：英语关系代词 that 的语义部分以汉语的助词"的"表示。

(118) In late afternoon, in the autumn of 1989, I'm at my desk, looking at a blinking cursor on the computer screen before me, <u>and</u> the telephone rings. (p. xii)

一九八九年的一个秋日，下午晚些时候，我正坐在书桌前注视着眼前电脑荧屏上闪烁的光标，电话铃响了。(第 4 页)

按：英语连词 and 未译出。

(119) He stepped from the truck <u>and</u> looked at her, looked closer, <u>and</u> then closer still. (p. 18)

他走下卡车，望着她，近些，更近些。(第 23 页)

按：汉语中几个事件的逻辑顺序包含了英语中的两个 and。

(120) "I'm one of the last cowboys. My job gives me free range of a sort. <u>As much as</u> you can find nowadays." (p. 121)

"我就是最后剩下的牛仔之一。我的职业给了我某种自己驰骋的天地，是当今能得到的最大的天地了。"(第 98 页)

按：英语的复合连词 as much as 由汉语的形容词"最大的"表示。

从以上实际语料的对比，可以说明英语使用较多连词，而汉语在翻译过程中并不一定把这些连词译出。有时，汉语用其他词类，如名词、动词、数词、助词、语气词等词类来表达。但这只能说明问题的一个方面。我们可再考虑汉语表示两个事件采用意合连接时，英语如何处理。请比较以下汉译英的举例。

ii. 汉→英

（以下例子材料来源：权延赤，1989，《走下神坛的毛泽东》。北京：外文出版社；Quan Yanchi. 1992. *Mao Zedong—Man Not God.* Translated by Wang Wenjiong. Beijing：Foreign Language Press）

(121) 毛泽东历来说话算数，轻易不许人反对或者改变。（第 1 页）

Mao always meant <u>what</u> he said；he was a man not to be expected to give in easily to opposition or change in his mind. (p.1)

按：英语译文添加了关系代词 what。

(122) 周恩来策略地指出，横在面前的是葭芦河，不是黄河。（第 4 页）

Zhou Enlai diplomatically pointed out to Mao <u>that</u> the section of river in front of us was not the Yellow River，but was called the Jialu. (p.2)

按：英语中加上了引导从句的连词 that；在汉语原文中是以逗号表示小句间的界限的。如果是口语，则表现为停顿。

(123) 他睡觉鼾声如雷，大雨整夜未停。（第 6 页）

He snored loudly <u>whilst</u> the rain poured down. (p.4)

按：英语中多了从属连词 whilst。

(124) 这时，追兵已经上山，山头上枪炮声大作。队伍有些慌乱。（第 7 页）

The pursuing troops had by now reached the top of the hill <u>and</u> the loud reports of their guns were causing us to begin to panic. (p.5)

按：英语中多了并列连词 and。

(125) 我父亲种地，农闲倒腾点粮食买卖。（第 9 页）

My father's a farmer. He does a bit of trading in grain <u>when</u> there isn't much work to do in the fields. (p.7)

按：汉语的"闲"在英语小句中以从属连词 when 引导。

(126) 我的责任只是保卫主席安全，其他事情不去多想，我甚至轻松地吁了口气。（第 39 页）

As Mao's safety was our sole concern, we heaved a sigh as relief. (p.37)

按：英语译文中加上了表示理由的从属连词 As.

(127) 他的爱子毛岸英在朝鲜战场牺牲后，他吃不下饭，睡不着觉。（第 46 页）

The death of his son, Mao Anying, during the Korean War upset him so much that he lost his appetite and was unable to sleep. (p. 43)

按：在译文中加上了复合连词 so...that。

(128) 毛泽东一坐下，锣鼓便响了。（第 47 页）

The performance began as soon as Mao took his seat. (p. 45)

按：英语译文以复合连词 as soon as 表示汉语的 "一"。

(129) 讲完散会。有走的有没走的。（第 55 页）

When the meeting was over, some of the participants stayed behind. (p.53)

按：英语的第一个小句以 when 引导。

(130) 1960 年底的一天，毛泽东起床后不吃不喝，一支接一支吸烟。（第 58 页）

One day, late in 1960, Mao didn't eat anything after getting up, but merely chain-smoked. (p.56)

按：汉语的 "不吃不喝" 和 "一支接一支吸烟" 在语义上的对照是非常清楚的，但英语译文需加上连词 but。

(131) 旧得没法补了，旧衣就变成补丁布。（第 96 页）

When they were beyond mending, they would become material for patches. (p.93)

按：英语以时间连词 When 引导表时间的第一小句。

(132) 毛泽东正经吃饭，一般是四菜一汤。（第 100 页）

If Mao ate at mealtimes, the food generally consisted of four side-dishes. (p.97)

按：英语以条件连词 If 表示"已经吃饭"的场合。

(133) 他起床后，一杯接一杯喝茶，一支接一支吸烟。（第 123 页）

He got up and drank cup after cup of tea whilst chain-smoking. (p.118)

按：这里汉语的"一杯接一杯喝茶"和"一支接一支吸烟"不是对照的关系，而是两个事件同时进行的关系，不同于例 130，故英语使用了and 和 whilst。

(134) 别人赢了他不恼，别人谦让他就恼。（第 148 页）

He didn't mind losing, but he would be unhappy if his opponents made things easy for him. (p.142)

按：英语在两大成分之间，首先以 but 表示转折关系，然后在第二成分中以 if 表示在"谦让"这个背景条件。

(135) 我又解释一番不是故意的，以后一定注意。（第 153 页）

I told her again that I hadn't any bad intentions, and that I wouldn't talk like that again. (p.147)

按：汉语在"解释一番"后是自由间接引语，含两个事件，故在英语中需用 that 和 and that 加以连接。

从英汉和汉英的翻译过程，我们可以肯定英语使用更多的连词和以连词为基础的形合连接。汉语中尽管有时使用了副词、名词、动词、连词以外的其他虚词，仍属意合连接。但这种区别不是绝对的，只是程度上的不同。

3. 韩礼德有关小句关系的模式

系统功能语法学派的韩礼德（Halliday 1985）把小句作为基本单位，然后讨论其在小句复合体（clause complex，相当于复句）之间的关系。他认为应从相互关系和逻辑语义关系掌握其规律。

3.1 相互关系

小句之间的相互关系表现为联合关系和主从关系，这相当于 Quirk 等人的并列与从属的概念。我国学者马真（1981）的专著对这类关系有专门论述。

3.1.1 联合关系

当两个或两个小句处于平等的地位，这是联合关系，各个小句可以用阿拉伯数字表示，先出现的小句为 1，其后为 2，3 等，如：

(136) John came into the room and sat down. Lucy stood in the doorway, and Fred waited outside. (1 2 3)

3.1.2 主从关系

一个小句为主要小句（α 小句），其余在不同层次上从属于主要小句，以 β，x，δ，ε 等希腊字母表示：

(137) While Fred stayed behind, John ran away. (β　α)

(138) John ran away while Fred stayed behind. (β　α)

(139) It won't be surprising if people complain if they don't punish him if he's guilty. (α，β，γ，δ)

(140) John reported that Mary had told him that Fred had said the day would be fine. (α，β，γ，δ)

联合关系和主从关系可以交叉，如下例中，第一层次为两个平列成分（1 2），但成分 1 又包含主从关系（α β）。

(141) I would if I could, but I can't. (1α 1ß 2)

3.2 逻辑语义关系

小句之间的关系还可以从逻辑语义上进行描写，它可以分为扩展 (expansion) 和投射 (projection) 两类。

3.2.1 扩展

扩展指第二级小句对第一级的主要小句作"阐述"(elaboration)，作"延伸"(extension)，作"增强"(enhancement)。这三者可分别以"="、"+"和"×"的符号表示。

(142) John didn't wait, he ran away. (1= ß) （阐述）

(143) John ran away，which surprised everyone. (α= ß) （阐述）

(144) John ran way, and Fred stayed behind. (1+2) （延伸）

(145) John ran way, whereas Fred stayed behind. (α +ß) （延伸）

(146) John was scared, so he ran away. (1×2) （增强）

(147) John ran away, because he was scared. (α ×ß) （增强）

3.2.2 投射

第二级小句是第一级小句投射的内容，一般指"言辞"(locution) 和"思想"(idea)，分别以双引号" "和单引号' '表示。

(148) John said,"I'm running away."(1 "2) （言辞）

(149) John said he was running away. (α "ß) （言辞）

(150) John thought to himself,"I'll run away." (1 '2) （投射）

(151) John thought he would run away. (α ' ß) （投射）

韩礼德小句间关系模式的特点表现在：

1) 句法功能和语义功能的结合

韩氏的相互关系的两个范畴——联合关系和主从关系，实际上高度概括了 Quirk 等人的并列关系和从属关系，只是分类不那么细而已。他的逻辑语义关系则是高度概括的语义功能关系，这个模式概括了 Quirk 等人第 13—15 章的基本内容。吕氏模式在次范畴中有时也谈到某关系表达词语的句法特性和某一事件在语言体现中的句法功能，但这两方面的功能没有韩礼德模式清楚。

2）表达的形式化

韩氏以阿拉伯数字书写方式（1，2，3，4中）表示联合关系；以希腊字母（α，β，γ，δ）表示从属关系，以"="、"+"和"×"分别表示"阐述""延伸"和"增强"关系；以""和' '表示"言辞"和"思想"，使我们能对小句关系能做形式化的描写和归纳。由于各种次范畴有一定限度，这种形式化的描写具有提纲挈领的优点。就这一点而言，它对关系的形式化描写和语篇分析有实用价值，比 Quirk 等人的松散式描写更具集中性、概括性。这对语言学家和对语言结构已有一定了解的学生很有帮助。但对英语基础不够牢靠或学英语是为了实用的一般学生，不如吕氏模式和 Quirk 等人的模式更具体。

3）可对复句生成作系统描写

我们如把韩氏模式整理成系统网络，便可以产生各种句子的基本类型。在这个意义上，其科学性更强。胡壮麟（1990）曾用这个网络说明汉语句子中小句关系的基本类型。图1中的复句系统实际上就是小句关系系统。

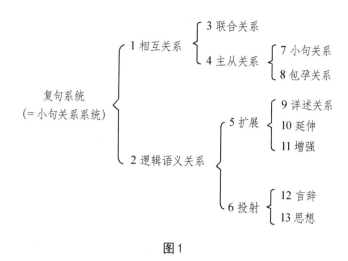

图1

既然小句之间的关系同时包括相互关系和逻辑语义关系，我们必须在这两个子系统中间选择，这样不同的组合可产生15个复句的基本类型，如表3。

表3

相互关系	逻辑语义关系		复句类型
3	9	-1	"黄道士去测一字，今年的青叶要到四洋！"（茅盾）
3	10	-2	老通宝骂他多嘴，他还是要说。（茅盾）
3	11	-3	她不会说话，她只有哭了。（茹志鹃）
3	12	-4	有一次，我问他，"你想家吗？"（周立波）
3	13	-5	"真是天也变了！"老通宝心里说……（茅盾）
7	9	-6	到了樱桃园，这是井平公路旁边的一个大村庄。（马烽）
7	10	-7	他要他往东走，他偏要往西走。（马烽）
7	11	-8	我们翻过山岭时，还闻见腐烂的尸体的臭味。（周立波）
7	12	- 9	我问她爹回来了没有。（马烽）
7	13	-10	他在上学的时候就想望着做一个医生。（《现代汉语词典》）
8	9	-11	每一个革命者都是散播革命火种的人。（吴伯箫）
8	10	-12	没有牛和羊群的北方原野，是分外的寂寞与凄凉。（周立波）
8	11	-13	今天穿的衣服是新的。（陈建民）
8	12	-14	你说的"只要赶快写出一本书来，就可以过那种轻松自由的生活"，也是受了"一本书主义"流行病的传染了。（吴伯箫）
8	13	-15	大家都有一种"他乡遇故知"的最欣慰的感触。

　　在自然语言中，我们产生的句子当然不止这15种，但我们对有一定的关系引入递归性原理，即可产生千变万化的关系及体现这些关系的 句子，如图2：

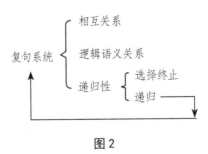

图2

这样，递归性原理可帮助我们产生如下的句子：

(152) ||| Well || if you're in a car || or you're in an observation

　　　　　　　　　$1 \times \beta 1$　　　　　　　　　　　$1\beta + 2$

Coach || you look back || and then you see ||

　　　$1\alpha 1$　　　　　$1\alpha \times 2\alpha$

what happened before || but you need a microscope ||

　$1\alpha 2\alpha$ 'β　　　　　　$+2\alpha \alpha$

to see || what happened long ago || because it's very

$2\alpha \times \beta \alpha$　　　　2α 'β　　　　　　$2\times \beta$

far away |||

(153) ||| 上周韩国韩宝钢铁公司破产以后，|| 韩国主要反对

　　　　　　　　　$1\times \beta$

党新政治国民会议和自由民主联盟如获至宝，|| 他们

　　　　1α

抓住这个机会，|| 对执政的李寿成政府大肆抨击。|||

　　$2\times \beta$　　　　　　　$=2\alpha$

(154) 当天下午，龙携带菜刀 | 行至友信食品店门前，|| 发

　　　　$\times \beta \times \beta$ 1　　　　　　　$\times \beta \times \beta + 2$

现只有老太太独自一人，|| 便以买食品为掩护，|| 趁

　　$x\, \beta\alpha$　　　　　　　　$x\, \beta$

老太太低头算账时，|| 　将老太太头部砍伤后 |

　$x\beta$,　　　　　　　　$\alpha x\beta$

企图逃跑。|||（《北京晚报》1997 年 1 月 28 日)

　$\alpha\, \alpha$

4. 关系与语篇分析

　　现代语言学有关语篇分析理论的发展表明：关系不仅存在于一个句子中的两个事件之间，也存在于由句子与句子体现的两个复合事件之间。最明显的是有些连词不是用来连接句子内的两个小句，而是连接两个句子的。例 155 中的

"But" 和例 156 中的 "可是" 都是与上句发生联系的。

(155) Y'see! That's what I said. <u>But</u> who mady'go, your father?

(156) "三弟, 万国殡仪馆的人和东西都来了。<u>可是</u>, 那个棺材, 我看着不合式!"（茅盾）

在语篇这个层面上, 除传统的连词外, 尚有其他手段可表达关系语义, 如例 157 通过 "那时" 与上句在时间上建立关系。

(157) "黄奋, 你记得<u>十六年五月我们在京汉线上作战的情形吗?那时</u>, 我们四军十一军死伤了两万多……"

韩礼德（1985）和 Martin（1983）等在讨论语篇衔接时都曾谈到语篇层次的逻辑关系。我在《语篇的衔接与连贯》一书中把它整理成四个次范畴。

4.1 添加

添加连接指语言使用者在说完或写完第一个事件 (A) 后, 意犹未尽, 就第一个事件, 补充一些新的情况 (B), 其中又可就 A 和 B 的正负语义以及联合或选择的关系组合成若干基本型式, 如下:

"+A and +B":

(158) "I ought to have known better. <u>And when</u> I tell him he just cries and says he can't marry..." (Hemingway, *The Sun Also Rises*)

(159) 他打开双人床上的一个纸箱, ……他又打开另一个纸箱, 抖出一件军大衣, ……（刘恒:《本命年》）

"−A and −B":

(160) Billy : I didn't know you were interested in politics.

Jean : Neither did I. (J. Osborne, *The Entertainer*)

(161) "找不到吴荪甫。灵堂前固然没有, 太太们也说不知道。楼上更没有。我又不便到处乱问……"（茅盾《子夜》）

"+A or +B" 和 "−A or −B":

(162) She is never still, she never listens—like most of the people in the

house. <u>Or</u>, if she is obliged to sit and listen to any one, she usually becomes abstracted and depressed, sitting on the edge of her chair, twisting her fingers round her hair. (J. Osborne, *The Entertainer*)

(163) ……大小店铺灯火通明，然多数春节并不营业，却把橱窗毫无遮拦地展示出来，让人一次看个够。或曰"橱窗购物"，或曰"潜在消费"，<u>总之</u>是个不错的生意经。(《北京晚报》1995 年 2 月 26 日)

"A=B"：

(164) Jean：What is it? I've had a strange sick feeling in my stomach all day. <u>As if</u> something was going to happen. (J. Osborne, *The Entertainer*)

(165) 将中外经典名著搬上银幕舞台的可谓多矣，例如，外国的《简·爱》《呼啸山庄》《苔丝姑娘》《飘》《雾都孤儿》《王子复仇记》，等等。(《书摘》1995 年 2 期 4 页)

"A vs B"：

(166) He patronized his elder son Frank, ... In contrast, his patronage of his daughter Jean is more wary, sly, unsure. (Osborne, *The Entertainer*)

(167) 在科学研究工作中忽视理论是不对的。同样，忽视实践也是不对的。

4.2 转折

转折表达与预期相反的语义，尽管在先表达了这样或那样的观点，在第二句中往往是背（偏）其道而行之。因此，用形式符号可表示为两种基本类型："+ A → - B" 和 "- A → +B"。

"+A → - B"：

(168) Yes, it is a rotten shame. <u>But</u> there's no use talking about it, is there? (Hemingway, *The Sun Also Rises*)

(169) 到了 80 年代，人们才普遍一致地认为我们是处在一个从根本上说是不同的经济之中。可是，我们仍然在进行讨论和辩论，而错过了根据我们的洞察力采取行动的机会。(《书摘》1995 年 2 期 18 页)

"- A → +B"：

(170) Phoebe：I wonder whether Nick isn't better off after all. I mean—they do look after him, don't they? (J. Osborne, *The Entertainer*)

(171)"管他是什么事！反正不会出乱子……"（茅盾《子夜》）

4.3 因果

因果关系不外乎两大类，"因为 A，于是 B"和"B，因为 A"。

"因为 A，于是 B"：

(172)'...You see, he was so busy all the time that we were living together, writing on this book, that he doesn't remember anything about us. So now he's going out and gets some new material...' (Hemingway, *The Sun Also Rises*)

(173)要使一个民族有文化，文化要强盛，就必须继承和发扬全人类的优秀文化财富，兼容并蓄，力求创新。因此，有计划地出版名著……将对提高全民文化修养、改善社会风气起积极作用。（《书摘》1995 年 2 期 8 页）

"B，因为 A"：

(174) Archie：If they see that you're blue, they'll look down on you. So why should I bother to care? (J. Osborne, *The Entertainer*)

(175)这种隔绝状态，显然与近几年来影视界不断掀起的大拍历史剧、新编历史剧、旧戏新拍的热潮，形成巨大反差。因为上述作品差不多都有个历史真实性问题，……（《书摘》1996 年 2 期 6 页）

4.4 时空

语篇不是在真空中发生的。语篇中所表述的事件必然与客观世界有时间和空间的联系。就语言本身特点而言，如何报道每一个事件，又有一个时间先后安排的问题。这里介绍几种关系。

时间：定时

(176)"Where did you get those?" I asked.

"In Abyssinia. When I was twenty-one years old." (Hemingway,

The Sun Also Rises)

时间："A 先 B 后"

(177) 李慧泉躲在小夹道里偷看，黑不溜秋的脸显得很害怕。<u>过一会儿</u>，他笑了。(刘恒《本命年》)

时间："A 后 B 先"

(178) "这一回工人很齐心，好像预先有过商量的。"

　　 "呸！你们这班人都是活死人么？<u>事前</u>怎么一点儿也不知道，……"（茅盾:《子夜》)

时间：同时

(179) 他让售货员给换一种牌子的。<u>此时</u>，雅秋和小伙子从柜台里侧的经理室走出来。(《本命年》)

时间：间隔

(180) We all got in the car and it started up the white dusty road into Spain. For a while the country was much as it had been ; ... (Hemingway, *The Sun Also Rises*)

时间：将来

(181) "会说话的电话簿"是利用电话和电视机的综合功能的一个早期的例子。<u>在今后 10 年中</u>，<u>在最后的结合完成以前</u>，不同的产品会朝着这个方向取得一些零星的进展。(《书摘》1995 年 2 期 20 页)

时间：事件（A，B，C……）的总结

(182) ……但其中确有许多课题值得讨论，例如口语式对白加字幕运用的效果如何、战争场面的真实度、众多人物形象的对比和取舍、场景是否会有雷同、容易混淆之感……<u>总之</u>，这是需要经过千百万观众检验的不平凡的"文化现象"，是当代文化艺术建设中的重要收获。(《书摘》1995 年 2 期 8 页)

时间：对照

(183) <u>当年</u>孟子如此来评价杨朱和墨子"无君无父，是禽兽也"。<u>现在</u>我们则如此评价《废都》和一些在国外获奖的电影。(《书摘》1995 年 2 期 10 页)

时间：此时

(184) Jean：Don't have it later. Have it <u>now</u>. This is the time to celebrate. (J. Osborne, *The Entertainer*)

空间：方位

(185) <u>At the back</u> a gauze. <u>Behind it</u>, a part of the town. <u>In front of it</u>, a high rostrum with steps leading to it. (J. Osborne, *The Entertainer*)

空间：隐喻

(186) 这些年来，文凭热、出国热、下海热、炒股热……热点、热浪、热潮，此起彼伏，令人目眩。<u>在这"热"那"热"中，有一种"冷"</u>却被人漠视，这便是青少年远离名著。(《书摘》1995 年 2 期 21 页)

(187) ……但人物的思想感情，必须忠实原著，即忠实于历史，在人物的形象塑造上，则可以在戏曲表演中寻找形体素材，使之达到"形似"。<u>在这方面</u>，我国老一代艺术家如焦菊隐、金山、赵丹等都有丰富的经验留给了我们。(《书摘》1995 年 2 期 6 页)

从韩礼德和 Martin 的语篇理论发展起来的语篇关系模式有其固有的独特之处。

1) 从句子语法走向语篇语法。如果说前三种模式保留了句子语法作为分析的基本对象，语篇关系模式拓宽了人们的视野，从语篇的高度和深度把握语篇的句子间的语义关系。许多在句子语法中不能说明的现象，在语篇层次经语篇谱法的分析可以迎刃而解。试比较下面的例 a 与例 b。

(188) a. *<u>Unless</u> you're like Mick and have got no problem.

b. Archie：... Well, it's everybody's problem. Unless you're like Mick and have got no problem. (J. Osborne, *The Entertainer*)

例 a 是一个句子，但前三个以句子语法为基础的模式的任一种都没法说清它的语义，可是放在例 b 中，由于上文的提示在理解上毫无困难。在某种意义上，语篇语法可以概括句子语法，但句子语法不能概括语篇语法。

2) 语篇性使我们对自然语言的研究更贴近一步。语篇语法既然摆脱了句子语法的界限，必然要以自然语言，即人们实际使用的语言作为语料，而不是以人造的与实际生活脱离或无关的句子作语料。自然语言在绝大多数情况下，很难以一个句子充分表述思想。其次，由此得出的分析结果更能经得起在自然语言中的验证，更具有解释力。

3）推动对比语言学的研究。由于我们首先考虑的是语篇层次的语义关系，然后考虑它在某一特定语言中的体现，这样我们在比较不同语言时，会发现更大的共同性。这从我们在本节的举例中，便可发现许多关系在两种语言中都存在，因为英汉两种语言都要表达相似的语义关系。在这个基础上，琢磨某一关系在各自语言中的表达方式，有助于对另一语言的理解和学习。

4）语篇关系的隐含性。就像句子语法中有形合关系和意合关系之分外，在语篇层次的关系表现为明晰性和隐含性，后者更为常见。这就要求我们在没有连接词语的情况下，把握住语篇层次的隐含关系。在下例中首先通过"Front cloth"这句话给我们提示了舞台的前幕给拉开了，因而看到漆黑的舞台（"Darkened stage"），然后灯光照耀靠舞台的一角（"Spotlight hits the prompt corner"），然后是音乐声响起（"Music strikes up"），人物出场了（"Archie rnakes his entrance"），可见这些以不同句子分别体现的事件存在着呈序列的时间关系。这是放大了的意合连接。

(189) Front cloth. Darkened stage. Spotlight hits the prompt corner. Music strikes up. Archie Rice makes his entrance. (J. Osborne, *The Entertainer*)

在例 190 中存在着"B 因为 A"的隐含关系，但未出现表示这种关系的连词。

(190) Phoebe：Get 'im to go to bed, Archie. He's overtired. (J. Osborne, *The Entertainer*)

5）关系的外在性和内在性。语篇间关系不同于小句间关系的另一个特征是能更清楚地分清关系的外在性和内在性。当一种关系不受人们的主观意志制约而存在，这是"外在"的关系，而当一种关系反映的是说话人本人的观点，不一定符合客观事实，这是"内在"的关系，如：

外在性：

(191) 我老两口同女儿、女婿和孙女于 9 月中旬的一个周末，从法兰克福驱车
三个小时，行程 200 多千米来到了女主人家中。

……

午餐后，海蒂、娃涛德女士，开着各自的豪华轿车，陪同我们去市镇上
观光……

晚餐是在娃涛德家中进行的……

次日早餐后，我们婉言谢绝了两位东道主的一再挽留，……

（《人民日报海外版》1995 年 2 月 25 日）

内在性：

(192) "……要你自己看风使舵！再者，他是你的好朋友，你总该知道他的处境
如何？……"（茅盾）

例 191 存在着时间关系，当一家三代五口到了女主人家后，经历了午餐、
晚餐和第二天的早餐，这里的时间关系是外在的，不以人的主观意志为转移，
因而保持一定顺序。而在例 192 中，说话人说了 A 事件，又通过"再者"，补充
了 B 事件。这是他本人的观点，别人不一定同意他的想法。人们完全可以先说
"他是你的好朋友"，然后说"要你自己看风使舵"，因此是"内在的"观点。

结束语：本文讨论和比较英汉语言学家有关不同事件之间的关系的具有代
表性的模式。关系应看作是语义层次的概念。在这个意义上，英汉两种语言有
较大的相似性。但关系在英汉两种语言中如何体现有很大不同。总的来说，汉
语除连词外，依靠各种词类，甚至完全依靠逻辑语义来体现关系。英语作为
词汇具有形式变化的语言，更多地依靠固定的词类，如连词表达关系语义，但
近年来已考虑副词、介词短语、非定谓动词形式等在体现关系方面的积极作
用。当代语言学的另一趋向是从高于句子的语篇层次研究关系，应引起我们的
重视。

参考文献

Halliday, M. A. K. 1985. *An Introduction to Functional Grammar*. London: Arnold.

Jespersen, O. 1924/1992. *The Philosophy of Grammar*. Chicago: The University of Chicago Press.

Jesperson, O. 1933. *Essentials of English Grammar*. London: Allen and Unwin.

Martin, J. R. 1983. Conjunction: The logic of English text. In J. S. Petofi & E. Sozer (eds.). *Micro and Macro Connexity of Texts*. Hamburg: Helmut Buske. 1-72.

Quirk, R., S. Greenbaun, G. Leech & J. Svartvik. 1972. *A Grammar of Contemporary English*. London: Longman Group Limited.

Quirk, R., S. Greenbaun, G. Leech & J. Svartvik. 1985. *A Comprehensive Grammar of the English Language*. London: Longman Group Ltd.

胡壮麟, 1990, 小句与复句, 载胡壮麟主编,《语言系统与功能》。北京: 北京大学出版社。130-141。

胡壮麟, 1994,《语篇的衔接与连贯》。上海: 上海外语教育出版社。

胡壮麟, 1996, 英汉对比研究的动向,《青岛海洋大学学报 (社会科学版)》1997 (1)：60-67。

吕叔湘, 1942/1982,《中国文法要略》。北京: 商务印书馆。

马真, 1981,《简明实用汉语语法》。北京: 北京大学出版社。

系统功能语言学与汉语语法研究 [1]

自 20 世纪 60 年代以来，当代语言学界已由转换生成语法与传统结构主义的对立发展为形式主义和功能主义两大学派的对立。在功能主义学派中，系统功能语法在我国外语界具有巨大影响，将该理论应用于研究现代汉语语法的工作已展现出美好的前景。本文扼要介绍这方面的探索工作。

1. 及物性

系统功能语法认为人们通过语言反映主客观世界，这就是及物性。及物性包括三大语义范畴，即起核心作用的过程、与过程有关的参与者、过程发生时的环境。过程、参与者和环境均可按精密度进一步细分。现已确认"物质""心理""关系""言语""行为"和"存在"共 6 种过程。这种按语义分类的方法原则上可适用于汉语，如：

(1) 他　　轻轻地　　打开　　窗子。
　　动作者　环境　　物质过程　目标

(2) 她　　　讨厌　　抽烟的人。
　　感觉者　心理过程　现象

(3) 希特勒　　是　　独裁者。
　　载体　关系过程　属性

(4) 张老师　　表扬　　我弟弟　　进步很快。
　　说话者　言语过程　受话者　讲话内容

(5) 小宝宝　哭了。
　　行为者　行为过程

---

[1] 本文原载于马庆株编，1999 年，《语法研究入门》。北京：商务印书馆。252-302。

(6)　桌上　　　放着　　　一瓶花。
　　　环境　　存在过程　存在物

这里要说明以下 3 点：1) 各功能范畴属语义层，通过体现规则转化为词汇句法层，如"动作者""目标""感觉者""载体""说话者""受话者""行为者""存在"等参与者一般由名词词组体现，各种"过程"一般由动词词组体现，各种"环境"一般由副词词组或介词短语体现。"词组"表示内向关系，"短语"表示外向关系。这样语义层和词汇句法层两个界面有了衔接；2) 词组也好，短语也好，反映出功能范畴在词汇句法层是由介于"词"或"小句"之间的级——"词组 / 短语"来体现的。有时一个小句（如"进步很快"）也可体现某个功能。这在功能语法中采用"级转移"（rank shifting）的理论处理。这就是说功能语法采用"最小括弧法"（minimum bracketing）代替传统的成分切分法操作，方法简便。这并不是说词组内部不需解决词序问题，而是把小句语序和词组的词序的分析区别开来，这种梳辫子的方法有利于研究分析工作；3) 及物性由于逻辑语义关系必然对句子中各词组的语序产生影响，如例 1 物质过程通常是由"动作者"进行的，因而"动作者"在语序中先于"过程"；同理，"过程"涉及某个"目标"，"目标"便在"过程"后出现。这是决定"动作者→过程→目标"这个语序的基本因素。根据汉语的特点对及物性做进一步研究的有以下几个方面的工作。

马爱德（Edward MacDonald 1990）把汉语的"趋向式"复合词和"使动式"复合词统称为"补足式"复合词（completive verb compound）。在此基础上，他把动词后成分（postverb）按语义功能区分为 6 个小类：

1) 变态：如破，死，成，坏等。

2) 方向：如掉，开，倒，透等。

3) 动作：如着，住，成功，起来，下去等。

4) 心理：如懂，惯，见，清楚，明白，会，定等。

5) 穷尽：如掉，光，尽，脱等。

6) 定性：如白，大，光，紧等。

周晓康（1988，1993）受到英国系统功能语法学家福赛特（Fawcett）的影响，认为在汉语及物性中存在过程不如"方位句"（locational clause）更能表现汉语的特征。为此，她根据方位句的静态与动态、载体的简单型与复杂型、载体的出现与消失、方位词与主位的重合与否、方位词与新信息的重合与否、作为主位的方位词的显明性与隐含性、施动的有无，整理了方位句的系统网络，概括了以下几种句型：

(7) a. 画在墙上挂着。(静态；简单载体；非主位)

b. 山上有座庙。(静态；简单载体；主位；显明)

c. 有一座庙。(静态；主位；隐含)

d. 画挂在墙上。(静态；受动/载体；无施动；非主位；新信息)

e. 画在墙上挂着。(静态；受动/载体；无施动；非主位；修饰语)

f. 墙上挂着一幅画。(静态；受动/载体；无施动；主位；显明)

g. 挂着一幅画。(静态；受动/载体；无施动；主位；隐含)

h. 我把画挂在墙上了。(静态；受动/载体；有施动；非主位；新信息)

i. 我在墙上挂了一幅画。(静态；受动/载体；有施动；非主位；修饰语)

j. 墙上我挂了一幅画。(静态；受动/载体；有施动；主位)

k. 一个男孩坐在床上。(静态；施动/载体；非主位；新信息)

l. 一个男孩在床上坐着。(静态；施动/载体；非主位；修饰语)

m. 床上坐着一个男孩。(静态；施动/载体；主位；显明)

n. 坐着一个男孩。(静态；施动/载体；主位；隐含)

o. (从) 远处过来了一个人。(动态；出现；施动/载体；显明；来源)

p. 我们这里来了个客人。(动态；出现；施动/载体；显明；终点)

q. 来了个客人。(动态；出现；施动/载体；隐含)

r. (在) 我们村里出了个名人。(动态；出现；受动/载体；显明)

s. 出了个名人。(动态；出现；受动/载体；隐含)

t. 监狱里跑了个犯人。(动态；消失；受动/载体；显明)

u. 跑了个犯人。(动态；消失；受动/载体；隐含)

v. 村子里死了一头牛。(动态；消失；受动/载体；显明)

w. 死了一头牛。(动态；消失；受动/载体；隐含)

上述系统对方位句的语义分类是比较透彻的，但有些例句（如例 h，i，j，t，u，v，w）如何与物质过程划界需进一步讨论；福赛特和周晓康的系统中像"我正在往墙上挂一幅画"都成了方位句，许多人持有异议。

唐立中等人（1993）对现代汉语存在句做了深入分析，他们总结出 4 种句型：

(8) a. 书桌上有一支铅笔。（"有"字句）

b. 有一支铅笔在书桌上。（"在"字句）

c. 山坡上是苹果树。（"是"字句）

d. 马背上骑着一个孩子。（"着"字句）

唐立中等人观察到：

1）"有"字句和"在"字句存在着句型转换关系，如例 8 中 a → b；

2）表达关系过程的"有"字句不能转换，如：

(9) 张发有一辆小轿车。→ * 有一辆小轿车在张发。

3）关系过程的"有"字句有被动形式，而存在过程的"有"字句则无，如：

(10) a. 这辆小轿车为张发所有。

b. * 书桌为一支铅笔所有。

4）表达存在功能的"是"字句与"有"字句相当，如：

(11) a. 山坡上是苹果树。

b. 山坡上有苹果树。

5）有的"在"字句前可加上"有"字，如：

(12) (有) 一只猫蹲在炕头上。/ 在炕头上有一只猫蹲着。

6)"着"字句可转化为"在"字句,即将存在物调到句首,去掉"着"字;将存在环境移至句尾,前加"在"字,如:

(13) 黑板上写着字。→ 字写在黑板上。

如果说,周晓康的方位句在精密度上较为深入,唐立中等人的存在句所概括的句型则更为全面,尽管如此,以上的分析只能说明表层结构之间的相互转换,整篇论文的新意在于他们还能用信息理论对不同句式的体现做出功能主义的解释。唐立中等指出,"有"字句和"在"字句的不同在于表达不同的新信息,如"有"字句把存在物当作信息核心,而"在"字句把存在环境当作信息核心。又如,"着"字句的句首为存在环境(例 12),通常是确定的方位,故是已知信息。但句型的转换有时出于信息理论,有时也可出于主位理论。例 8 的 a 句和 b 句的"有一支铅笔"都可以是新信息。如把例 8b 句的"在书桌上"作信息核心处理,读起来非常别扭,这时,句型的转换应该是为了体现主位选择上的不同(例 14 和 15)。

(14) 书桌上   有   一支铅笔。
  存在环境   存在过程   存在物
   主位   述位
  已知信息   新信息

(15) 有   一支铅笔   在书桌上。
  存在过程   存在物   存在环境
   主位   述位
新信息 (标记)   已知信息

最后,上述作者为我们提供了一个系统网络,可作为进一步讨论的基础,见图 1。

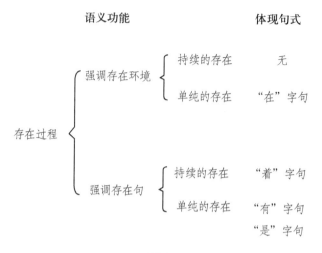

图 1

2. 语态

传统语法主要根据动词形态来区分主动语态和被动语态。在英语中表现为"been"的形式出现与否，汉语则有"被"字句、"给"字句和"为……所"等句式。但从小句范围看，语态并不完全为动词或其他形式所左右。试见表1。

表1：汉语语态描写方法的比较

	功能语法（按语义区分）		传统语法（按形式区分）	举例
中动态	中动	动作者	主动	房子塌了。
中动态	主动	动作者，目标	主动	张大妈卖房子。
中动态	主动	动作者，受益者，目标	主动	张大妈卖给老李一间房。
中动态	主动	动作者，（目标）	主动	张大妈不卖。
中动态	被动	目标，动作者	被动	房子被张大妈卖了。
中动态	被动	目标，（动作者）	被动	房子被/给卖了。
中动态	被动	目标，（动作者）	被动	房子不卖/房子卖了。

从表 1 可以清楚看到：1) 功能语法首先是从"动作者""目标"等参与者和过程的语义关系来区别主动语态和被动语态的。当一个小句经"动作者"实现某过程时，所表达的语义为主动语态；反之，从"目标"追溯至过程以至"动作者"时，则为被动语态。如果一个过程在语义上要求两个参与者而其中之一在词汇句法层未出现，不影响对语态的判断。只有句中的过程从语义上只要求一个参与者时才是中动态；2) 从另一个侧面看，语态的功能归根结底是解决语序问题。既然有的过程要求两个参与者，语言使用者必然面临从哪一个参与者说起的选择。这样，决定语序的不仅仅是及物性，还应当考虑语态功能。

原来认为不存在被动语态的句型仍然有主被动的区分。

(16) a. 小王是我们的班长。（主动）

　　b. 我们的班长是小王。（被动）

为什么例 16 中的 a 句是主动语态，b 句是被动语态呢？系统功能语法是这样解释的：在认同句型（identifying type）中，除了两个参与者——被认同者和认同者外，在语义上还存在着另一对语义功能，即孰为"符号"（Token），孰为"价值"（Value）的区分。"符号"指参与者表达的有关记号、名称、形式、持有者、占有者等语义，"价值"指意义、参照、功能、地位、角色等语义。当主语与符号重合时，该小句属主动语态，当主语与价值重合时，该小句属被动语态。故例 16 可进一步分析如下：

a. 小王　　　　　　　是　　　　　　　我们的班长。

　主语　　　　　　　谓语

被认同者/符号　关系过程:认同型　　认同者/价值

b. 我们的班长　　　　是　　　　　　　小王。

　主语　　　　　　　谓语

被认同者/价值　关系过程:认同型　　认同者/符号

例 16b 算作被动语态还可以从其变式"我们的班长由小王担任"佐证。例 17 提供更多的主动语态，例 18 为被动语态。

(17) 姜文　　　　是 (扮演)　王起明。

　　　X　　　　　是 (代表)　未知数。

　　张洁　　　　　是　　　　她的名字。

被认同者/符号　　关系过程　　认同者/价值

(18) 王起明　　　是 (由……扮演)　姜文。

　　未知数　　　　是 (由……代表)　X。

　　她的名字　　　是 (被叫作)　　张洁。

被认同者/价值　　关系过程　　认同者/符号

3. 语气

在现代汉语语法研究中，语气是从广义上理解的，王力曾区分 12 种语气。在系统功能语法中把语气至少分成"语气"（Mood）和"情态"（Modality）两个系统。这里指的是狭义的语气，即表示陈述、疑问、祈使、惊叹等语义。

汉语的语气系统明显地不同于英语的语气系统。如果说英语的语气的主要成分为"主语"和"定谓成分"（Finite element），它们的配列体现不同语气，那么汉语主要依靠疑问词和惊叹词的使用。疑问语气系统最能反映汉语的特点，我们对 2552 个问句进行了分析，观察到：1)"吗"主要在一般疑问语气中出现，在 1138 例中出现 535 次，其次为"吧"117 例，"啊"48 例；2) 以陈述句形式，即零形式，出现的疑问句多达 339 例，其出现率远远大于英语；3) 句末的疑问语气词也出现在特殊疑问句和选择问句中。在上述研究的基础上，最近我对疑问语气系统做了进一步的研究，并提出如下观点。

1) 为了便于讨论，在李—汤姆孙（Li and Thompson 1981）的 4 种按形式区分的模式的基础上，归纳出以下 5 种形态。

(19) Q1 你请谁吃饭？(使用特殊疑问词)

　　Q2 你去还是他来？(两个并行结构)

　　Q3 我们吃水果，好不好？(附加问句)

　　Q4 他在那儿散步吗？(使用一般疑问词)

　　Q5 先生是主张非战的？(零形式)

2) 汉语既然有大量零形式的疑问句，势必依赖微升调来表达疑问语义，因而疑问语气是一个多层次系统。

3) 有些重合形式实际上是为了体现不同的语义。例 20 和 21 似乎分别是 Q1 和 Q4，Q2 和 Q4 的重合。这种又是特殊提问又是一般提问不合逻辑。实际上，疑问语气主要是通过 Q1 和 Q2 体现的，下述二例中的 Q4 更接近于表达情态功能。

(20) 谁 (Q1) 当秘书呢 (Q4)？

(21) 态度友好不友好 (Q2) 呢 (Q4)？

4) 我们还注意到以下一些例句：

(22) 我不去了，怎么样？

(23) 朱先生是名教授，啊？

(24) 哎？这是谁的两匹布？

(25) 嗨？你这人咋回事呢？

例 22 和例 23 的第一部分均为陈述，体现不出疑问语义，因此伴以升调的"怎么样"和"啊"，起到提示前述部分为问句的作用。反之，例 24 和例 25 的第二部分都已出现特殊疑问词，故伴以升调的"哎"和"嗨"，起到提示后述部分为问句的作用。

5) 鉴于上述第三点谈到有些疑问形式实为表示情态的人际功能，而第四点表示衔接的语篇功能，可以认为作为人际功能的语气系统中还存在着第二层次上的元功能。

4. 情态

现代汉语中有能愿动词，相当于系统功能语法中的"情态"（Modality）功能的一种体现形式。韩礼德把情态又进一步区分为"情态化"（Modalisation）和"意态"（Modulation），我认为韩氏在某种程度上受到他导师王力的影响（胡壮麟 1992)。试比较：

王力　　　韩礼德

能愿式　modality (情态)

可能式　modalisation (情态化)

意志式　modulation (意态)

但韩礼德是在系统功能语法的框架中处理这个问题的。他的模式有利有弊。不足之处是他的"意态"和"情态化"常使人混淆。韩礼德认为"情态化"主要表达说话人对事物可能性的推测、估计、评论，因而属人际功能，而"意态"是对事物的客观表达，事实上，意态还是离不开说话人的主观意识的，如：

(26) 你可以去见她。

你应该去见她。

你必须去见她。

你无论如何要去见她。

例 26 中的不同表达式反映了说话人对完成某一件事的意志和口气有强有弱。因此，我认为情态与意态在语义上固有差别，在元功能上是一样的，都属人际功能。值得一提的是韩礼德的情态和意态是一个功能范畴，在语言中它们可用不同形式体现，能愿动词仅是表达方式之一，这拓宽了人们的视野，如例 27 所示。

(27) 他可能去见他。(情态：能愿动词)

也许他去见她了。(情态：副词)

他去见她是可能的。(情态：形容词)

他去见她有这个可能。(情态：名词)

他应该去见她。(意态：能愿动词)

他去见她是应该的。(意态：形容词)

他去见她有这个必要。(意态：名词)

5. 主位

系统功能语法认为人们说的每句话都有一个从何谈起的问题，或如何组织自己的思想，在语言中体现这个功能的叫作"主位"（Theme）。句子中其他成分都是围绕这个主位展开的，被展开的部分叫作"述位"（Rheme）（Halliday 1985）。

我国汉语界长期以来对主语这个术语有不同认识。这是因为主语有时承担多种功能，讨论者各执己见，莫衷一是。系统功能语法的观点是区分三种功能，即逻辑主语，由概念功能下的及物性的某些参与者如"动作者"（Actor）表达；语法主语由人际功能下的语气成分——主语表达；心理主语，由语篇功能下的主位表达。由于汉语并不依赖语法主语来表达语气，对这三种功能需重新定义。方琰（1990）提供如下定义：

主语——被谓语陈述的对象

施事——动作者

主位——信息的出发点或起点

第一和第三个范畴比较清楚，第二个值得商榷。这是因为在功能语法文献中"施事"（Agent）和"动作者"（Actor）并不同义。试比较：

(28) 张三（动作者）打了李四（目标）。

(29) 张三（施事）让他儿子（动作者）打了李四（目标）。

其次，这个定义只能说明"张三打了李四"中的"张三"。如果分析"张三被李四打了"中的"张三"就不适用，因为"张三"已不再是"动作者"。为提高一个定义的概括力，是否可把第二点改为"参与者——与及物性中的过程有关的成分"？

系统功能语法的主位理论还认为：信息的出发点与起点不一定总是由名词词组体现的参与者。人们说话完全可以从由名词词组、副词词组、介词短语体现的环境因子或情态开始。这是上述理论与"主题—述题"（Topic-Comment）理论的分野，此处转录方琰提供的一些例句（T = 主位，S= 主语，A= 动作者，G= 目标，R= 述位，C= 载体）。

(30) 审判员 (T/S/A) 审判罪犯。

　　罪犯 (T/S/G) 被我们 (A) 判处五年徒刑。

　　北京 (T) 我 (A/S) 没有去过。

　　这个字 (T) 我 (A/S) 不认识。

　　自行车 (T/G) 骑走了。

　　电灯 (T/G) 修理好了。

　　窗台上 (T) 鲜花 (S) 摆满了。

　　老王 (T) 我 (S/A) 昨天还见到他。

　　祖国 (T) 这 (S/C) 是多么庄严的名字。

　　这个人 (T) 头脑 (S/C) 清楚。

　　最近，方琰等正在研究主位的系统网络，其语料既有简单小句的，也有复句的。对汉语主位描写有待讨论的一个问题是"标记性" (Markedness)，特别是状语的位置 (方琰、艾小霞 1993)，这在英语里不成问题。

(31) a. I (T/S/A) went to the library yesterday.

　　b. Yesterday (T) I (S/A) went to the library.

　　例 31b 中的"Yesterday"是标记主位，因为通常状语在主语和谓语之间或句末出现。但在汉语里一般不存在句末出现的情况。

(32) a. 我 (T) 昨天去图书馆了。

　　b. 昨天 (T) 我去图书馆了。

　　其次，只有在分析大量语料的基础上，才能确定 b 式中的"昨天"是标记主位，还是非标记主位。同样的问题在复句中也存在。方琰等认为汉语中从句在前是非标记的 (例 33a)；反之，是标记的 (例 33b)。但表示结果或目的的从句是个例外，在主句后出现才属正常 (例 33c)。

(33) a. (由于) 书中没有一一注明，在此向有关作者表示谢意。

           主位   述位

   b. 就其性质而言，是交叉学科，因为它……

          主位 (标记)   述位

   c. 书末附"现代语言学讲座"，供读者参考。

         主位   述位

6. 信息理论

系统功能语法的信息理论包括这样一些基本观点：1) 人们说话总是把语流切分成若干个"调群"(tone group)，通常一个调群相当于一个小句，但不排斥一个调群体现若干个小句或一个小句由若干个调群体现的特殊情况；2) 每个调群中有一个语调核心，它体现说话人想表达的重要信息，这就是"新信息"(New)；3) 调群往往从已知信息开始，过渡到新信息，从而呈现"已知信息→新信息"的结构；4) 如新信息在调群其他部位出现，是标记的，或表示对比语义。前三点可以例 34 示意 (Halliday 1985)。最后一点由例 35 和例 36 说明。

(34) 我   在附近有个同学。

   已知 ——→ 新

(35) 中国的王军霞打破了三千米世界纪录。

        新 ————→ 已知

(36) 她没有露面，你倒是来了！

    新 →已知   新→已知

信息理论处理的是音系层的范畴，按理说与词汇句法层无关，但新信息和已知信息既然存在一个出现先后的问题，必然在词汇句法层有反映，因而也可以用来说明语序的形成。信息理论表明，汉语的"被"字句不仅仅是一个机械性的"被动化转换"(passivization) 问题，重要的是说话人为了把过程处理为新信息。请比较例 37 中的 a 句与 b 句。

(37) a. 那辆出租车撞了一个骑自行车的。

　　　已知 ————————→ 新

　　b. 一个骑自行车的被那辆出租车撞了。

　　　已知 ————————→ 新

同样，汉语的"把"字句也是为了把过程处理为新信息。

(38) a. 我看透了你这个人。

　　　已知 —→ 新

　　b. 我把你这个人看透了。

　　　已知 ————→ 新

　　需要说明的是上述的讨论是凭逻辑和经验做出的。信息理论既然是音系层的范畴，对新信息和已知信息的描写应通过收集活的语料并对语流做频谱分析验证，这方面的工作在我国似乎尚未起步。

7. 衔接

　　系统功能语法的一个特征是强调对语篇语法的研究。所谓衔接理论，就是语篇语法的核心，即各个句子是通过什么手段实现文字通顺、意义连贯的。就汉语来说，这方面的工作进行得最早，但由于种种原因，这项研究成果的概要直到 1992 年才正式发表。[1]

　　韩礼德—哈桑模式的五种衔接类型似乎也受到王力的影响，对汉语颇为适用。例 39 的语料取自茅盾的《子夜》。

(39) a. 雷鸣也要上前线去了！这就证明了前线确是吃紧，不然，就不会调到他。
　　（指代接应：第二句中的"这"回指第一句，"他"回指第一句中的"雷鸣"。）
　　b. ……她们又要求米贴，前次米价涨到 20 元一石曾要求过，这次又是。

---

[1] 参看胡壮麟，1992，《韩礼德—哈桑的接应模式和汉语话语接应问题》，载北京市语言学会编，1992，《语言研究与应用》。北京：商务印书馆。299-315。

（替代接应：第二句中的"是"替代了第一句的"要求米贴"。）

c. 在一个很大的布伞下，四小姐又遇到认识的人了。是三个。[省略接应：结合前句，应是"三个（认识的人）"。]

d. ……我从没见过他办一件事要花半天功夫！何况是那么一点小事，他只要眉头一皱，办法就全有了！（连接接应：通过"何况"，在第二句中陈述了新的理由。）

e. 大门外 10 个工人代表中间却又多了一个人。是武装巡捕，正在那里弹压。（词汇搭配接应：第一句中的"人"是泛指词，下指"武装巡捕"。）

汉语终究具有自己的特征，故有必要对韩礼德—哈桑模式做些修正。

1）语篇接应单位的界限。系统功能语法强调句与句之间的衔接接应，但汉语多流水句，对句点的使用不如英语那么严密，因此，汉语的接应也可见之于长句中的小句。如例 40 中引用的一段话才一句话，不能说其中的小句之间不存在衔接问题。

(40) 现代派里是什么人都有的：从无政府主义者直到法西斯主义分子，其出发点与归宿也不相同，然而有一点是共同的，即他们都意识到二十世纪初在科学和生产上的巨大进展给资本主义世界带来了新的更尖锐的社会矛盾，于是他们要求用新的语言、新的艺术手法来表达新的现实和他们在这样一个变动时期的新的心情。（王佐良：《英语文体学论文集》）

2）接应类型。在韩礼德—哈桑模式中没有重复接应或结构接应或句法接应，只有词语重复。但词汇重复并不能包括连同功能词在内的整结构的重复。例 41 中的"怎么死的"，既是词语重复，也是结构重复。

(41) "怎么死的？"
"怎么死的？——还不是穷死的？"（茅盾：《子夜》）

事实上，正是存在着词组或小句的结构接应，才能通过两个结构的对比，回找被省略的成分。再者，有省略，也应当有添加，即在原结构基础上添加新的词语。下例中"一个大大的英雄"只有与"一个英雄"衔接后才能体现"大大的"这个新增词语的强调意义。

(42) 敢于这样做的人，难道不是一个英雄吗？可以肯定说是一个英雄，一个大大的英雄。(翦伯赞:《内蒙访古》)

省略与添加相合产生交替接应，这是排比句的语法基础，如例 43。

(43) 这是革命的春天，这是人民的春天，这是科学的春天！让我们张开双臂，热烈地拥抱这个春天吧！(郭沫若:《科学的春天》)

最后，下例中的"并合"(merging) 也离不开结构上的完整性，从而实现语义上的连贯性。

(44) "怠工的原因是——?"
"要求开除薛宝珠。"(茅盾:《子夜》)

3) 衔接的多层次概念。有关音系层的衔接因素在韩礼德—哈桑模式中没有明显反映。其实，格律和韵脚等范畴在古体诗中广为运用，在现代诗中也不罕见，甚至在散文中也时有出现，使形式美和韵律美高度统一。

(45) 我们以我们的祖国有这样的英雄而骄傲，我们以生在这个英雄的国度而自豪。(魏巍:《谁是最可爱的人》)

4) 形合联结和意合联结。韩礼德—哈桑模式中的连接接应只提在上下文中出现连词的情况，这是形合联结。但汉语中更多地依靠意合联结。如果说省略是替代的零形式，不妨把意合联结看作是连接接应的零形式。

(46) 刘臻对丁壮壮突然兴趣大增。(于是) 他走了过来，既没说让他走，也没让他留。(因为) 他想逗一下这几个小伙子。(水运宪:《风暴》)

5) 本义关系、场制约关系和话语制约关系。韩礼德—哈桑模式中的词汇搭配关系主要指的是本义关系，但在一定的语义场的情况下，一些本来未能建立语义上联想的词可以具有关系，如下例中的"盘""灯""榻""枪"都与抽鸦片烟的语境有关（例47）。另有一些词汇则受制于语篇假设的特定语境，如《子夜》中的"吴荪甫"在小说中被不同亲友和属下可称呼为"三哥""三弟""表叔""三老爷""吴老板""荪甫"等。

(47) 冯云卿陡的跳起来说，几乎带翻了烟盘里的烟灯。姨太太扁起嘴唇哼了一声，横在烟榻上拿起烟枪呼呼地就抽。（茅盾：《子夜》）

结束语：本文只介绍系统功能语法对汉语小句和语篇的研究。限于篇幅，未能涉及所有领域，望能见谅。最后，本人想借此机会重申这样一个呼吁，目前以系统功能语法研究汉语分析的主要是从事英语教学的人员。隔行如隔山，在讨论问题时难免不得要领。要取得系统性的、突破性的进展还有待于汉语界的重视和努力。

参考文献

Fawcett, R. P. 1980. *Cognitive Linguistics and Social Interaction*. Julius Groow Verlag Heidelberg & Exeter University.

Halliday, M. A. K. 1985. *An Introduction to Functional Grammar*. London: Edward Arnold.

Li, C. & S. Thompson. 1981. *Mandarine Chinese: A Functional Reference Grammar*. California University Press.

Macdonalq, E. 1990. *Completive Verb Compounds in Modern Chinese: A New Look at an Old Problem*. Manuscript. Peking University.

方琰, 1990, 浅谈汉语的"主语"——主语, 施事, 主位, 载胡壮麟编,《语言系统与功能》。北京：北京大学出版社。53-62。

方琰、艾小霞, 1993, "A Tentative Thematic Network in Chinese", 第20届国际系统功能语法研讨会论文。加拿大维多利亚大学。

胡壮麟, 1982, *Textual Cohesion in Chinese*, M. A. (Honours) Thesis. The

University of Sydney。

胡壮麟，1982，国外汉英对比研究杂谈（一），《语言教学与研究》1982（1）：116-126。

胡壮麟，1989，语义功能与汉语的语序，《湖北大学学报》（4）：53-60。

胡壮麟，1990，小句与复句，载胡壮麟主编，《语言系统与功能》。北京：北京大学出版社。

胡壮麟，1991，功能主义纵横谈，《外国语》（3）。

胡壮麟，1992，韩礼德—哈桑的接应模式和汉语话语接应问题，载《语言研究与应用》：299-315。北京：商务印书馆。

胡壮麟，1992，王力与韩礼德，载《纪念王力先生九十诞辰文集》。济南：山东教育出版社。26-44。

胡壮麟，1993，英汉疑问语气系统的多层次和多元功能解释，第三届系统功能语法研讨会论文，杭州大学。

胡壮麟、朱永生、张德录，1989，《系统功能语法概论》。长沙：湖南教育出版社。

李淑静，1990，英汉疑问语气初探，《北京大学学报（英语语言文学专刊）》：74-81。

李淑静、胡壮麟，1990，语气与汉语的疑问语气系统，载胡壮麟主编，《语言系统与功能》。北京：北京大学出版社。88-107。

唐立中、杨华、樊中元，1993，从存在过程析现代汉语的存在句，第三届系统功能语法研讨会论文，杭州大学。

王力，1985，《王力文集第二卷：中国现代语法》。济南：山东教育出版社。

周晓康，1988，从及物性系统看汉语动词的句法—语义结构，《北京大学研究生学刊》。

周晓康，1993，汉语方位句，第20届国际系统功能语言学研讨会论文。温哥华。

力争与世界同步的中国语言学 [1]

（本刊 6 月 4 日曾刊登中国社会科学院语言研究所赵世开研究员在清华大学语言学学术研讨会上的发言《语言学研究在中国：回顾和展望》。本文是胡壮麟教授在会上对赵世开研究员发言的回应，同时也回顾了自己治语言学的经历，以及对建设"中国品牌"语言学理论提出自己的看法。）

考虑到目前的语言学研究者对国内外语言学研究的最新动态和对 21 世纪的前瞻性探索，我感到十分兴奋。现就自己的研究心得提出下列问题，仅作为与有关语言学问题的回顾和思考。

1. 语言学和语言学家

在清华大学举行的这次语言学学术报告会上，有北京语言大学方立教授与会，这不禁使我想起一段历史。那就是，在外语教师中，原来没有"语言学"的概念。直到改革开放后的 1977 年，教育部与英国文化委员会联合聘请了英国专家杰福里·利奇（Geoffrey Leech）来华讲学，在北京举办的讲习班为时 1 个月。来自北京各高校的老师对利奇提出讲课要求时，最初只是希望他谈谈英语语法的最新变化。通过对一些问题的讨论，才了解语法学的发展是受语言学理论的影响的。也正是在这个讲习班上，我们才开始了解功能语法和转换生成语法等新理论的概貌。如果说中国社会科学院的建制中早有语言学研究所，我国一些大学的中文系早就设立了语言学专业，那么在外语院系中则是近二三十年才有人从事语言学的研究或应用的。但不管怎么样，这已经多少反映了我国语言学研究发展和普及的一个侧面。

由于在清华的会议上，不少发言者使用了"语言学家"一类词语，我感到

---

[1]　本文原载于《中华读书报》2003 年 6 月 18 日。

模糊了。因为在我印象中，只有像赵元任、吕叔湘、王力、朱德熙等才算是"语言学家"（linguist）。我请教英语词典 *Cobuild*，它给了两条定义。第一条是：A linguist is someone who is good at speaking or learning foreign languages. 就是说，能说和用若干外语者都是 linguist。难怪过去与外宾接触时，我跟他们说我是教英语的，经常获得"Oh, you are a linguist！"这样的回答。第二条定义是：A linguist is someone who studies or teaches linguistics. 这句话中的 studies 既可指学习，也可指研究，我似乎也沾边。至于 teaches linguistics，我也教了一二十年的各种语言学课程。我又找了《牛津进阶英汉双解词典》核实，注解也是这两条。但这部词典有汉译文，把前者译为"精通数国语言者"，把后者译为"语言学家"。在这个意义上，"语言学家"不一定非是大家。可我还是忐忑不安，像我们这类外语教师半路出家，尚未修成"正果"的，能否叫作"语言学家"？于是我查阅《现代汉语词典》，对"家"的第 5 条的释义为："掌握某种专门学识或从事某种专门活动的人。"《辞海》也提供了内容基本相同的解释。这里，有两点值得讨论：外语系的教师讲授语言学课程，是否算"专门学识"或"专门活动"？第二，外语教师该达到何种水平或程度才算"掌握"？这个问题需要统一认识，这有利于语言学发展，壮大语言学队伍，避免出现据说我国某一学派，全国才两个半人够格的情况。

2. 为什么在中国搞功能语言学的人多了

赵世开先生在发言中提到，世界范围内，搞生成语法或形式主义的人多；独有中国，搞功能语法的人多。如何解释这种现象，"反常"还是"不反常"？在钱军教授编的《语言学——中国与世界同步》一书中，第一篇即为我的老友徐烈炯先生写的"功能主义与形式主义"一文。他为此事专门找过韩礼德教授进行讨论。读者们可从该文中获得不少启示，不在此赘述。

国外搞生成语言学的多于搞功能语言学的，差别有多少我不太清楚。因为我接触的英国、澳大利亚、加拿大等国的语言学家似乎搞功能主义的多。在美国我接触的也是搞功能语言学的，如 Wallace Chafe、Sandra Thompson、Charles Li 等人。

这里谈谈我个人的思想变化。我最早是和北京语言大学的方立教授一起搞转换生成语法的，并合作写过一些介绍该语法流派的文章。我个人曾尝试将该语法作为理论基础，给北京大学工会办的教师进修班讲语法。理科的教师很欢迎，事后见到我说他们当时很受益于我的"数学语法"。为此，我准备写一部转换生成教学语法的书，其中一章为"论英语关系结构"，在北京语言大学的学刊上发表。这部书最后没有写出来，理由很多：1）我有一两章寄给杂志社后未录用，也未见退稿，积极性也降低了；2）我被当时的国家教委派往澳大利亚进修，临行前中国社会科学院语言研究所赵世开先生鼓励我去那边向韩礼德学习国内不太清楚的伦敦学派，后来又要我研究语用学，这样，继续搞生成语法已精力不济；3）我回国后，方立先生曾勉励我跟他一起研究 Zwicky 的界面语法以及蒙塔哥语法、数理语法等。我因为中学时数学底子太差，只好向方立先生表示我跟不动了。蒙他照顾，让我继续在功能语言学方面发展；4）1983 年我参加在黑龙江大学召开的中国第一届生成语言学研讨会。我当时一直认为 20 世纪下半叶语言学的转向主要是研究语言的生成问题。每一种语法都要以自己的理论去回答这个问题。后来在会议的闭幕式上了解到要百分之百的乔姆斯基的学者才能参加筹建中的生成语言学会，于是我又回校研究我的功能语言学了。当然，在我心目中仍然认为功能语言学也研究语言生成问题；5）没有多久，听说乔姆斯基本人宣布他的理论不是为教学用的，而是解释人类为什么能习得语言的机制。作为外语教员，我无力向心理语言学发展，趁早止步。

有一点对我印象一直很深。澳大利亚悉尼大学语言学系有两个方向：理论语言学和应用语言学。这是韩礼德的一贯观点：理论必须与应用结合。理论要为应用服务，要解决实际应用中的问题，才能证明理论的价值；实际中的问题为理论研究提供了有待深入的课题，可推动理论研究。我想，功能语言学的生命力就在于此。广大语言（汉语和外语）教师确实希望从语言学理论的研究成果方面得到一些指导。同样，我在上面谈到的"语言学家"的标准如果定得过高，只是少数人的事。这是人才学中如何处理"阳春白雪"和"下里巴人"的事。

再一点也是我过去多次说过的，形式主义和功能主义之间没有不可逾越的鸿沟。不管你同意与否，形式主义对某些范畴已开始做较多的功能主义的标记和解释；功能主义则从来没有反对过对功能作形式的描写。所不同者，功能主义认为功能是第一性的，形式是功能的体现。我也指出过，两者有时分离，有时接近，但不可能永久合一。只有两者并存和挑战，才能推动语言学科的发展。

3. 两股力量的联合

赵世开先生在发言中提出的另一个问题是，国内现在似乎汉语语言学工作者和外语语言学工作者各搞各的，没有形成一股力量。这是一个老问题。我曾经在上海召开的国外语言学研讨会上说过，汉语语言学工作者由于外语底子薄弱，不能及时掌握国外新理论的信息，更不要说直接把外语作为语料；而从事外语语言教学的语言学工作者许多是半路出家的，对汉语语言事实不敢妄自评论，而本专业的学术委员会又要他们的研究以外语为主。在这个意义上，这种分工是正常的。

其次，我认为经过几年的努力，情况已有改善。中文系语言学专业学生的英语水平已大为提高，北京大学出版社的《语言学教程》中译本便是这些年轻学子努力的成果。第二，国内有关功能语言学、语篇分析、符号学的一些年会上，组织者多次强调尽可能把汉语作为大会工作语言。如有外国学者与会，由会议筹办单位指定专人个别翻译。

为了消除两张皮，必然涉及创建语言学系。这样，语言学系的师生不会区分汉语或外语，而是把语言作为研究对象。困难是有的，回想当年朱德熙先生作为北京大学副校长曾多次建议设立语言学系，但未能如愿，这便是一例。希望也是有的，如国内已有华中师范大学和湖南大学两家设立了语言学系。这是一个突破。中国办事的规律，往往一旦突破后，将会有更多学校创建语言学系。

但是我认为更重要的问题是，语言学作为一门领先的学科，要向领导和人们证明它的价值。例如，语言（母语、第二语言、外语）教育如何得益于语言学的研究成果？当代各学科的发展如何借助于符号学、隐喻学的思想？国外情报工作者如何通过词汇学和句法学的知识破译密码、通过语音学的发声原理，从说话人的口型研究其讲话内容，获得情报？语音学和音系学的研究如何有助于言语矫治？在计算机科学的发展中语言学知识已起到哪些积极作用？我想，纯理论研究是需要的，但人数不可能太多。这需要语言学工作者有一定的思想准备。

4. 创建中国的语言学理论

从 20 世纪 80 年代开始，我国有关语言学的文章已日益增多。大致可分为两个阶段。第一个阶段是引入国外的理论，这是必要的。因为我们不可能让所有的与语言学有关的专业人员去国外进修学习，而本土的专业人员不一定能接触所有的新资料和读懂已有的资料。我们应该肯定这些引进者的工作，正如我们不必要对一百年前的《马氏文通》的作者过于苛求一样。第二个阶段表现在国内的许多学者已注意将新理论应用于实际，有的用来分析某些语言事实，特别是结合汉语事实；有的用来指导教材编写和教学实践；有的推行在这些理论指导下的新教学法；有的从事语篇分析、语类分析和文体分析等；有的进行语言对比研究、翻译研究、人工智能研究等，不一而足。

第三个阶段是通过理论的实际运用，对原有理论的某些方面作些修正。这是很重要的一步，是准备腾飞的一步。就我所熟悉的功能语言学研究者的工作来看，已有一些文章展开与韩礼德，Fawcett、Goatly、Rose 等功能语言学家的讨论，其目的是推动功能语言学的发展。就生成语言学的情况看，听说有位资深学者写了几篇文章，说明乔姆斯基的某些规则不适用于汉语，竟受到乔姆斯基的一些学生的不满和反击。但愿我听到的并非如此。总的来说，我国语言学研究处于从第二向第三过渡的阶段。正如一位俄罗斯的学者所观察的，从他收集中国同行的论著看，基本是介绍性的，最多也是评论性的。

即使是全部进入第三阶段，我们仍然是跟着别人的理论走，运用别人的理论。真正要使中国的语言学研究与世界同步，便要进入第四个阶段，即创建中国品牌的语言学理论。这是对中国形式主义者和功能主义者的共同要求。到目前为止，真正对这个问题在思想上有准备者，当推北京大学徐通锵先生的字本位理论。不过，对这个理论如何具体化、如何具有系统性和可操作性，正如徐先生说，需要数代人的努力。这就是说，有许多工作要做，首先是培养具有创新精神的年轻学者。第二，要设法解决共同语言。完全按西方语言学的描写方法，不能充分描写汉语的特异性；反之，过分照顾汉语的特异性，便无法与世界接轨。正像我国在宋朝已有足球游戏了，但拿当时的游戏规则与今天世界足球联合会制定的规则抗衡是得不到结果的。如何解决这个矛盾? 这要靠大家来集思广益。这有待中青年语言学家的努力。第三，要有一种宽容的态度。中国的治学传统强调严谨和考证，是优点；但不太鼓励大胆假设和演绎，是缺点。杨周翰先生在世时，曾明确表示，归纳只能原地踏步，真正有创新非得演绎，非得依赖思维的跳跃不可。在这一点上，我认为乔姆斯基的魅力在于他敢于做假设，敢于否定自己，敢于修正自己的假设。话又说回来，如果乔姆斯基或韩礼德长在中国，他们能成才吗? 他们要成立一个学会方便吗?

发展中国特色的语言理论研究
——纪念高名凯先生诞生 100 周年[1][2]

高名凯（1911—1965）先生离开我们已经 45 周年了。他个人虽然有幸逃过"文化大革命"一劫，但他的早逝对我国汉语语法学和普通语言学的研究毕竟是一大损失。尽管在这半个多世纪中，国内外语言学研究有了许多重大突破和发展，高名凯先生所留下的不少理论和方法对推动当代语言学研究仍有巨大意义。在这方面，国内不少学者，如石安石（1995）、徐通锵（2000）、林玉山（2005）等均有系统深入的分析。徐通锵（2000）先生评价高名凯先生在语言理论研究方面的建树时特别指出：纵观他的四部著作，即《汉语语法论》《普通语言学》《语法理论》和《语言论》，以及根据其重要散篇论文汇编的《高名凯语言学论文集》，均可见到一个"论"字贯串始终。从我国理论语言学的研究现状看，今天我们纪念高名凯先生，还是要突出这个"论"字，也就是说，通过学习高名凯先生如何从事语言理论的研究来推动具有我国特色的语言理论研究，从而改变我国在理论语言学研究方面的落后局面。

1. 对国外语言学理论的扬弃

同王力和吕叔湘先生一样，高名凯先生在介绍西方语言学理论方面做了大量工作，对我国 20 世纪语言学的研究起到了引领作用。

高名凯先生曾留学法国，因此他早期的语法思想受到法国语言学家和法兰西学派汉学家思想的影响，比如，把句子分成名句和动句的思想来自房德里耶

---

[1]   本文原载于《当代外语研究》2011（3）：1-6。

[2]   1979 年 1 月我在澳大利亚悉尼大学语言学系进修时，系主任韩礼德先生从他办公室的书架上拿下高名凯先生的著作，要我们认真学习。

斯（Vendryès）和马伯乐（Henri Maspero）；汉语是表象主义和原子主义的观点来自葛兰言（Marce Granet）的"汉语是描绘的语言，不是逻辑的语言"的思想；中国语是单音缀的观点来自高本汉（Bernhard Karlgren）。高本汉认为，汉语的特点可以"概括为两大端来说明：一方面，中国语是单音缀的（按：即单音节的）；另一方面，它又是孤立的，看待各个语词好像各个孤立的单位，没有因它们在语句上功用的不同而发生变化……"（转引自林玉山 2005）。

高名凯先生翻译了许多西方语言学名著，特别是翻译了瑞士语言学家索绪尔的经典著作《普通语言学教程》。在我国的语言学界不少学者把索绪尔称为"现代语言学之父"，可见此项工作的深远意义。高名凯先生本人早期曾接受索绪尔的观点：对语言的研究应当是静态语言学的，而不是动态语言学的，也就是说研究语言要断代，不要古今相混（林玉山 2005）。

20 世纪 50 年代高名凯先生翻译了很多苏联学者有关普通语言学、语法理论、风格学等方面的俄文著作和论文，如契科巴瓦的《语言学概论》。除此之外，他还根据英语材料写了一些介绍美国结构主义语言学等西方语言理论和西方语言学家的文章，这对国内大多数不能直接阅读国外语言学文献的研究人员极有帮助（徐通锵 2000）。

应该说，在上一世纪的不同时期，我国均有一些教师在国外学习西方的语言学理论，他们回国后做了不少引进工作。我本人在 20 世纪 70 年代末曾与方立先生一起介绍过乔姆斯基的转换生成语法；在七八十年代之交，我去澳大利亚悉尼大学语言学系学习，回国后介绍过韩礼德的系统功能语法；20 世纪 90 年代初去美国加州大学圣巴巴拉分校访学，回国后介绍了切夫语法。但这些工作仅仅是引进或者用引进的理论说明汉语的若干问题而已，与高名凯先生相比，差之远矣。高名凯先生对国外理论不是一味地模仿，而是做了大量的消化工作，有扬有弃。在《中国语法学史》中，林玉山先生对他那种"择其善而从之，其不善则改之"的批判意识和扬弃精神的感受特别强烈。在讨论汉语的"单音词及复音词"时，高名凯先生指出"我们不能同意马伯乐的理论，否认汉语复音词的存在，但也不能同意那些人的说法，以为汉语是复音词的语言。我们只能说汉语基本上是单音词的语言，不过也有很多复音词"。这个观点有助于我们在争论徐通锵"字本位"理论时进行冷静地思考（胡壮麟 2011）。在论证汉语的特点时，高名凯先生不时使用"高本汉这种理论显然是有毛病的""这和高本汉的理论恰恰相反""这里我得批评高本汉""这种理论仿佛很新颖，但不见得可靠"这些表述来批判高本汉的理论。高名凯先生在后期对索绪尔的"语法是静态语言学的对象"的观点也作过批评。对索绪尔的任意性学说，高名凯先生明确地区分了"语言成分中的语音形式和意义的关系"的任意性与所谓内部形式的非任意性（可论证性），认为两者都确实存在，并行不悖（转引自石安石1995）。

正如徐通锵（2000）先生所注意到的，高名凯先生这种批判精神在1957年对《汉语语法论》修订时表现得更为清楚。他在新版中明确地主张，汉语语法研究应该根据普通语言学的原理来建立自己的体系，反对抄袭印欧系语言的语法格局。作者在再版"前记"中申明："汉语有汉语的特点，一般讨论汉语语法的著作只能解说问题，不能作为实践的指导，显然是脱离汉语的语法特点，而去抄袭欧洲语的语法格局来给汉语语法建立'体系'所生的结果；不根据汉语的特点来为汉语的语法建立科学的体系，只有使汉语语法的研究停留在'文字游戏'的阶段上，不能解决问题，因此这部书的精神是就我对汉语语法特点的理解，运用普通语言学的原则而来尝试建立一个科学的汉语语法体系的。"

还应该看到，高名凯先生这种科学态度也表现在他对自己某些观点的重新审视上。新中国成立后，他勇于检查他自己著作中的形而上学方法论和理论脱离实际的问题。其次，对汉语特点的研究只限于汉语与欧洲语所有的语法结构方面的不同特点，而不能发现这范围以外的汉语语法特点（高名凯1958）。

2. 对汉语语言学理论的探索

1948年的《汉语语法论》是高名凯先生最有分量的一部论著，对在不太重视语言理论研究的中国建设和发展本土的理论语言学具有划时代的意义。该书用普通语言学理论作指导进行汉语语法研究，并对一些有规律的汉语语言现象做出解释。首先，它重视汉语句法研究，但不像西方语法坚持每一个句子必须有主语的语法定律，而是认为汉语着重主题（话题），这与布拉格学派和60年代的系统功能语法的主位（Theme）和述位（Rheme）理论有异曲同工之妙。第二，按照句子谓语的不同，它把汉语的句子分成"名词句"和"动词句"两大类。第三，根据语法意义，它把汉语虚词分成十类，即指示词、人称代词、数词、数位词、次数词、体词、态词、欲词和原词，"能"词和量词。第四，它认为汉语只有"体"的范畴，没有"时"的范畴，动词没有主动态与被动态的区别、内动词与外动词的区别。第五，它把句型分为肯定命题、否定命题、疑惑命题、命令命题和感叹命题5种，并讨论了各种命题的表达方式 (参见王进安 2001；徐通锵 2000)。虽然后人对将否定命题列入句型有所质疑，但高名凯先生对主动被动态和肯定否定态的讨论已接近于系统功能语言学的概念功能中的语态和归一度，有关句型的讨论已接近于该学派的以语气为核心内容的人际功能，有关主题的讨论已接近于该学派的以主位述位为主要内容之一的语篇功能。考虑到系统功能语法在 20 世纪 70 年代才趋于成熟，高名凯先生在生前就能发表上述观点是走在时代前面的。

《汉语语法论》初版除绪论外，分句法论、范畴论、句型论三编，1957 年增订时增加一编构词论，主要讨论汉语词类的问题，并把句法论改为造句论，把讨论汉语虚词的范畴论移至造句论之前。修订版在造句法的研究方面，重点研究结构单位之间的语义关系，它又可以细分为规定关系、引导关系、对注关系、并列关系和联络关系。每一种关系的研究先讨论它的一般特点，再研究处于这种关系中的词语的性质和特点。例如规定关系，先研究这种关系的诸形式，进而讨论规定词语和受定词语的方方面面。这样，根据由哪一类功能的词语充当谓语的情况，高先生确定了名句、动句和初版时没有的形容句三类 (徐通锵 2000)。

高名凯 (1957：429) 先生指出，"一向研究汉语语法的人都只注意到理性的语法、平面的结构。他们并没有注意到同样语言材料的不同的说法。遇到陈述、否定、命令、询问、传疑、反诘、感叹等例时，他们并没有了解这些是整个句子的另一种型，而只把这些放在词类的范畴中来叙述。在他们看来，否定的是副词，询问的是副词或是代词，命令的是动词的一格……等等。"高名凯先生根据这一认识提出的句型观不仅是对汉语语法理论的一个重要贡献，而且与国际上的一些语法理论基本同步。例如，20 世纪 50 年代结构语言学后期的代表人物 Z. Harris 提出了后来为乔姆斯基接受的"转换"(transformation) 的思想，讨论了与句型变化的性质类似的问题。又如，在韩礼德的系统功能语言学中，对小句的划分既可以根据概念意义，也可以根据人际意义划分得到佐证。这就是说，同样一个小句可以根据不同功能有不同的切分方法。

因此，我同意石安石（1995）先生的观点："它全面地审查了当时条件下作者可能了解到的有关基本理论的问题的国内外各家观点，或取或舍，或另辟蹊径。一个比较完整的语言理论体系在名凯先生的书中建立了起来。它是我国普通语言学或理论语言学领域的一项创业性工程。"

从高名凯先生在修订版中的态度可以看到先生在对国外语言学理论扬弃的同时，也勇于修正和完善自己的思想，如把汉语句子分为三类：名句、形容句和动句，完全删掉了葛兰言关于汉语是描绘的语言的错误看法。在句法方面，改写了"汉语的句子"和"汉语的系词"两章，增写了"省略句和绝对句""复杂句、包孕句、复合句"和"确定命题"等内容。在词法方面，变更了汉语不能划分词类的看法，对汉语的词类进行了划分。把汉语是单音缀的语言的提法修改为"汉语基本上是单音词的语言"（高名凯 1957/1986：31）。在修订本中，他对词法有所重视，将"构词论"单列一编，将讨论词类的一章从"绪论"中抽出来加以详细地论述，并且增添了构词法，组成了"构词论"一编，使词法的内容大为增加（林玉山 2005：5）。

《语法理论》由于有《汉语语法论》的汉语研究基础，又经过汉语词类问题的辩论，是高名凯先生的又一部重要理论著作。该书"除第一章讲述语法学简史以外，其他各章讨论的都是语法学的各种重要问题。每一个问题的讨论都是首先介绍和评述西方一些有影响的语法学家的观点，而后联系汉语，阐述自己的主张，提出一些独特的看法"。在该书中，高名凯先生讨论了"形态"可分为内部形态和外部形态，如汉语有以辅助词为标记的外部形态，但缺乏词内发生各种音变方式的内部形态。在这个基础上，高先生对虚词的重要语法作用进行了科学地分析。高先生并认为语法成分都是音义的结合，"音"是语法成分的形式，"义"是语法成分的内容，这是语法形式学和语法意义学的基础（徐通锵 2000）。鉴于当时以线性结构为基础的结构语言学在语言学界占主导地位，在如此强大的压力下，高先生能提出非线性结构的语义意义学，并对词类、主语、谓语等属于语法意义的范畴进行讨论，颇具大家风度，可以说是我国倡导功能语言学的先驱者之一，因为功能语言学认为功能决定对语言表述方法的选择，从而形成结构，也就是说，聚合先于组合。

高名凯先生在完成《语法理论》之后马上转入《语言论》（1963/1995）的研究，试图建立一种独立的语言理论体系。对此，后人曾经有两点评论（徐通锵 2000），今天有待我们重新审视。

第一个评论认为当时的客观条件不具备，学界对汉语的研究还达不到做总结写"语言论"的水平，而高名凯先生本人对实际的语言现象还来不及研究。这个评论涉及语言理论研究中的"演绎推理"和"归纳推理"之争，前者要求按普遍性推理推导出特殊性的结论，后者强调推理要依据真实性的前提，也就是真实的语料。显然，两者各有利弊，但在语言理论研究中应当是互补的。高名凯先生选择演绎推理的方法未尝不可。当代不少语言学理论都采用演绎的方法，如乔姆斯基的生成语言学选择的就是演绎的道路。再进一步说，对汉语的研究何时才能达到作总结的水平是一个未知数。从科学研究来说，我们对世界的认识是没有尽头的，对理论的研究采取等待的态度不是办法。

第二个评论针对《语言论》的理论体系把"位""素"之别作为基础持保留态度，评论者认为有关位/素的讨论从概念到概念，未免空洞，在语言研究上并没有取得实质性的进展，对语言研究也缺乏指导作用。其实不然，这是当代语言学理论发展的一个重要方面（胡壮麟 1992）。例如，当代词典学在采用国际音标时有关宽式音标和窄式音标的选择体现了素学（etics）与位学（emics）的区别。又如，今天人们冲破了结构主义只研究句法学、不敢问津语义学的疆域，这一壮举也得益于义素和义位的思想，否则语义学的研究难以起步。

3. 重视语言学研究的方法

高名凯先生既重视语言学理论的研究，也关注语言学研究的方法。这对于提高我国语言学研究水平和培养年轻一代语言学研究人员很有帮助。

3.1 语法形式的思想

高名凯先生的语法理论体系奉行一个总的原则：以普通语言学理论为指导，具体说就是注意语法形式的存在。我们不应当过分注视逻辑的背景，而应当注意语法形式发展的内部规律。尽管有人认为高名凯先生受索绪尔的影响，区分历时语言学和共时语言学，并强调后者的研究。事实上，就语法形式的研究来说，高名凯先生（1986）认为，我们不应当割断历史，不要孤立地看问题，而应当注意语法的系统。因此，他在讨论问题时，除比较汉语和其他语言的结构差异外，也注意汉语古今的演变，设法弄清楚每一种语法成分的由来和结构规律，进而揭示汉语语法的特点。有趣的是高先生的这种研究方法论在五六十年代在国内颇受非议，而在国外却受到研究汉语语法的学者的推崇。韩礼德在讲到汉语语言学时除提到王力先生外，也经常引用高名凯先生的观点，因为我们在研究时不仅要解决"是什么"的问题，而且要设法解决"为什么"的问题（李秀明 1999；徐通锵 2000），这是理论语言学所追求的目标。

3.2 比较的思想

高名凯先生重视语法研究中对不同语言进行比较的思想。他认为历来语法学家太过西化的部分原因也是因为没有做过比较的研究。有了对比研究，我们才知道在一般语法的结构中哪一部分是一切语言所共有的，哪一部分是各语言所不同的，而对汉语语法的研究也不会发生所谓太西洋化或太中国化的毛病了。他又认为，和不同族的语言语法相比较可以看出一种语言语法和他族语言语法的不相同的地方。和同族语言的语法相比较，就可以看出一种语法的特点。由于"汉语的语法系统和印欧语的语法系统是那么样的不同，为着明了本身的特点计，除了用普通的一般的比较外，我们应当细细地对于汉藏语系的语法作一比较的研究，同时更应当对汉语的方言加以比较的研究，因为方言的语族问题比较汉藏诸语的语族问题更来得明确"（高名凯 1986：54，55）。

正是高名凯先生将汉语与英语、法语等以及与汉语的方言做深入比较，发现了汉语的许多特点，充分地描写了汉语的语法体系。例如，他用汉语的辅名词（量词）跟外语的冠词相比较，得出中国语没有冠词，辅名词是汉藏语系的特色的结论（林玉山 2005）。

高名凯先生还讲到汉语有广狭之分，前者包括一切汉语的方言，后者则专指汉民族所用的以北方方言为基础发展而来的民族共同语。可是后者的研究都有赖于前者。因为本来都是出自一源，比较可增进对这民族共同语的认识（高名凯 1986：9）。与方言进行横向比较则为北京话表示被动的意思（高名凯 1986：55，56，211）。高名凯先生既举了"我给你打了一下"表示"我被打"的受动意思，也举了福州话的"乞"（k'oyk），四川方言的"la ken"，上海话的"拔"（pe），广州话的"俾"，其用处和意义和北京话的"给"完全一致（杨鹏亮 2001：24，52）。难怪高名凯（1986：56）先生说："所以方言语法的比较的研究，实在是研究汉语语法的一个路径。"至于"给"最初被认为是动词，现在作介词用，是语言通过隐喻的变化发展所致。这里我们可以看到，尽管高名凯先生早期接受索绪尔共时语言学的观点，在实际中，他并不否认历时语言学的作用。其次，他所讨论的内容反映了今天有关"语法隐喻"的理论。

高名凯先生强调比较的思想在论述"否定命题的种类"时也有反映，如他援引了非洲班图语、爱尔兰语、立陶宛、英、法、德、越南等各种语言的表达方式，来说明汉语的语法表达方式。在论及"数词"时，高名凯先生则列举了北京、上海、广州、福州、藏语、越南语等方言或语言的表达方式（李秀明 1999：40）。

总之，高名凯（1986：47）先生认为，"各语言都有各语言的语法形式，所以用某一种语言的语法去套在另外一个语言的语法头上是怎么也弄不好的。"在这个意义上，这里谈的"比较"是"对比"，他已从 19 世纪的"历史比较语言学"进入到当代的"对比语言学"的领域。

3.3 功能的思想

高名凯先生有关汉语实词无须分类的观点是众所周知的，但他认为实词与虚词却有着较明显的区别，并且实词也可以根据在句子里具有的词类的功能进行分类。这里，他提出了词类功能的概念。有人据此批评他的观点自相矛盾。其实，他所说的实词分类不是指实词而是指实词功能的分类，所以已不再是词的形态的分类，而是功能的分类。在高名凯先生看来"词类"与"词类的功能"是两个既有联系又有区别的概念，"词类指的是个别词的分类，词类功能指的是词在具体的句法中所具有的相当于具有固定的词类分别的某一固定的词类在这一场合下所具有的功能"，而且"我们所说的某种词类功能的词都是指词在句法中所具有的这种功能而言"。因此词类的功能不是独立存在的，是结合词在具体的句中的作用来分的。这就既解决了词的多功能性，又避免了在对词的定性上的纠缠不清。其次，对于汉语词的多功能性的认识对 20 世纪 80 年代兴起的文化语言学有很大启示，它让我们进一步认识到要螺旋式复归中国的传统语文学，进一步探求汉语实词的多功能现象及其根源。汉语的词尤其是实词是"体用兼备""虚实对转"和"动静互赅"的，这与汉民族哲学观、思维方式及语言文化心理相符（黄倩 2002：70，71）。从"春风又绿江南岸"这个例句来看，它涉及了系统功能语言学和认知语言学所研究的"语法隐喻"的理论，这是导致语言表达的创新和语言发展的一个重要手段。

3.4 范畴的思想

范畴论是高名凯先生语法思想的一个重要表现。他认为，语言是表达思想的（1986：103）。语言表达思想可以有两个方式，"一是由词汇成员的实词来表达思想上的某一个概念，一是由语法的结构来表达"。他认为，"所属"这个概念，既可以用"这本书是我的"这个句子来表示，也可以用概括化的"我的书"这个名词词组来表示。可见，语法范畴是语法意义的概括，逻辑范畴是概念的概括，两者有密切的联系。研究语法就是要研究思想范畴的表达，看这些范畴到底有多少语法形式去表现。虽然高名凯先生和吕叔湘先生一样，也是从表达上来研究语法，但吕叔湘讲的事是意念上的表达，高名凯则是偏重于归纳若干范畴来表达（林玉山 2005）。

高名凯先生的语法范畴也有广义和狭义之分。广义范畴指一切语法形式所表达的语法范畴，如造句论中所讨论的句类和 5 种关系；狭义范畴指用虚词或语法成分所表达的语法范畴。语法范畴还有综合和分析之分，综合范畴指词的内部形态所表达的语法意义的概括；分析范畴指词的外部形态（补助词、虚词等）表达的语法意义的概括。高先生对语法范畴，特别是分析范畴的提出，是对传统语法理论的发展。他的范畴论一共区分并论述 10 个方面的范畴：指示词、人称代名词、数词、辅名词（量词），修改为数位词、动词之态（态词，如"着""了"）、动词之体（可叫体词）、未来事实之表示、动词之性、绝对动词与分合动词和量词（即副词）（黄倩 2002：71；林玉山 2005）。

鉴于汉语缺乏形态变化，其语言特点"在于应用虚词来表示其他语言应用词的内部变化所表示的语法范畴"，所以汉语的虚词所表达的语法意义也应当归为语法范畴，因为"形式尽管是虚词，其所表达的语法意义却与其他的语言用词的内部形态所表达的一样"（黄倩 2002：71）。

从高名凯先生对范畴的论述，他的思想已接近于乔姆斯基早期的转换思想，即深层结构可以转换为不同的表层结构，用高名凯的话说，转换为不同的范畴；但如果我们结合考虑高名凯的语言意义学的思想，范畴的选择和转换取决于所要表达的语言意义，说话人可以选择常用的一致式体现，也可以用其他过程（如系统功能语言学的物质过程、思维过程、关系过程、行为过程、言语过程和存在过程及其相应的范畴体现方式，即隐喻式）（Halliday 1985），因此在这个问题上，高名凯先生也是一个先行者。

3.5 语言社会性的思想

高名凯先生反对把社会发展看作语言发展的内因，而是各种外因中的"直接的外因""最基本的外因""外因的核心"（高名凯 1963：366，367）。他还不同意把"不平衡性""渐变性"看成是"语言内部发展规律"。他指出，语言融合要看语言之间相互影响发生的结果（高名凯 1963：472，473；523，525），并且"语言的融合永远都只是不同语言的语言成分的汇合，而不是不同语言的整个系统的彼此汇合"（高名凯 1963：478）。在高名凯先生讲社团方言的分类时，他区分使用者的社会地位和社团方言的公开性或秘密性两者，这样便厘清了"行业语""阶级方言""同行语"（"隐语"）等几个容易纠缠的概念（高名凯 1963：403）。显然，高名凯先生所讨论的正是社会语言学的内容。

4. 结束语：正确认识语言理论研究的重要性

从上述讨论可以看到，尽管我国语言学界都注意到高名凯先生对语言理论研究的重视，但学界对他的努力和成就似乎肯定得还不够。为什么会产生这种认识上的差距？除了先生早逝外，还有两个情况值得考虑。

先说第一个情况：我国语言学界注意到了王力、吕叔湘和高名凯三人在20世纪40年代理论上三足鼎立的大好形势，并对此持肯定态度，但新中国成立以后的60年中我国的语言学界为什么再也没有出现王、吕、高这样的大家呢？为什么再也没有出现三足鼎立的大好形势呢？这些问题无人能够回答。恰恰在这60年中，国际上语言学的发展空前繁荣：乔姆斯基在20世纪50年代革命性地开创了生成语言学；源自伦敦学派、布拉格学派和丹麦学派的系统功能语言学独树一帜；美国兰姆的层次语法、派克的法位学、菲尔墨的格语法和切夫语法群雄并起。此后，社会语言学、心理语言学、语用学的发展引人注目，更不用提晚近的生成语义学、蒙塔古语法、词汇功能语法、普遍短语结构语法、中心语驱动短语语法、关系语法、概念语义学、概念隐喻理论、认知语法、构式语法和认知语义学等理论呈现一番雨后春笋、生气勃勃的景象（胡壮麟 2010）。与此相较，我国本土的研究显得消沉，在国际上排不上队。我所知道的稍许具有独创理论意义的研究主要是徐通锵、杨自俭、吕必松、潘文国等人倡导的"字本位"理论和马庆株的"功能语义学"理论。较多的研究人员还停留在引进国外理论、把国外理论的某一点用来说明汉语的某些例句这一阶段上。当然，也可能有人认为一切研究一定要在普通语言学已经规定的框架内进行，而没有考虑普通语言学也是在不断研究中深入和发展的。

第二个情况是我的汉语界朋友曾多次向我谈及的情况：我国语言学界盛行少谈理论的学风。一些语言学家认为搞语言学研究能把一两个语言现象分析透了就是一大成就（也就是归纳的方法），以致重视理论研究被认为是好高骛远、学风不正。这使人不能不联想到对胡适的"大胆假设，小心求证"的不恰当的批判。还据说，中国语言所的某些领导过去对中国社会科学院语言学研究所的外国语言学研究室的要求很简单，只要他们介绍国外语言学理论即可，不鼓励他们研究汉语，认为搞汉语研究的另有人在。也听到这样的说法：外国人搞语言学理论看起来很热闹，到头来没有一个是站得住脚的，你方唱罢我方登场。但是我们不得不承认，这 60 年中语言学理论在国际上作为整体是发展的，而我国在这 60 年一面批外国理论，一面引用的还是外国的理论。我们拿不出自己品牌的理论。具体而言，在"理论——事实——理论"和"事实——理论——事实"两个研究途径里，我国强调的是后一途径，这本来未尝不可，但有待搞清楚的是，我们究竟从事实中归纳了哪些理论？这些理论中，哪些是具有中国特色的理论？这些具有中国特色的理论又如何被进一步用来分析语言事实，不仅是汉语的语言事实，也包括汉语以外的语言事实？只有搞清楚这些问题，我们才能在普通语言学的大堂中占有一席之地。

由此可见，如果要使我国语言理论研究有较大的发展，必须统一认识，扭转上述情况。

参考文献

高名凯，1948，《汉语语法论》。上海：上海开明书店。

高名凯，1957/1986，《汉语语法论》。北京：科学出版社。

高名凯，1957，《普通语言学（增订本）》。上海：新知识出版社。

高名凯，1960，《语法理论》。北京：商务印书馆。

高名凯，1963，《语言论》。北京：科学出版社，1963；重印版，北京：商务印书馆，1995。

高名凯，1990，《高名凯语言学论文集》。北京：商务印书馆。

高名凯，1958，批判我在语言工作中的资产阶级学术思想，《中国语文》(10)。

高名凯，1962，论语言系统中的词位，《北京大学学报》：29-42。

胡壮麟，1992，位与非位，《国外语言学》(1)：7-10。

胡壮麟，2011，谈语法研究中的本位观，《外国语》(1) 2-8。

胡壮麟，叶起昌，2010，*Introduction to Linguistic Theories and Schools*。北京：高等教育出版社。

黄倩，2002，何容和高名凯词类理论之比较——试评《中国文法论》和《汉语语法论》，《语文学刊（高等教育版）》(6)：67-71。

李秀明，1999，四十年代语法研究的特点——对王力、吕叔湘、高名凯三家语法研究方法的探讨。《三明学院学报》(2)：38-40。

林玉山，1983，《汉语语法学史》。长沙：湖南教育出版社。

林玉山，2005，试论高名凯语法思想。《福建师范大学福清分校学报》(4)：1-5。

石安石，1995，重读高著语言论——纪念高名凯先生逝世30周年，《语文研究》(1)：7-9。

王进安，2001，从句法研究看吕、王、高三家语法体系之不同，《福建商业高等专科学校学报》(1)：24-25。

徐通锵，2000，高名凯和他的语言研究理论，《燕京学报》(8)。北京：北京大学出版社。

杨鹏亮，2001，七十年代以前现代汉语语法纵、横向比较法研究简述，《安康师专学报》(13)：23-25。

我读《系统功能语言学研究现状和发展趋势》（代序）¹

《系统功能语言学研究现状和发展趋势》一书即将出版。国文兄将全部书稿寄给我，给我这个老汉补课学习的机会，还授命要完成一个写序的作业。尽管我已退居二线多年，盛情难却，只能勉为其难。也许有人会说，编者让我写序是对我的尊重，可是我总感到有苦难言，因为翻阅书稿，发现我该说的话由编者在前言和主要章节中都说了。这样，我能做的就像幼儿一级一级学爬楼梯一样，一章一章往后看，边看边议。

（一）

我完全同意编者对本书书名的剖析，即它包括三个基本思想：系统功能语言学＋研究现状＋发展趋势，这在随后各章中都有很好的体现。其次，本论文集所讨论的问题几乎涵盖了系统功能语言学的方方面面。我要补充的是，编者能把本学派中有时看来有所不同的观点各有安排，各得其所，学术界需要这种包容精神。第三，各章的作者都是该研究领域的重要人物。从我的视角来说，有老一代的，也有中生代、新生代的，这说明在我国从事系统功能语言学研究后继有人。在前言中，编者对有关术语的汉译问题作了解释，我也很感兴趣。若干年前，我们曾经干过一件傻事，就 text 和 discourse 究竟译为"篇章""话语"还是"语篇"的问题在一次饭桌上进行表决。后来发现这些术语宜在不同语境中酌情使用。又如 semiotic 究竟翻译成"符号"还是"意义"？这取决于不同的视角，不存在没有意义的符号，而意义离开符号只能存活在人的脑海中，

---

1 本文原载于《中国外语教育》2013，6（2）：70-74。收录于黄国文、辛志英编，2012，《系统功能语言学研究现状和发展趋势》。北京：外语教学与研究出版社。iii-xvii。

就像马克思学说中的"商品"与"价值"是一个问题的两个方面一样。编者在这里不求统一，实属聪明之举。

<h2 style="text-align:center">（二）</h2>

在本书的绪论中，国文教授他们的用意是对"系统功能语言学"的名称作一解读。作者首先采用的方法是对语言学研究中的两大派——形式主义和功能主义进行对比，给我们以较清楚的、客观的论述。美中不足的是没有对新兴的认知语言学作一个交待。认知语言学究竟是形式主义的、功能主义的，还是第三大派？从我看到的一些认知主义的文献，多数认知学家自认是功能主义的[1]。在我和朱永生教授与 Halliday 的访谈中[2]，我提过这个问题，Halliday 立刻举了他和 Matthiessen 合著的 *Constructing Experience through Meaning: A Language-based Approach to Cognition*（1999）一书，表明他对认知研究的重视。在第 3 节中作者对"系统功能语法"和"系统功能语言学的区分"对我很有帮助。1989 年我与朱永生和张德禄合作编写过《系统功能语法概论》[3]一书，2005 年我们三人和李战子又将其修为《系统功能语言学概论》[4]。说实在的，当时只认为"转换生成语法"已改称"转换生成语言学"了，"系统功能语法"不妨也改为"系统功能语言学"。如今作者能注意到两者的差异，即"系统功能语言学"除包括传统的语法学的研究外，也研究包括普通语言学以及有关语言的应用、习得、认知、语境、语料库等内容。这对发展我国本土的语言理论研究很有启示意义。我国虽也试图像系统功能语言学一样，走"实践—理论—实践"的道路，但很少进入到理论的阶段，以至于近 60 年中在语言理论研究方面显得消沉，对普通语言学的研究无所贡献[5]。在本章中，作者开始谈到 Halliday 从别的学者那里受到的启发和帮助，基本上开始引入 Ruqaiya Hasan, Robin

[1] 胡壮麟、叶起昌，2010，《语言学理论与流派》。北京：高等教育出版社。

[2] 胡壮麟，2010，"An Interview with M.A.K. Halliday" 后记，载黄国文、常晨光、廖海青（主编），《系统功能语言学研究群言集（第 1 辑）》。北京：高等教育出版社。

[3] 胡壮麟、朱永生、张德禄，1989，《系统功能语法概论》。长沙：湖南教育出版社。

[4] 胡壮麟、朱永生、张德禄、李战子，2005，《系统功能语言学概论》。北京：北京大学出版社。

[5] 胡壮麟，2011，发展中国特色的语言理论研究——纪念高名凯先生诞生 100 周年，《当代外语研究》（3）：1-9。

Fawcett，James Martin 和 Christian Matthiessen 四位高足。在这里，作者强调的是，尽管他们每人各有侧重，有时甚至会有观点上的不同，但他们都是试图深化或简化 Halliday 所建构的理论，并做出了应有的贡献。我想补充的是，我一直认为对一个好老师的评价应当看他能培养出多少能超越他的学生。我感到困惑的是，这四人中哪一位的研究更有发展前途？Halliday 本人在上面提到的访谈时不愿回答这个问题，这可以理解。令人始料不及的是，国文教授自告奋勇，直说他在 11 年前就曾经大胆推测："从学术方面看，Matthiessen 无疑是 Halliday 最理想的接班人。"而且今天他还坚持这个观点，"这个猜测应该是正确的了"。可惜，国文教授自己没有向我们提供实证，也不知道他是否经常出国参加会议与 Halliday 私下有过讨论。我能说的是在这四人中，有两人和我一样，垂垂老矣，Martin 也显露一些老相，唯 Matthiessen 最年轻。年轻就是美丽，年轻就是希望，按中国的标准最具接班的条件。

第 2 章是张德禄教授的"理论基础和重要概念"，他老马识途，引领有功，把 Halliday 的主要观点归纳了 20 个方面，相当全面。在谈到对 Halliday 产生影响的与汉语有关的学者，过去我们常谈罗常培和王力，这次德禄教授把伦敦大学中文教授 Welter Simon 增补进去了，有助于我们更好地了解 Halliday 的成长过程。这里我要补充一点。最近，我在写纪念高名凯先生 100 周年诞辰学术研讨会的论文[1] 时，发现 Halliday 的某些观点与高先生的观点极为相近，如有关汉语"单音词及复音词"的讨论，句型的不同分类方法和转换，语法形式学和语法意义学的关系，"位""素"之别，语言的社会性，语法范畴的思想，社团方言的分类，历时语言学的作用，"词类"与"词类功能"的联系和区别，等等。最让我注目的是高先生从"给"字最初被认为是动词逐渐演变为介词的语法隐喻观。又如，高先生提到"所属"这个概念，既可以用"这本书是我的"这个句子来表示，也可以用概括化的"我的书"这个名词词组来表示。显然，这些都是语法隐喻的内容，这是 Halliday 和 Martin 的"名词化"（nominalization）。考虑到高先生在 20 世纪 60 年代初已经去世，而 Halliday 真正出道的时间在 60 年代中以后，高先生在语言理论研究上给 Halliday 有何影响是一个值得研究的命题。这使我想起 Halliday 辅导中国留学生时，在他办公

[1]　同上。

室的书架上放着好多汉语书籍。Halliday 先生在介绍王力先生的著作后，给我们说"高名凯的书也要看"，这一场景至今印象尤深。感兴趣的学者或学生不妨思考这个问题，哪怕找不到直接联系，至少证明中国的语言理论研究还是有一定水平的。

乍看起来，第 3 章与第 2 章在系统功能语言学理论的划分阶段上有些不一致。第 2 章大致确认 4 个阶段：阶与范畴语法阶段、系统语法阶段、系统功能语法阶段和语言作为社会符号阶段。在第 3 章中，作者提出语言学探索模式应该至少从 4 个方面来描绘：普通语言学、适用语言学、社会意义学和元理论构建。作者为此做出解释，本章旨在从语言学模式的角度考察系统功能语言学在不断发展深入的过程中，都解决了哪些语言问题和与语言有关的问题。这就是本章第 2 部分和第 3 部分的标题"普通语言学研究"和"适用语言学研究"的用意所在。为了叙述方便起见，作者还就这两个部分又按年代都分成"20 世纪五六十年代""20 世纪七八十年代"和"20 世纪 90 年代以来"各三个小节。这样，作者提出了一个不同于我原来解读的模式，那就是我最初认为适用语言学是 Halliday 为了给系统功能语言学今后发展的方向提出的[1]，而本章的作者认为适用语言学早在 20 世纪五六十年代就开始了。有系统功能语言学就有适用语言学。但是我没有看到与"普通语言学"和"适用语言学"平行的但又互相联系的"社会意义学"和"元理论构建"的论述。可是在最后的"结语"中，它们又出现了："就语言学模式而言，系统功能语言学的普通语言学研究、元理论研究、适用语言学研究和社会意义学研究几乎是同时开始的、同时进行的。""……一个方向的开始并不意味着其他方向的终止。相反，这四个方向是一个整体中互为补充的组成部分。"希望本章作者今后在这个课题上对这两个方向做进一步深入的研究。在本章中，有一点做得很好，那就是我们过去讨论系统功能语言学时总是习惯于只引用 Halliday 的著作和观点，现在两位作者能结合这个学派众多成员的工作进行讨论，这使我们更能抓住这个学派发展的脉搏。

---

[1] 胡壮麟，2007，解读韩礼德的 *Appliable Linguistics*，《四川外语学院学报》(6)：1-6。收录于黄国文 (主编)，2009，《功能语言学与语篇分析研究》。北京：高等教育出版社。

（三）

本书第 4—6 章主要讨论与语言研究的三个基本层次有关的问题：语义、句法、语音（音系）。

诚如第 4 章作者朱珊所言，相对于 SFG 在语法、语义和语篇分析方面的大量研究成果，系统音系学的研究成果屈指可数；而在有限的系统音系学研究中，主要的研究成果又集中在语调方面。我在这里想说明三点。第一点是我们对音系学教学的重要性认识和师资的配备不足，而这关系到语言学人才的培养。十五六年前，我在北大的一位研究生试图申请美国一所大学的奖学金。对方看了这位学生的成绩单后，立刻指出这位学生没有学过语音学和音系学的课程。显然，这不能责怪这位学生，而是我们教师没有给学生开设这样的课程。多年来，我一直为此感到内疚。第二点是本章作者给我们补了课。作者不仅就有关音系学知识给我们补了课，而且把本学派在音系学方面的发展梳理得很清楚，如 Martin Davies, David Brazil, J. C. Wells, Paul Tench, David Banks, Wendy L. Bowcher 等学者的工作。第三点是作者非常关注音系学教学在外语教学和语篇分析中的应用，后者包括国内学者的探讨性研究。

何伟的第 5 章"功能句法研究说略"旨在明确"功能句法"的由来、研究范围及研究状况、功能句法研究的重要思想及组织原则、功能句法范畴及关系，以及功能句法分析的表示方式等问题。阅读本章应该注意的是，首先，作者有时使用"功能句法"，有时使用"功能语法"的名称，强调其区别。就其内涵来说，谈的都是"词汇语法"（lexicogrammar），Halliday 把"词汇"和"语法"看作是同一层面的两端。其次，作者在讨论"系统功能语法"时，平行地介绍悉尼模式和以 Fawcett, Tucker 等为代表的加的夫模式。我本人 1980 年初读到 Fawcett 刚出版的 *Cognitive Linguistics and Social Interaction* 一书，当时重点比较了 Halliday 的三个元功能和 Fawcett 的八大功能，但回国后主要介绍了自己比较熟悉的 Halliday 的观点，今天本章作者对加的夫学派有较系统的介绍，弥补了这个空缺，令人欣喜。在本章中，作者谈到加的夫学派强调的是功能句法，我个人给作者一点小小的建议，Fawcett 在攻读博士学位时有两位导师，先是 Halliday，后为 Hudson。Hudson 是"词语法"（word grammar）的倡导者，又主张新弗斯学派与乔姆斯基生成语言学的结合，因此要了解加的夫语法，还得追本溯源。

姜望琪教授的第 6 章"语篇语义学"是一篇得力之作，有以下几个特点。整篇文章围绕 Firth，Halliday 和 Martin 展开。虽然人们公认 Halliday 是 Firth 的学生，但 Firth 究竟在哪些方面影响了 Halliday？关于这一点，人们谈得很少。而本章是我看到比较完整的一篇。其次，本章冠名"语篇语义学"而不是"语义学"或"功能语义学"，点明了系统功能语言学在发展过程中（直到1992 年）树立的一个基本观点，即谈语义是离不开语境和语篇的。望琪教授也以较大篇幅介绍了 Martin 的工作，认为他是"第一个深入、全面阐述语篇语义学的系统功能语言学家"，并坦率地承认有关 Martin 的这一节才"真正进入核心问题"。我认为 Martin 工作的重要性在于它是系统功能语言学发展的一个非常重要的方面。我们知道，Halliday 把他的专著之所以称为"系统功能语法导论"，就在于有关语义学的研究刚刚开始，他很谦虚地不想把"语法"升格为"语言学"[1]。Martin 敢于啃这块硬骨头以完成 Halliday 未竟的事业，精神可嘉。本章中还有一个小插曲不妨多说几句。文章谈到了美国的"修辞结构理论"（rhetorical structure theory），认为修辞结构跟小句复合体结构非常相像。早在1991 年我获得资助去美国访学，曾征求 Halliday 的意见该去哪个学校，他建议我去美国加州大学圣巴巴拉分校。Sandra Thompson 是系主任，也是"修辞结构理论"的创始人之一。而被本书编者看好的最有可能成为 Halliday 接班人的Christian Matthiessen 原来就是 Thompson 的学生。这说明当代语言学理论流派虽然众多，但有不少是互有联系的。鉴于我国不同学者对"tenor"有不同译法，望琪教授提出"语脉"的方案值得考虑，因为"基调"有时要和表示其体现形式的"基调"（key）相混淆。当然我本人对"语旨"的译法有所偏爱，因为"旨"有"用意"和"目的"之意，其合成词"旨趣""旨要""旨意""旨在"均能表示有关人际元功能的内容。最后，我想说明望琪教授对这一课题了解如此全面透彻，观点鲜明，这得益于他扎实的功底。据我所知，他是我国改革开放后 1981 年初在英国拿到语言学硕士学位后回国开设语言学课程的第一个。

---

[1] Halliday, M.A.K. 1994. *An Introduction to Functional Grammar* (2nd edition). London: Arnold.

（四）

第 7—10 章是关于对语言层次扩展的内容，一是从语义、句法、语音到语域、语类研究和多模态话语研究，二是对词汇语法层的扩展（加的夫语法）或对人际功能的扩展（评价分析），虽然与 4—6 章稍有重复，但重点是在"扩展"一词，也就是说，容许各章作者讲得更透彻、更广、更深入，这是我们要把握的。除第 10 章有关多模态语言学内容外，Martin 和 Fawcett 成为中心人物，因此我对编者有个意见：我想为 Hasan 打抱不平，她的"语类结构潜势"（generic structure potential）应该有一席之地，如能请方琰教授出马将增色不少。如果我还有什么要求的话，应该还有一章专门介绍 Matthiessen 的"绘图学"（cartography），不然我们只能从 Martin 的有关章节中捡到一些有关系统语法的知识，本书就不能全面反映"系统功能语法"的发展了。

永生教授的第 7 章的最突出亮点在于他清楚地比较了 Halliday 的语境模型和 Martin 的语境模型，指出两者观点的异同，更敢于对其所持的两个观点进行不偏不倚的评论，如作者在介绍了 Halliday 语境模型的主要内容和贡献后，指出 Halliday 的情景语境对文化语境的示例关系显得过于简单，情景语境因素对语义系统的制约关系尚需进一步完善，Halliday 的语境模型对语类的定位不够明确。同样，对 Martin 的语境模型，肯定了他有关语类和意识形态的观点，但 Martin 有关语域的概念需要进一步解释，关于层面划分也需要进一步澄清。这些工作都要求作者既要掌握有关学科知识，也能实事求是地对争论亮出自己的观点。在应用语言学语类理论方面，作者也能介绍非悉尼学派的两个研究传统：一是以 Swales 和 Bhatia 为代表的"特殊用途英语"（English for Specific Purposes，简称 ESP），一是以 Miller 为代表的"新修辞学"（New Rhetoric）。这有助于我们推动系统功能语言学派从其他学派吸取营养。再一个亮点是作者能预示语域和语类研究在今后十年中的发展，这在其他各章中提得没有这么明确。最后，我感到永生教授对 Hasan 在语类研究方面的工作谈得少了。

第 8 章"评价理论研究在中国"是围绕 Martin 和他所领导的研究团队展开的。振华教授明确地指出只有 Martin 的研究涵盖了赋值、立场、元语篇、言据性等与态度有关的各个方面。振华除介绍 Martin 和他所领导的研究团队的工作外，也介绍了今后的发展趋势。后一方面表现在作者认为评价意义的走势可能既不是横向的也不是纵向的，而是一种凸显的或非线性的，但 Martin 并没有深究这些问题。作为 Martin 的学生，振华能这么表态很不简单。在应用上，作者建议有关评价理论的研究领域不能仅限于英语语篇，也应该研究汉语语篇和外汉对比语篇；不仅是文学语篇、科技语篇、新闻语篇、教学语篇，还应该是法律语篇、医患语篇、政治语篇、历史语篇等这些常会出现权势和利害冲突的语篇。作者最后指出评价理论应用研究的终极目标应该是，为人际和谐、社会和谐和民族和谐做出它应有的贡献。这一点证实了我原来的一个想法：过去人们谈论评价理论往往与批评性语篇分析 (critical discourse analysis) 挂钩，而我总觉得人们交际和说话，更多的、更主要的是寻求理解、沟通、谅解，把事情办成，化被动为主动。这样，振华虽然没有直接使用"肯定性语篇分析"(positive discourse analysis，PDA) 的词语，他在结语中还是谈到了这方面的工作，也算意思到了。有一点不清楚的是，以往人们对使用"语类"(genre) 和"语域"(register) 这类术语都是可接受的，但振华在本文中使用"文类"和"文域"这样的术语，意图不明。

何伟的第 9 章难度较大。所谓难度，不是指内容，而是指编者已经让何伟在第 5 章"功能句法研究说略"中写了与悉尼学派平起平坐的加的夫学派，同样的语料要炒出两盘菜，未免太难为何伟了。不仅难为何伟，也难为我这个写序者，因为许多话前面已经说过。所幸 Fawcett 在北京科技大学讲学较长时间，何伟还是摸到 Fawcett 的较多底牌，在本章中说得更广、更明确，如 Fawcett 既注重研究语言中属于聚合关系的意义，也研究属于组合关系的形式；明确区分意义层和形式层；认为没有必要引入语法隐喻概念；强调语言行为者的主观能动性，最终目的是建构一个计算机语言模式，从而开发一个人机对话系统；加的夫语法的一些做法与 Chomsky 20 世纪 70 年代早期的研究方法有相似之处：比较关注语言的形式，包括句法范畴、句法关系等。从何伟的介绍看，加的夫学派在国内已形成一支庞大的研究队伍，令人侧目。此外，作者对该学派在建构上提了两个不足之处，很是到位。我在这里只说一点意见，那就是国内就 Fawcett 在计算语言学方面的研究工作最有发言权的应数与他共事多年的北京航空航天大学的林允清教授，如果能反映一些他的观点更妥。

李战子和陆丹云的第 10 章"社会符号学视角下多模态话语研究的新发展"

给我们提供了系统功能语言学研究中的一个新的发展方向。编者让李战子教授写这个题目是有道理的。战子教授去悉尼大学访学，从 Martin 教授那里学了评价理论，也从那里带回有关多模态语言学的研究成果。评价理论既然由振华教授写了，战子写多模态语言学是顺理成章之事，何况她早在 2003 年就发表了"多模式话语的社会符号学分析"[1] 一文。我最初在讨论大学英语教学改革中接触到"超文本"(hypertext)的思想[2]，看到战子的文章后，认为从语言学或符号学的视角看，"多模态"更反映这方面研究的实质。写第 10 章也有难度，但本章中的"难"在于它的"新"和"科技含量"。我们不仅要依靠传统语言中的书面语和口语的概念，还要讨论其他各种视觉符号和听觉符号。我非常钦佩两位作者对这门新学科作了深入浅出的介绍，其内容涉及特定模态的意义构建方式和模态间的意义关系；符号资源的意义分析框架的建立；特定语类中多模态资源分配方式和研究该语类的多模态特征；特定生活工作场所中多模态体现方式和研究符号资源的存在和变化与社会文化现实的关系。读者会发现在介绍符号意义的再现时，作者在介绍叙事再现时使用的是及物性模式中的主要过程，而在介绍概念再现时使用了分类过程、分析过程和象征过程等概念。再进一步看，符号学中的"再现""互动"和"构图"与系统功能语言学中的"概念功能""人际功能"和"语篇功能"是对应的。这里，顺便谈谈我在从事多模态研究中所遇到的两个困难。第一个困难是多模态语言学对研究者的要求高，特别是语言以外的素养。例如，有一次我为了参加全国文体学会议，最初准备分析一个"春江花月夜"的多模态语篇，对如何分析其中的画面和音乐感到非常棘手，自愧在绘画和乐理知识上功底太差。另外，从事多模态研究还要求有关人员懂得操作计算机的有关技术。这方面我本人离开年轻人的帮助便会寸步难行。自己水平不行，碰到技术人员不清楚你的意图就更麻烦了。有次会议上一位技术员把音响设备关掉了，这个场面使站在讲台上的我非常尴尬。第二个困难是有关研究的幻灯片在会场上通过投影仪放映尚可，在刊物上发表由于完全依靠纸质媒介，表述时不能达意。

---

1   李战子，2003，多模式话语的社会符号学分析，《外语研究》(5)：1-8。
2   胡壮麟，2004，大学英语教学的个性化、协作化、模块化和超文本化——谈《教学要求》的基本理念，《外语教学与研究》(5)：345-350。

（五）

编者把第 11 章和第 12 章作为一组，介绍系统功能语言学理论在文本分析中的运用，用意很好。两篇文章的作者也都贯彻了这个意图。

曾蕾在第 11 章 "功能语篇分析" 中讨论了功能语篇分析的目标，即它不是 "说明"（interpretive activity），而是 "解释"（explanation），即我们关注的不仅是 "是什么"，而且是 "为什么"。具体说，语篇是怎样构建意义的? 这是功能语篇分析的最终目标。当然，所有理论研究都是奔着这个目标走的。作者对目前功能语篇分析概念的理解认为存在着两种看法：理论研究和应用研究，这个提法可能不够确切，因为这两种观点不是完全不同，而是在研究中各有侧重，正如本书编者在前面强调系统功能语言学可分普通语言学和适用语言学两个侧面一样。而正因为如此，作者在谈到第二种看法时很难深入。

刘世生和宋成方的第 12 章 "功能文体学" 提出了较多的观点。抛开 "功能语篇分析" 和 "功能文体学" 的修饰语 "功能"，我感兴趣的是 "语篇分析" 和 "文体学" 究竟有何不同。因为有时一篇文章既可以在语篇分析会议上发表，也可以在文体学会议上发表，再往上，中国有两个学会（中国英汉语篇分析研究会和中国文体学研究会）。因此，两位作者的工作可帮助我们厘清这些问题。作者把 Halliday 和 Hasan 以及各家观点归纳为：语篇分析和文体学研究的对象分别是 "日常语篇"（everyday texts）和 "高价值语篇"（highly valued texts）; "语域"（register）理论下的语篇分析关注的是语篇类型（a text type）而不是单个的语篇（an individual text），即语言功能变体的特征，而文体学关注的是被视为具有独特性的高价值的语篇，目的是揭示一个文本如何与其他文本不同; 普通的语篇分析事先就可以根据话语的语域和目的来确定其主要特征，而对于文学语篇则不; 实用语篇一般都有其情景语境，而文学语篇的语境有一定的自立性和 "互文性"; 文体学家的工作还受对所研究文本的各种评论、综述以及注释本的影响; 语篇分析偏重于研究语篇中信息的表达和理解，而文体分析强调研究语篇的文体风格特征及其表达效果。需要指出，上述这些比较是相对的，如 "日常语篇" 这个概念太泛，它是否包括科学语篇和法律语篇? 又譬如说，语篇分析既可分析一个语篇类型，也可分析一个单一文本。说得具体些，我认为 Halliday 对《元朝秘史》的研究是语篇分析，而他对《继承者》的研究是文体学分析。

（六）

第 13—16 章的主题分别是翻译研究、外语教学研究、汉语研究以及对比与语言类型学研究，用编者的话说，这是语言学理论在其他学科中的适用性探索。至此，我的老问题又冒出来了，"适用性探索"和"应用性探索"究竟有何区别？或者说，"appliable"和"applicable"二词究竟有何区别？尽管编者在前面做了多次阐述，我对这个问题还是有些模糊。

我在悉尼大学学过翻译理论的课程，但我本人很少从事翻译实践和教学，因此对司显柱教授所写的第 13 章"功能语言学与翻译"只能以学习为主。作者有关国外 House，Hatim & Mason 和 Baker，以及国内黄国文、张美芳、王东风等学者的工作的介绍对我很有帮助，特别是读到这几年来所取得的成就令人欣喜，如国内外学者建构了新的翻译理论体系和翻译质量评估模式；对翻译研究里的一些核心概念做出了新的阐释；对诸如"翻译转移"等现象作出了别开生面的描述与解释；推进了对译本质量的评估研究等。我对本章的期望是作者举例可以具体一些，多一些。文章不能解渴之处尚有文中对 Halliday 本人在翻译问题上的论述很少。尽管如此，作者对系统功能语言学在翻译研究中的缺陷与不足和今后最亟待解决的问题的归纳很有见地。

杨信彰教授的第 14 章"功能语言学与外语教学"读起来比较亲切易懂，因为我们首先是外语教师，有一定的感性知识和实际经验。我对信彰教授在引言中的一句话深表同感，那就是创建理论的目的是为了使用理论，"系统功能语言学把语言看作一个社会符号系统和创建意义的一种资源，重视理论和实践的辩证关系。"我在《解读韩礼德的 *Appliable Linguistics*》一文中说："本文……论述适用语言学的长期目标是为了建立语言的意义发生系统，其工作机制是以社会理据来解释和描写语义发生"[1]，因此适用语言学的范围应当比本组四篇文章要宽一些，而且更具有前瞻性，包括信息处理和机器翻译。不然，Halliday 为什么不在 50 年前就提出适用语言学的观点，非得拖到新世纪大加宣传？应当说，改革开放后中国外语教育的 30 年基本上是功能主义理论一统天下，如交际教

---

[1] 胡壮麟，2007，解读韩礼德的 *Appliable Linguistics*，《四川外语学院学报》(6)：1-6。收录于黄国文（主编），2009，《功能语言学与语篇分析研究》。北京：高等教育出版社。

学法和任务教学法。但我希望作者能引导大家关注一些实践中的问题，如我曾多次提出交际教学法的两张王牌——"teach the language, not teach about the language"（教语言，而不是语言知识）和"fluency over accuracy"（流利度比准确性重要）在实际教学中有时帮了倒忙。前者否定了语法教学，特别是无视成人教育和幼儿教育的区别，后者没有考虑到具体语境和培养目标。又如作者在文中说 Halliday 等人认为语言教学必须具备两个特征：一个是学习者必须亲身体验所使用的语言，另一个是学习者必须自己能够有使用语言的机会。恰恰我国的外语教学很难有让学习者接触英语与使用英语的语境和时间保证。再如，北京大学在改革开放后一度解散当时的公共英语教研室，采用 ESP 教学法，让英语教师二三人一组调入其他院系，自编适合于物理、化学或生物专业的英语教材。没有几年，这些教师又被调回英语系了。看得更高一些，大学英语原来有上海复旦大学牵头的文科大纲和上海交通大学牵头的理科大纲，后来听说两者走到一起了。但是针对这些教学改革实践的研究却不多见，正如作者在结语中所说，"目前基于语料库、教学实验或实地调查的实证和量化研究较少。"

第 15 章由杨才英执笔的"功能语言学与汉语研究"是不可或缺的，因为它是检验作为普通语言学的系统功能语言学的一个重要方面，它对汉语研究和汉语教学是否具有价值。在讨论这个命题时，人们往往习惯于考虑作为普通语言学的系统功能语言学能否适用于汉语研究或汉语语言学，而本章作者以大量事实证明 Halliday 早期汉语研究中的系统思想和功能思想的萌芽已经在对《元朝秘史》和《语法范畴》的研究中露头了。这对于推动和发展具有我国特色的语言理论很有启发。正如我在纪念高名凯先生 100 周年诞辰的文章中所谈到的，与国外语言学界比较，国外从 20 世纪下半叶起在语言理论研究方面百花齐放，一派繁荣景象，而我国显得消沉，整整 60 年仍停留在 20 世纪 40 年代的王力、吕叔湘和高名凯为代表的三个大家。个中原因一方面是有较多言论不太鼓励在我国搞语言理论研究，另一方面语言学界没有摆好汉语语言学和普通语言学的关系，总认为普通语言学的基本理论不适用于汉语研究[1]。我很高兴，杨文中谈到马庆株构建的汉语语义功能语法借鉴了系统功能语言学的思想。在这里，我

1　胡壮麟，2011，发展中国特色的语言理论研究——纪念高名凯先生诞生 100 周年，《当代外语研究》(3)：1-9。

认为我们应当持有包容和鼓励的态度，我们不可能要求一种新的理论十全十美，任何理论都是在不时修正、不时完善的基础上成熟的。杨文让我感到高兴的另一点是作者报道了王全智（2008）对"clause complex"译名的讨论。"小句复合体"的译法最初是我使用的，后来总觉得直译味太重，改成复句。其缺点正如王文中指出的，它与传统汉语语法的复句是不能互换的。就我目前的认识，我想把它翻译为"复合小句"，望两位专家指点。通过杨文，我也了解到 Halliday 和 McDonald（2004）观察到汉语的语法级阶呈现出独有的特点。McDonald 是我在北京大学指导的研究生，不过他主要选修中文系的课程。回澳大利亚拿到博士学位后，先在中国中央电视台第 9 频道工作，后去新西兰一所大学任教。原先我以为他不搞汉语研究了，现在获悉他与 Halliday 的合作研究情况，使我兴奋不已。他们有关"汉语的最低级阶应该是词组，而不是词"的观点与朱德熙先生的观点一致。由于这是一个"本位"观的问题[1]，很有深入讨论的价值。

两位编者的第 16 章"语言对比与语言类型学研究"似曾相识，又感到陌生。我在加州大学圣巴巴拉分校访学时曾听过一个学期的"语言类型学"，课后都要去图书馆查找各种语言的材料，比较在哪一个语法形式上有哪些语言可归为一类，如汉语和英语在"主谓宾"形式上可分为一类。因此一个语言往往可以归入不同语法形式的类。两位作者的文章似乎没有对不同语言比较，而是对不同功能语法学派在理论上的比较。看来我得重新学习，充实自己。

（七）

第 17 章"中国的研究情况"是压轴之作，非常精彩。当我们讨论系统功能语言学研究的发展时，最后要看它在中国的发展情况。其次，作者王红阳和周先成采取了与上述各章不全相同的路子，即以统计数字为据，伴之以举例，令人心服口服。发展是有过程的，两位作者把这 30 年的发展历程分为 3 个主要阶段，以 10 年为单位分为 3 个时期：1980—1989 年、1990—1999 年和 2000—2009 年。统计的内容包括：论文在四大核心期刊上的发表情况，对所发论文的研究主题又按 16 个子类汇总；学术专著的出版情况；论文集的出版情况。十

---

[1]　胡壮麟，2011，谈语法研究中的本位观，《外国语》（1）：2-8。

多年前有位教授曾与 Halliday 讨论系统功能语言学的发展问题，认为在中国系统功能语言学比 Chomsky 的形式语言学更受到学术界和教育界的欢迎，看来他说对了。这位教授也曾提出可能系统功能语言学不那么抽象，不那么难学，因此受到教师们喜欢。我不知道 Halliday 当时如何应对。不过，我想本书的主编一定会说，系统功能语言学既是普通语言学，也是适用语言学，所以它受到教师和研究人员的欢迎。回到本章的内容。本章的两作者有一节谈中国系统功能语言学研究现状带来的反思，值得一看并展开讨论。第一点反思是"功能语言学的研究发展仅局限于 Halliday 所建构的系统功能语言学，而对于荷兰、美国、俄罗斯等其他国家的功能语法研究和传播有限，这并不利于功能语法的吸收和完善"。这个意见说到我心坎里了。当初酝酿成立学会时，我坚持把这个学会叫作"中国功能语言学研究会"，而不是"中国系统功能语言学研究会"，就是为了从其他理论中吸取营养。当时有位外国的系统功能语言学者向我提意见，我一笑了之。我觉得志英、国文教授的第 16 章实际上也希望大家考虑这个问题。第二点反思是"系统功能语言学与认知、语用、生成语法、心理语言学等其他学科的交叉研究成果较少，这方面的研究还需努力推行"。就我个人来说，我认为 20 世纪前科学研究中强调"分"的思想，把"一分为二"视为金科玉律，但到了 20 世纪末和新世纪，"合"的思想受到重视，人们为了推动学科的发展非常关注其他学科的成果[1]。在 2009 年的第 36 届国际系统功能语言学大会上，我向 Halliday 提问有关认知语言学的问题，实际上想听听他对学科整合的看法。第三点反思为中国系统功能语言学的研究范围局限于某些有限的主题，如衔接与连贯、纯理功能等理论等。第四点反思与此类似，认为对语音和音系方面的研究很少（参见我对第 4 章的评述）。这些问题有待我们共同努力。第五点反思指出我们在理论修正方面还明显不足。我认为这就需要解决认识上的问题。不论是国际上还是国内，都存在程度不同的"唯师命是从"的倾向，不然创新者或挑战者就会被靠边站或逐出师门。因此，我重复我的老观点，一个好老师应当培养出几个能超越自己的学生。第六点反思谈的是中国系统功能语言学指导本土化研究不足，至今未见有全面使用系统功能语言学理论完整研究和分析汉语语言的专著。汉语界采用系统功能语言学理论相对来说要少，这是事

---

[1] 胡壮麟，2008，闲话"整合"，《中国外语》（5）：19-23，109。

实。其中一个原因是国内许多外语院系的学术委员会不鼓励学生研究汉语，至少北京大学是如此。再一个原因是近几年许多学术会议都想升格为国际会议，而国际会议至少要以英语作为交流语言。这样，汉语界和日、俄、法、德等非英语语种的教师和学者黯然而退。最令人啼笑皆非的是有的会议主办方拉不到赞助，经费紧张，只能邀请一两位外国学者，而有的外国学者一进入会场便要求论文用英语宣读和讨论。在这种情况下，我希望主办方能找一两位教师或研究生担任口译工作。第七点反思针对中国系统功能语言学应用研究多，理论基础研究少，这不利于培养我们本土学者，并导致在理论创新方面的薄弱。这如同我在前文中说过的，中国的大气候不支持搞理论研究。最后一点反思为我国系统功能语言学在功能语法方面研究多，系统语法方面研究少，这不利于系统功能语言学的整体传播与发展。这个意见是对的。正因为如此，我向国文教授建议本书应当有专门介绍 Matthiessen 在系统语言学方面的工作。当然，犹如Chomsky 的树形图一样，这要求采用大量的系统网络图。我与本章的主要作者红阳教授相识很早，也常有联系，但没有想到三日不见，刮目相看，她成熟了。红阳教授师从国文教授，如今她的文章在全书中压阵，单凭此点，足以表明编者对她的工作是肯定的。

最后，感谢本书的两位编者，特别是我所熟悉的国文教授，也感谢外语教学与研究出版社，双方友情合作奉献给我们的《系统功能语言学研究现状和发展趋势》，使我们得以共同检阅我国在系统功能语言学方面的研究成果，缅怀那些在其成长道路上起到铺垫作用的学者们。通过这一老中青三结合的写作班子的工作，我目睹了一代新人的成长，我国的系统能语言学研究将取得更大进步！

俱往矣，数风流人物，还看今朝！

胡壮麟

北京大学外国语学院

外国语言学与应用语言学研究所

2011 年 4 月 6 日